Logistics Cost Management

工业和信息化普通高等教育"十三五"规划教材立项项目

21世纪高等院校经济管理类规划教材

物流成本管理

☐ 鲍新中　主编
☐ 赵丽华　程肖冰　副主编

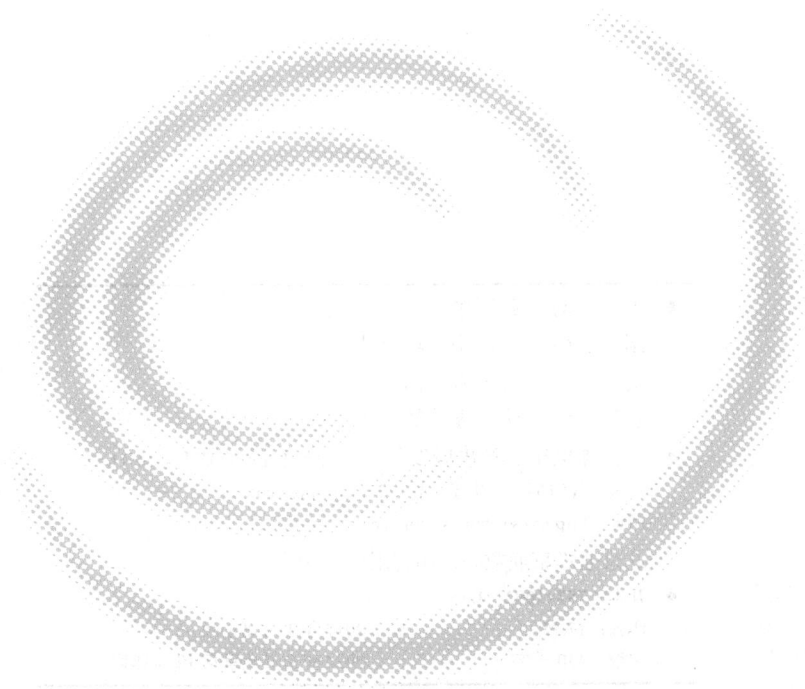

人民邮电出版社

北　京

图书在版编目（CIP）数据

物流成本管理 / 鲍新中主编. -- 北京：人民邮电
出版社，2017.1
21世纪高等院校经济管理类规划教材
ISBN 978-7-115-44379-3

Ⅰ. ①物… Ⅱ. ①鲍… Ⅲ. ①物流管理－成本管理－
高等学校－教材 Ⅳ. ①F253.7

中国版本图书馆CIP数据核字(2016)第305275号

内 容 提 要

本书将物流成本管理中的基础概念和基本理论知识、成本管理过程进行了全面介绍。书中不仅梳理了物流成本的概念、物流成本管理的内容、物流成本核算过程，而且还介绍了当前物流成本管理的新思路与新方法，对物流成本控制与成本报表分析也做了系统介绍，为读者全面掌握物流成本管理与核算的技能与方法，提升企业管理水平提供了很好的内容帮助。本书编写形式突出体现了物流成本管理实践性和操作性强的特点。

本书提供电子课件、电子教案等，索取方式请参见书末的"配套资料索取示意图"。

本书可作为普通高校物流专业、财会专业的授课教材，同时也适合物流、财会从业人员作为参考用书。

◆ 主　　编　鲍新中

　　副 主 编　赵丽华　程肖冰

　　责任编辑　万国清　刘天飞

　　责任印制　沈　蓉　彭志环

◆ 人民邮电出版社出版发行　　北京市丰台区成寿寺路 11 号
　　邮编　100164　电子邮件　315@ptpress.com.cn
　　网址　http://www.ptpress.com.cn
　　北京七彩京通数码快印有限公司印刷

◆ 开本：787×1092　1/16
　　印张：17.75　　　　　　　2017 年 1 月第 1 版
　　字数：430 千字　　　　　2024 年 7 月北京第 12 次印刷

定价：49.80 元

读者服务热线：(010)81055256　印装质量热线：(010)81055316
反盗版热线：(010)81055315
广告经营许可证：京东市监广登字20170147号

序　言

随着物流科学在我国的兴起和发展，人们对物流成本的关心程度不断提高，降低物流成本已经成为物流管理的一项重要任务。从宏观上看，物流成本占国内生产总值的比重已成为衡量一个国家物流现代化水平的标志；从微观上看，物流成本占企业总成本的比重很大，物流成本的高低直接关系到企业利润水平以及竞争力的高低。

实际上，物流科学领域的形成就是从研究物流成本开始的。第二次世界大战以后，为了解决流通领域成本上升过快的问题，经研究发现，必须把运输、仓储、搬运、包装等环节看成有机统一的整体，合理地运筹规划、调度管理才能取得理想的效果。由此定义了物流系统，界定了物流科学范畴。"物流是经济的黑暗大陆""物流是第三利润源"等观点都说明了物流成本问题在物流管理初期是人们关心的主要问题。

从欧美和日本等物流发达国家来看，物流成本管理的发展都经历了物流成本认识、物流成本核算、物流成本管理和物流绩效评估等阶段。由于物流研究在不断的发展中，物流系统的界定范围也从流通领域到企业的生产和供应领域，现在又进入了供应链管理的时代，物流成本研究内容的深度和广度也随之不断地变化和发展。

在全球化经济、供应链管理的时代，降低物流成本并不是改善物流系统的唯一目标，物流服务水平也越来越成为人们关注的指标。物流成本的研究不只是为了降低物流成本，更重要的是通过成本研究来发现物流系统中存在的问题和缺陷，从而对物流系统进行改善，提高物流系统的性能。

近年来，我国对物流成本的认识和研究已从一般性概念认识的层次进入到初步的研究和试验性管理阶段。全球经济的一体化形成了市场竞争的新格局，物流这个"第三利润源"引起了社会和企业的极大兴趣，许多企业纷纷参照国外的先进经验和技术来加强物流管理，组织专门的人员研究如何降低物流成本，物流成本管理开始组织化。进入 21 世纪，我国对物流成本管理理论和方法的研究进入了一个新的阶段，出现了一些关于物流成本管理的专著和论文，很多企业也开始重视物流成本的预算和管理。但是，总的来说，我国的物流成本研究和管理还处在起步阶段，还存在一些问题，主要表现在以下几个方面。

（1）物流成本的内涵还缺乏统一的标准，使得各行业和各企业在进行物流成本管理和控制时缺乏相应的指导。

（2）近年来，出现了一些有关物流成本的研究专著和论文，说明物流成本的重要性已经被大家普遍认同，但是，研究的深入程度还有待加强，主要表现在独创性研究成果少，有组织的研究少；阐述必要性多，研究可行性少等。

（3）尽管企业越来越重视物流成本的重要性，但是诸多因素影响了物流成本管理在企业中的推广应用，包括物流成本概念与传统财务会计理论的偏离问题，企业缺乏懂得物流知识的财务人员，没有行之有效的物流成本核算方法，会计核算软件中没有考虑物流成本等问题。

本书作者多年来一直从事物流管理和企业财务会计的研究和教学工作，有扎实的财务会计专业背景和丰富的物流管理实践经验。作者从物流管理和成本会计的交叉角度，提出了物流成本管理与控制系统的基本框架，并创新性地对我国宏观物流成本的统计核算方法进行了分析。另外，书中还介绍了国内外先进的物流成本管理与控制的方法和案例，展现了作者多年从事物流研究和成本管理研究的实践经验。

应该说，财会人员不懂物流的事实阻碍了企业物流成本管理工作的推广实施，而从另一个角度看，物流管理人员不懂物流成本的管理方法才是物流成本管理得不到广泛应用的关键原因。对于物流工作者、物流专业学生来说，全面地认识和学习物流成本管理与控制方法是十分有意义的。

中国物流与采购联合会副会长

托盘专业委员会主任

吴清一

前　言

随着人们对物流管理意识的增强，降低物流成本已经成为物流管理的首要任务。无论采用什么样的物流技术与管理模式，最终目的都不在于这种模式与技术本身，而是要通过物流系统的整体优化，在保证一定物流服务水平的前提下实现物流成本的降低。可以说，整个物流技术和物流管理的发展过程就是不断追求物流成本降低的过程。

尽管物流成本的管理受到了越来越多人的关注，但是我国学术界和物流业界对物流成本的理论研究却相对薄弱，尚缺乏一个关于物流成本管理的科学体系。本书试图从会计学和物流学相结合的角度，对物流成本的管理与控制体系进行比较全面的阐述。在本书中，作者主要从以下几个方面展开讨论和分析。

（1）从不同角度分析，物流成本可以分为宏观物流成本和微观（企业）物流成木两个方面。对物流成本的认识和管理首先要分别明确宏观物流成本和微观物流成本的构成。对于宏观物流成本，本书依据国家发改委、国家统计局和中国物流与采购联合会联合发布的《社会物流统计制度及核算表式》展开分析。而对于微观物流成本，则是在国家标准《企业物流成本的构成与计算》的基础上展开分析。

（2）企业的物流成本管理与控制系统由两部分组成，一个是物流成本管理系统，另一个是物流成本日常控制系统。物流成本管理系统是指基于企业物流成本的会计核算，利用现代成本管理的方法（包括成本性态分析、成本预算、责任成本管理等）来进行物流成本管理；而物流成本日常控制系统则是指在物流运营管理过程中，广泛运用各种物流技术和物流管理方法，提高物流系统的效率，降低物流成本。在物流成本管理与控制中，两者是结合使用的。

（3）作业成本法是目前被广泛推崇的一种成本核算与分析方法。进行物流作业成本核算与分析，有利于更准确地核算各成本核算对象的物流成本，加强物流作业管理，也有利于物流作业流程的改善和优化。

（4）对物流企业和货主企业的物流部门，可以利用一些财务指标来进行物流成本管理的绩效考核。另外，也可以利用其他财务指标和非财务指标，对物流企业和货主企业的物流部门进行综合的绩效评估。

（5）供应链管理正越来越多地受到理论界和企业界的重视。而供应链管理的一个主要目标就是降低供应链成本。本书在对供应链成本动因进行分析的基础上，提出了供应链成本的构成，并把成本管理的方法应用到跨组织的供应链成员企业之间，提出了基于供应链的跨组织成本管理体系。

本书由北京联合大学管理学院鲍新中教授主编，北京联合大学自动化学院的赵丽华老师和程肖冰老师参与编写。在编写过程中，我们参阅了国内外同行、专家的许多学术研究成果，并得到了人民邮电出版社的大力支持，在此　并表示衷心的感谢。

由于现代物流在我国正处在成长发展阶段，因而对物流成本的研究尚未形成完整的理论；同时，也鉴于时间仓促和作者能力所限，书中难免存在一些疏漏和不足，希望各位专家和广大读者给予批评指正，以日臻完善。

编　者

2016 年 11 月

目　录

第一章

物流成本管理概述

【学习目标】

掌握物流成本的概念；理解物流成本交替损益规律；了解物流成本的几大学说、物流成本管理的意义，以及物流成本管理发展的现状。

案例 1.1

物流管理与企业规模的关系

甲乙两个物流公司都需要经常性地将客户的货物从 A 地运往 B 地，两公司都有自己的仓库。

甲物流公司为自己的仓库的每一个库位编号，将货物按照入库的先后顺序从仓库最里侧一直向外码放，并对库存进行计算机化管理，随时更新库存库位数据。在每次送货前，甲公司还会给送货司机一张派送单，上面写着所送货物的名称或者编号、数量、送货地址、客户联系人电话等相关信息，并明确注明货物送达时间。为了将货物及时送到客户手中，甲物流公司的司机总是提前出发，一般都会比预定时间提前半个多小时将货物送至客户指定的地点，等待客户卸货。对甲公司的服务客户很满意。

乙物流公司对库存商品的记录要更复杂一些，除了不断更新库位货物信息外，还对库存货物的周转频率进行统计，根据周转频率不断调整货物库位。整体来说，周转频率高的货物靠近仓库门，码放位置首先考虑下层货架。每次送货时，除了在派送单上说明相关送货信息以外，还指定送货路线、出发时间。每次送货返回后，公司都要求送货司机填写送货情况表，包括路线情况、油耗、时间耗费等信息。长此以往，乙物流公司掌握了翔实的路况信息，并据此制定了相对较精确的送货时间和路线，制定了油耗标准。

启发思考

（1）最初企业规模较小，业务量很少的时候，相对而言，哪家公司的成本较低？

（2）随着公司规模越来越大，业务越来越多，货物种类越来越丰富，配送范围越来越广，哪家公司的成本会比较低？

实际上，当前很多国际知名的大型物流企业都在对整个物流环节进行整合。它们利用条形码系统进行库存管理，配送前设定配送路线和油耗标准，利用 GPS 随时掌握货物配送过程甚至整个国际运输途中的情况。随着竞争越来越激烈，物流行业的利润率与其他行业相比不再那么突出。利润趋于平均化的结果使得成本管理成为企业生存和发展必须重视的一个问题。能否有效进行物流成本管理与控制，成为企业提高竞争力的一个关键环节。可以说，整个物流管理的发展过程以及物流过程的优化，其目标都是为了实现在保证物流服务水平的前提下，降低整体物流成本。

第一节　物流成本的概念与含义

一、物流成本的概念

随着物流管理意识的增强，人们对于物流成本的关心日渐浓厚，降低物流成本已经成为物流管理的首要任务。在许多企业中，物流成本占企业总成本的比重很大，物流成本的高低直接关系到企业利润水平以及竞争力的高低，所以，物流成本管理成为企业物流管理的一个核心内容。也可以说，人们对物流的关心首先应该从关心物流成本开始。有专家指出，"物流既是主要成本的产生点，又是降低成本的关注点"，物流是"经济的黑暗大陆"。加强对物流成本的研究与管理对提高物流活动的经济效益有着非常重要的意义。

根据 2001 年 8 月 1 日正式实施的《中华人民共和国国家标准·物流术语》（GB/T 18354—2001），物流成本可定义为"物流活动中所消耗的物化劳动和活劳动的货币表现"，即产品在实物运动过程中，如包装、运输、储存、流通加工、物流信息等各个环节所支出的人力、物力和财力的总和。物流成本是完成诸种物流活动所需的全部费用。

二、物流成本的含义

人们可以从不同的角度来对物流成本进行观察和分析，观察和分析的角度不同，对物流成本的认识也就不同，物流成本的含义也就不同。有学者认为："按实体的经营性质不同，可将物流成本分为制造企业物流成本和流通企业物流成本两大类型。"在本书中，按照人们进行物流成本管理和控制的不同角度，把物流成本分为社会物流成本、货主企业（包括制造企业和商品流通企业）物流成本，以及物流企业的物流成本三个方面。其中，社会物流成本是宏观意义上的物流成本，而货主企业物流成本以及物流企业物流成本是微观意义上的物流成本。不同角度的物流成本有着不同的含义。

（一）宏观物流成本

宏观物流成本又可以称为社会物流成本。站在社会物流的角度，进行社会物流的优化，就要考虑物流成本的问题。人们往往用物流成本占国内生产总值（GDP）的比重来衡量一个国家物流管理水平的高低，这种物流成本就是指社会物流成本。

按照由国家统计局、国家发改委发布的《社会物流统计制度及核算表式（试行）》中的定义，社会物流成本是指一定时期内，国民经济各方面用于社会物流活动的各项费用支出。包括支付给包装、运输、储存、装卸搬运、流通加工、配送、信息处理等各个物流环节的费用；应承担的物品在物流期间发生的损耗；社会物流活动中因资金占用而应承担的利息支出；社会物流活动中发生的管理费用等。

社会物流成本是核算一个国家在一定时期内发生的物流总成本，是不同性质企业微观物流成本的总和。国家和地方政府可以通过制定物流相关政策、进行区域物流规划、建设物流园区等措施来推动物流及相关产业的发展，从而降低宏观物流成本。目前，各国对宏观物流成本的测算方法也各不相同，我国于 2005 年建立了社会物流统计公报制度，根据统计，我国目前的社会物流成本占 GDP 的比例大约为 18%～20%，这一比例比发达国家高一倍，只相当于美国等发达国家 20 世纪 70 年代的水平。

（二）微观物流成本

微观物流成本又称为企业物流成本，这里的企业包括货主企业和物流企业。按照 2006 年发布实施的国家标准《企业物流成本构成与计算》（GB/T 20523—2006），企业物流成本是指物流活动中所消耗的物化劳动和活劳动的货币表现，即产品在包装、运输、储存、装卸搬运、流通加工、物流信息、物流管理等过程中所耗费的人力、物力和财力的总和，以及与存货有关的资金占用成本、物品损耗成本、保险和税收成本。这里与存货有关的资金占用成本包括负债融资所发生的利息支出（即显性成本）和占用自有资金所产生的机会成本（即隐性成本）两部分。

（1）货主企业物流成本。这里所说的货主企业主要是指制造企业和商品流通企业。总的来说，制造企业物流是物流业发展的源动力，而商品流通企业是连接制造业和最终客户的纽带，制造企业和商品流通企业是物流服务的需求主体。

制造企业的生产目的是为了将生产出来的物品通过销售环节转换成货币。为了销售生产经营的需要，制造企业所组织的物品实体应包括产成品、半成品、原材料和零配件等，其物流过程具体包括从生产企业内部原材料和协作件的采购、供应开始，经过生产制造过程中的半成品存放、搬运、装卸、成品包装及运输到流通领域，进入仓库验收、分类、储存、保管、配送、运输，最后到消费者手中的全过程。这个过程发生的所有成本就是制造企业物流成本。从现代物流活动的构成及其对企业经营的作用来看，应对物流进行全过程管理，对物流全过程的所有成本进行核定、分析、计划、控制与优化，以达到以合理的物流成本保证经营有效运行。

商品流通企业的经营活动就是对组织现有的商品进行销售来获取利润，其业务活动相对于制造企业较为简单，以进、存、销活动为主，不涉及复杂的生产物料组织，物品实体也较为单一，多为产成品。商品流通企业物流成本的基本构成有：企业员工工资及福利费；支付给有关部门的服务费，如水电费等；经营过程中的合理消耗费，如储运费、物品合理损耗及固定资产折旧等；支付的贷款利息；经营过程中的各种管理成本，如差旅费、办公管理费等。

（2）物流企业物流成本。制造企业和商品流通企业是物流服务的需求主体，同时也是物流运营管理的主体，许多货主企业的物流业务是由企业内部的相关部门或二级公司来完成的。当然，大部分货主企业的物流业务并不一定全部由自己完成，或多或少总有外包部分，这就出现了对专业性物流服务企业的需求。由专业的物流企业来参与物流的运营管理，是社会专业化大生产的必然结果，也是提高物流效率、降低物流成本的有效途径。

根据物流服务企业提供的服务类型，可以把物流企业分为两类。一类是提供功能性物流服务业务的物流企业，这类企业在整个物流服务过程中发挥着很大的作用。这类企业一般只提供某一项或者某几项主要的物流服务功能，如仓储服务企业、运输服务企业等。第二类是提供一体化物流服务的第三方物流企业。第三方物流企业一般是指综合性的物流服务公司，能为客户提供多种物流业务服务。尽管目前第三方物流和一体化物流的趋势十分明显，但是功能性物流服务企业的存在还是必要的，它可以发挥专业化的优势，与第三方物流企业一起，共同完成客户的物流服务需求，从而达到降低成本、提高物流效率的目的。

物流企业在运营过程中发生的各项费用，都可以看成是物流成本。因此，可以说物流企业的物流成本包括物流企业的所有各项成本和费用。实际上，从另一个角度看，当货主企业把物流业务外包给物流企业运营时，物流企业发生的各项支出构成了它的物流成本，而物流企业向货主企业的收费（包括物流企业的成本费用、税金以及一定的利润）就构成了货主企业的物流成本。

在讨论物流成本的管理和控制时，应首先明确分析的角度，理解不同角度下物流成本的含义，在此基础上再进行深入的分析。其中，人们常说的物流成本主要是指货主企业物流成本，因此，本书在进行物流成本管理和控制系统的分析时，着重于货主企业物流成本的分析，在考虑物流企业的成本管理与控制的同时，也兼顾宏观物流成本的统计核算。

商品流通企业的物流可以看成是制造企业物流的延伸，而物流企业主要是为商品流通企业和制造企业提供服务的，因此，物流企业物流成本可以看成是货主企业物流成本的组成部分，而社会宏观物流成本则是货主企业物流成本的综合。

第二节 物流成本相关理论学说

一、物流成本"冰山"说

这一理论是由日本早稻田大学的西泽修教授提出的。它的含义是说人们并没有掌握物流成本的总体内容，提起物流成本大家只看到露出海水上面的冰山一角，而潜藏在海水里的整个冰山却看不见，海水中的冰山才是物流成本的主体部分。西泽修教授指出，企业在计算盈亏时，"销售费用和管理费用"项目所列支的"运输费用"和"保管费"的现金金额一般只包括企业支付给其他企业的运输费用和仓储保管费，而这些外付费用不过是企业整个物流成本的冰山一角。

一般情况下，在企业的财务统计数据中，只能看到支付给外部运输和仓库企业的委托物流成本，而实际上，这些委托物流成本在整个物流成本中确实犹如冰山一角。因为物流基础设施的折旧费、企业利用自己的车辆运输、利用自己的库房保管货物、由自己的工人进行包装、装卸等自家物流成本都计入了原材料、生产成本（制造费用）、销售费用、管理费用和财务费用等科目中。一般来说，企业向外部支付的物流成本是很小的一部分，真正的大头是企业内部发生的物流成本。从现代物流管理的需求来看，当前的会计科目设置使企业难以准确把握物流成本的全貌。美国、日本等国家的实践表明，企业实际物流成本的支出往往要超过企业对外支付物流成本额的 5 倍以上。

图 1-1 反映的是我国当前会计核算制度下一个典型制造企业物流成本的核算现状。其中，整个冰山可以视为该企业的整个物流成本部分，露在水面之上的部分是委托物流成本，这部分物流成本是企业可以统计出来的，而隐藏在水面之下的大部分物流成本却不能通过当前的会计核算得到统计。

物流成本"冰山说"之所以成立，除了会计核算制度本身没有考虑到物流成本之外，还有三个方面的原因：①物流成本的计算范围太大，包括原材料物流、工厂内物流、从工厂到仓库和配送中心的物流、从配送中心到商店的物流、退货物流和废弃物物流等。这么大的范围，涉的单位非常多，牵涉的面也很广，很容易漏掉其中的某一部分。计算哪部分、漏掉哪部分，物流成本的计算结果相差甚远。②运输、保管、包装、装卸以及信息等各物流环节中，以哪几个环节作为物流成本的计算对象问题。如果只计算运输费用和保管费用，不计算其他费用，与计算运输、保管、装卸、包装以及信息等全部费用，两种计算结果差别相当大。③选择哪几种费用列入物流成本的问题。比如，向外部支付的运输费、保管费、装卸费等费用一般都容易列入物流成本，可是本企业内部发生的物流成本，如与物流相关的人工费、物流设施建设费、设备购置费以及折旧费、维修费、电费、燃料费等是否也列入物流成本中？此类问题都与物流成本的大小直接相关。因而我们说物流成本确实犹如一座海里的冰山，露出水面的仅是冰山一角。

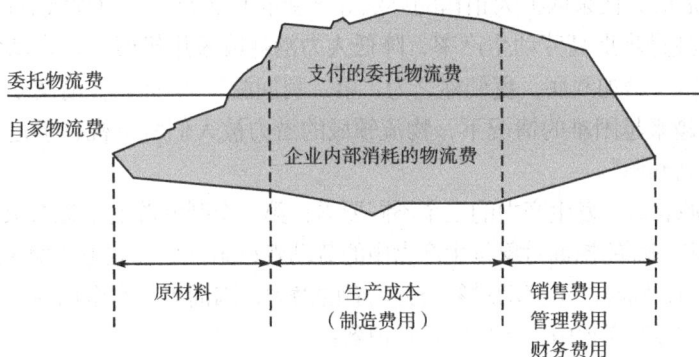

图 1-1　物流成本示意图

二、"黑大陆"学说

"黑大陆"学说的基本思想与"物流成本冰山说"类似。由于物流成本在会计核算中被分别计入了生产成本、管理费用、营业费用、财务费用和营业外支出等项目，因此，在损益表中所能反映的物流成本在整个销售额中只占很小的比例，因此物流成本的重要性当然不会被认识到，这就是物流成本被称为"黑暗大陆"的一个原因。

由于物流成本管理存在的问题以及有效管理对企业盈利、发展的重要作用，1962 年世界著名管理学家彼得·德鲁克在《财富》杂志上发表了题为《经济的黑暗大陆》一文，他将物流比作"一块未开垦的处女地"，强调应高度重视流通以及流通过程中的物流管理。彼得·德鲁克曾经指出："流通是经济领域里的黑暗大陆。"这里彼得·德鲁克虽然泛指的是流通，但是由于流通领域中物流活动的模糊性特别突出，是流通领域中人们认识不清的领域，所以"黑大陆"学说主要是针对物流而言的。

"黑大陆"说法主要是指尚未认识、尚未了解。如果理论研究和实践探索照亮了这块"黑大陆"，那么摆在人们面前的可能是一片不毛之地，也可能是一片宝藏。"黑大陆"学说是对 20世纪经济学界存在的愚昧认识的一种批驳和反对，指出在市场经济繁荣和发达的情况下，科学技术也好，经济发展也好，都没有止境。"黑大陆"学说也是对物流本身的正确评价，这个领域未知的东西还很多，理论与实践都不成熟。

从某种意义上看，"黑大陆"学说是一种未来学的研究结论，是战略分析的结论，带有较强的哲学抽象性，这一学说对于研究物流成本领域起到了启发和动员作用。

三、"第三利润源"学说

"第三利润源"的说法是日本早稻田大学教授、日本物流成本学说的权威学者西泽修在 1970 年提出的。

什么是第三利润?

从历史发展来看,人类历史上曾经有过两个大量提供利润的领域。在生产力相对落后、社会产品处于供不应求的历史阶段,由于市场产品匮乏,制造企业无论生产多少产品都能销售出去,于是就大力进行设备更新改造,扩大生产能力,增加产品数量,降低生产成本,以此来创造企业的剩余价值,即第一利润。当产品充斥市场,转为供大于求,销售产生困难时,也就是第一利润达到一定极限,很难持续发展时,便采取扩大销售的办法寻求新的利润源。人力领域最初是廉价劳动力,其后则是依靠科技进步提高劳动生产率,降低人力消耗或采用机械化、自动化来降低劳动耗用,从而降低成本,增加利润,我们称之为"第二利润源"。然而,在前两个利润源潜力越来越小、利润开拓越来越困难的情况下,物流领域的潜力被人们所重视,于是出现了西泽修教授所说的"第三利润源"。

这三个利润源着重开发生产力的三个不同要素:第一个利润源的挖掘对象是生产力中的劳动对象;第二个利润源的挖掘对象是生产力中的劳动者;第三个利润源的挖掘对象则是生产力中劳动工具的潜力,同时注重劳动对象与劳动者的潜力,因而更具有全面性。

从"第三利润源"学说中,人们应该认识到:

(1)物流活动和其他独立的经济活动一样,它不仅是总体的成本构成因素,而且是单独盈利因素,物流可以成为"利润中心"。

(2)从物流服务角度来说,通过有效的物流服务,可以给接受物流服务的生产企业创造更好的盈利机会,成为生产企业的"第三利润源"。

(3)通过有效的物流服务,可以优化社会经济系统和整个国民经济的运行,降低整个社会的运行成本,提高国民经济总效益。

案例 1.2

服务水平与总成本效益背反案例

KLF 电子公司是美国一家电子设备制造商。公司有一个制造场,位于加利福尼亚的圣何塞。KLF 电子公司将其产品 A 配送到 5 个地区的仓库,分别位于亚特兰大、波士顿、芝加哥、达拉斯和洛杉矶。在目前的配送系统中,将美国分成 5 个主要的市场,每个市场由一个相应的仓库负责供货。顾客一般是零售商,他们直接向本地区的地区仓库订货。这意味着,在目前的配送系统中,每个顾客被分配到单一的市场,并只向一个地区仓库订货。

仓库向制造厂订货。制造厂一般要花费两个星期的时间来满足任何一个地区仓库的订货。目前,KLF 公司向顾客提供的服务水平是 90%。

在最近几年中,KLF 公司注意到来自竞争对手的压力,市场占有率一再下滑。KLF 公司 CEO 坚持无论使用什么配送策略,都要扭转这种局势。

KLF 公司的顾客服务水平很低,仅为 90%,也就是说每 100 个顾客中就有 10 个顾客得不到应有的服务。在当今这个快速运转的社会,把握住顾客才能占据市场,而服务水平的高低在很大程度上影响着顾客选择产品的倾向。所以,KLF 公司市场占有率下滑的很大一部分原因应归咎于低下的服务水平。

启发思考

服务水平和总成本是效益背反关系，如何把握好这二者找到最优点呢?

案例中"制造厂一般要花费两个星期来满足任何一个地区仓库的订货"，而要满足5个配送仓库的订单，明显使得制造工厂对产品的市场需求的反应速度减缓，也是导致服务水平低下的一个原因。由于物流成本与服务水平的效益背反关系，高水平的物流服务是由高水平的物流成本作保证的。在没有较大的技术进步情况下，企业很难做到既提高了物流服务水平，同时又降低了物流成本。一般来讲，提高物流服务，物流成本即上升，两者之间存在着效益背反。KLF公司要将服务水平维持到一个相当高的水平势必会需要更多的投入。科特勒指出："物流的目的必须引进投入与产出的系统效率概念，才能得出较好的定义。"即把物流看成是由多个效益背反的要素构成的系统，避免为了片面达到某个单一目的，而损害企业整体利益。

在对物流服务和物流成本作决策时，通常考虑以下4种方法。

（1）保持服务水平不变，尽量降低服务成本；

（2）提高物流服务水平，增加成本；

（3）保持物流成本不变，提高服务水平；

（4）用较低的物流成本实现较高的物流服务。

企业提出将分散系统集中化，设立集中仓库，中央仓库直接面对各地区顾客，如此，可以以同样的库存水平获得更高的服务水平。

四、物流成本交替损益规律

物流成本交替损益（Trade-off）规律又称为物流成本效益背反规律、二律背反效应。物流系统的效益背反包括物流成本与服务水平的效益背反和物流功能之间的效益背反。

（一）物流成本与服务水平的效益背反

物流成本与服务水平的效益背反是指物流服务的高水平必然带来企业业务量的增加、收入增加，同时却也带来企业物流成本的增加，使得企业效益下降，即高水平的物流服务必然伴随着高水平的物流成本，而且物流服务水平与物流成本之间并非呈线性关系，如图1-2所示。在没有很大技术进步的情况下，企业很难同时做到提高物流服务水平和降低物流成本。

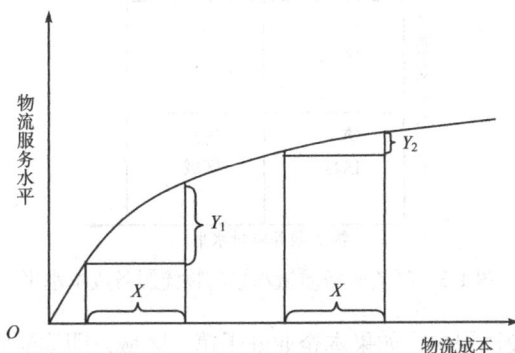

图1-2 物流服务水平与物流成本的效益背反关系

从图 1-2 中可以看出，在物流服务水平处于较低水平时，追加物流成本 X，就可以把物流服务水平提高 Y_1；如果处于较高物流服务水平，同样追加物流成本 X，物流服务水平却只能提高远小于 Y_1 的 Y_2。

实际上，进行有效物流管理的目标，就是要在保持客户要求的物流服务水平的同时，使得物流成本达到最低。与处于竞争状态的其他企业相比，在处于相当高的服务水平的情况下，要想超过竞争对手，维持更高的服务水平就需要有更多的投入。美国营销专家科特勒指出："物流的目的必须引进投入与产出的系统效率概念，才能得出较好的定义。"即把物流看成是由多个效益背反的要素所构成的系统，避免为了片面达到某一单一目的，而损害企业整体利益。

对客户的服务水平可以通过一些物流服务关键绩效指标（Key Performance Indicators，KPI）来描述。例如，订单准时完成率要求达到 98% 以上；公路运输准点率要求达到 95% 以上；铁路运输准点率要求达到 90% 以上；运输货损货差率要求达到 0.1% 以下；仓储货损货差率要求达到 0.1% 以下。当然，由于不同客户要求的物流服务不同，相应的物流服务关键绩效指标的设定以及标准水平的确定也会随着客户的需求而有所区分。

一般在对物流服务和物流成本作决策时，可以以价值工程理论为指导，考虑以下 4 种方法。

（1）保持物流服务水平不变，尽量降低物流成本。在不改变物流服务水平的情况下，通过改进物流系统来降低物流成本，提高物流价值。这种通过优化系统结构降低物流成本来维持一定物流服务水平的方法称为追求效益法。

（2）提高物流服务水平，增加物流成本。这是许多企业提高物流服务水平的做法，是企业物流面对特定客户或其面临竞争对手时所采取的具有战略意义的做法。

（3）保持物流成本不变，提高服务水平。这是一种积极的物流成本对策，是一种追求效益的方法，也是一种有效地利用物流成本性能的方法。

（4）用较低的物流成本，实现较高的物流服务。这是一种增加效益、具有战略意义的方法。企业物流只有合理运用自身的资源，才能获得这样的成果。

企业采取哪种物流成本策略，要考虑各个方面的综合因素，这些因素包括商品战略、流通战略和物流系统所处的环境及竞争对手的情况等。对于自身物流服务成本水平与物流服务质量水平，可以进行综合的分析，也可以与竞争对手或同行业其他企业进行相应的比较分析。请看图 1-3。

图 1-3　物流服务质量水平与物流服务成本水平

在与竞争对手的比较过程中，如果本企业处于第一区域，即物流服务质量水平低于竞争对手，但是物流服务成本水平却高于竞争对手，这是最差的情况。在这种情况下，企业应尽快改进物流运营管理，提高服务水平，降低物流成本。

如果在与竞争对手的比较过程中处于第二区域，表明与竞争对手相比较，客户对物流服务质量水平是相对满意的，但是物流服务成本水平较高。在这种情况下，企业应在保持自身物流服务质量水平的同时，通过不断降低物流成本来改善物流系统。

如果企业处于第三区域，则表明与竞争对手相比，企业的物流服务质量水平较低，同时物流服务成本水平也较低，也许可以说明本企业的服务水平定位较低。在这种情况下，企业应考虑在一定的物流成本下，追求物流服务水平的提高，改进物流服务。

如果与竞争对手相比，本企业处于第四区域，则是最理想的结果，表明本企业在物流服务成本水平低于竞争对手的情况下，物流服务质量水平却能够高于竞争对手，说明物流管理水平较高，物流成本控制得较好。

把自身的物流服务质量水平和物流服务成本水平与竞争对手进行比较，可以对自身的物流经营现状进行定位，并通过以上方法，来寻求自身物流运营的改善。

（二）物流功能之间的效益背反

物流功能之间的效益背反是指物流各项功能活动处于一个统一且矛盾的系统中，在同样的物流总量需求和物流执行条件情况下，一种功能成本的削减会使另一种功能成本增加。因为各种费用互相关联，必须考虑整体的最佳成本。

我们知道，物流的基本功能主要是对货物的包装、装卸、保管以及运输配送 4 个职能，这些基本职能之间就存在着此消彼长的效益背反。

例如，从配送中心的数量与运输配送费和保管费的关系来看，一个企业如果在配送范围内建立多个配送中心，运输配送成本必然下降，因为运输距离变短。但是同时，由于单个配送中心必须配备一定数量的保管人员、车辆，且保持一定的商品库存，必然导致企业整体的工资费用、保管费、库存资金占用利息等大大增加。也就是说，运输成本和保管费用之间存在着二律背反关系，二者交替损益。

另外，在货物年需求量不变的情况下，由于每一次订货成本不变，一年内订货次数越少，年总订货费用越低；但是同时，订货次数少意味着每一次订货数量多，使得保管费用增加。也就是说，订货费用越少，库存持有成本越高，而总库存费用等于两者之和。但是，订货费用的增减与存货持有成本也并非绝对负相关，企业完全可以通过长期的数据统计，利用相关总库存费用模型，得出企业的最优订货次数和每次订货量。

这些现象说明，要实现物流成本的削减，不能仅仅关注个别物流成本的控制，而要从系统成本的角度来管理，掌握好物流成本各构成项目之间的关系，即物流成本的管理与控制要有全局观念。物流系统就是以成本为核心，按最低成本的要求，使整个物流系统化，它强调的是调整各要素之间的矛盾，把它们有机地结合起来，使物流总成本最小。

企业物流成本的效益背反关系实质上是研究企业物流的经营管理问题，即将管理目标定位于降低物流成本的投入并取得较大的经营效益。在物流成本管理中，作为管理对象的是物流活动本身，物流成本作为一种管理手段而存在。一方面，成本能真实地反映物流活动实态；另一方面，物流成本可以成为评价所有活动的共同尺度。

企业物流管理肩负着"降低物流成本"和"提高物流服务水平"两大任务，这是一对相互矛盾的关系。整个物流合理化，需要用总成本评价，这反映出企业物流成本管理的效益背反特征及企业物流对整体概念的重要性。

例如，美国布鲁克林酿酒公司在美国的经营绩效平平。从 1989 年 11 月开始，该公司通过航空运输将啤酒运输到日本销售。这样的物流作业可以在啤酒酿造后的 1 周内将啤酒直接送达客户手中，而海外装运啤酒的平均订货周期为 40 天。虽然航空运输费用高，但速度快，减少了流动资金占用，节约了大量库存成本。而且啤酒的价格在日本比美国高出 5 倍。空运啤酒到日本的物流总成本虽然比海运啤酒到日本的物流总成本高，但空运啤酒的价格卖得高，从整个企业经营的角度看，空运啤酒无疑是有益的。事实上，布鲁克林酿酒公司在美国还没有成为知名品牌，但在日本却创造了一个年销售额 200 亿美元的市场。

第三节 物流成本管理的内涵与意义

一、物流成本管理的内涵

物流是一个复杂的系统，物流成本管理涉及的因素众多，物流成本的计算方法与计算结果也千差万别。物流成本主要取决于物流的结构，而物流的结构又取决于顾客对物流服务的需求。对于物流成本管理，应从以下几个方面理解。

1. 物流成本核算是物流成本管理的基础

物流成本管理的前提是物流成本核算，只有清楚物流成本核算的范围，才能实施物流成本分析，编制物流成本预算，控制物流成本支出。物流成本的内涵在概念上是明确的，问题的关键是，在实践中如何正确界定和划分物流成本的范围，如何将物流成本准确计算出来。

目前我国企业现行的财务会计制度中，没有单独的科目来核算物流成本，企业通常把各种成本都列在费用一栏中，物流成本较难从中分离。这使得一些企业仅将向外部的运输企业支付的运输费用和向外部仓库支付的仓储费用作为企业的物流成本，这种计算方式使得大量的物流成本，如企业内与物流活动相关的人员费、设备折旧费等不为人所知。有人认为要把隐藏的物流成本全部都核算出来很难实现，就不断指责传统会计不能提供足够的物流成本分配的数据，很明显，这其实是一个误区。

在企业的物流管理中，不太可能为了建立物流独立核算系统而破坏其他若干成熟的财务会计核算系统。企业对物流成本核算的目的是评价物流管理部门的绩效，最终达到控制企业经营管理总成本目标，因此，必须在物流成本信息的精确与核算效率两者中权衡，简化物流成本核算过程。不能为了核算物流成本把目光停留在每一个物流功能环节上，而应站在企业经营管理总成本的高度去认识物流成本。

企业物流成本的大小，取决于评价的对象，包括物流活动的范围、采用的核算方法等。如果评价的范围和使用的方法不同，会得到截然不同的物流成本结果。因此，在计算物流成本或收集物流成本数据时，要明确计算的条件，即物流功能的范围、会计科目的范围、核算方法等。

2. 物流成本的管理要以企业整体为研究分析对象

由于物流成本中广泛存在效益背反的性质，因此，物流成本的管理要尽量以企业整体为研究分析对象。单个环节物流成本的降低并不意味着企业物流总成本的降低，同样有时也会出现单个环节物流成本上升而物流总成本下降的现象。因此要站在系统的角度，沿着其价值链或作业链进行无缝隙的企业物流成本管理。

目前在很多企业中物流都是分割开来由多个部门管理的，包括销售管理、采购管理、运输、配送、库存控制和客户服务等物流功能，往往都是不同部门在负责。由于企业按部门考核其成本效益指标，许多部门只关心本环节节约物流成本，使得降低物流成本的努力只是停留在某一项功能活动上，而忽视了对物流活动的整合。其结果是由于忽视了物流功能要素之间存在着的效益背反关系，虽然在某一项物流活动上支付的费用降低了，但总体物流成本并没有因此下降。甚至是物流总成本下降了，但是企业经营管理总成本却上升。例如，追求单位产品的运输成本最低，却忽略了运输质量的控制与时间成本，由于运输质量不良导致的质量成本或运输时间延长而造成的企业财务费用上升远远超过了节省下来的运输费用；追求仓库单位租金最低，将仓库位置选在偏远的地方，对导致的交通不便利、装卸效率低、配送成本高、订单完成时间延长等诸多的后果，很多企业却没有周全的考虑。因此物流成本的节约最重要的是从总成本的角度出发，而不是追求其中某个环节的成本最低，单一环节物流成本的下降导致其他环节物流成本的上升是不可取的；一味追求物流成本的下降，而忽略了服务的重要性也不可取。因为即便是某个环节优化了，但总成本也许仍然很高。企业物流是一个完整的系统，追求物流成本的降低必须要以系统的观点和现代供应链管理的思想为指导，一方面通过在企业内部系统实行全面成本管理，另一方面与上下游企业构建供应链实现共赢。

随着社会分工越来越深入，现代企业总是主动或被动地处于供应链的某个环节，对物流成本的控制不能仅关注本企业内部的成本控制，还应该结合战略成本管理思想，充分考虑其所在行业的现状与前景、本企业所处的地位，通过对上下游价值链的分析，消除不能增值的作业，选择合作伙伴构建供应链，在供应链成员之间合理有效地分配资产和利益，使物流成本管理和流程优化的对象涵盖上下游整个供应链所有企业，才能最终获得共赢。

3. 物流成本管理是通过成本来管理物流活动

物流成本管理不是"管理物流成本"，而是"通过成本管理物流"。在物流越来越得到企业重视的今天，人们却又往往把注意力单纯地集中到掌握与核算物流成本上，从而造成"虽然计算了物流成本，但不知道怎么利用"的后果。事实上，成本本身只是用金额评价某种活动的结果，并不超越这个结果的成本本身。而在物流成本管理中能够成为管理对象的，只是物流活动本身。

4. 物流成本管理要面向客户服务过程

物流成本管理不是针对企业的经营结果，而是针对客户的服务过程。物流成本的大小具有以客户服务需求为基准的相对性特点，这是物流成本与企业其他成本在性质上的重要区别。现在，客户对多频次、定时进货的要求越来越广泛，这就要求物流企业或者企业物流部门能适应这种需求。在高水平的客户服务水平与低成本的物流运作能力之间，企业要进行一个符合自身发展战略和定位的衡量，并没有一个绝对的尺度。

5. 宏观物流管理视角下的物流成本管理

物流成本的下降，对于全社会而言，意味着创造同等数量的财富，在物流领域所消耗的物化劳动和活劳动得到节约，达到以尽可能少的资源投入，创造出尽可能多的物质财富，减少资源消耗的目的。单个企业或某个供应链利益共同体在经济意识下考虑物流成本总是考虑自身利益最大化，而很少顾及外部不经济的问题。但是作为一个国家政府，从社会总成本的角度去认识物流成本就应该有更大范围的全局意识与一定的前瞻性。

首先，政府对物流成本的关注不同于单一的企业，不同企业之间此消彼长的成本不再是关注的重点。如采购成本，有些学者认为物流成本应该从采购抓起，甚至强调物流成本控制主要依靠节约采购成本，这从单一的企业物流成本控制来说不无道理，但从整个国家来说只不过是不同企业财富的转移博弈，并不影响全社会物流成本，尤其是以内贸为主的企业。

其次，应该注重政府公共财政对物流基础设施、交易平台的投入，如道路等级的提高，需要政府公共投资增大，使运输路径缩短，交通损耗减少，增加政府信息平台建设，降低企业信息成本。政府的物流成本提高了，企业的物流成本下降了，这类物流成本符合国际惯例，物流成本从企业向政府转移，从而提高了本国企业的国际竞争力。

再次，政府应树立绿色物流理念，加强对物流过程中产生的环境问题和资源的可持续利用问题进行管理。企业在追求自身利益时可能会采取短期行为或投机行为试图节约物流成本，而政府站在全社会的可持续发展立场，必须加大企业短期行为与投机行为的成本。例如加强限制超载行为、提高车辆废气环保标准、可降解包装材料强制推广以及废弃物处理标准的制定与执行。否则企业为了降低运输成本，让货物严重超载，破坏道路设施甚至可能由于超载导致车祸；加大社会总成本；或者说眼前企业的物流成本下降了，却可能引发不远的将来社会资源的枯竭以及自然资源的恶化。

最后，"第三利润源"说被普遍认可，众多企业逐利而上物流项目，一方面加快了物流行业发展步伐，另一方面使物流设施重复建设，物流企业无序竞争不可避免，增大了社会总成本。此时政府这双"有形的手"就应该挺身而出，发挥指导作用，制订科学的物流园区规划，扶植、引导物流企业规范发展，尽可能减少物流设施重复建设，避免物流企业无序竞争。在全国各大中型城市，主要商品生产集散地和交通枢纽，建设若干规模合理、运作规范的现代化商品物流中心和专业化配送中心，构建全国性物流配送网络。建设若干条贯通区域或全国，甚至国际配送业务的联运干线，构建全国性的商品物流配送绿色通道。适当推动企业从自营物流向第三方物流发展，提高物流行业效率。如果全行业的物流效率普遍提高，物流成本平均水平就可能降低到一个新的水平，那么本国企业国际竞争力将会得到增强。

发展绿色物流的必要性

二、物流成本管理的意义

无论采用什么样的物流技术与管理模式，最终目的不是在于这种模式与技术本身，而是为了实现企业物流的合理化，也就是通过对物流系统目标、物流设施设备和物流活动组织等的改进与调整，实现物流系统的整体最优化，其最终目标是要在保证一定物流服务水平的前提下实现物流成本的降低。可以说，整个物流技术和物流管理的发展过程就是不断追求物流成本降低的过程。换句话说，供应链管理也好，第三方物流也好，都仅仅是实现物流现代化、降低物流成本的手段与工具，最终还是为了追求物流系统的投入与产出（物流总成本与物流服务水平）

之间的优化。

物流成本管理是物流管理的重要内容，降低物流成本与提高物流服务水平构成了企业物流管理最基本的课题。物流成本管理的意义在于，通过对物流成本的有效把握，利用物流要素之间的效益背反关系，科学、合理地组织物流活动，加强对物流活动过程中费用支出的有效控制，降低物流活动中物化劳动和活劳动的消耗，从而达到降低物流总成本、提高企业和社会经济效益的目的。

物流成本管理的前提是物流成本计算，只有搞清物流成本的大小，才能够实施物流成本分析，编制物流成本预算，控制物流成本支出。物流成本的内涵在概念上是明确的，问题的关键是，在实践中如何正确规定和划分物流成本的范围，如何将物流成本准确计算出来。在物流成本计算方面，我们还缺乏有效的方法和操作经验。由于缺乏对物流成本的准确把握，给企业的物流管理带来许多障碍，不利于发现企业物流运作中存在的非效率活动，也难以对物流成本进行纵向和横向的比较。因此，认识物流成本，不能只停留在概念本身的理解上，还必须对物流成本的统计范围、计算方法以及物流成本分析方法等有一个全面掌握，这也是企业在物流成本管理中急需解决的问题。

1. 从微观经济效益的角度观察

从微观的角度看，降低物流成本给企业带来的经济效益主要体现在以下两个方面。

（1）由于物流成本在产品成本中占有很大比例，在其他条件不变的情况下，降低物流成本意味着扩大了企业的利润空间，提高了利润水平。由经济学的基本原理可知，在充分竞争的市场环境下，产品的价格由市场的供求关系所决定，但价格背后体现的还是产品的价值量，即产品中所凝聚的人类抽象劳动的数量。商品价值并不取决于个别企业的劳动时间，而是由行业平均必要劳动时间决定的。当某个企业的物流活动效率高于所属行业的平均物流活动效率，物流成本低于所属行业平均物流服务成本水平的时候，该企业就有可能因此获得超额利润，物流成本的降低部分就转化为企业的"第三利润"；反之，企业的利润水平就会下降。正是由于这种与降低物流成本相关的超额利润的存在，而且具有较大的空间，导致企业积极关注物流领域的成本管理，致力于降低物流成本的努力。

（2）物流成本的降低意味着增强企业在产品价格方面的竞争优势，企业可以利用相对低廉的价格在市场上出售自己的产品，从而提高产品的市场竞争力，扩大销售，并以此为企业带来更多的利润。

2. 从宏观经济效益的角度观察

从宏观的角度讲，降低物流成本给行业和社会带来的经济效益体现在以下三个方面。

（1）如果全行业的物流效率普遍提高，物流成本平均水平降低到一个新的水平，那么该行业在国际上的竞争力将会得到增强。对于一个地区的行业来说，可以提高其在全国和全球市场的竞争力。

（2）全行业物流成本的普遍下降，将会对产品的价格产生影响，导致物价相对下降，这有利于保持物价的稳定，相对提高国民的购买力。

（3）对于全社会而言，物流成本的下降意味着创造同等数量的财富，在物流领域所消耗的物化劳动和活劳动得到节约，从而实现以尽可能少的资源投入，创造出尽可能多的物质财富，达到节省资源消耗的目的。

案例 1.3

物流成本管理的意义

（一）CC 集团概述

CC 集团是一家家电企业，其产品配送一直采用自营模式，该模式将商流与物流相结合，把商品配送活动作为企业的一种商业促销手段而与商品交易活动紧紧联系在一起。因此,各地销售部门均要建立并管理属于自己的仓库，从而导致 CC 在 JX 省内租用了 7 个中小型仓库，分布在省内 7 个不同的城市，最小的仓库面积为 200 平方米，最大的为 1 000 平方米。从 2001 年下半年开始,CC 集团对其下游物流配送体系进行了改革，将原有配送模式从自营模式转变到第三方物流代理配送模式，在华中地区由 TPLC 企业代理其在 JX 省境内开展某品牌家电产品及其配件的整体物流业务，同时，对仓库布局重新进行了规划：在 NC 市设立区域中心仓库（RDC），覆盖 JX 省中南部和东部地区的配送；在 JX 省北部的 JJ 市设立一个调节仓库（DC），覆盖 JX 省西北部地区的配送。

（二）CC 集团两种物流模式下物流成本比较及分析

配送过程中的物流总成本一般由运输成本、库存成本和管理成本组成。同时，根据被调研供应链的运输形式，将运输过程分为干线运输和区域配送两个阶段。产品从生产基地（核心企业）到区域配送中心为干线运输；从区域配送中心到终端客户为区域配送，故运输成本又包括干线运输费用和区域配送费用。

库存成本要考虑三个方面的因素：存货的资金成本、仓库的使用费用和库存作业费用。存货的资金成本根据银行利率和库存占用资金计算得到。仓库使用费用在自营配送模式下为每个月固定的租金，CC 集团每半年与仓库所有者签订一次租赁合同，费用比较稳定；而在 TPLC 代理配送模式下，则与每个月 CC 产品的库存数量相关。库存作业费用在两种模式下均与产品出入库数量有关。

物流管理费用包括三个方面：库存管理成本、管理信息费用和单据处理费用。由于在两种配送模式下，企业均是租用第三方仓库，故库存管理成本主要是仓库管理人员的工资。同时，通过分析调研，发现管理信息费用和单据处理费用均与库存管理成本相关，故管理信息费用和单据处理费用可按比例由库存管理成本计算得到。

根据 CC 集团的物流成本数据，对两种配送模式下的物流成本进行了比较，如表 1-1 所示。

表 1-1

项目	自营配送	TPLC 代理	节约费用	节约百分比（%）
运输成本	156 566.68	154 603.82	1 962.86	1.3
干线运输	147 556.18	109 308.16	38 248.02	25.9
区域配送	9 010.50	45 295.66	−36 285.16	−402.7
库存成本	79 302.86	44 002.39	35 300.47	44.5
资本成本	58 581.86	19 457.29	39 124.57	66.8
仓库租金	17 875.00	15 328.50	2 546.50	14.2
库存作业	2 846.00	9 216.60	−6 370.60	−223.8
管理成本	12 660.00	3 120.00	9 540.00	75.4
仓库管理	12 000	3 000	9 000	75
管理信息	600	60	540	90
单据处理	60	60	0	0
合计	248 529.54	201 726.21	46 803.33	18.8

启发思考

什么类型的企业适合采用代理配送模式？

从表中可以看到，在该案例中采用 TPLC 代理配送模式后，物流总成本降低了 18.8%，物流总成本的三个构成部分均有不同程度的下降，其中运输成本降低 13%，库存成本降低 44.5%，管理成本降低 75.4%。降低幅度最大的项目是物流管理成本，其中管理信息费用的降低主要依赖于 TPLC 完善的管理信息系统，该系统构建在基于 Internet 的电子商务平台上，可以让客户在网上进行远程指令下达、货物状态查询、异常作业处理等，提高了配送过程中信息传递的速度和准确性。而仓库管理费用的降低则主要是 CC 有效地利用了 TPLC 专业化的物流管理，减少了本身不必要的人员设置。虽然物流管理成本在总的成本构成中所占比例不大，但却说明采用 TPLC 代理配送模式有利于企业提高管理水平，集中主要精力于自己的核心业务。

第四节　物流成本管理的发展

人们对物流管理的重视一方面是为了提高物流服务水平，另一方面是为了降低物流成本，即所谓通过加强物流管理来挖掘"第三利润源"。随着生产技术的发展、产品成本的降低，产品数量大幅度增加，流通成本问题就变得越来越重要，物流成本控制的问题就随之产生了。企业注重成本管理，追求利润的最大化，物流成本管理便成为企业降低成本、提高服务水平、增强竞争力的有效手段。

由于不同国家物流发展程度不同，对物流的研究程度也各不相同，因此对物流成本管理的发展也存在着不同的看法，比较典型的国家有美国和日本。下面以欧美国家和日本为代表，介绍物流成本管理的发展，同时也介绍物流成本管理在我国的发展情况。

一、欧美国家物流成本管理的发展

从欧美国家物流成本管理的一般发展过程来看，物流成本管理大致可分为以下几个阶段。

1. 物流成本认识阶段

物流成本管理在物流管理中占有重要的位置，"物流是经济的黑暗大陆""物流是第三利润源"等观点都说明了物流成本问题是物流管理初期人们关心的主要问题。正是由于在物流领域存在着广阔的降低成本的空间，物流问题才引起企业经营管理者的重视。企业物流管理可以说是从对物流成本的管理开始的。但是在这个阶段，人们对于物流成本的认识只是停留在概念认识的层次上，还没有依照管理的步骤对物流成本实施全面管理。

2. 物流项目成本管理阶段

在对物流成本认识的基础上，根据不同部门、不同领域或不同产品出现的特定物流问题，组织专门的人员研究解决。但是，对于物流成本管理的组织化程度及对物流成本的持久把握方面仍存在不足。到了这个阶段，物流管理组织开始出现。

3. 引入物流预算管理制度的阶段

随着物流管理组织的设置，对物流成本有了一个统一、系统的把握，开始引入物流预算管理制度。也就是说,通过物流预算的编制、预算与实际的比较,对物流成本进行差异分析,从而达到控制物流成本的目的。但是,这个阶段编制的物流预算缺乏准确性,对于成本变动原因的分析也缺乏全面性,而且对物流成本的把握仅限于运费和对外支付的费用。

4. 物流预算管理制度确立阶段

在这个阶段推出了物流成本的计算标准,物流预算及其管理有了比较客观准确的依据,物流部门成为独立的成本中心或利润中心。

5. 物流绩效评估制度确立阶段

物流预算管理制度确立后,进一步发展的结果是形成物流绩效评估制度。通过物流部门对企业绩效的贡献度的把握,准确评价物流部门的工作。物流部门的绩效评估离不开其对于降低物流成本的贡献度,降低物流成本是物流部门的永恒目标。

国外物流企业发展现状
对我国的启发探微

二、日本物流成本管理的发展

在日本,物流技术兴起于 20 世纪 50 年代,发展至今已形成了一套完整的体系,由重视功能变为重视成本,进而变为重视服务。物流成本管理一直受到日本物流界的重视,在长期的发展中物流成本与财务结算制度逐步相联结。在日本,对物流成本管理的发展阶段的划分存在着几种不同的学术观点。

日通综合研究所编撰的《物流知识》(第 3 版)将物流成本管理的发展划分为下述 6 个阶段。

(1)物流前期。这一时期物流只是按生产和销售部门的要求进行货物的保管和运输。

(2)个别管理期,即物流成本意识的出现期。这一时期只有保管部门或发货部门在努力降低成本。

(3)综合管理时期。在这一时期,物流作为一项独立业务开始建立物流管理部门,采取措施综合解决各种物流功能的优化组合问题。这里,生产和销售是物流的前提。

(4)扩大领域时期。这是物流影响生产和销售的阶段。对于生产部门来说,应该在产品设计阶段就从物流的角度考虑问题,在物流效率、统一包装规格、生产计划的灵活性等方面提出要求;对于销售部门,则在接受订货的计划性、订货的数量单位及交货期限等方面提出要求。在这一阶段,追求"第三利润源"的企业增多,过去曾把这一阶段视为终极阶段。

(5)整体体制时期。物流进入小批量、多品种发货的新时代。为创造新的物流形象,整个公司必须取得共识。这一阶段的多数情况是建立以生产和销售人员为委员,以负责经营的主要领导为委员长的委员会制度。建立起这样的制度之后,物流就成为生产和销售本身的一项内容。物流部门则只要运用物流知识和物流信息建立物流系统即可。

(6)生产、销售、物流一体化时期。首先将不同商品的售出情况、发货及脱销情况、库存及进货情况与销售、生产计划进行比较,将现有库存与基准库存量(库存计划)进行比较,定期进行这一工作。找出计划与实际情况的差异,并据以提出解决方案,修订生产计划和与之相关的采购计划及其以生产、销售计划为前提的物流计划。这种修订使各个时期的计划与销售状况相适应,包括生产和物流运作的修订,也就是通常所说的建立以物流信息为核心的一体化系统。

日本著名物流研究专家菊池康也教授在《物流管理》一书中,阐明了自己的观点,他认为日本物流成本管理的发展可分为下述 5 个阶段。

（1）了解物流成本的实际状况（对物流活动的重要性提高认识）。

（2）物流成本核算（了解并解决物流活动中存在的问题）。

（3）物流成本管理（物流成本的标准成本管理和预算管理）。

（4）物流收益评估（评估物流对企业效益的贡献度）。

（5）物流盈亏分析（对物流系统的变化或改革建立模拟模型）。

菊池康也教授认为现在日本企业的物流成本管理大多处于第三阶段，还没有达到第四阶段、第五阶段，物流部门的职能还落后于销售和生产部门的职能。

还有一种著名的观点是以神奈川大学的唐泽丰教授为代表的，认为日本的物流成本管理的发展可以分为 4 个阶段，而目前日本企业物流成本核算与管理处在第三阶段。

（1）明确物流成本，从物流成本与销售金额比率的角度进行管理的阶段，即主要是定量地掌握物流成本的阶段。

（2）采用物流预算制度，可以对物流成本的差异进行分析的阶段。

（3）正式确定物流成本的基准值或标准值，使物流预算的提出或物流的管理有一个客观的、恰当的标准。

（4）建立物流管理会计制度的阶段，使物流成本管理与财务会计在系统上联结起来，这说明已到了容易进行成本模拟的阶段。

三、物流成本管理在我国的发展

我国的物流起步较晚。自从物流的概念从日本被介绍到我国后，一开始人们对物流的研究远远落后于物资系统，对物流成本的认识也只是停留在概念认识的层次上。20 世纪 90 年代初，竞争的激烈、业态的多样化导致了流通利润的下降，使得人们开始重视物流，并注重物流成本分析在物流管理中的重要性，物流成本开始进入初步的研究和试验性管理阶段，但还只限于个别的企业和部门，并没有引起全社会对物流成本的关注。

进入 20 世纪 90 年代后期，生产企业及其他流通企业开始认识到物流的重要性，国内一些企业内部开始设立专门的物流部门，也开始出现了不同形式的第三方物流企业。物流这个"第三利润源"引起了社会和企业的极大兴趣，许多企业纷纷参照国外的先进经验和技术来加强物流管理，组织专门的人员研究降低物流成本，物流成本管理开始组织化。进入 21 世纪，我国的物流产业又有了新的发展，特别是近几年随着网络经济的发展，我国物流业发展开始走向国际化、全球化。对物流成本管理理论和方法的研究进入了一个新的阶段，出现了一些关于物流成本管理的专著和论文。一些企业开始引入物流成本预算制度，对于物流环节的运输、储存、装卸和搬运等，都有了一些行业的定额指标。

但是从整体上看，目前我国在物流总成本与物流服务水平的研究方面还处于起步阶段，对物流成本的研究相对还比较贫乏。

（1）从企业微观物流成本的角度来看，对物流成本的构成认识不清，只见树木不见森林。目前我国企业现行的财务会计制度中，没有单独的科目来核算物流成本，一般所有的成本都列在费用一栏中，无法分离。这使得许多企业仅将向外部的运输企业支付的运输费用和向外部仓库支付的仓储费用作为企业的物流成本。这种计算方式使得大量的物流成本，如企业内与物流活动相关的人员费、设备折旧费等不为人所知。企业连自己的物流总成本都无法说清，在这种情况下，无论采用什么先进的物流管理模式和技术，都不可能真正实现企业物流系统的合理化。同时，不同企业对物流成本有不同的界定和理解，计算标准不统一，不同企业物流成本之间也不具有可比性。2006 年国家标准《企业物流成本构成与计算》GB/T 20523—2006 颁布实施后，企业物流成本的计算才有了统一、明确的参考依据，但物流成本管理在企业的推广还需要一个较长的过程。

（2）从社会宏观物流成本的角度来看，在 2004 年 10 月由国家统计局、国家发改委发布的《社会物流统计制度及核算表式（试行）》实施前，我国社会物流成本一直没有统一、权威的数据来源。国内外一些学者和机构运用不同方法对我国社会物流成本进行分析，得到的结果也各不相同。例如，国际货币基金组织估算的我国 1997 年社会物流成本占 GDP 的比例为 16.9%；摩根斯坦利太投资研究组测算的我国 2015 年社会物流成本占 GDP 的比例为 16%；美智管理顾问公司认为我国社会物流成本占 GDP 的比例为 20%左右。直到 2004 年《社会物流统计制度及核算表式（试行）》发布后，我国社会物流成本的核算有了统一的标准，数据发布才得以权威化和定期化。但是，除了国家统计局与中国物流与采购联合会每年定期公布我国社会物流成本状况之外，各行业和各地区的社会物流成本统计核算工作并没有得到广泛的开展。

从微观上看，物流成本统计数据的缺乏会给企业的物流成本管理与控制带来困难。同时，由于计算口径不同，相同行业或类型相似的企业之间的物流服务成本水平无法比较，这对于评估企业物流绩效，促进企业的物流合理化也是很不利的。从宏观上看，这也会造成区域物流中心与物流园区建设的盲目性。例如，对于某一个地区来说，缺乏该地区确切的物流成本数据就会导致我们对于未来该地区物流需求总量与物流需求类型预计不准确，从而产生建成的物流中心或物流园区不适应当地物流需求的结果，造成资金的浪费。此外，物流中心或物流园区建立后能否有效地提高物流效率（在保证一定物流服务水平的前提下，切实地降低物流成本）也不得而知。

第五节　物流成本的管理与控制系统的基本内容

物流成本的管理与控制系统由两个部分组成：一部分是物流成本管理系统，另一部分是物流成本的日常控制系统。

物流成本是一个经济范畴，实施物流成本管理与控制，必须遵循经济规律，尤其是价值规律的要求。这就要求在物流成本管理中，要广泛地利用价格、利息、奖金等经济杠杆，利用定额、资金、利润等经济范畴，以及经济仲裁、责任结算、绩效考核等经济手段或措施对物流成本实施有效的管理。这里所说的物流成本管理系统，就是指在进行物流成本核算的基础上，运用专业的预测、计划、核算、分析和考核等经济管理方法来进行物流成本的管理，具体包括物流成本预算、物流成本性态分析、物流责任成本管理以及物流成本效益分析等。

同时，物流管理又是一项技术性很强的管理工作，要降低物流成本，必须从物流技术上下工夫。物流成本的日常控制系统就是指在物流运营过程中，通过物流技术的改善和物流管理水平的提高来降低和控制物流成本。具体来说，物流成本控制的技术措施主要包括提高物流服务的机械化、集装箱化和托盘化，改善物流途径、缩短运输距离，扩大运输批量、减少运输次数、提高共同运输，维护合理库存、管好库存物资、减少物资毁损，等等。在物流成本的管理与控制中，作为控制对象的是物流活动本身，物流成本只是作为一种管理手段而存在。

一、物流成本管理系统的基本内容

讲到物流成本管理，首先要澄清人们在认识物流成本管理时存在的一个误区。因为许多人一提到"物流成本管理"就认为是"管理物流成本"，在大多数情况下，人们把注意力单纯集中于物流成本的计算上，实际上，计算物流成本并非物流成本管理的目的，物流成本管理的真正目的在于"为什么计算"。只有赋予物流成本管理"管理"的目的，企业才算掌握了物流成本管理的真谛。实质上，"物流成本管理"的概念要比"管理物流成本"更广泛，它的具体含义是通过成本这一核算结果来管理各项物流作业，进而对整个物流系统进行管理、优化，即"通过成本目标管理物流"。具体来说，物流成本管理的"目的"主要包括以下三个方面。

（1）把握物流成本的总额，并根据企业物流成本历年数据资料，认识到企业物流成本发展的趋势。若有行业物流成本统一核算标准，还可以与行业内其他企业进行横向比较，找出差距。

（2）借助于以上数据和比较结果，评估企业物流经营的绩效，从供应链全过程对物流作业进行整合、管理，甚至剥离。

（3）正确评估企业物流部门或者其他物流相关部门对企业的贡献，为企业发展战略的制定提供依据。

基于以上分析，本书中把物流成本管理系统分成三个层次，即物流成本核算层、物流成本管理层以及物流成本效益评估层，如图1-4所示。

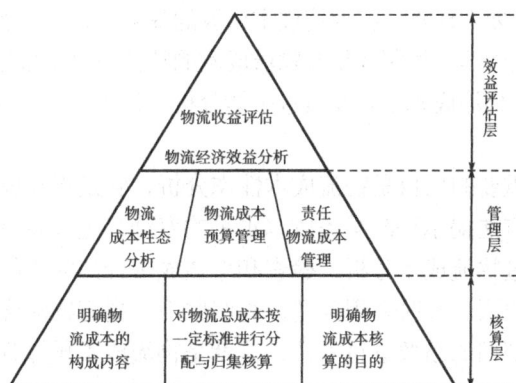

图1-4 物流成本管理系统的层次结构与基本内容

（一）物流成本核算层

物流成本核算层的主要工作包括以下几点。

1. 明确物流成本的构成内容

物流成本的各项目之间存在此消彼长的关系，某一项目成本的下降将会带来其他项目成本的上升。因此，在达到一定服务标准的前提下，不明确物流总成本的全部构成，仅仅对其中的某一部分或某几部分进行调整和优化，未必会带来全部物流成本的最优化。所以明确物流成本的构成，将全部物流成本从原有的会计资料中分离出来是十分必要的。在此基础上，才能进行有效的物流成本核算、物流成本管理以及物流成本的比较分析。

2. 对物流总成本按一定标准进行分配与归集核算

对物流总成本按一定标准进行分配与归集核算是进行物流成本决策与控制的基础。在企业经营计划确定后，根据企业制定的物流成本计算或者归集对象，对产生的各种耗费进行归纳，采用相适应的成本计算方法，按照规定的成本项目，通过一系列的物流成本汇集与分配，计算出各物流活动成本计算对象的实际总成本和单位成本。物流总成本可以按照不同的标准进行归集。较常用的方式有：根据不同的产品、不同的客户或不同的地区等成本核算对象来进行归集；根据装卸费用、包装费用、运输费用、信息费用等物流职能来进行归集；按照材料费、人工费等费用支付形式来进行归集。这些归集方法与目前的财务会计核算口径是一致的。现在，越来越多的企业在推行作业成本法（Activity-Based Costing，ABC），这也是一种进行物流成本归集核算的有效方法。

3. 明确物流成本核算的目的

在进行物流成本有效核算的基础上，可以开展多种形式的物流成本管理。因此，在进行企业物流成本核算时，要明确物流成本核算的目的，使得整个核算过程不仅仅停留在会计核算层面上，而是能够充分运用这些成本信息，这样对企业的用途和意义更大。

（二）物流成本管理层

物流成本管理层的主要工作是：在物流成本核算的基础上，采用各种成本管理与管理会计方法，来进行物流成本的管理与控制。结合物流成本的特征，可以采用的成本管理方法主要包括：物流标准成本管理、物流成本性态及盈亏平衡分析、物流成本预算管理、物流责任中心和责任物流成本管理等。

物流成本管理层最重要的项目是物流成本性态分析，它是指在成本核算及其他有关资料的基础上，运用一定的方法揭示物流服务成本水平的变动，进一步查明影响物流服务成本水平变动的各种因素。通过物流成本分析，检查和考核成本计划完成的情况，及时总结经验，找出实际与计划差异的原因，及时发现问题，查明原因，揭露物流环节存在的主要矛盾，以及根据考核结果对相关部门的绩效进行考核，这就是物流成本预算管理和责任物流成本管理的内容。

（三）物流成本效益评估层

这是指在物流成本核算的基础上，再进行物流收益评估和物流经济效益分析。在此基础上，对物流系统的变化或改革建立模拟模型，寻求最佳物流系统的设计。

按照日本著名物流学者菊池康也的分析，目前日本的物流成本管理多处于前两个层次上，还没有达到第三个层次，对企业物流部门的成本管理还落后于销售和生产部门。而在我国，对物流成本的管理还更多地停留在第一个层次上。由于对物流效益的定量评估存在一定的困难，因此，本书对物流成本效益评估层的管理也不多作论述。

二、物流成本日常控制系统的基本内容

物流成本的日常控制是指在日常物流运营的每个作业环节，依据现代物流运营理论，采用先进的物流技术与方法，提高物流技术水平和物流管理水平，优化物流系统，来降低整个企业物流成本的一系列措施。

物流成本控制是物流成本管理的中心环节。根据现代成本管理与控制理论，企业物流成本管理是由物流成本的预测、决策、计划、核算、控制、分析和考核等多个环节组成的一个有机整体。物流成本管理的诸环节相互联系、相互作用，通过其不断循环构成物流成本管理控制体系。而这一体系的中心环节便是物流成本的日常控制。物流成本的预测、计划、核算、分析等成本管理技术，最终都要通过日常控制环节来实现物流成本的降低。而物流成本的日常控制，也就是企业创新物流技术和方法、提高物流管理水平的过程。可以说，物流成本的有效管理与控制推动着物流技术的更新、物流管理水平的提高。

现代物流成本控制是企业全员控制、全过程控制、全环节控制和全方位控制。现代物流成本控制的内容不再是孤立地降低物流成本，而是从成本与效益的对比中寻找物流成本的最小化，也即运用成本—效益分析，为了未来更高的收益而支出某些当前看起来很昂贵的费用。比如，引进新型物流设备——电子拣货系统可能导致当前巨额的物流支出，在日后的生产运营中，高昂的折旧也使得企业每月的物流成本居高不下，使得企业物流成本绝对数大幅度增加，但因为引进先进设备，使得企业的物流效率大大提高，差错率降低，人工成本降低，扩大的业务量足以弥补企业当前的支出而提高企业的净利润绝对值，因此总体来说，企业效益增加。树立现代物流成本控制意识，运用成本—效益分析，可以为企业创造更大收益，所以为未来"增效"而树立物流成本效益观念是极为重要的。

物流成本控制的对象有很多种，在实际工作中，物流成本的控制一般可以分为以下主要形式。

1. 以物流成本的形成阶段作为成本控制对象

以制造企业为例，就是将供应物流成本、生产物流成本、销售物流成本、废弃物物流成本以及回收物物流成本作为成本控制的对象。也就是说，在供应物流、生产物流、销售物流、废弃物物流以及回收物物流的不同阶段，寻求物流技术的更新和物流管理水平的提高，来控制和降低各个阶段的物流成本。

2. 以物流服务的不同功能作为成本控制对象

也就是说，从仓储、运输、包装、装卸、流通加工等各个物流作业或物流功能的角度来寻求物流管理水平的提高和物流技术的更新，控制和降低物流成本。

3. 以物流成本的不同项目作为成本控制对象

就是说，将材料费、人工费、燃油费、差旅费、办公费、折旧费、利息费、委托物流费及其他物流费等物流成本项目作为控制对象，通过对各项费用项目的控制节约，谋求物流总成本的降低。

当然，企业在进行物流成本日常控制过程中，这三种物流成本的控制形式并非孤立的，而

是结合在一起的，某一种形式的成本控制方式也会影响到另一种形式的成本控制方式。三者的关系如图 1-5 所示。

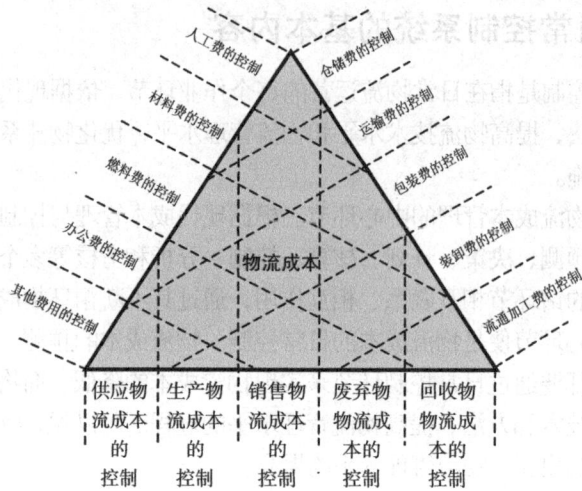

图 1-5　物流成本控制系统的对象与基本内容

三、物流成本的综合管理与控制

　　物流成本管理系统是对物流成本进行预测和编制计划，并通过会计系统进行物流成本的归集和核算，来对本年度物流成本进行分析，对相关物流成本责任部门进行考核，并把相关信息反馈给相关作业与管理部门，便于他们依据这些成本信息来充分挖掘降低物流成本的潜力，寻求降低物流成本的有关技术经济措施。同时，进行物流成本决策和再预测，进入下一个物流成本管理循环。因此，可以说，物流成本管理系统是由物流成本的预测、计划、成本计算、成本分析、成本信息反馈、成本决策和再预测等环节构成的。一个预测管理期连着下一个预测管理期，不断循环提高。成本管理的预测计划循环按时间标准进行划分，可以是短期计划（一个月或一个季度）、中期计划（半年或一年）或长期计划。

　　物流成本日常控制系统主要是通过物流技术的更新、物流管理水平的提高来实现物流过程的优化和物流成本的降低。物流过程是一个创造时间性和空间性价值的经济活动过程，为使其能提供最佳的价值效能，就必须保证物流各个环节的合理化和物流过程的迅速、通畅。物流系统各个环节的优化技术与方法很多，例如，用线性规划、非线性规划制订最优运输计划，实现物品运输优化；运用系统分析技术选择货物最佳的配比和配送路线，实现货物配送优化；运用存储论确定经济合理的库存量，实现物资存储优化；运用模拟技术对整个物流系统进行研究，实现物流系统的最优化等。

　　物流成本的综合管理与控制就是要将物流成本管理系统与物流成本日常控制系统结合起来，形成一个不断优化的物流系统的循环。通过一次次循环、计算、评价，使整个物流系统不断优化，最终找出其总成本最低的最佳方案。物流成本综合管理与控制方法可以用图 1-6 表示。

　　在实际工作中，企业应该将物流成本的管理系统与物流成本日常控制系统有效地结合起来，把物流成本当成一种指标工具，在企业物流成本的日常控制中实现物流成本管理的目的。

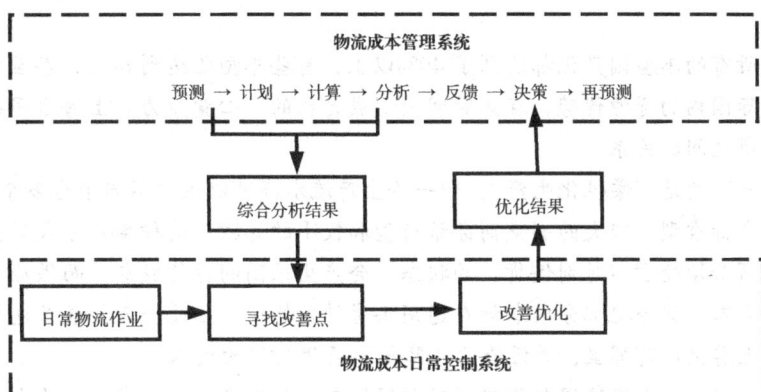

图 1-6　物流成本综合管理与控制方法

案例 1.4

物流成本综合管理

有资料显示，我国汽车工业企业，一般的物流成本起码占整个生产成本的 20% 以上，差的公司基本在 30%～40%，而国际上物流做得比较好的公司，物流的成本都控制在 15% 以内。

上海通用在合资当初就决定，要用一种新的模式，建立一个在"精益生产"方式指导下的全新理念的工厂，而不想再重复建造一个中国式的汽车厂，也不想重复建造一个美国式的汽车厂。

精益生产的思想内涵很丰富，最重要的一条就是像丰田一样——即时供货（Just In Time，JIT），即时供货的外延就是缩短交货期。所以上海通用在成立初期，就在现代信息技术平台的支撑下，运用现代的物流观念做到交货期短、柔性化和敏捷化。

上海通用的车型零部件总量有 5 400 多种，在国内外还拥有 180 家供应商，拥有北美和巴西两大进口零部件基地。

为了把库存这个"魔鬼"赶出自己的供应链，例如通用的部分零件有些是本地供应商所生产的，会根据生产的要求在指定的时间直接送到生产线上去生产。这样，因为不进入原材料库，所以保持了很低或接近于"零"的库存，省去了大量的资金占用。

有些用量很少的零部件，为了不浪费运输车辆的运能，充分节约运输成本，上海通用使用了叫作"牛奶圈"的小技巧：每天早晨，上海通用的汽车从厂家出发，到第一个供应商那里装上准备好的原材料，然后到第二家、第三家，依次类推，直到装上所有的材料，然后再返回。这样做的好处是，省去了所有供应商空车返回的浪费。前两年还很少有人关注汽车物流，可现在它俨然成了汽车业的香饽饽，很多公司都希望通过降低物流成本来提高竞争力。

而且，不同供应商的送货缺乏统一的标准化管理，在信息交流、运输安全等方面，都会带来各种各样的问题。如果要想管好它，必须花费很多的时间和很大的人力资源。所以上海通用改变了这种做法。

上海通用聘请一家第三方物流供应商，由他们来设计配送路线，然后到不同的供应商处取货，再直接送到上海通用，利用"牛奶取货"或者叫"循环取货"的方式解决了这些难题。通过循环取货，上海通用的零部件运输成本下降了 30% 以上。这种做法体现了上海通用的一贯思想：把低附加值的东西外包出去，集中精力做好制造、销售汽车的主营业务，即精干主业。

上海通用所有的车型国产化都达到了 40% 以上,有些车型已达到 60%,甚至更高。这样可以充分利用国际国内的资源优势,在短时间内形成自己的核心竞争力。上海通用也因此非常注意协调与供应商之间的关系。

上海通用采取的是"柔性化生产",即一条生产流水线可以生产不同平台多个型号的产品,如同时生产别克标准型、较大的别克商务旅行型和较小的赛欧。这种生产方式对供应商的要求极高,即供应商必须处于"时刻供货"的状态,会产生很高的存货成本。而供应商一般不愿意独自承担这些成本,就会把部分成本计在通用供货的价格中。如此一来,最多也就是把这部分成本转嫁到了上游供应商那里,并没有真正降低整条供应链的成本。

为克服这个问题,上海通用与供应商时刻保持着信息沟通。公司有一年的生产预测,也有半年的生产预测,生产计划是滚动式的,基本上每星期都有一次滚动,在此前提下不断调整产能。这个运行机制的核心是要让供应商也看到公司的计划,让他们能根据通用的生产计划安排自己的存货和生产计划,减少对存货资金的占用。

如果供应商在原材料、零部件方面出现问题,也要给上海通用提供预警,这是一种双向的信息沟通。万一某个零件预测出现了问题,在什么时候跟不上需求了,公司就会利用上海通用的资源甚至全球的资源来作出响应。新产品的推出涉及整个供应链,需要国内所涉及的零部件供应商能同时提供新的零部件,而不仅仅是整车厂家推出一个产品这么简单。作为整车生产的龙头企业,上海通用建立了供应商联合发展中心,在物流方面也制作了很多标准流程,使供应商随着上海通用产量的调整来调整他们的产品。

目前市场上的产品变化很大,某一产品现在很热销,但几个月后就可能需求量不大了。上海通用敏捷化的要求就是在柔性化共线生产前提下能够及时进行调整。但这种调整不是整车厂自己调整,而是让零部件供应商一起来作调整。

市场千变万化,供应链也是千变万化的,对突发事件的应变也是如此。某段时间上海通用在北美的进口零部件出现了问题,就启动了"应急计划",不用海运而改用空运。再比如考虑到世界某个地区存在战争爆发的可能性,将对供应链产生影响,上海通用就尽可能增加零部件的库存,而且也预警所有的供应商,让他们对有可能受影响的原材料进行库存。

启发思考

上海通用是从哪几个方面进行物流成本管理与控制的?

秘笈一:精益生产及时供货。

随着汽车市场竞争越来越激烈,很多汽车制造厂商采取了价格竞争的方式来应战。在这个背景下,大家都不得不降低成本。而要降低成本,很多厂家都从物流这个被视作"第三大利润"的源泉入手。

从这几年的生产实践来说,上海通用每年都有一个或一个以上新产品下线上市,这是敏捷化的一个反映。而物流最根本的思想就是怎样缩短供货周期来达到低成本、高效率。这个交货周期包括从原材料到零部件,再从零部件到整车,每一段都有一个交货期,这是敏捷化至关重要的一个方面。

秘笈二:循环取货驱除库存"魔鬼"。

秘笈三:建立供应链预警机制追求共赢。

本章习题

一、名词解释

1．物流成本

2．物流冰山之说

二、简答题

1．在分析过程中，人们应该从哪些不同角度理解物流成本的含义？

2．如何理解日本和欧美国家物流成本管理的发展历程？对我国物流成本管理的发展有何借鉴作用？

3．从微观和宏观上看，物流成本管理有何意义？

4．物流系统中有哪些物流成本交替损益规律？这些规律对物流成本的管理有何启示？

5．如何正确理解物流成本管理的内涵？

6．简述物流成本管理与控制系统的构成。

海尔物流探究

三、案例分析

海尔现代物流的实质是什么？

第二章

物流系统要素与物流成本的构成

【学习目标】

掌握物流成本的基本构成；掌握制造企业、商业流通企业、物流企业三种企业物流成本的构成及特点。

案例 2.1

改进物流系统要素职能

河北快运集团有限公司是由河北省交通厅发起，联合省内 11 地市各大运输集团共同出资建立的专业化物流企业，主要的业务范围为医药、日用百货、卷烟、陶瓷、化工产品的物流配送。而凯蒂服饰公司是该公司的一个大客户，将其全部分拣、配送业务外包给了快运公司，快运公司专门为其建立了一个配送中心，用于凯蒂服饰公司的仓储分拣作业，并提供相应送货的服务。随着服饰销售旺季的到来，公司下面 127 家销售点发货需求也马上就要提高，从而导致需要的库存增加、日发货量提高等问题。为了保证订单供应，快运公司急需解决其仓库存储能力和分拣能力以满足凯蒂服饰公司对配送业务量的需求并尽量达到设计要求。随着双方合作的加强，公司配送业务急剧增加，不仅每天出、入库的业务量大大提高，库存量也随之加大，对公司仓库现有的存储能力和分拣能力都提出了更高的要求。想要通过扩充仓库面积来达到存储量的成倍增加已经不太现实，因为去年刚刚对仓库进行了大幅度的扩充，由原来的 3 000 平方米，一下提高到目前的 4 800 平方米。仓库现有员工 17 人，员工工资在仓库总成本中占有很大比例，企业人员一直想通过精简仓库员工来降低仓库总成本，但是由于这段时期业务量不断增加，员工工作强度的确不小。另一方面，接下来由于凯蒂服饰公司配送业务量的增加，对仓库分拣能力的提高也是相当大的考验。目前每个月约有 43 900 箱，共计 522 万件服装的仓库储存量，根据对业务量的预测，5 年后仓库容量要达到 84 000 箱，1 000 万件。目前每天发货 127 家，预计将来发货要达到 300 家。现在每月作业量约 200 万件（包括出、入库作业及退货返回），作业量虽然很大，但是将来作业量还要大幅度提高。

启发思考

如何对仓库进行改进从而使其存储能力和分拣能力满足凯蒂服饰公司对配送业务量的需求并尽量达到设计要求？

目前，存箱区的货物摆放没有采用托盘。虽然每天到货近 400 箱，但是由于规格很多，有近 200 多种规格，所以无法采用托盘。现在采用 2 米多高的货架，直接将整箱货物码垛在货架上，不严格按货位摆放。当需要往货架最上层码放货物时需要借助梯子。货物在拣货区货架摆放是以件为单位的，拣货区的货架高约 2 米。发货前的装箱工作，需要两个人进行，一个人念发货单，一个人核对货物号，这样不仅效率低，而且出错率高。针对这种情况，可以采取特定的存取方式，并且借助电子设备进行分拣与货物管理。

第一节　企业物流系统要素与物流成本基本构成

一、企业物流系统的要素

（一）企业物流的水平结构要素

物流系统是指在一定的时间和空间里，由所需位移的物资、包装设备、装卸搬运机械、运输工具、仓储设施、人员、通信联系等若干相互制约的动态要素所构成的、具有特定功能的有机整体。物流系统的目的是实现物资的空间效用和时间效用，在保证社会再生产顺利进行的前提下，实现各种物流环节的合理衔接，并取得最佳的经济效益。

企业的生产经营活动一般由原材料供应、生产、流通销售、废弃回收等基本环节组成，在每个环节后面都有物流系统的支持，因此企业的物流系统在水平结构上往往可以分为供应物流子系统、生产物流子系统、销售物流子系统、配送物流子系统，以及废弃物回收子系统等。我们常说的企业物流就是指对企业生产经营过程各个环节和各个阶段物流子系统进行集成而形成的物流系统。而物流企业可以为制造企业和流通企业提供单个环节的物流服务，也可以为企业提供全过程的集成物流服务。

（二）企业物流的垂直结构要素

企业物流系统的垂直结构构成包括管理层、控制层和作业层三个层次，物流系统通过这三个层次的协调配合实现其总体功能。

（1）管理层。管理层的主要任务是对整个物流系统进行统一的计划、实施和控制，其主要工作内容包括：物流系统战略规划、系统控制和绩效评定，以形成有效的反馈约束和激励机制。

（2）控制层。控制层的主要任务是控制物料流动过程。其主要工作包括：采购、原材料库存计划与控制、用料管理、生产计划与控制、成品库存计划与控制、订单处理与客户服务、回收计划与控制等。

（3）作业层。作业层的主要任务是完成物料的时间转移和空间转移，主要工作包括进货运输、原材料仓储、厂内运输、在制品和半成品储存、发货运输、成品仓储、回收运输与仓储等。

可以看到，物流活动几乎渗入企业的所有生产经营活动和管理工作中，对企业的影响甚为重要。

（三）企业物流系统的功能要素

物流系统的基本功能主要有 6 个，包括：运输、仓储、包装、装卸搬运、流通加工和物流信息处理，这些功能也是物流系统的基本作业环节。物流系统的效益并不是这些局部环节益的简单相加，因为各个环节的效益之间存在相互影响、相互制约的关系，任何一个环节的过分削弱都会影响到物流系统链的整体强度。显然，物流信息处理功能伴随着物流信息贯穿整个物流系统，而其余的五项基本功能在各个物流子系统中也各自有所不同。

1. 运输

运输功能是物流系统最主要的功能之一，它的任务是对物资进行较长距离的空间位移，物流部门通过运输解决物资在生产地点和需求地点之间的空间距离问题，从而创造商品的空间效益，实现其使用价值，以满足社会需要。运输的主要目的是要用最低的成本、最小的损耗，将产品从一个地方转移到另一个地方，因为生产、流通和消费活动需要使物体发生空间转移，物流系统是通过载体实现这种转移的。

2. 仓储

仓储在物流系统中起着缓冲、调节和平衡的作用，是物流的另一个中心环节。仓储的目的是克服产品生产与消费在时间上的差异，使物资产生时间上的效果。仓储是对在库或在途商品的数量和品质以及运作进行的管理，以防止商品数量减少、质量发生变化。另外，提高劳动生产率，减少在储存作业过程中的保管、装卸、包装费用以及商品损耗，加快商品在储存过程中的作业时间等也是其职责。另外，库存控制也是仓储管理的一项重要任务。

3. 包装

无论是产品还是原材料，在搬运输送之前一般都要加以某种程度的包装捆扎和装入适当容器，以保证产品完好地送达消费者手中，所以包装被称为生产的终点，同时又是物流的起点。包装的作用是保护物品，使物品的形状、性能、品质在物流过程中不受损坏。通过包装还使物品形成一定的单位，作业时便于处置。此外，包装还可以使物品醒目美观，以促进销售。因此，根据目的不同，包装也可以分为销售包装与物流包装两大类。

4. 装卸与搬运

装卸与搬运是指在指定的地点以人力或机械设备装入或卸下物品，一般发生在同一地域范围内（如车站、工厂、仓库等）。装卸一般指上下方向移动物品，而搬运则是物品横向或斜向的移动。装卸搬运活动是物流各项活动中出现频率最高的一项作业，其活动效率的高低直接影响到物流整体效率。

5. 流通加工

流通加工是物流中具有一定特殊意义的活动，即在商品从生产者向消费者流动的过程中，为了促进销售，维护商品质量，实现物流的高效率所采用的使商品发生形状和性质的变化活动，比如剪板加工、冷冻加工、分装加工、组装加工、精加工等。流通加工是物流的一个重要组成部分，也是生产加工在流通领域的延伸。

6. 物流信息处理

信息渠道的畅通是物流系统高效运行的保证。随着物流业的发展，信息在物流管理中的地位越来越重要，物流信息管理已经成为物流管理的重要手段之一。目前，企业物流管理活动信息流既包括企业内部信息流，如企业内原材料、半成品、产成品物流以及生产过程物流和与之相关的物流成本核算所产生的信息流动，也包括企业间的信息流，如企业间订货、收货、发货、中转、代理以及结算等活动所产生的物流信息。

二、企业物流成本的基本构成

本节所说的企业物流成本是指微观物流成本，具体包括制造企业的物流成本、流通企业的物流成本，以及物流企业的物流成本。不同类型的企业，其物流成本构成内容也会有所不同。但是，从物流功能角度来谈物流成本的基本构成，不同类型的企业基本是趋同的。本节首先按物流功能分析企业物流成本的基本构成，然后再分析不同类型企业物流成本的构成特点。

根据国家标准《企业物流成本构成与计算》中对企业物流成本按成本项目的基本分类，企业物流成本由物流功能成本和存货相关成本构成。其中物流功能成本包括物流活动过程中所发生的包装成本、运输成本、仓储成本、装卸搬运成本、流通加工成本、物流信息成本和物流管理成本，存货相关成本包括企业在物流活动过程中所发生的与存货有关的资金占用成本、存货风险成本和存货保险成本。具体内容如表 2-1 所示。

物流系统要素冲突分析

表 2-1　企业物流成本项目基本构成

		成本项目	内容说明
物流功能成本	物流运作成本	运输成本	一定时期内，企业为完成货物运输业务而发生的全部费用，包括从事货物运输业务的人员费用，车辆（包括其他运输工具）的燃料费、折旧费、维修保养费、租赁费、过路费、年检费、事故损失费、相关税金等
		仓储成本	一定时期内，企业为完成货物储存业务而发生的全部费用，包括仓储业务人员费用，仓储设施的折旧费、维修保养费、水电费、燃料与动力消耗等
		包装成本	一定时期内，企业为完成货物包装业务而发生的全部费用，包括包装业务人员费用，包装材料消耗，包装设施折旧费、维修保养费，包装技术设计、实施费用以及包装标记的设计、印刷等辅助费用
		装卸搬运成本	一定时期内，企业为完成装卸搬运业务而发生的全部费用，包括装卸搬运业务人员费用，装卸搬运设施折旧费、维修保养费、燃料与动力消耗等
		流通加工成本	一定时期内，企业为完成货物流通加工业务而发生的全部费用，包括流通加工业务人员费用，流通加工材料消耗，加工设施折旧费、维修保养费，燃料与动力消耗费等
	物流信息成本		一定时期内，企业为采集、传输、处理物流信息而发生的全部费用，指与订货处理、储存管理、客户服务有关的费用，具体包括物流信息人员费用，软硬件折旧费、维护保养费、通信费等
	物流管理成本		一定时期内，企业物流管理部门及物流作业现场所发生的管理费用，具体包括管理人员费用、差旅费、办公费、会议费等
存货相关成本	资金占用成本		一定时期内，企业在物流活动过程中负债融资所发生的利息支出（显性成本）和占用内部资金所发生的机会成本（隐性成本）
	存货风险成本		一定时期内，企业在物流活动过程中所发生的物品损耗、毁损、盘亏以及跌价损失等
	存货保险成本		一定时期内，企业在物流活动过程中，为预防和减少因物品丢失、损毁造成的损失，而向社会保险部门支付的物品财产的保险费用

下面分别对企业物流成本的基本构成项目进行分析。

1. 运输成本

在现代企业物流中，运输在其经营业务中占有主导地位，运输费用在整个物流业务中占有较大比例。因此，物流合理化在很大程度上依赖于运输合理化，而运输合理与否直接影响着运输费用的高低，进而影响物流成本的高低。

运输成本是指一定时期内，企业为完成货物运输业务而发生的全部费用，包括支付的外部运输费和自有车辆运输费。具体内容包括以下三个部分。

（1）人工费用。主要是指从事运业务的人员的费用，如工资、福利费、奖金、津贴和补贴、住房公积金、人员保险费等。

（2）维护费。主要是指与运输工具及其运营有关的费用，具体包括营运车辆的燃料费、轮胎费、折旧费、维修费、租赁费、车辆牌照检查费、车辆清理费、养路费、过路费、保险费等。

（3）一般经费。在企业运营业务开展过程中，除了人工费和维护费之外的其他与运输工具或运输业务有关的费用，如事故损失费等。

2. 仓储成本

在许多企业中，仓储成本是物流总成本的一个重要组成部分，物流成本的高低常常取决于仓储管理成本的大小。而且，企业物流系统所保持的库存水平对于企业为客户提供的物流服务水平起着重要作用。仓储成本是指一定时期内，企业为完成货物储存业务而发生的全部费用，包括支付的外部仓储费和使用自有仓库的仓储费，具体包括以下三个部分。

（1）人工费。主要是指从事仓储业务的人员的费用，如工资、福利费、奖金、津贴和补贴、住房公积金、人员保险费等。

（2）维护费。主要是指与仓库及保管货物有关的费用。具体包括仓储设施的折旧费、设施设备维护保养费、水电费、燃料与动力消耗等。

（3）一般经费。在企业仓储业务开展过程中，除了人工费和维护费以外的其他与仓库或仓储业务有关的费用，如仓库人员办公费、差旅费等。

目前，在一些教材中，仓储成本的含义比较广泛，通常包括仓储持有成本、订货或生产准备成本、缺货成本和在途库存持有成本等，其中资金占用成本、存货风险成本和存货保险成本等均包含在其中。而根据国家标准 GB/T 20523—2006《企业物流成本构成与计算》的分类，这里的仓储成本是指狭义的仓储成本，仅指为完成货物储存业务而发生的全部费用。与仓储活动相关的存货资金占压成本、保险费用、仓储风险成本等将另行考虑。

3. 包装成本

包装作为物流活动的功能之一，在物流中也占有重要的地位，其所发生的耗费约占流通成本的 10%，有的商品包装费用甚至高达物流成本的 50%。因此，加强包装费用的管理与核算，可以降低物流成本，提高企业的经济效益。包装成本是指一定时期内企业为完成货物包装业务而发生的全部费用，包括运输包装费和集装、分装包装费。具体包括以下几个方面。

（1）材料费。主要指包装业务所耗用的材料费。常见的包装材料有多种，由于包装材料功能不同，成本差异也较大。企业的包装材料除少数自制外，大部分是通过采购取得的。

（2）人工费。主要指从事包装业务的人员的费用。具体包括包装业务人员的工资、福利费、奖金、津贴和补贴、住房公积金、人员保险费等。

（3）维护费。主要指与包装机械有关的费用，包括设备折旧费、维修费、能源消耗费以及低值易耗品摊销等。

（4）一般经费。在包装过程中除了人工费、材料费和维护费外，还会发生诸如包装技术费用和辅助费用等其他杂费，这部分费用通常列入一般经费。例如包装标记、标志的设计费用、印刷费用，辅助材料费用，以及需要实施缓冲、防潮、防霉等各种包装技术的设计和实施费用等。

根据国家标准 GB/T 20523—2006《企业物流成本构成与计算》的分类，对于进入流通加工环节所实施的包装作业所发生的成本列入流通加工成本，不列为包装成本。

4. 装卸与搬运成本

装卸与搬运成本是指一定时期内企业为完成货物装卸搬运业务而发生的全部费用，具体内容包括以下几个方面。

（1）人工费用。主要指从事装卸搬运业务人员的相关费用，具体包括装卸搬运业务人员的工资、福利费、奖金、津贴和补贴、住房公积金、人员保险费等。

（2）维护费。在装卸搬运过程中需要使用一些起重搬运设备和输送设备等，维护费是指这些设备的折旧费、维修费、能源消耗费等。

（3）一般经费。是指在物品装卸搬运过程中发生的除人工费和设备维护费之外的其他费用，如分拣费、整理费等。

5. 流通加工成本

流通加工成本是指在一定时期内，企业为完成货物流通加工业务而发生的全部费用，包括支付的外部流通加工费用和自有设备流通加工费。具体包括以下几个方面。

（1）人工费。主要指从事流通加工业务的人员的费用，具体包括流通加工业务人员的工资、福利、奖金、津贴和补贴、住房公积金、人员保险费等。

（2）材料费。在流通加工过程中，投入到流通加工过程中的一些辅助材料和包装材料消耗的费用。

（3）维护费。流通加工过程中往往需要使用一定的设备，如电锯、剪板机等，与这些流通加工设备相关的折旧费、摊销费、维修保养费以及耗用的电力、燃料、油料等费用被归入维护费。

（4）一般经费。这是指除上述费用外，在流通加工中耗用的其他费用支出，如流通加工作业应分摊的车间经费以及其他管理费用支出。

6. 配送成本

配送是指在经济合理区域范围内，根据客户要求，对物品进行拣选、加工、包装、分割、组配等作业，并按时送达指定地点的物流活动。配送是物流系统中一种特殊的、综合的活动形式。从物流角度来说，配送几乎包含了所有的物流功能要素，是物流的一个缩影或在较小范围内物流全部活动的体现。一般的配送集运输、仓储、包装和装卸搬运于一身，特殊的配送还包括流通加工。

正因为配送是一个"小物流"的概念，集若干物流功能于一身，因此在国家标准 GB/T 20523—2006《企业物流成本构成与计算》的分类中，将配送成本包括在配送物流范围内的运输、仓储、包装、装卸搬运和流通加工成本中，从而不单独将配送成本作为物流功能成本的构成内容，而将与配送成本有关的费用支出在其他物流功能成本中进行分配。

在国家标准 GB/T 20523—2006《企业物流成本构成与计算》的分类中，将运输成本、仓储成本、包装成本、装卸搬运成本、流通加工成本看作是物流功能成本的构成内容，也称为物流运作成本。

在企业物流成本管理实务中，仍然可以把配送成本从物流运作成本中列出来，进行单独的核算和分析，以更有效地进行物流成本的分析与管理。在这种方式下，根据配送流程及配送环节，配送成本应由以下费用构成。

（1）配送运输费用，主要包括配送运输过程中发生的车辆费用和营运间接费用。

（2）分拣费用，主要包括配送分拣过程中发生的分拣人工费用及分拣设备费用。

（3）配装费用，主要包括配装环节发生的材料费用、人工费用。

（4）流通加工费用，主要包括流通加工环节发生的设备使用费、折旧费、材料费及人工费用等。

7. 物流管理成本

随着现代物流业的发展，物流及其本身所蕴含的巨大效益为越来越多的企业所了解和重视。加强物流管理，整合物流运作流程，以最低的支出获取最大的物流收益被提到重要的议事日程，很多企业纷纷设立了专门的物流管理部门或是在其他业务部门中指定专门人员从事物流管理工作，物流作业现场也有专门人员从事物流作业的协调和管理工作。在物流作业分工日益精细的今天，物流管理工作逐渐从其他物流功能作业中分离出来，成为独立存在的作业形式。

物流管理成本是指一定时期内，企业为完成物流管理活动所发生的全部费用，包括物流管理部门及物流作业现场所发生的管理费用，具体包括人工费、维护费和一般经费三部分内容。

（1）人工费。主要指从事物流管理工作的人员的费用。具体包括物流管理人员的工资、福利、奖金、津贴、补贴、住房公积金、职工劳动保护费、人员保险费和其他一切用于物流管理人员的费用等。

（2）维护费。指物流管理人员在物流管理过程中，会使用有关软件系统和硬件设施进行管理，这些软硬件系统及设施的折旧费、摊销费、修理费等被归为维护费。

（3）一般经费。指物流管理活动中，除了人工费、维护费外的其他费用支出。如物流管理部门、物流作业现场及专门的物流管理人员应分摊的办公费、会议费、水电费、差旅费等，还包括国际贸易中发生的报关费、检验费、理货费等。

8. 物流信息成本

物流信息成本是指一定时期内，企业为完成物流信息的采集、传输、处理等活动所发生的全部费用，具体包括人员费、维护费和一般经费三部分内容。

（1）人员费。主要指从事物流信息管理工作的人员的费用。具体包括物流信息人员的工资、福利、奖金、津贴、补贴、住房公积金、职工劳动保护费、人员保险费和其他一切用于物流信息管理人员的费用等。

（2）维护费。物流信息管理过程中需要软件系统和硬件设施的投入。物流信息成本的维护费主要是指与物流信息软硬件系统及设备有关的费用，物流信息系统开发摊销费、信息设施折旧费以及物流信息软硬件系统维护费等。

（3）一般经费。在物流信息活动过程中，除了人工费和与物流信息软硬件系统有关的维护费外，所发生的其他与物流信息有关的费用，例如在采购、生产、销售过程中发生的通信费、咨询费等。

一般来说，物流管理成本、物流信息成本与运输、仓储、包装、装卸搬运、流通加工成本等物流运作成本共同构成了物流功能成本，纵观物流活动的全程，上述物流功能成本基本涵盖了物流系统运作的全部费用。在国家标准 GB/T 20523—2006《企业物流成本构成与计算》的分类中，物流成本除了包括上述物流功能成本外，还包括与存货有关的资金占用成本、存货风险成本和存货保险成本。

9. 资金占用成本

从各国社会物流成本的构成来看，均包括因为流动资金的占用而需承担的利息费用，且这部分利息费用在整个保管费用中占有相当大的比例。有学者认为，加快资金周转速度，减少资金占用成本已经成为降低物流成本最重要的渠道之一。因此，从微观的企业物流成本构成内容来看，存货流动资金占用成本也应纳入物流成本范畴，并作为独立的内容加以重点管理和控制。将流动资金占用成本计入物流成本，指明了成本改善的取向是减少原材料、产成品等存货在物流环节的耽搁及时滞，降低资金占用成本，从而降低物流总成本。

流动资金占用成本是指一定时期内，企业在物流活动过程中因持有存货占用流动资金所发生的成本，包括存货占用银行贷款所支付的利息（显性成本）和存货占用自有资金所发生的机会成本（隐性成本）。

隐性成本是指企业没有实际发生，会计核算中没有反映但在物流管理和决策过程中应予考虑的机会成本。目前，理论界探讨的隐性物流成本包括库存积压降价处理、库存呆滞产品、回程空载、产品损耗，退货、缺货损失等，但从可操作性和适用性的要求出发，更多情况下，企业只考虑流动资金占用成本。

10. 存货风险成本

在物流活动过程中，由于多种不确定因素的存在，原材料、半成品、产成品等存货通常面临着风险损失，如产品在运输过程中可能发生破损或完全损毁导致价值丧失，在装卸搬运过程中可能发生货物破损、散失和损耗，在保管过程中可能会发生货物的毁损、丢失等，同时，因保管时间长等原因，还会发生货物的跌价损失等。

存货风险成本是指一定时期内，企业在物流活动过程中所发生的物品损耗、毁损、盘亏以及跌价损失等。广义上说，无论会计核算体系是否反映，只要存货发生了风险损失，都应计入存货风险成本。但是从可操作性和重要性的角度考虑，一般仅将显性成本即会计核算体系中反映的存货损失成本计入存货风险成本，对于会计核算体系中没有反映的贬值、过时损失等，不包括在存货风险成本中。

11. 存货保险成本

近年来，为分担风险，很多企业开始对货物采取投保缴纳保险费的方式来减少风险损失。保险费支出的高低与产品价值和类型以及产品丢失或损坏的风险程度等因素相关。

存货保险成本是指一定时期内，企业在物流活动过程中，为预防和减少因物品丢失、损毁造成的损失，而向社会保险部门支付的物品财产的保险费用。

第二节 制造企业物流成本的构成内容及案例分析

一、制造企业物流成本的构成

制造企业物流是指单个制造企业的物流活动，是微观物流的主要形式。制造企业物流是包括从原材料采购开始，经过基本制造过程的转换活动，到形成具有一定使用价值的产成品，直到把产成品送给中间商（商业部门）或用户全过程的物流活动。按照物流的定义，制造企业物流包括原材料（生产资料）供应物流、生产物流、销售物流以及回收废弃物物流几个方面。

与物流系统流程相对应，制造企业的物流成本也应该包括供应物流成本、生产物流成本、销售物流成本与废弃物回收物流成本4个方面。

1. 供应物流成本的构成

制造企业供应物流是指经过采购活动，将企业生产所需原材料（生产资料）从供给者的仓库（或货场）运回企业仓库的物流活动。它包括确定原材料等的需求数量、采购、运输、流通加工、装卸搬运、储存等物流活动。其物流成本的构成内容主要包括：订货采购费，如采购部门人员工资、差旅费、办公费等；运输费，如外包运输费、运输车辆折旧、运输损耗、油料消耗以及运输人员工资等；验收入库费用，如验收费用、入库作业费；仓储保管费，如仓储人员工资、仓储设施折旧、合理损耗、仓库办公费用等。

在以上物流成本构成项目中，储备资金利息费用应该引起企业物流管理者的重视。在我国现行的会计制度中，并没有专门一个项目来核算存货占压资金的利息（或称为机会成本），而实际上，存货利息费用在总的物流成本（特别是仓储费用）中占有相当大的比例。由于会计制度的问题，该项费用往往容易被管理者忽略。

2. 生产物流成本的构成

制造企业生产物流是指伴随企业内部生产过程的物流活动，即按照企业布局、产品生产过程和工艺流程的要求，实现原材料、配件、半成品等物料在企业内部供应库与车间、车间与车间、工序与工序、车间与成品库之间流转的物流活动。从范围划分，它是由原材料等从供应仓库运动开始，经过制造转换形成产品，一直到产品进入成品库待销售为止。

制造企业生产物流成本也就是指在这个过程中发生的与物流业务相关的成本，具体包括：内部搬运费；生产过程中物流设施的折旧；占压生产资金（包括在制品和半成品资金）的利息支出；半成品仓库的储存费用等。

由于生产物流伴随着企业的生产过程而发生，其成本的发生也与生产成本密切结合，所以一般来说企业很难对生产物流成本进行独立的核算。而生产物流的改善也不仅仅是生产物流成本的降低问题，它也与企业的生产组织方式、生产任务的安排密切相关，因此，离开生产计划和生产组织来独立进行生产物流成本的分析和研究显得不切合实际。

3. 销售物流成本的构成

制造企业销售物流是指企业经过销售活动，将产品从成品仓库通过拣选、装卸搬运、运输等环节，一直到运输至中间商的仓库或消费者手中的物流活动。这就是一般意义上的流通过程物流活动，是狭义物流的基本内容。

销售物流成本的主要构成为：产成品储存费用，如成品库人员工资、折旧、合理损耗、仓库费用等；销售过程中支付的外包运输费；自营运输设施的折旧、油料消耗、运输人员工资；销售配送费用，包括配送人员工资、配送车辆折旧和支出等；退货物流成本等。

4. 废弃物回收物流成本的构成

企业废弃物回收物流的成本与特定的企业相关，如制糖业、造纸业、印染业等，都要发生废弃物回收物流，整个废弃物回收物流过程中发生的人工费、材料费、机器设施设备的折旧费以及其他各种支出，都构成了废弃物回收物流成本的内容。

制造企业物流成本的构成除了从物流流程的角度进行分析外，也可以按照物流成本项目来分析。制造企业物流成本项目主要包括人工费；材料消耗；运输设施、仓库设施的折旧；合理损耗；资金占压的利息费用；管理费用；委托物流费用等。

二、制造企业物流成本构成案例分析

需要指出的是，在企业物流成本的分析过程中，对于物流成本的构成内容并不能一味地生搬硬套，而是要依据企业的业务特点、组织结构状况以及企业成本管理的要求，结合自身情况进行有效的物流成本归类，以真正达到满足充分利用物流成本进行成本控制和物流系统优化的目的。下面是某著名家电制造企业物流成本的构成内容分类案例。

（一）物流成本的构成内容

结合该公司的实际情况，公司将物流成本分为 6 个构成部分，即物流运作成本（包括运输费用和仓库费用）、存货持有成本（由存货资金占压成本、调价损失成本、库存风险成本、库存服务成本 4 部分组成）、缺货损失成本、订单处理及 IT 成本、采购费用以及其他管理费用。图 2-1 反映了该企业物流成本的构成。

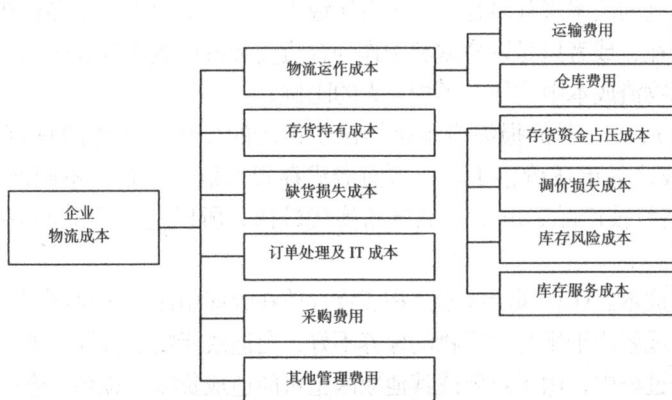

图 2-1 某著名家电制造企业物流成本的构成

需要注意的是，优化部分物流成本会减少单项物流成本，但同时会造成物流总成本的增加。因此，企业必须把物流看成一个整体的系统，以减少物流总成本为目标来管理物流运作。

传统意义上的物流成本往往注重运作成本，它包括运输费用及仓库费用。很多企业在统计企业内部的物流成本时就只是把运作成本作为物流总成本。

1. 物流运作成本

物流运作成本包括运输费用和仓库费用。

（1）运输费用指的是企业对原材料、在制品以及产成品的所有运输活动所产生的费用，包括直接运输费用和管理费用。直接运输费用包括：原材料、在制品以及产成品在不同仓库之间调拨及反向物流所产生的运输费用。如果企业的运输是交由第三方物流公司运作，则合同上的费用即为运输费用，如果运输是由企业自己运作，则还包括车辆折旧、维修等相关费用。管理费用指的是运输调度人员、司机等相关人员的管理费用。

（2）仓库费用包括仓库租金和仓库折旧、设备折旧、装卸费、物流包装材料费用以及管理费用。仓库租金包括原材料、在制品及产成品仓库的租金，如果是自建仓库，则包括对仓库的折旧。设备折旧是指仓库内的物流运作设备，如叉车、手持扫描仪、货架等的折旧。装卸费是指进仓、出仓以及仓库内运作时的搬卸费用。物流包装材料费用是指为了增加装卸效率或避免货物在运输途中损坏而使用的一些包装材料的费用，如薄膜类包装等，同时包括由于产品外包装损坏而需要重新更换包装的费用。管理费用包括仓库管理及运作人员工资、福利等与仓库运作相关的管理费用。

2. 存货持有成本

存货对大部分制造商来说几乎是在资产上最大的一项投资，高度的市场竞争造成了产品种类及数量的迅速增加以满足各细分市场的需求。一般来说，存货可以占到制造商资产的20%以上。存货持有成本通常是大部分制造企业物流成本中的最大项，但是很多公司从来没有精确计算过存货持有成本，或者只是以当前的银行利率乘以存货价值再加上其他一些费用，如保险等，作为存货持有成本。实际上，存货持有成本包括存货资金占压成本、调价损失成本、库存风险成本和库存服务成本。

（1）存货资金占压成本。存货以占用资金为代价，而资金存在机会成本。资金的机会成本是指，如果资金未被存货占用，将这些资金投放到其他投资领域所能产生的预期回报。作为业内平均水平，物流行业可以将"15% × 存货价值"作为计算存货资金占压成本的公式，部分国外企业通常会以更高的比率来计算存货资金占压成本。现实情况中，很多企业往往忽视了存货资金占压成本的存在，或者只是以贷款利率作为存货资金占压成本计算比率，实际上存货资金占压成本在企业总物流成本中往往占了相当大的比例。

（2）调价损失成本。调价损失成本是指由于市场的变化、激烈的竞争、产品的更新换代或其他原因造成产品市场价格下降，从而造成存货价值的降低。不同产品的价格对市场的敏感度不同，高科技产品、电子产品更新换代较快，所以这类产品的调价损失成本相对会大得多。

（3）库存风险成本。库存风险成本是指货物存放在仓库中由于各种原因所造成的损失。部分库存放置太久，或者由于平时对货物的保养不好，会造成货物的损坏，即变为残品废品。在运输、搬运或装卸过程中，由于意外或其他原因也可能造成货物的损坏。仓库在盘点时还可能发现实际库存比账面库存少，即出现盘点损失。出现盘亏现象的原因有很多，如在以往发货时不小心多发了货等。此外，货物存放在仓库中也可能由于被盗而造成损失。

（4）库存服务成本。库存服务成本包括保险费用和税收。保险费用是指为库存投保所支付的保险费用。税收是指在库存所有权转移中可能发生的税收。

3. 缺货损失成本

缺货损失成本是指由于不能满足客户订单或需求所造成的销售利润损失。它不仅指当客户要货而仓库没有存货时所造成的损失，还包括当客户由于订货或送货时间太长、送货时间不稳定或其他与物流服务相关原因而不在企业购买货物所造成的损失。这种缺货损失成本很难精确统计，所以大部分企业只有在满足设定的客户服务水平（如订货满足率为95%）的前提下尽量降低其他物流成本项目。

4. 订单处理及 IT 成本

订单处理指从客户下订单开始到客户收到货物为止，这一过程中所有单据处理活动，与订单处理相关活动的费用属于订单处理费用，包括订单录入费用和订单传输费用。前者是指对销售订单的录入处理，主要为对订单录入人员的管理费用。后者是指订单在各部门之间传输而造成的费用。传输方式有多种，可以通过电子数据方式，如 XDI、EDI 等，也可以通过传真等方式。

IT 成本是指与物流管理运作相关的 IT 方面的成本，包括软硬件折旧、系统维护及管理费用。具体来讲，是指用于物流管理及运作的计算机等硬件的折旧、软件开发费用或软件的折旧，如仓库管理系统（WMS）、运输管理系统（TMS）等。对物流 IT 系统的运行及维护费用，以及相关 IT 人员的管理费用也应计算在其中。

5. 采购费用

采购费用是指与采购原材料部件相关的物流成本，包括采购人员管理费用、采购计划制订人员的管理费用、采购订单费用、原材料部件检验入库费用（其中原材料的库存保有成本已统一纳入到"存货持有成本"项目中）。

6. 其他管理费用

其他与物流管理及运作相关人员（如市场预测人员、库存计划制订人员、负责给客户开单的财务及会计人员等）的管理费用。在企业实际运作中，由于物流、商流没有分开独立运作，销售人员会承担起部分物流方面的工作，如安排送货车辆等。

（二）公司物流成本构成的计算分析

图 2-2 反映了某家电制造企业物流成本的构成统计。

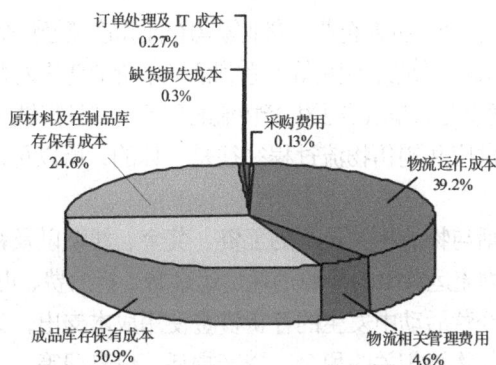

图 2-2　某家电制造企业物流成本构成统计

（1）物流运作成本占物流总成本的 39.2%，包括了原材料及成品的仓储及运输费用、固定物流设施折旧。

（2）存货持有成本可以原材料及在制品、产成品两个方面进行分析。原材料及在制品库存保有成本占物流总成本的 24.6%。这里取库存价值的 15%作为资金占压成本，再加上降价损失成本及存货服务成本。成品库存保有成本占物流总成本的 30.9%。这里取库存价值的 15%作为资金占压成本，加上降价损失成本及存货服务成本。

（3）物流相关管理费用占物流总成本的 4.6%，主要是物流相关人员的工资福利。

（4）采购费用占物流总成本的 0.13%，这里指采购部门产生的所有费用，包括测试费用及仪器折旧。

（5）订单处理及 IT 成本占物流总成本的 0.27%，这里主要计算了物流专用软件的折旧及网络费用。

（6）缺货损失成本占物流总成本的 0.3%，这里缺货产生的利润损失为估计值。

这家企业在正确统计总物流成本之前，总认为物流成本就是运作成本，已经非常低，没有什么大的改进空间，实际却是由于其未把存货持有成本纳入统计范畴而造成错误理解。从图 2-2 中可以看出，在物流总成本中，其存货持有成本（含原材料、在制品和成品）已经超过运作成本，成为物流总成本中的最大成本项。如何在保证一定的客户服务水平的前提下降低原材料及成品库存已成为首当其冲需要解决的问题。

另外，需要指出的是，物流总成本是企业管理物流运作的主要参考指标，但由于独立的物流总成本只是一个绝对值，并不能相对客观地反映企业的物流运作状况，所以在评估及管理物流运作时通常以企业物流管理及运作所达到的物流服务水平为比较前提，以物流总成本占销售收入的比例或商品总成本作为衡量物流运作绩效的指标。

第三节　商品流通企业物流成本的构成内容及案例分析

一、商品流通企业物流成本的构成

商品流通企业主要是指商业批发企业、商业零售企业和连锁经营企业等。流通企业物流成本是指在组织商品的购进、运输、仓储、销售等一系列活动中所消耗的人力、物力、财力的货币表现，相对于制造业来说，流通企业只是减少了生产物流的环节，并且其供应和销售物流是一体化的。

由于商品流通企业供应和销售物流过程往往是一体的，所以可以将商品流通企业物流成本具体构成划分如下。

（1）人工费用，包括与物流相关员工的工资、奖金、津贴以及福利费等；

（2）营运费用，如物流运营中的能源消耗、运杂费、折旧费、办公费、差旅费、保险费等；

（3）财务费用，指经营活动中发生的存货资金使用成本支出，如利息、手续费等；

（4）其他费用，如与物流相关的税金、资产损耗、信息费等。

不同经营方式的流通企业，其物流成本占营业额的构成比例也相差很大。日本的一项统计结果显示，商品流通企业的物流成本以批发销售和便利商店的比例最高，占营业额 10% 以上，但是同属于零售业的百货公司却仅占 2.23%。

二、商品流通企业物流成本构成案例分析

考虑到流通企业运输—仓储—配送的物流过程往往是一体化运作的，因此流通企业的物流成本构成情况除了上述按照成本项目划分之外，实际工作中往往可以按照物流的基本流程来划分。

某省石油公司主要经营成品油销售业务，在物流组织上，在省会城市设立物流中心，将油库和调运部门的职能、人员和设备设施一并上收，统一集中管理；在地级市层面成立配送中心，直接隶属物流中心，负责对油库和调运配送的管理；对运输管理体制进行社会化的改革，把油品配送业务交由社会承运商来完成。根据物流管理的基本功能活动，物流成本分成三类，即：

物流总成本=库存成本+运输成本+配送中心（油库）运行成本

（1）库存成本。由于集团公司成品油实行调拨制度，存货周转根据市场和上中下游产业的经营情况确定，一般只考虑库存成品油占用资金成本。2015 年，物流中心所属油库日均库存油品 23 万吨，日均出库 2.2 万吨，周转期为 10.5 天，以 2015 年一年贷款利息计算，库存占用资金利息为 72 721 万元。如表 2-2 所示。

表 2-2　2015 年省石油公司日均库存情况表

项目	数量（吨）	单价（元/吨）	金额（元）	一年贷款利息（%）	占用资金利息（元）
汽油	105.675	5 085	537357.375	6.12	32886.271
柴油	126.513	5 145	650909.385	6.12	39835.654
合计	232.189	10 230	1188266.76	6.12	72721.925

（2）运输成本。省石油公司对运输管理体制进行社会化的改革，把油品配送业务交由社会承运商来完成，并统一了运费标准为 0.56 元/吨×千米。物流配送是通过相关管理系统优化和统计的，每趟次的配送数量是准确统计的，油库到加油站的站库距离通过点到点的测量也是比较准确的，因此，二次物流运输成本比较明了规范。2015 年省石油公司物流配送油品 589 万吨，产生二次物流运费 19 878 万元。

（3）运行成本。省石油公司在用 28 个配送中心（油库），配送中心（油库）的成本管理是按照每个配送中心单独核算，主要考核吨油费用和人均吞吐量。省石油公司在用 28 个配送中心（油库），2015 年共发生费用 7 634 万元。如表 2-3 所示，各种成本所占比例如图 2-3 所示。

表 2-3　2015 年省石油分公司物流成本　　　　　　　　　　单位：万元

合计	运输成本	库存成本	配送中心运行成本
34 784	19 878	7 272	7 634

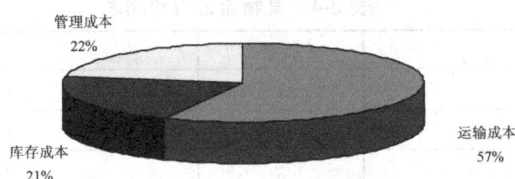

图 2-3　省石油公司物流成本构成

第四节 物流企业的物流成本构成内容及案例分析

一、物流企业的物流成本构成

物流企业是为货主企业提供专业物流服务的，它包括一体化的第三方物流服务企业，也包括提供功能性物流服务的企业，如仓储公司、运输公司、货运代理公司等。物流服务企业通过专业化的物流服务，来降低货主企业物流运营的成本，并从中获得利润。可以说，物流企业的整个运营成本和费用实际上就是货主企业物流成本的转移。物流企业的全部运营成本费用都可以看作广义上的物流成本。

按照我国会计制度的规定，物流企业的成本费用项目包括营业税及附加、经营费用、管理费用三大类。

1. 营业税及附加

物流企业的营业税及附加主要包括营业税、城市维护建设税和教育费附加等。

营业税是以企业营业收入为课税对象的一个税种。物流企业应缴纳的营业税可以计算为：

$$营业税=营业收入×适用营业税税率$$

城市维护建设税是根据应缴纳的营业税总额，按照税法规定的税率计算缴纳的一种地方税。计算方法为：

$$城市维护建设税=营业税总额×适用城市维护建设税税率$$

教育费附加也是根据缴纳的营业税总额按规定比例计算缴纳的一种地方附加费。计算方法为：

$$教育费附加=营业税总额×适用教育费附加费率$$

2. 经营费用与管理费用

除了缴纳的税金之外，物流企业的各项费用一般可以归为经营费用和管理费用两大类。经营费用可以看成是与企业的经营业务直接相关的各项费用，如运输费、装卸费、包装费、广告费、营销人员的人工费、差旅费等；而管理费用一般是指企业为组织和管理整个企业的生产经营活动而发生的费用，包括行政管理部门管理人员的人工费、修理费、办公费、差旅费等。

二、物流企业的物流成本构成案例分析

表 2-4 是某物流公司的利润表，从表中可以清楚地看出该公司经营费用和管理费用的构成内容，其中财务费用主要是公司对外负债的利息支出。物流企业发生的各项费用就是物流企业的物流成本。

表 2-4 某物流公司利润表
单位：万元

项目	行次	本年累计
一、营业收入	1	4 343 871.40
二、各项费用合计	2	4 112 956.36
1. 经营费用	3	2 946 706.53
（1）装卸费	4	1 235 052.98

项目	行次	本年累计
（2）保管费	5	25 060.00
（3）保险费	6	5 027.00
（4）差旅费	7	16 531.00
（5）工资及福利	8	1 601 960.05
（6）其他	9	63 075.50
2. 管理费用	10	1 166 577.28
（1）员工待业保险费	11	35 355.12
（2）业务活动费	12	9 584.90
（3）工会经费	13	5 868.00
（4）劳动保险费	14	213 445.80
（5）员工教育经费	15	550.00
（6）租赁费	16	15 261.20
（7）折旧费	17	273 538.41
（8）修理费	18	73 770.60
（9）房产税	19	25 000.00
（10）土地税	20	85 099.65
（11）印花税	21	—
（12）车船税	22	1 450.00
（13）低值易耗品	23	86 037.70
（14）其他：小计	24	341 615.90
——会议费	25	16 050.00
——邮电费	26	68 541.23
——水电费	27	168 947.41
——文具费	28	6 198.75
——印刷费	29	5 353.90
——防洪费	30	6 997.15
——其他	31	36 283.46
——管理费	32	33 244.00
3. 财务费用	33	327.45
三、税金及附加	34	122 574.92
四、营业外支出	35	—
五、以前年度损益调整	36	—
六、利润总额	37	108 340.12
七、企业所得税	38	2 256.63
八、净利润	39	106 083.49

在进行物流成本的分析时，也可以不区分物流企业的经营费用和管理费用，而是按照费用项目将物流成本进行分类。表 2-5 是某个以运输业务为主的物流公司按照费用项目对物流成本进行的归类。

表 2-5 某物流公司物流成本一览表　　　　　　　　　　单位：万元

序号	项目	全年发生额	备注说明
1	人工费	193.12	包括工资、社会保险和福利费用等。福利费用按工资总额的14%计算，社会保险按工资总额的一定百分比计算
2	水电动力燃料费	262.05	包括水、电、燃油和采暖费用
3	固定资产折旧费	733.3	
4	车辆养路和保险费	46.8	
5	维护修理费	125	
6	路桥费	300	
7	开办费摊销	83.33	
8	通信费	24	
9	专用线使用费	25	
10	差旅费	50	
11	固定资产保险费	110	
12	其他管理费	120	包括办公用品、业务招待、印花税等
13	土地使用税	16	
14	财务费用	247.5	
15	营业税金及附加	162.06	包括营业税（3%）、城建税（7%）和教育费附加（3%），总计为营业额的3.3%
	合计	2 498.19	

第五节　社会物流成本的构成内容

社会物流成本是核算一个国家在一定时期内发生的物流总成本，是不同性质企业微观物流成本的总和。按照由国家统计局、国家发改委发布的《社会物流统计制度及核算表式》中的定义，社会物流成本是指一定时期内，国民经济各方面用于社会物流活动的各项费用支出。包括：支付给运输、储存、装卸搬运、包装、流通加工、配送、信息处理等各个物流环节的费用；应承担的物品在物流期间发生的损耗；社会物流活动中因资金占用而应承担的利息支出；社会物流活动中发生的管理费用等。一个国家物流成本总额占国内生产总值（GDP）的比例，已经成为衡量各国物流服务水平和物流发展水平高低的标志。

美国、日本等发达国家对物流成本的研究工作非常重视，已经对物流成本持续进行了必要的调查与分析，建立了一套完整的物流成本收集系统，并将各年的资料加以比较，随时掌握国内物流成本变化情况以供企业和政府参考。在我国，也建立了相应的社会物流成本统计制度和核算标准。

一、社会物流成本构成的概念性公式

目前，各国物流学术界和实务界普遍认同的一个社会物流成本计算的概念性公式为

物流总成本=运输成本+存货持有成本+物流行政管理成本

基于这个概念性公式，可以认为，社会物流成本由以下部分构成。

- 运输成本（Transportation Cost）。
- 存货持有成本（Inventory Carrying Cost）。
- 物流行政管理成本（Logistics Administration Cost）。

下面根据美国和日本对社会物流成本的统计方法，来具体分析社会物流成本中运输成本、存货持有成本以及物流行政管理成本的构成内容。

二、美国社会物流成本的构成内容及统计

美国权威的物流市场年度报告撰稿人罗伯特·德莱尼（Robert V. Delaney）已经连续 10 多年编纂出版《美国物流年度报告》（Annual "State Of Logistics Report"），而对美国社会物流成本测算的年代则可以上溯到 1960 年。德莱尼（Delaney）的每次报告中均包括以下指标。

（1）年度物流总成本及其组成结构。

（2）物流总成本及各项目变化趋势。

（3）物流成本占 GDP 的比率及发展趋势。

计算出指标后，会对变化的原因进行分析，找出可改进之处。

历年来，美国权威物流成本核算机构在计算物流成本时都采用下述公式，该公式也是其在多年的实践中不断改进的结果，具有一定的普遍性。

物流总成本=存货持有成本+运输成本+物流行政管理成本

式中：　　　　　　　存货持有成本=利息+税、折旧、贬值、保险+仓储费用

运输成本=公路运输+铁路运输+水路运输+油料管道运输+

航空运输+货运代理相关费用+货主费用

物流行政管理成本=订单处理及 IT 成本+市场预测、计划制订及相关财务人员发生的管理费用

宏观上，美国社会物流成本包括的三个部分有各自的构成内容，也有各自测算的办法。

1. 存货持有成本

存货持有成本是指花费在保存货物上的费用，除了包括仓储、残损、人力费用及保险和税收费用外，还包括库存占压资金的利息。其中利息是由当年美国商业利率乘以全国商业库存总金额得到的。把库存占压的资金利息加入物流成本，这是现代物流与传统物流成本计算的最大区别，只有这样，降低物流成本和加速资金周转速度才从根本利益上统一起来。美国库存占压资金的利息在美国企业平均流动资金周转次数达到 10 次的条件下，约为库存成本的 1/4，为总物流成本的 1/10，数额之大，不可忽视。仓储费用既包括公用仓库费用，也包括私人仓库费用。

在计算存货持有成本时，存货价值的数据来源于美国商务部的《国民收入和生产核算报告》（National Income and Product Account）、《当前商业状况调查》（Survey of Current Business）和《美国统计摘要》（U. S. Statistical Abstract）等。将得到的数据代入 Alford-Bangs 公式即可测算出存货持有成本。Alford-Bangs 公式中存货持有成本占存货价值的比例如表 2-6 所示。

表 2-6　存货持有成本占存货价值的比例

序号	项目	比例（%）
1	保险（Insurance）	0.25
2	仓储（Storage Facilities）	0.25
3	税费（Taxes）	0.50
4	运输（Transportation）	0.50
5	搬运（Handling Costs）	2.50
6	贬值（Depreciation）	5.00
7	利息（Interest）	6.00
8	过时（Obsolescence）	10.00
9	总计（Total）	25.00

资料来源：L P Alford and John R Bangs (eds.).　Production Handbook.New York：Ronald，1955.

从表 2-6 中可以看出，美国存货持有成本的构成内容包括存货的保险费、仓储费、税费、运输费、搬运费、存货贬值、存货占压资金的利息、存货过时的费用等。存货持有成本约占存货价值的 25%，每年进行物流成本测算时，可以根据当年的具体情况，对每个成本项目占存货价值的百分比进行调整。

2．运输成本

运输成本包括公路运输、铁路运输、水路运输、航空运输、货运代理相关费用、油料管道运输与货主费用等。公路运输包括城市内运输费用与区域间卡车运输费用，货主费用包括运输部门运作及装卸费用。近 10 年来，美国的运输费用占国民生产总值的比例大体为 6%，并且一直保持着这一比例，说明运输费用与经济的增长是同步的。

运输成本测算的数据是基于伊诺运输基金会出版的《美国运输年度报告》（*Transportation in America*）。

3．物流行政管理成本

物流行政管理成本应该包括订单处理、IT 成本以及市场预测、计划制订和相关财务人员发生的管理费用。由于这项费用的实际发生额很难进行真正的统计，因此，在计算物流行政管理成本时，是按照美国的历史情况由专家确定一个固定比例，再乘以存货持有成本和运输成本的总和得出的。从第一篇《美国物流年度报告》于 1973 年出版时起，一直沿用 4%乘以存货持有成本和运输成本之和作为物流行政管理成本数据。

三、日本社会物流成本的构成内容及统计

日本也是物流业发展很快的国家，日本的社会物流成本计算方法与美国略有区别，但整体上看，也是有运输费、保管费和管理费三个部分。日本社会物流总成本公式中的一些比例和比率需要由专家估计。

日本社会物流总成本的公式如下：

社会物流总成本=运输费+保管费+管理费

1. 运输费

在运输费方面，又分为货主企业支付给各种运输机构的营业运输费及自家运输费两种。营业运输费又分为卡车货运费、铁路货运费、内海航运货运费、国内航空货运费、货运站收入等多种。而自家运输费是以营业车平均行走一千米的原价为基础，将自家卡车行走的千米数、实际平均一日一车行走的千米数比、自家用卡车装载比率相乘而得出的。

运输费的计算公式如下：

$$运输费=营业运输费+自家运输费$$

其中：

$$营业运输费=卡车货运费+铁路货运费+内海航运货运费+$$
$$国内航空货运费+货运站收入$$

表 2-7 反映了日本社会物流成本中运输费的统计内容与数据来源。

表 2-7　日本社会物流成本统计中运输费的构成及统计数据来源

运输费	营业运输费	**卡车货运费**：对卡车运输业支付的费用以该行业营业收入确定，其资料来自交通省编制的资料
		铁路货运费：对铁路货运业支付的费用以该行业营业收入确定，其资料来自交通省铁道局编制的《铁路统计年报》
		内海航运货运费：对内海航运业支付的费用以该行业营业收入确定，由于没有直接资料，则以该年度运省海上交通局编制的《日本海运的现状》所记载的每家企业平均营业额乘上业者总数计算
		国内航空货运费：对国内航空货运业支付的费用以该行业的 JAL、ANA、JAS 三大公司的营业收入合计确定
		港湾运输货运费：对港湾运输业支付的费用以该行业营业收入确定，其资料由交通省海事局港运科提供
		货物运输承揽货运费：对货物运输承揽业支付的费用以该行业营业收入确定，其资料由交通省综合政策局复合货物流通科提供
		货运站收入：对货运站业支付的费用以该行业营业收入确定，其资料由交通省综合政策局货物流通设施科提供
	自家运输费	自家运输费=营业用卡车平均行走 1 千米的原价×自家卡车的行走的千米数×实际平均一日一车行走千米数比×自家用卡车装载比率 式中： 实际平均一日一车行走千米数比=自家卡车实际平均一日一车行走千米数比÷营业用卡车实际平均一日一车行走千米数比 装载比率=自家用卡车的平均装载率÷营业用卡车的平均装载率

2. 保管费

保管费是将日本经济企划厅编制的《国民经济计算年报》中的国民资产、负债余额中原材料库存余额、产品库存余额及流通库存余额的合计数乘上日本资材管理学会调查所得的库存费用比例和原价率得出的。这项保管费不是狭义的保管费，它不仅包括仓储业者的保管费或企业自有仓库的保管费，还包括仓库、物流中心的库内作业费用和库存所发生的利息、损耗费用等。

保管费的计算公式如下：

$$保管费=（原材料库存余额+产品库存余额+流通库存余额）×原价率×库存费用比例$$

式中：

$$库存费用比例=利率除外的库存费用比例+利率$$

3. 管理费

物流管理费用无法用总体估计的方法求得，可以根据日本《国民经济计划年报》中的《国内各项经济活动生产要素所得分类统计》，将制造业和批发、零售业的产出总额，乘以日本物流协会（Japan Institute of Logistics Systems，JILS）根据行业分类调查出来的各行业物流管理费用比例 0.5%计算得出，即

日本物流发展的特点

$$管理费=（制造业产出额+批发、零售业产出额）\times 物流管理费用比例$$

本章习题

一、名词解释

1. 物流企业的垂直结构
2. 企业物流系统的功能要素
3. 存货持有成本

二、简答题

1. 制造企业物流成本可以从哪些角度进行分类？各自的构成内容是什么？
2. 商品流通企业物流成本的构成内容有哪些？
3. 物流企业的营业税及附加、管理费用和经营费用各自由哪些项目构成？
4. 简述美国社会物流成本的构成及其统计方式。
5. 简述日本社会物流成本的构成及其统计方式。

第三章

企业物流成本的核算方法与应用

【学习目标】

掌握物流成本核算的方法，及这些方法在不同企业中的应用。

案例 3.1

物流成本核算对象的确定

某家电生产企业拥有 4 个产品事业部，分别负责电视、冰箱、洗衣机和空调产品的市场销售管理。4 个事业部的产品统一由销售公司销售，销售公司的销售网络遍布全国，在全国按地域划分有 7 个销售分公司，在沈阳设有东北销售分公司，负责东北地区的产品销售；在北京设有华北销售分公司；在西安设有西北销售分公司；在重庆设有西南销售分公司；在广州设有华南销售分公司；在上海设有华东销售分公司；在武汉设有华中销售分公司。销售公司不仅要负责 4 类产品的销售推广和销售组织，也全面负责销售物流的组织与管理。整个企业的销售物流成本也没有进行单独的核算，包括运输费用、仓储费用、物流管理费用等在内的销售物流成本大部分分散在企业"营业费用"账户的各个费用项目中。

近日，为了加强物流管理，适应商流与物流分离的发展趋势，企业提出把销售物流职能从销售公司中分离出来，成立单独的物流公司，由物流公司以第三方物流的形式开展公司的销售物流业务。为了更好地进行决策，公司的决策层要求财务部门提供一份目前的物流成本实际发生额信息。由于过去没有对物流成本进行过单独核算，财务人员只能统计出外包的运输和仓储业务的成本，而不能明确地提供整个销售物流成本的全面情况。于是，企业决策层以及财务人员都认识到物流成本的核算对于企业作出物流管理决策以及进行物流系统优化的重要性，准备在下一个会计期开始进行物流成本的核算。

为了更好地进行物流成本的核算，财务经理认真学习了有关物流管理和物流成本核算的书籍资料。他发现，物流成本一般可以按照物流范围（供应物流成本、生产物流成本和销售物流成本等）、物流成本支付形式（材料费、人工费、公益费、维护费、一般经费等）或者物流的功能（运输费、保管费、包装费、装卸费、物流信息费等）等进行核算。

考虑到销售物流与各个事业部以及销售公司都有关系，财务经理又就物流成本的核算对象问题征求了各事业部和销售公司有关领导的意见。各事业部领导的意见基本是：事业部管理的体制应该越来越完善，因此，物流成本的核算也应该按照各个事业部作为成本核算对象，也就是说应该分别核算电视、冰箱、洗衣机和空调 4 类产品的物流成本，以有利于各事业部的内部利润核算以及绩效考核。而销售公司的总经理认为，为了更好地对下属销售分公司进行管理控制，物流成本的核算应该以各个分公司（地域）作为成本核算对象，分别核算各区域的物流成本。而负责营业费用会计核算的会计人员则认为，由于目前的营业费用是按照人工费、材料费、折旧费、差旅费、办公费等费用项目进行核算的，因此，他建议物流成本的核算口径应该与之相对应，也就是按照费用项目来进行物流成本的核算，这样物流成本的核算才更有可操作性，否则，难度会比较大。

在众多意见中，财务经理一时也很难确定物流成本的核算对象和核算方式。

启发思考

从该案例你可以得到哪些启示呢？

企业物流成本核算的最终目标肯定是降低物流成本，但是如何实现物流成本的降低呢？必然是通过各种管理手段来实现。物流成本核算对象的确定是要根据你的企业管理要求来确定的。比如，通过对各区域分公司物流成本的绩效考核来进行物流成本的控制，那么就应该以区域作为物流成本核算的对象；如果你的企业想完善事业部制度，加强事业部的内部利润考核，就应该以各事业部作为物流成本核算的对象；如果是要进行物流系统的完善，最好按照物流功能（即运输、仓储、配送、装卸搬运等）作为成本核算的对象，等等。总而言之，物流成本核算对象的确定要根据你企业自身的管理要求决定。确定了成本核算对象之后，物流成本核算方法的选择就简单了。可以通过与公司相关人员的再次讨论以及征求管理决策层的意见之后，设计出一套完整的物流成本核算体系。

想一想：如果你是那位财务经理会如何进行物流成本核算呢？

【案例提示】

（1）所谓"如果你无法计量它，就无法对它进行改进"（If you can not measure it, you can not improve it.）。企业要加强物流管理，正确地核算物流成本是必要的。因为，只有了解了企业物流成本的发生额，才能更有针对性地开展有效的物流管理和提高物流管理水平。时时牢记物流管理的两个目标：提高物流服务水平和降低物流成本。抛开物流成本来讲物流管理，就失去了一条标尺。物流成本的核算是开展有效物流管理和物流成本管理的最基础工作。只有正确地核算了物流成本，才能不断地提高物流管理水平。

（2）对物流成本的了解，不要停留在企业物流成本总额的层面上。如果告诉你说，今年企业的物流成本总额是 5 000 万元，占整个企业销售收入的 10%。这个数字对你是没有意义的。一方面，物流成本的范围，每个企业可以是不一样的，且企业的物流模式不同，企业之间没有可比性。第二，物流成本占销售收入的 10%，这个水平高不高？有没有降低的空间？如何去降低？仅从物流成本的总额是没有办法回答这些问题的。因此要从更细的层面去了解物流成本的构成。

（3）那么，要从哪几个方面来了解物流成本的构成呢？这个是很关键的，就是案例中所说的物流成本的核算对象。现在，企业往往可以提供运输费、仓储费等成本信息。但是要注意的是：第一，这些信息往往是不完整的，大都是外包的运输费，而自有运输、仓储的人工费、折旧费、办公费、差旅费等都没有包括在内；第二，这些不完整的信息，对提高物流管理降低物流成本是没有任何参考意义的，因为不完整的信息不能作为考核的基础。这里要强调提出的是：要把企业内部的考核对象作为物流成本的核算对象（管理上我们往往称之为责任中心，在这里就是物流成本的成本中心）。从考核对象的角度来计算和统计企业的物流成本，对提高物流管理水平，降低物流成本才有现实的意义。

（4）物流成本的核算要与企业的管理模式（或物流管理模式）紧密结合。因此，在正确核算物流成本之前，首先要考虑企业的管理模式，将整个物流过程按照产品品种、物流环节、客户或者其他成本核算对象划分成不同的物流成本责任中心。然后按照每个物流成本责任中心来归集物流成本，这样得到的物流成本计算结果能更好地用于业绩考核并促进物流管理水平的提高和物流成本的降低。同样地，If you can not measure it, you can not improve it.如果你能正确地核算每个物流成本责任中心的物流成本，就能有效地对它们开展管理并提高物流管理水平、降低物流成本。

（5）对于本案例，应该考虑不同产品事业部的物流成本和不同区域的物流成本，从而得到如表 3-1 所示的物流成本信息。

表 3-1　物流成本归集信息

事业部 区域	电冰箱	电视机	空调	洗衣机	合计
东北分公司（沈阳）					
华北分公司（北京）					
西北分公司（西安）					
华东分公司（上海）					
华中分公司（武汉）					
华南分公司（广州）					
西南分公司（重庆）					
合计					

这里，每个事业部的物流与每个分公司的物流，都是一个单独的考核对象，也是一个成本责任中心。企业从这两个角度来开展物流成本的核算，对加强企业的管理，提高物流管理水平是很有意义的。事实上，在表中的每一个单元格中，其物流成本也是由多个成本项目构成的。也就是说，要核算表 3-1 中的物流成本，实际上还可以得到更为详细的物流成本信息。

第一节　物流成本核算的意义和存在的问题

一、物流成本核算的意义

当前由于实行多批次、小批量配送和适时配送，也由于收货单位过多和过高的服务要求，使物流服务水平越来越高，导致运费上升；又由于商品品种增多，寿命缩短，必然出现库存增加，或时多时少，由此导致库存费上升；由于缺乏劳动力，导致人员费用增多；由于地价上涨，导致物流中心投资费用增加；由于道路拥挤，导致运输效率下降。凡此种种都在影响着物流成本。

在这种情况下企业降低物流成本已经成为当务之急。

而降低物流成本的前提就是核算物流成本。只有将企业的物流成本现状揭示出来，才有可能看到西泽修教授所说的"水面下的冰山"，才能充分挖掘物流成本节约的潜力，这是有效进行物流成本管理、降低物流成本的基础。通过正确的会计核算，可以实现：

（1）提高企业对物流重要性的认识，真正认识到物流是企业的"第三利润源"；

（2）为物流企业制定物流服务收费价格提供依据；

（3）为货主企业物流外包提供决策依据；

（4）为企业改善物流系统、更新物流设施设备提供决策依据；

（5）及时发现物流运作和物流管理中存在的问题，促进物流运作和管理水平的提高。

二、物流成本核算在应用中存在的问题

有效地进行物流成本核算，加强物流成本管理，成为现代物流管理的一个重要内容。要进行物流成本核算，必须正确确定物流成本的内容，划分物流成本的范围，建立统一的物流成本计算标准，将物流成本计算与企业现有会计制度相结合，确定计算物流成本应该遵循的基本原则，确定统一的物流成本计算口径与方法。而以上的条件也正是各国在进行物流成本核算中面临的问题。

现阶段，在我国推行物流成本的核算与应用中还存在着以下一些问题，这些是阻碍我国物流管理水平提高的因素。

1. 物流成本核算的目的不明确

进行物流成本核算的最终目的肯定是为了提高物流管理水平，降低物流成本。但是具体如何运用计算出来的物流成本信息，是一个十分重要的问题。目前，人们计算物流成本的目的，往往还只是单纯地想了解物流成本，没有达到充分有效地利用物流成本的阶段。因此，物流负责部门和会计部门花费很大精力计算出来的物流成本，其用途却相对较小，这使得人们对物流成本计算的积极性不高。实际上，物流成本的核算必须以明确具体的核算目的为前提，有的放矢，才能达到真正的效果。

2. 物流成本的会计核算内容和方法不明确

在我国当前的会计核算制度中，没有明确物流成本的概念及其核算方法。因此，企业没有切实掌握物流成本，尤其是没有切实掌握公司内部的物流成本。在企业内部对于物流成本不甚了解，对于物流成本是什么也十分模糊。弄不清物流成本与制造成本、物流成本与促销费用的关系。另外，在物流成本中，混有物流部门根本无法控制的成本，例如，物流成本中过量服务所发生的费用与标准服务所发生的费用是混合在一起的；很多企业将促销费用列在物流成本中；对于保管费用中的过量进货、过量生产等在库维持费用、紧急送达等产生的费用，一般也是纳入物流成本的，这无疑增加了物流成本核算与管理的难度。

3. 物流成本核算与管理没有超出财务会计的范围

有的企业即使进行一些物流成本的分解，也往往停留在财务会计对物流成本进行核算与反映的层次，没有充分利用管理会计中的有关方法对物流成本进行归集分配，并运用到成本控制、预算管理、绩效考核、经营决策等领域中，这使得物流成本的核算不能与其有效的利用结合起来。

4. 物流成本核算的标准不统一

由于没有统一的物流成本标准,使得物流部门向高层管理人员报告的物流成本往往只是"冰山一角"，而没有向他们或生产、销售部门提供有关物流成本确切的有价值的资料。同时，各个

企业计算物流成本的范围本不相同，可是有的企业却偏偏要做对比，并因此而时喜时忧。

5. 缺乏懂得物流知识的财务会计与管理会计人员

尽管国内财务会计和管理会计人员的水平在不断提高，但是，由于正规财务会计与管理会计教育中没有相关物流及物流成本的知识，使得在职的会计人员没有物流成本核算与控制的概念，这是当前我国物流成本的核算与运用中面临的最主要问题之一。加强会计人员对基本物流知识以及物流成本知识的培训是解决我国当前物流成本管理落后状况的一项有效策略。

需要指出的是，物流成本的核算并不是企业财务会计制度的规定，而是属于管理会计的范畴，是为企业内部加强管理服务的。因此，在一个企业中要开展物流成本的核算，首先必须结合自身实际确定核算的目的，比如对物流各个环节、相关责任部门或者各个区域等进行绩效考核和成本控制等，在此基础上，再确定成本核算的对象。实际上，物流成本核算内容的确定也与核算目的紧密相关。至于核算方法的选择，对于会计人员来说，并不是一件十分困难的事情。

第二节　物流成本核算的基础工作

一、明确物流成本核算的目的

物流成本核算的基本目的，是要促进企业加强物流管理，提高管理水平，创新物流技术，提高物流效益。具体地说，物流成本核算的目的可以体现在以下几个方面。

（1）通过对企业物流成本的全面计算，弄清物流成本的大小，从而提高企业内部对物流重要性的认识。

长期以来，人们不重视物流是有原因的，其中最主要的原因是人们只看到了物流成本这"整座冰山的一角"，一直未能看清物流成本的全貌。更深层次的原因是因为现行会计制度将物流成本的各个构成部分分散在众多的成本费用科目中。在制造业，采购原材料发生的外埠运杂费是原材料入库成本的一部分，而市内运杂费一般直接计入企业管理费用中，自营运输费用和自有保管费用则计算在销售费用、营业费用或者管理费用中，与销售产品相关的物流成本被计入销售费用中；另外，与物流有关的利润、租金、税金及营业外收支都根据不同的需要和所属企业部门被分配到不同的成本费用项目中，从当前的账户和会计报表中，人们很难甚至根本无法看清物流耗费的实际状况。

而实际上，物流成本在不同行业中占产品成本的比率一般都在 15%～30%，有的甚至高达40%，成为制造业仅次于原材料成本的第二大成本。挖掘物流成本的潜力，是企业降低成本、创造更多利润的途径。而对企业物流成本进行全面细致的核算，描绘企业物流成本的全貌就成为实现上述目的的基础工作。

（2）通过对某一具体物流活动的成本计算，弄清物流活动中存在的问题，为物流运营决策提供依据。

管理的重点在于经营，经营的重点在于科学的决策，而决策的重点在于充分、真实、完整的信息。只有信息充分，才能根据实际情况对企业的现状和存在的问题进行分析并提出备选方案；也只有信息充分，才能对备选方案进行比较，寻找投入产出比最高的方案。

（3）按不同的物流部门，计算各物流部门的责任成本，评估各物流部门的绩效。

当前，很多企业在进行内部责任成本核算，并制定了产品或服务的内部转移价格，其目的就是为了进行绩效考核，提高各部门的成本意识和服务意识。对物流相关部门进行考核，就需要企业物流成本利润相关数据。

（4）通过对某一物流设备或机械（如单台运输卡车）的成本计算，弄清其消耗情况，谋求提高设备效率、降低物流成本的途径。

（5）通过对每个客户物流成本的分解核算，为物流服务收费水平的制定以及有效的客户管理提供决策依据。

既然物流成本是产品成本中重要的组成部分，人们在进行产品定价时就应该充分考虑该产品的物流服务消耗量，将物流成本考虑到产品定价里才会使价格决策更科学、更符合实际。通过物流成本的核算，就可以为物流服务价格和产品价格的具体制定提供数据。

（6）通过对某一成本项目的计算，确定本期物流成本与上年同期成本的差异，查明成本升降的原因。

企业物流成本是全面反映企业物流活动的综合性评价指标，物流成本的高低是企业物流管理水平的综合反映。企业物流运营管理水平的高低，物流装备和设施利用率的高低，燃料、动力单位消耗的大小，产品配送、仓储布置是否合理，企业的选址及厂区规划设置是否合理等都会在物流成本中反映出来。

（7）按照物流成本计算的口径计算本期物流实际成本，评价物流成本预算的执行情况。

明确物流成本核算目的是十分重要的，可以说，它是选择成本核算对象、确定物流成本的核算内容，甚至是选择物流成本核算方法的基础。当然，物流成本核算目的的确定也要结合企业业务流程、组织结构的设置以及管理方式和管理要求的实际情况来进行。

二、确定物流成本核算期间与核算空间范围

1. 确定企业物流成本的核算期间

成本核算期间是指企业核算物流业务成本的起讫时间。物流成本的核算期间可分为月度、季度和年度。一般要求每月核算一次。因此，应计入物流成本的费用，还应在各月之间划分，以便分月核算物流成本。因物流成本核算与会计核算同步或以会计核算资料为依据于期末进行，所以为了正确划分各会计期间的物流成本费用界限，在会计核算上，要求企业不能提前结账，将本月费用作为下月费用处理，也不能延后结账。同时，还要求企业严格贯彻权责发生制原则，正确核算待摊费用和预提费用，本月已经支付但应由以后各月负担的费用，应作为待摊费用处理；本月尚未支付，但应由本月负担的费用，应作为预提费用处理。

2. 确定企业物流成本的核算空间范围

成本核算空间范围，是指成本费用发生并能组织企业成本核算的地点或区域（部门、单位、生产或劳务作业环节等）。如生产制造企业成本核算空间可按全厂、车间、分厂、某工段或某生产步骤划分。成本核算空间的确定，是指对物流的起点与终点以及起点与终点间的物流活动过程的选取，也就是对物流活动过程的空间上的截取。包括对物流活动范围、物流功能范围以及物流成本控制的重点进行的选取。

（1）物流活动范围的选取。物流按其活动范围可分为两大类：企业内部物流与企业外部物流。企业内部物流是企业内部的物品实体流动，主要是企业内部的生产经营活动中所发生的加工、检验、搬运、储存、包装、装卸等物流活动；而外部物流是企业内部物流的延伸。在这些活动中，究竟从哪里开始到哪里结束作为物流成本的核算对象，对于每个物流成本的核算对象，都存在着物流活动的起止点的选取问题。起止点选取不同，其成本核算结果也就不同。对于某一物流部门来讲，其物流成本核算对象的起止点确定之后，不能任意改变，以符合成本核算的可比性原则和一贯性原则。

（2）物流功能范围的选取。物流功能范围，是指在运输、搬运、储存、保管、包装、装卸、流通加工和物流信息处理等物流功能中，选取哪些功能作为物流成本核算对象。把所有的物流功能作为企业物流成本核算对象与只把运输、保管这两种功能作为成本核算对象，所反映的物流功能范围的成本是不同的。

（3）物流成本控制的重点。物流成本核算对象的选取，应当放在成本控制的重点上。就物流成本管理来讲，物流成本的核算并非越全越细越好，其成本核算对象也并非越全越好。过细过全的成本核算是不必要的，也是不经济的、不可能的。物流成本控制的重点应包括：第一，按成本责任划定的责任成本单位；第二，当前成本费用开支比重较大的物流活动；第三，有必要分清并分别核算不同部门及不同作业活动成本的物流活动；第四，新开发的物流作业项目。

三、确定物流成本的核算对象

物流成本的核算对象应根据物流成本计算的目的及企业物流活动的特点予以决定。一般来说，物流成本核算的对象有如下几种。

1. 以某一物流成本项目为对象

把一定时期的物流成本，从财务会计的计算项目中抽出，按照成本费用项目进行分类计算。它可以将企业的物流成本分为企业自家物流费、委托物流费和外企业代垫物流费等项目分别进行计算。其中，企业自家物流费包括按相应的分摊标准和方法计算的为组织物流活动而发生的材料费、人工费、燃料费、办公费、维护费、利息费、折旧费等；委托物流费包括企业为组织物流向外单位支付的包装费、保管费、装卸费等；外企业代垫物流费包括在组织原材料（商品）采购和商品销售过程中由外单位（企业）代垫的物流成本。

在企业的财务会计核算中，各项成本费用的账户往往是按照各个成本项目进行分类的，即把成本费用分成人工费、材料费、折旧费、办公费、水电费、差旅费等成本费用项目。因此可以说，按照成本项目进行物流成本的核算是最基本的物流成本核算方式。不管以什么作为成本核算对象，都可以按照成本项目对这些核算对象的物流成本进行细化。

2. 以某种物流功能为对象

根据需要，以包装、运输、储存等物流功能为对象进行计算。这种核算方式对于加强每个物流功能环节的管理，提高每个环节的作业水平具有重要的意义。而且可以计算出标准物流成本（单位个数、重量、容器的成本），进行作业管理，设定合理化目标。按照物流成本的功能作为成本核算对象，可以得到表 3-2 所示的物流成本信息。应该注意的是，尽管这里按照物流的每项功能进行物流成本的归集，仍然可以得到每项物流功能成本中各个成本项目的构成，因为按照成本费用项目进行成本的分类是最基本的成本分类方法。

表 3-2　以物流功能为成本核算对象的物流成本汇总信息

成本项目 \ 功能		运输	保管	装卸	包装	流通加工	物流信息	物流管理	合计
企业内部物流成本	材料费								
	人工费								
	维修费								
	水电费								
	其他								
	小计								
委托物流费									
合计									

3. 以某一服务客户作为核算对象

这种核算方式对于加强客户服务管理、制定有竞争力且有盈利性的收费价格是很有必要的。特别是对于物流服务企业来说，在为大客户提供物流服务时，应认真分别核算对各个大客户提供服务时所发生的实际成本。这有利于物流企业制定物流服务收费价格，或者为不同客户确定差别性的物流水平等提供决策依据。按客户进行物流成本核算可以得到的物流成本信息如表 3-3 所示。

表 3-3　以服务客户为成本核算对象的物流成本汇总信息

成本项目 \ 功能		A 大客户	B 大客户	…	N 大客户	P 类中小客户	Q 类中小客户	其他客户	合计
企业内部物流成本	材料费								
	人工费								
	维修费								
	水电费								
	其他								
小计									
委托物流费									
合计									

从表 3-3 中可以看到，对于大客户，可以独立设置账户核算其发生的物流成本，以进行有效的管理。如果物流企业服务的对象还包括许多中小客户，则可以把这些客户进行分类（如按照同类产品归类，或者按照同等服务水平要求归类），统一核算物流成本，然后按照归类的属性再将成本分摊给这些客户，以有效地进行每个客户的成本与收费价格的管理，也有利于进行有效的物流服务水平管理。

4. 以某一产品为对象

这主要是指货主企业在进行物流成本核算时，以每种产品作为核算对象，计算为组织该产品的生产和销售所花费的物流成本。据此可进一步了解各产品的物流成本开支情况，以便进行重点管理。以产品为物流成本核算对象的成本汇总表与表3-2和表3-3类似，这里不再列出。

5. 以企业生产的某一过程为对象

如以供应、生产、销售、退货等某过程为对象进行计算。它的主要任务是从材料采购费及企管费中抽出供应物流成本，如材料采购账户中的外地运输费、企管费中的市内运杂费、原材料仓库的折旧修理费、保管人员的工资等；从基本生产车间和辅助生产车间的生产成本、制造费用以及企业管理费等账户中抽出生产物流成本，如人工费部分按物流人员比例或物流工时比例确定计入，折旧费、大修费按物流固定资产占用资金比例确定计入等；从销售费用中抽出销售物流成本，如销售过程中发生的运输、包装、装卸、保管、流通加工等费用和委托物流费等。这样就可以得出物流成本的总额，可使企业经营者一目了然地了解各范围（领域）物流成本的全貌，并据此进行比较分析。

6. 以某一物流部门为对象

如以仓库、运输队、装配车间等部门为对象进行计算。这种核算方式对加强责任中心管理、采用责任成本管理方法以及对于部门的绩效考核是十分有利的。

7. 以某一地区为对象

计算在该地区组织供应和销售所花费的物流成本，据此可进一步了解各地区的物流成本开支情况，以便进行重点管理。对于销售或物流网络分布很广泛的物流企业或者产品分销企业来说，这种以地区为物流成本核算对象的成本核算显得更加重要，它是进行物流成本日常控制、各个地区负责人绩效考核以及其他物流系统优化决策的有效依据。以地区为核算对象的物流成本汇总信息如表3-4所示。从该表中可以看出，管理者不仅可以获得每个地区的物流总成本，还可以得到物流成本按照物流功能（运输费、仓储费、配送费、流通加工费等）的构成情况。实际上，企业也可以按照每个地区物流成本的成本项目构成进行物流成本的归集。

表3-4 以地区为成本核算对象的物流成本汇总信息

成本项目	功能	东北分公司	华北分公司	西北分公司	西南分公司	华南分公司	华东分公司	中南分公司	合计
企业内部物流成本	运输								
	保管								
	装卸								
	包装								
	流通加工								
	物流信息								
	物流管理								
	其他								
小计									
委托物流费									
合计									

8. 以某一物流设备和工具为对象

如以某一运输车辆为对象进行计算。

9. 以企业全部物流活动为对象进行计算

确定企业为组织物流活动所花费的全部物流成本支出。

值得注意的是，企业在进行物流成本核算时，往往不仅局限于某一个成本核算对象，通过会计科目和账户的细化设置，可以从多角度对物流成本进行核算。图 3-1 所示的三维物流成本核算模式，就是要从三个角度对物流成本进行核算归类，从而得到更多角度、更详细的成本信息，满足企业管理的多方面需求。

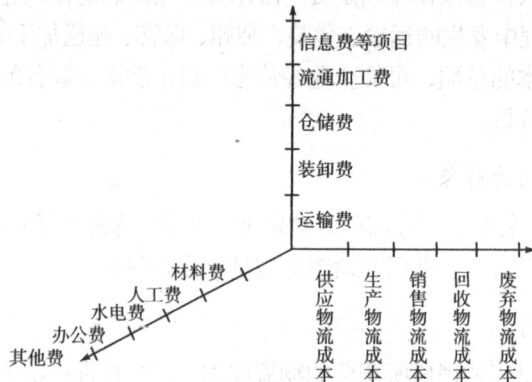

图 3-1　三维物流成本核算模式

当然，物流成本的核算也可以是四维、五维甚至更多维的，维数越多，物流成本信息就越详尽，当然对于会计核算来说，难度和工作量也就越大。目前，随着会计电算化工作的日益普及，物流成本的多维核算变得可能。企业物流成本的全面核算往往要借助于会计信息化工作的全面开展。一般来说，企业结合自身的管理要求和实际情况，三维或四维的物流成本核算模式是比较适合的，关键在于选择什么样的维度作为成本核算的对象。

四、企业物流成本核算对象和科目设置案例

明确了物流成本的核算对象之后，就要按照这个核算对象设置相应的物流成本账户，并对账户进行进一步的细化，然后设置相应的账簿，选择合适的成本核算方法进行物流成本的核算。

我国会计制度中把会计核算对象分成了资产、负债、所有者权益、收入、费用、利润等要素，对会计要素的内容进行具体分类核算的项目为会计科目。会计科目可以进一步细化为一级科目、明细科目和二级科目，甚至三级、四级科目。在物流成本的核算中，如果明确了物流成本的核算对象，实际上就是确定了物流成本核算的科目设置。不同的科目设置就是对成本核算对象的不同分类方法。下面是某制造企业在物流成本核算会计科目的设置情况。

某制造行业企业核算物流成本的方法如下：为了进行物流成本核算，在会计科目设置时设立了"自营物流成本"和"委托物流成本"两个物流成本核算的一级科目，"自营物流成本"用于核算、记录企业自身从事物流业务所发生的费用，"委托物流成本"用以核

算企业委托第三方从事物流业务所发生的费用。两个科目属于成本类科目，借方登记企业物流成本的增加，贷方登记计入成本对象的物流成本。两个一级科目下设置的二级、三级科目如表 3-5 所示。

表 3-5　物流成本核算会计科目设置表

一级科目	二级科目	三级科目	备注
自营物流成本	库存费	折旧费、人力费、管理费、维护费、保险费、税费及利息	重点考虑库存货物和原材料占用资金的利息
	运输费	卡车运输费、其他运输费、设备维修费、其他运输相关费用	与运输相关的汽油费、修理费等，还包括汽车等运输工具的折旧费
	物流管理费	差旅费、交通费、会议费、交际费、培训费和其他杂费	专指为物流活动发生的管理费
	物流信息费	信息系统维护、电子和纸质信息传递费	核算企业为物流管理而发生的财务和信息管理费用
	包装费	人工成本、材料费以及机器折旧费等其他相关费用	核算企业自营包装业务的支出
委托物流成本	仓储费	核算企业对外支付的仓储费	
	运输费	核算企业对外支付的运输费	
	包装费	核算企业对外支付的包装费	
	装卸费	核算企业对外支付的装卸费	
	手续费	核算企业对外支付的物流服务费和手续费	
	管理费	核算企业办理委托事项发生的管理费	

在上述案例中可以看出，该企业是按照物流功能设置会计科目的，以便进行物流成本的核算。你认为该企业这样设置科目可以达到什么样的物流成本管理目的？这样设置是否合理？企业还可以怎样设置会计科目呢？如果企业想核算各个部门的物流成本或者核算某些客户的物流成本，又该如何设置会计科目呢？

第三节　物流成本的核算方法

一、会计方式的物流成本核算

会计方式的物流成本核算是要通过凭证、账户、报表的完整体系，对物流耗费予以连续、系统、全面记录的计算方法。这种核算方法又可分为以下几种具体形式。

1. 独立的物流成本核算模式

独立的物流成本核算模式要求把物流成本核算与财务会计核算体系截然分开，单独建立起物流成本的凭证、账户和报表体系。具体做法是：对于每项物流业务，均由车间成本员或者基层核算员根据原始凭证编制物流成本记账凭证一式两份，一份连同原始凭证转交财务科，据以登记财务会计账户；另一份留基层成本员据以登记物流成本账户。独立的成本核算模式的流程如图 3-2 所示。

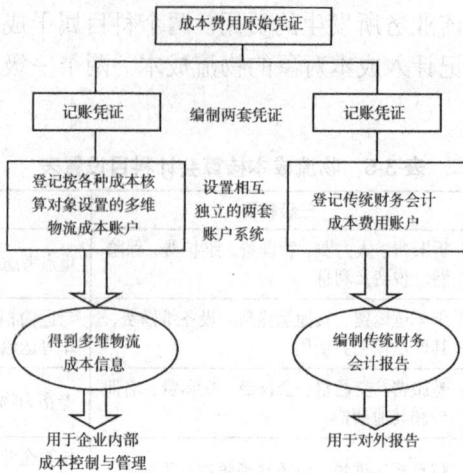

图 3-2　独立的物流成本会计核算模式

这种计算模式的优点如下。

（1）提供的成本信息比较系统、全面、连续、准确、真实。

（2）两套计算体系分别按不同要求进行，向不同的信息要求者提供各自需要的信息，对现行成本计算的干扰不大。

但这个计算模式的工作量较大，在目前财会人员数量不多、素质有限的情况下容易引起核算人员的不满。另外，基层核算员财务核算知识的缺乏，也会影响物流成本核算的准确性。

2. 结合财务会计体系的物流成本核算模式

结合财务会计体系的物流成本核算模式是把物流成本核算与企业财务会计和成本核算结合起来进行，即在产品成本计算的基础上增设一个"物流成本"科目，并按物流领域、物流功能分别设置二级、三级明细账，按费用形态设置专栏。当费用发生时，借记"物流成本"及有关明细账，月末按照会计制度规定，根据各项费用的性质再还原分配到有关的成本科目中去。这种模式的核算流程如图 3-3 所示。

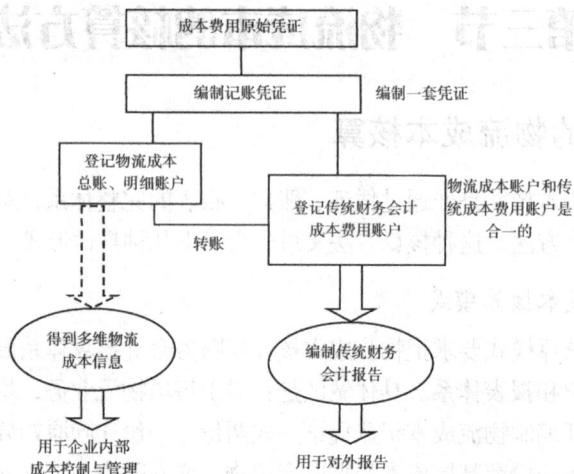

图 3-3　结合财务会计体系的物流成本核算模式

使用这种模式时，在会计处理上，当各项费用发生时，与物流成本无关的部分，直接记入相关的成本费用账户，而与物流成本相关的部分记入相应设置的物流成本账户。

会计期末，再将各个物流成本账户归集的物流成本余额按照一定的标准分摊到相应的成本费用账户中，以保证各成本费用账户余额的完整性和真实性。

这样做一方面可以保证传统财务会计核算的需要，同时也可以从账户系统中获得物流成本的信息。这种计算模式的优点如下。

（1）所提供的成本信息比较全面、系统、连续。

（2）由于与产品成本计算相结合，从一套账表中提供两类不同的信息，可以减少一定的工作量。

当然，这种方法也存在明显的缺点，表现在以下几个方面。

（1）为了实现资料数据的共享，需要对现有的产品成本计算体系进行较大的甚至是彻底的调整。

（2）为了保证产品成本计算的真实性和正确性，需要划分现实物流成本、观念物流成本（如物流利息）的界限，划分应否计入产品成本的界限，如人员素质不高则较困难。

（3）责任成本、质量成本等管理成本都要与产品成本相结合，再将物流成本也与之结合，其难度更大。

3. 物流成本二级账户（或辅助账户）核算形式

这是指在不影响当前财务会计核算流程的前提下，通过在相应的成本费用账户下设置物流成本二级账户，进行独立的物流成本二级核算统计。

这里以制造企业为例，提出在当前财务会计系统下，进行货主物流成本核算的二级账户核算方法。流通企业的物流成本核算与制造企业相比相对更加容易，可以参照本方法来设计执行。

在制造企业的各级含有物流成本的一级科目下设供应物流成本、生产物流成本、销售物流成本等二级科目或增设费用项目，或者在编制记账凭证时设置"物流成本"辅助账户，在各二级账户（或辅助账户）下按物流功能设置运输费、保管费、装卸费、包装费、流通加工费、物流信息费和物流管理费等三级账户，并按费用支付形态（如人工费、材料费等）设置专栏。在按照财务会计制度的要求编制凭证、登记账簿，进行正常的财务会计成本核算的同时，根据记账凭证上的二级科目或辅助账户，登记有关的物流成本辅助账户及其明细账，进行账外的物流成本计算，将各种物流成本归入二级或辅助账户中，最后将各物流成本的二级科目分类汇总即可求得总的物流成本。

这些物流成本账户不纳入现行成本计算的账户体系，是一种账外计算，具有辅助账户记录的性质。这种计算模式的优点是：物流成本在账外进行计算，既不需要对现行成本计算的账表体系进行调整，又能提供比较全面、系统的物流成本资料，其计算方法也比较简单，易为财会人员所掌握。

二、统计方法的物流成本核算

（一）基本思路

统计方法的物流成本核算是指在不影响当前财务会计核算体系的基础上，通过对有关物流业务的原始凭证和单据进行再次归类整理，对现行成本核算资料进行解剖分析，从中抽出物流成本的部分，然后再按物流管理的要求对上述费用按不同的物流成本核算对象进行重新归类、分配、汇总，加工成物流管理所需的成本信息。

由于统计计算不需要对物流成本作全面、系统和连续的反映，所以运用起来比较简单、灵活和方便。但是由于不能对物流成本进行连续、系统和全面的追踪反映，所以得到的信息的精确程度受到很大影响，而且易于流于形式，使人认为，物流成本管理只是权宜之计，容易削弱物流管理的意识。另外，在期末一次性地进行物流成本的归类统计，花费的时间也较多，对于财务会计人员来说，一次性工作量大。如果在日常会计处理过程中没有做相应的基础工作，按不同物流成本核算对象进行成本归集时，有时也无法确定某项成本的具体归属。

（二）基本步骤

统计方式的物流成本核算，平时不需要进行额外的处理，会计人员只按照财务会计制度的要求进行会计核算，在会计期末（月末、季末或者年末）才进行物流成本的统计计算。具体说来，统计方法物流成本核算的基本步骤如下。

（1）通过材料采购、管理费用账户的分析，抽出供应物流成本部分，如材料采购账户中的外地运输费、管理费用账户中材料的市内运杂费、原材料仓库的折旧修理费、库管人员的工资等，并按照功能类别或者支付形态类别进行统计核算。

（2）从生产成本、制造费用、辅助生产、管理费用等账户中抽出生产物流成本，并按照功能类别、形态类别进行分类核算，如人工费部分按照物流人员的数量或者工作量占全部人员或者工作量的比例确定物流作业成本。

（3）从销售费用中抽出销售物流成本部分，具体包括销售过程中发生的运输、包装、装卸、保管、流通加工等费用。

（4）企业对外支付的物流成本部分。根据企业实际订货情况确定每次订货的装卸费、运输成本、专门为该次订货支付的包装费用等，有时，企业还需要为外购货物支付仓储费。

（5）物流利息的确定，可以按照企业物流作业占用资金总额乘以同期银行存款利率上浮一定的百分比或者企业内部收益率来计算，其实就是计算物流活动占用资金的机会成本。

（6）从管理费用中抽出专门从事物流管理的人员耗费，同时估算企业管理人员用于物流管理的时间占其全部工作时间的比例。由于客户退货成本及相应的物流成本都计入管理费用，也应该在计算物流成本时，将退货物流成本剥离出来。

（7）废弃物物流成本较小时，可以将其并入其他物流成本一并计算。

计算物流成本时总的原则是，单独作为物流作业所消耗的费用直接计入物流成本，间接为物流作业消耗的费用，以及为物流作业和非物流作业同时消耗的费用，应按照从事物流作业人员比例、物流工作量比例、物流作业所占资金比例等确定。

与会计核算方法的物流成本计算相比，由于统计方法的物流成本核算没有对物流耗费进行系统、全面、连续的计算，因此，虽然其计算较简便，但结果的精确度受一定的影响。

（三）统计方式的物流成本报告

在计算物流成本时，首先从企业财务会计核算的全部成本费用科目中抽取包含物流成本的成本，然后加以汇总。汇总的方法通常是采用矩阵表的形式，在矩阵表的水平方向是按照《企业会计制度》及其他财务会计规定设置的成本费用科目，纵向是物流成本核算项目，该项目可以是不同的费用要素，如表 3-6 所示，也可以是不同的物流功能，如表 3-7 所示，甚至可以对企业不同部门或者不同客户进行统计计算。

表 3-6　物流成本按费用要素的计算

费用要素	主营业务成本	其他业务成本	营业费用	管理费用	财务费用	合计
工资						
材料费						
折旧费用						
燃料动力费						
利息支出						
税金						
其他支出						
合计						

表 3-7　物流成本按功能要素的计算

物流功能要素	主营业务成本	其他业务成本	营业费用	管理费用	财务费用	合计
运输成本						
库存持有成本						
仓储成本						
包装成本						
信息传递成本						
其他成本						
合计						

三、会计和统计相结合的成本核算方法

物流成本核算的目的是为了更好地进行物流成本管理，因此企业可以按照物流成本管理的不同要求和目的设置相应的成本计算项目，并根据成本计算项目所需的数据设置成本费用科目的明细科目。但是，过细的会计科目设置会给企业会计工作增加很多负担，是不经济的。因此，企业在设置会计科目前应考虑物流成本核算可能给企业带来的收益，以及增加物流成本核算科目将会增加会计操作成本。

在这种前提下，统计与会计方式相结合的方式是企业进行物流成本核算的一个不错的选择。这种方法的要点是，将物流成本的一部分通过统计方式予以计算，另一部分则通过会计核算予以反映。这种方法虽然也需要设置一些物流成本账户，但它不像会计方式那么全面系统，而且这些物流成本账户不纳入现行财务会计成本核算的账户体系，是一种账外计算，具有辅助账户记录的性质。具体做法如下。

1. 设置物流成本辅助账户

按照物流领域设置供应、生产、销售和回收废弃物物流成本明细账户，在各明细账户下按照物流功能设置运输费、保管费、装卸费、包装费、流通加工费以及物流信息费和物流管理费

等三级账户，并按照费用支付形式设置人工费、材料费、办公费、水电费、维修费等专栏。实际上，账户的设置不是一定的，而是可以根据企业自身的要求来确定。

2. 登记相关的物流成本辅助账户

对现行成本核算体系中已经反映但分散于各科目之中的物流成本，如计入管理费用中的对外支付的材料市内运杂费、物流相关固定资产折旧、本企业运输车队的费用、仓库保管人员的工资、产成品和原材料的盘亏损失、停工待料损失，计入制造费用中的物流人员工资及福利费、物流相关固定资产的折旧、修理费、保险费、在产品盘亏或毁损等，在按照会计制度的要求编制凭证、登记账簿、进行正常成本核算的同时，据此凭证登记相关的物流成本辅助账户，进行账外的物流成本核算。

3. 对于现行成本计算中没有包括但应该计入物流成本的费用，根据有关统计资料进行计算，并单独设置台账反映

各项费用的计算方法与统计核算方式的计算方法相同。物流相关的资金利息费用按企业物流资产占有额乘以一定的机会成本率得到，而外企业代垫的物流成本按照本企业的采购数量（或销售数量）乘以单位物流费率计算确定。

不管采用何种核算方式，作为物流成本重要组成部分的占用资金机会成本（或利息费用）都不应该被忽视。作为一种机会成本，它并不一定是实际发生的成本，这是它与其他物流成本项目的不同之处。由于机会成本不是实际发生的费用，因此在会计核算中容易被忽视。

4. 月末，根据物流成本辅助账户所提供的成本信息，加上物流成本台账的信息，合计编制各种类型的物流成本报告

这种模式的优点是：物流成本在账外进行计算，既不需要对现行成本计算的账表系统进行系统的调整，又能相对全面地提供物流成本资料，方法也较为简单，易于为财会人员所掌握。它没有与会计方式的物流成本核算模式比较，操作相对简单，但可能没有会计方式得到的成本信息准确；而与统计方式的物流成本核算相比较，情形则相反，物流成本信息相对准确，但相对于统计方式的物流成本核算还是要复杂一些。

企业可以采用会计方式、统计方式或者两者结合的方式进行物流成本的核算工作。随着成本管理技术方法的不断发展，一种新的成本核算和管理模式——作业成本法（Activity- Based Costing，ABC）正在被越来越多的人认识和采纳。在物流行业中，作业成本法也越来越受到学者和企业的青睐。关于采用作业成本法进行物流成本的核算与管理，在下一章将作详细的讨论。

物流成本的核算方法

第四节　隐性物流成本的核算

一、显性物流成本和隐性物流成本的含义

按照我国《企业会计准则》的规定，费用是指企业在生产经营过程中实际发生的、能够用

货币计量的各种耗费，企业确认成本费用的一个基本原则是实际发生。也就是说，只有实际发生的成本费用才被确认，而机会成本由于不是实际发生的，因此不能确认为企业的实际成本。

在这里，我们把在会计核算中实际发生的、计入企业实际成本费用的各项物流支出称为显性物流成本。那些并不是企业实际发生的，而在物流管理决策中应该考虑的机会成本被称为隐性物流成本。

在物流活动中实际发生的人工费、材料费、运输费、办公费、水电费等都是显性物流成本，而主要的隐性物流成本则包括存货所占压资金的机会成本以及由于物流服务不到位所造成的缺货损失等。

物流成本是企业在经营过程中，消耗在物流业务方面的显性物流成本与隐性物流成本之和。大部分的显性物流成本可以通过一些费用单据反映和计算。目前，在企业运营中，只是加强了这些费用的计算，以进行物流成本的核算和控制。而对于隐性物流成本，由于缺乏相关的核算标准与恰当的方法，因此在这方面不仅仅是加强成本控制的问题，还需要深入探讨其核算方法问题，这是当前急切需要解决的。本章前面讨论的物流成本的核算，主要是围绕显性物流成本的核算来进行的，而关于隐性物流成本的核算，目前还没有比较统一规范的核算方法。

二、库存隐性物流成本的核算

根据美国对社会物流成本的统计方法，社会物流成本包括运输费用、存货持有成本和物流管理费三个部分。其中，存货持有成本是指花费在保存货物上的费用，除了包括仓储、残损、人力费用及保险和税收费用外，还包括存货占压资金的利息。

在计算存货持有成本时，一般都是基于 Alford-Bangs 公式的基本原理，如表 2-1 所示。表中把存货持有成本分成保险费（Insurance）、仓储费（Storage Facilities）、税费（Taxes）、运输费（Transportation）、搬运费（Handling Costs）、贬值（Depreciation）、利息（Interest）、过时（Obsolescence）等项目。可以看到，保险费、仓储费、税费、运输费、搬运费都是实际要发生的成本，属于显性物流成本的范畴。而贬值、利息和过时的支出在会计核算中，并不被当作一项实际的成本，但在物流决策中，这些成本却是非常重要的，可以看成是一种机会成本，属于隐性物流成本。

在企业微观物流成本的核算中，该隐性物流成本的核算原理应该与社会物流成本中该项成本的核算相一致。库存隐性物流成本的计算公式可以表示为

$$库存隐性物流成本=库存平均余额×（贬值比率+利息比率+过时比率）$$

式中，贬值比率可以用每年的通货膨胀率计算，利息比率可以用当年一年期商业贷款利率确定，而过时比率则要根据不同行业和产品自身的特点来确定。例如笔记本电脑、手机等品种型号更新比较快的产品，其过时比率要比较高，而有些产品价格变动不是很大的产品，过时比率就比较低，甚至可以不计过时成本。也有人认为，存货持有成本中，除了贬值和过时成本外，存货的利息成本计算是不能用商业贷款利率作为利息比率，而应该用投资者期望的报酬率（或者有价证券投资收益率）作为持有存货的机会成本计算基础。

在企业物流成本的统计中，库存隐性成本往往只用库存占用资金所发生的利息来衡量。因此，企业要想准确计算出库存隐性物流成本的数额有两个关键：第一，就是确定存货占用自有资金的数额；第二，确定存货占用自有资金的利息率，通常以行业基准收益率来代替。若企业

无法取得有关行业基准收益率的数据，也可用一年期银行贷款利率或企业内部收益率来代替。在实际操作中，企业计算库存隐性物流成本可采用以下方法，即库存占用自有资金发生的机会成本=存货账面余额×行业基准收益率（或企业内部收益率）。

例如，经查明细资料，某小麦加工企业 2015 年 12 月的财务费用——利息支出 7 975.00 元，主要为购买原材料发生的贷款利息支出。且该公司 2015 年 12 月底仓库存货结余明细如下：小麦结余 12 175 658kg，面粉结余 4 040 611.58kg，副产品结余 1 482 200.20kg，结余价值总额 29 683 691.69 元，月初结余价值总额为 29 342 314.40 元，一年期银行贷款利率为 5.58%，则该月库存相关隐性成本的计算如下：

库存占用自有资金发生的机会成本 =(29 683 691.69+29 342 314.40) ÷ 2 × 5.58% ÷ 12= 137 235.46(元)

把存货占压的资金利息等隐性物流成本加入物流成本的核算，是现代物流与传统物流成本计算的一个最大区别，只有这样，降低物流成本和加速资金周转速度才从根本利益上统一起来。美国存货占压资金的利息在美国企业平均流动资金周转次数达到 10 次的条件下，约为库存成本的 1/4，为总物流成本的 1/10，数额之大，不可小视。在我国，由于库存管理水平较低，企业的库存量相对较高，从而这种库存隐性成本在企业物流成本中所占的比例更大，应引起企业的高度重视。

隐性成本——管理会计的隐形杀手

三、缺货成本的核算

（一）缺货成本的类型

缺货对企业的影响很大，由于存货供应中断，可能造成停工损失、丧失销售机会等。缺货对企业造成的隐性成本一般有以下几种。

（1）延期交货。如果客户不转向其他企业，一旦恢复存货供应时，客户再来购买，则不发生缺货损失。但如果公司为了不失去客户而进行紧急加班生产或进货，利用速度快、收费高的运输方式运输货物，则这些成本就构成了延期交货成本。从这种角度看，这种成本将在实际的会计核算中发生，也可以说不构成隐性成本的内容，而成为了一种显性的附加成本。

（2）失去某次销售机会。尽管有些客户允许延期交货，但是某些客户在缺货时会转向其他竞争者，而当下次购买时，又会回头再购买本企业的商品，在这种情况下，缺货就造成失销。这时，缺货成本主要就是未售出商品的利润损失，这时的缺货成本就是一种隐性的物流成本。另外，失销的隐性成本除了利润损失外，还包括当初负责这笔业务的销售人员的人力、精力浪费。

（3）永远失去某些客户。有些客户在本企业缺货时，会永远地转向其他供应商，这时的缺货成本损失最大，由企业每年从客户身上获得的利润和该客户的寿命期限决定。这种缺货损失很难估计，需要用管理科学的技术以及市场营销研究方法加以分析和计算。另外，除了利润损失外，还有缺货造成的信誉损失。信誉很难度量，在库存成本决策中往往很容易被忽视，但是它对未来的销售以及企业经营活动却是十分重要的。

当然，这种缺货成本在传统的财务会计核算中也是不体现的，也是一种隐性成本。

（二）缺货成本的计算

在企业的库存决策中，对缺货损失的估算是十分重要的。缺货成本的确定往往用缺货发生的期望损失来计算。

（1）某次缺货成本的计算。要进行某次缺货成本的计算，首先要分析缺货成本的类型，分析发生缺货可能造成的后果，包括延期交货、失销和失去客户。其次，计算与可能结果相关的成本，即利润损失。

（2）平均一次缺货成本的计算。在企业缺货成本的计算中，如果每次缺货都计算各自的缺货成本是比较困难的，因此可以在充分调查研究的基础上，计算出缺货一次的平均成本，然后根据每期缺货的次数就可以估算每期的缺货成本数额。平均一次缺货成本的计算可以按照下列步骤进行：①首先，进行市场调查，分析确定三种缺货成本类型的比例；②其次，计算三种情形下各自的缺货成本；③最后，利用加权平均法计算平均缺货成本。

例如，某公司向 300 名客户询问他们遇到缺货时的态度，发现其中 30 名（占 10%）客户会推迟购买；210 名（占 70%）客户会去购买其他生产商的商品，但下次有货时还会再购买该企业商品；而另外 60 名（占 20%）客户将会永远地转向其他供应商。企业又计算出三种情况下的缺货成本分别是 0 元、50 元和 1 200 元。因此，企业的平均一次缺货成本可以计算为：$0 \times 10\%+50 \times 70\%+1\,200 \times 20\%=275$（元）。对于制造企业来说，如果发生内部原材料的短缺，就可能导致生产损失（人员和机器的闲置）和完工期的延误。如果由于某项物品短缺而引起整个生产线停工，这时的缺货成本可能非常高，尤其对于实施即时管理的企业来说更是这样。为了对保险存货量作出最好的决策，制造企业应该对由于原材料或零配件缺货造成的停产成本有全面的认识和理解。

小知识：为什么高库存永远伴随着高缺货？

第五节　统计方式在制造企业物流成本核算中的应用案例

一、企业物流情况

AB 钢铁公司是一家大型钢铁企业。钢铁行业是规模型产业，行业性质决定了物流周转量必定十分巨大。如何做好物流的组织管理工作，已经成为钢铁企业研究的中心课题之一。该企业的物流按流程基本上可划分为供应物流、生产物流、销售物流和回收物流四大流程。在本案例中，要运用统计方式来核算该企业的供应物流成本。

1. 供应物流现状

供应物流包括大宗原燃料物流、材料物流和备品备件物流三大部分，由 4 个专业部门负责管理。其中大宗原燃料物流又分为国内和国外两部分，分别由原料处和国贸公司负责。

原燃料主要是指铁矿粉、炼焦煤、合金、耐火材料等，还包括球团矿、烧结矿等炼铁熟料，以及冶金焦、生铁、钢坯等中间产品。国贸公司负责进口矿粉、矿石等原燃料，与供货商的结算有 FOB 价和 CIF 价两种方式。原料处负责国内大宗原燃料的采购任务，与供应商的结算包括两种基本的方式，一是到厂价结算，二是离厂价结算（厂即供应商）。运输方式分为铁路运输和公路运输。在铁路运输方式下，到厂价的交货点是指 AB 公司所在城市的火车站，供应商承担交货之前的全部物流费用；在汽车运输方式下，则以相应料场或仓库为交货点。在离厂价结算方式下，无论是公路运输，还是铁路运输，AB 公司都要承担物资离开供应商货场后的运输费、装卸费等物流成本。图 3-4 反映了 AB 公司的供应物流基本流程。

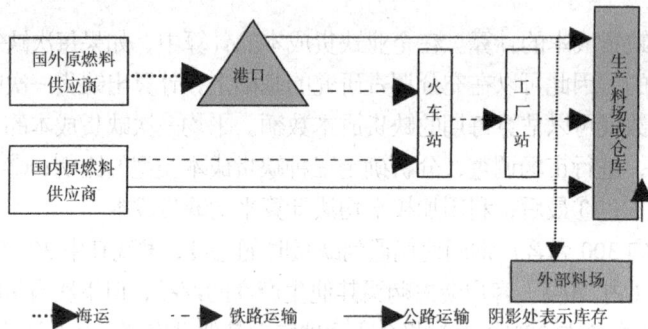

图 3-4　AB 公司供应物流基本流程

原燃料的仓储管理由原料处、生产部和多个二级分厂分别负责，具体分工是，合金、耐火材料等仓库由原料处管理，生铁库由生产部管理，其他大宗原燃料则由各分厂按专业分工分别管理，如炼焦煤的仓储管理由焦化厂负责，进口粗粉的仓储由原料厂负责，进口精粉由球团厂负责，外购球团矿由炼铁厂负责，等等。如果厂区料场、仓库无法容纳，或物流组织有需要，外购原燃料也会安排在外部料场临时存放，待生产需要时，再倒运进入生产料场。

材料处负责管理消耗材料的采购工作，主要包括木材、金属、水泥、油类等近 40 个大类。材料供应商相对固定，优质优价结算，结算方式基本上为到厂价结算。对于外购材料汽车运输方式居多，铁路运输较少。生产材料按类别存储，全部采用一级库存管理，共设有 17 个一级仓库，负责材料的保管、供应工作。材料物流的特点是种类繁多，达 9 000 余种；各类材料差异大，管理难度高。

装备部负责备件的采购工作。备件是用于生产过程中的固定资产设备因维修或事故需更换的零部件，或者在设备检修中，为了缩短检修时间，用以恢复设备精度和功能而预先准备供检修更换的零部件，包括日常维修备件、大中修备件、生产备件、基建备件等。备件采购基本是汽车运输方式。装备部设有备件总库、中板库、一小型库等仓储设施，负责外购备件的仓储和供应业务。

2. 生产物流现状

生产物流是与企业的生产工艺流程紧密联系的。AB 公司的生产物流是以各个生产单位为节点的网络结构。生产物流初始可分为三条线：第一条线是粗矿粉经原料厂配料后，皮带传送至烧结机加工为烧结矿，第二条线是精矿粉入球团竖炉焙烧为球团矿，第三条线是炼焦煤经焦炉焙烧后，生成冶金焦，然后三种中间产品送至炼铁厂。烧结矿、球团矿作为入炉原料，炼焦煤作为入炉燃料，冶炼生成铁水。此前这些工序称为铁前系统。铁水出炉后，以液态运输至炼钢厂冶炼。其间的运输方式包括铁路运输和汽车运输，铁路运输包装方式除了铁水罐以外，还有大容量的鱼雷罐方式。铁水经转炉冶炼后铸成钢坯，钢坯尽可能以铁路或汽运方式运送至轧钢厂，分别轧制成板材、型材、中型材等。但因生产调度或轧钢生产能力等原因不能实现运送的部分，送至钢坯库管理，待生产需要时，再输送到轧钢厂。在轧钢环节，钢坯轧制成钢材后，进入相应的成品仓库。

除了以上生产物流的主流程外，实际作业过程中还发生许多相关的辅助物流活动，如生产辅料流、生产物资的倒运、生产单位之间的逆物流等。

3. 销售物流现状

中厚板材和型材是 AB 公司的主要产品，国内主要销售区域为京津地区、山东地区、江浙地区、安徽省等；出口市场集中在东南亚、日本、韩国和北美地区。AB 公司在国内市场的产品销售主要实行经销商批发制，直接销售给用户的比例很小。批发商中介的流通模式的特点是渠道中各环节分别从事着各自的物流经营活动，物流活动被割裂为厂商物流、批发商物流和零售商物流三个阶段，彼此互不联系，物流信息分段传递，整个流通体系的商流与物流的动作一致。虽然公司在无锡、南京、西安等地分设了直销公司，但各直销公司的营销方式仍是批发商中介的模式，并没有直供最终用户。AB 公司销售物流的特点如下。

（1）流通过程的中介多、结构复杂，对正确把握商品销售的库存情况和在途运输情况有不利影响。

（2）物流信息传递的渠道层次多，信息速度和准确性降低。

（3）流通的环节多、路线长，造成物流速度慢、物流系统的效率低下、物流服务的质量不高。

（4）本厂内的产成品库容量小，不具备中心储备的功能，因而无法发挥总体的调整机能，并易对生产系统构成威胁。

（5）各区域仓库随销售批发点设置，布局分散、数量多、大小不一，因而造成总的流通库存占用高、成本大。仓库分散导致库存资源利用率低、周转慢，影响了物流效率的提高。

4. 回收物流

钢铁企业的回收物流是指水渣、钢渣、氧化铁皮、切边等生产余料以及废水、煤气、蒸汽等的回收及循环利用。生产余料经过筛检，一部分可以重新回到生产流程，作为辅助原料，一部分则外销，作为其他生产工艺的原材料。如水渣可以作为原料再次投入到炼铁环节，也可外销用作产水泥的原料。工业生产的副产品煤气经过净化工序，再回到生产流程作为加热炉、燃气发电等的燃料，同样是副产品的蒸汽则用于取暖、制冷系统，也用来发电。AB 公司的"四闭路"即钢渣和含铁尘泥闭路利用、煤气闭路利用、工业用水闭路利用、余热蒸汽闭路利用，是发展循环经济的亮点，也是回收物流的集中体现。也正是循环利用的生产模式，使回收物流实质已融入到生产物流中，成为生产物流的一部分。

二、企业物流成本的核算现状及存在问题

按照《企业会计制度》和《企业会计准则》的要求，物流成本不单独进行核算。现行的会计核算体系，使在采购、生产和销售等环节发生的物流成本都"淹没"在多个相关的会计科目中，如材料采购、生产成本、制造费用、管理费用、销售费用等。具体情况如下所述。

（一）物流成本核算现状

1. 国内采购物流环节

（1）采用到厂价结算的方式下，到厂前的运输费、装卸费等物流成本均由供应商承担，购买方没有相关的原始单据，结算凭证不反映相关物流成本的信息。

（2）采用离厂价结算的方式下，采购业务发生的物流成本由采购方承担，在企业会计核算中，运杂费支出被计入材料采购科目，最终计入原材料成本。因此，通过相关的原始单据和结算凭证可以反映出采购物流成本相关的信息。

（3）公路运输方式下，采购物资在抵达料场或仓库之前，除了运费以外，一般不再发生其他物流费用。铁路运输与公路运输则有所不同，铁路局机车牵引货车至火车站后，改由火车站机车牵引到工厂站，由厂区排空或排重的车辆同样由火车站机车从工厂站牵引回到铁路局。火车站收取因取送车作业而发生的取送车费，取送车费由运输部承担，计入制造费用科目。工厂站到料厂或仓库的运输则由运输部的机车牵引，运输部按照内部结算价格向相关单位收取运输费，二级生产单位发生的运输费用计入"制造费用——运输费"科目，原料处计入"管理费用——运输费"科目，生产部计入"制造费用——运输费"科目。在这项作业中，因为采用内部运输价格结算，所以在运输部会计报表上会体现内部利润或亏损。铁路局车辆进入厂区后，因卸装车不及时或其他原因，停留时间超过铁路局规定标准的，就会因超时而发生停车延时费，该项费用由总公司成本科集中支付，计入"制造费用——运输费"科目。

（4）由于供应能力滞后于生产环节的迅速扩张或冬季备料的需要，致使厂区内料场无法满足需要，而在厂区附近租用外部料场，发生的相关物流成本由生产部承担，计入"制造费用——运输费"科目。

（5）原燃料在料场或仓库发生的卸车费用及内部整理倒运费用，生产单位计入"制造费用——运输费"科目，原料处仓库计入"管理费用——运输费"科目。

（6）因仓储管理而发生的人工费、材料费、维修费等，生产单位计入"制造费用"或"生产成本"科目，原料处计入"管理费用"科目。仓储过程中原燃料发生的亏吨损失，作为生产消耗直接计入"生产成本"科目。

材料采购和备件采购的会计处理与原燃料采购基本相同，这里不再赘述。

2. 国外采购物流环节

相关物流成本主要包括船运费、保险费、港口费、报关费、报验费、商检费等及港口至工厂之间的运费。报验费和商检费先通过"预提费用"科目核算，再摊销计入"物资采购"科目。港口至工厂之间的运费核算与国内原燃料采购基本相同。船运费、保险费、港口费等的会计核算按船归集相关的费用，计入"物资采购——××船"科目。

3. 生产与销售物流环节

物流成本主要是厂内物料倒运而发生的运输费、装卸费，物料存储发生的存储费用、管理费用等，这些耗费都被作为生产费用分别计入"生产成本"或"制造费用"科目进行归集。在销售物流环节，与物流相关的成本费用主要包括装吊车费、运费、仓储费、代理费等，反映在"销售费用"科目中。

（二）物流成本核算中存在的问题

1. 物流成本信息反映的迟延性

所谓迟延性是指物流成本信息不能在物流作业发生的期间及时反馈到财务部门。例如，委托某运输单位承担2015年由外部料场到生产现场的矿粉倒运业务，倒运作业从1月份开始发生，但是运输费用在年底一票结清。因此，业务部门的相关信息不能及时反映到财务部门。

2. 物流成本信息分散

由于组织机构设置和职能分工的原因，一条物流成本信息被分割成几个部分，成本信息不集中，难以把握物流成本的全貌。也就是说，目前会计系统反映的是符合分口管理需要的职能成本，而不是符合物流管理需要的任务成本。任务成本也就是一项物流活动所发生的相关费用。以一笔原燃料的采购为例，原料处采购炼焦煤 5 000 吨，运输方式为火车运输。供货地至火车站之间发生的运输费、装卸费等物流成本记录在原料处结算财务的"材料采购"科目中；从火车站到焦化厂炼焦煤料场发生的运输费用及取送车费用记录在运输部的"生产成本"科目中；运抵炼焦煤料场后，发生的卸车费、仓储费等记录在焦化厂的"制造费用"科目中，仓储损失直接计入生产消耗，计录在"生产成本"科目中。上述流程解析显示，炼焦煤的采购物流成本信息分散在三个部门，三个一级科目中，成本信息散乱。

3. 物流成本信息粗线条反映

在现行会计体系下，"制造费用"和"管理费用"科目下一般都会设置"运输费"作为二级科目。按照科目设置，"运输费"应该核算的是分厂和基本生产车间应负担的厂内运输部门和厂外运输单位所提供运输劳务的费用。在实际业务中，"运输费"核算的内容极其广泛，包括了运输费、装卸费、人工费、租赁费等，凡是与运输作业相关的费用全部计入，各项职能的物流成本混在一起，不利于物流成本的分析。

4. 高比例的到厂价结算方式，掩盖了供应物流成本的真实性

AB 公司原燃料采购的30%、材料采购的80%、备件采购的70%均采用到厂价结算的方式。到厂价结算虽然简化了结算手续，但是给人一种假象，即到厂前的物流费用是由供应商承担的。实际上，到厂前的运输、存储、装卸等物流费用已包含在了结算价格中，与货物价值结合在了一起，最终的承担者仍是采购方。从物流成本管理的角度来看，到厂价结算方式使供应物流成本的一部分失去控制，成为彻底的"黑暗大陆"。

三、企业供应物流成本核算体系设计

（一）设计思想

AB 钢铁公司供应物流成本的核算设计以物流成本的相关理论为指导，以适应物流管理的需要为目的，从管理会计的角度，采用统计的方法，以 AB 公司供应物流为模板，按照采购业务的作业流程分步确定费用，按采购类别（职能部门）归集物流成本。

核算体系以会计信息系统资料为主，物流相关业务部门的台账、报表等生产经营数据资料为辅，借助统计的方法展开。从目前的企业财务管理来看，把物流成本核算纳入到会计核算体系中还有诸多困难，而统计方法作为一种灵活的方法，能够满足当前物流管理的迫切需求。通过统计方式的物流成本核算，有助于加深我们对企业物流成本的认识，为将来推行会计方式的物流成本核算或会计与统计结合的物流成本核算方式，甚至其他更好的核算方法做探索性的准备工作。

从订货业务开始，直到采购物资入库储存，是供应物流的全过程。它包括了订货、运输、仓储、装卸等作业过程，每一个过程都有与之对应的物流费用发生，也就是供应物流的成本项目。AB 公司的物资采购工作实行归口管理，包括原料处、材料处、装备部和国贸公司。各口分管的供应物流在形态、类别、作业等方面各有自身的特点，因此供应物流成本费用的发生额以这四个部门为中心进行归集。

（二）国内原燃料供应物流成本的核算

国内大宗原燃料的采购由原料处负责，采购结算方式分为到厂价和离厂价两种。从供应物流成本核算的角度来看，两种结算方式的区别是，到厂价结算方式下，到厂前的物流费用包含在了货价当中，其他环节发生的物流成本费用与离厂价相同，所以把这部分费用单列一项核算。下面以采用离厂价格结算的原燃料采购为对象，分析采购过程中的物流成本的核算。

1. 订货采购费

订货采购费是采购部门为了完成采购任务，取得订货合同而发生的相关费用，具体包括采购人员的工资及福利费用，因采购业务而耗用的办公用品，发生的邮电费、通信费、印刷费等，以及采购人员为完成采购业务而发生的差旅费。在会计信息系统中，由于原燃料采购而发生的费用都计入"管理费用"科目。如应付采购人员工资费用，借记"管理费用——原料处——工资"科目，贷记"应付工资"科目；因采购业务而发生的印刷费，借记"管理费用——原料处——办公费"科目，贷记"待摊费用"科目。但是，原料处作为一个管理职能部门，并非所有的人员都参与采购业务，除了按采购种类分设的燃料部、炉料部等采购科室外，还要设立管理部、审检部、办公室等部门以满足业务管理的需要，因此"管理费用——原料处——工资"科目的发生额不能直接作为订货采购费用核算，而应把采购人员与其他管理人员的工资费用加以区分后计入。办公费用的计算与工资费用相同。"差旅费"科目核算的基本上为采购人员发生的往返路费、住宿费等订货费用，因此可以直接计入。

通过对"管理费用"科目的分析，可以计算取得订货采购费用发生额，但是工资费用和办公费需要划分为订货采购费用和非订货采购费用两部分。工资费用的发生额与采购人员相关，所以工资费用可以按采购员工清单直接从"应付工资"和"应付福利费"科目中分离出来，也可以按采购人员数量与平均工资费率的乘积来确认。办公费与业务量相关，但实际工作中很难取得相关数据，因此办公费可以经验比例确认或以已确认的订货采购费（工资费用和差旅费之和）占管理费用总额的比例确认。

2. 运输费

运输费即签订了供货合同之后，运输商将物资由供应商料场或仓库运输到工厂发生的费用。

在公路运输方式下，运输费用结算相对简单，承运商会向 AB 公司开具运输业统一发票，收取运费。采购结算部门按票面金额扣除 7%的可抵扣增值税税金后，计入"材料采购——××单位——××原燃料"科目。在铁路运输方式下结算相对复杂。运输费大体可分为两大部分，一部分是铁路货票费用，另一部分是其他杂费项目。其中铁路货票是由铁路部门开具的运输发票，其收费项目主要包括运费、铁建基金、印花税、取送车费、保价费、分流费、电化费、中转作业费、电子衡检费等。其他杂费项目则是由相关的铁路服务部门收取的计量费、铁路联防费、装车费、服务费等。按照税法的要求，铁路货票中运费和铁建基金二者合计的 7%可作为增值税进项税额抵扣。火车运输方式下发生的运杂费做了相应的扣除后，余额计入"材料采购——××单位——××原燃料"科目。铁路服务部门收取的计量费、装卸费等杂费，属于铁路运费的辅助组成，应作为运输费的一部分，从企业角度核算物流成本，无需将其细分。因此，原燃料采购结算时，发生的运输费是单独列示的，而且可以具体到某一种原燃料发生了多少运输费，因此运输费可以直接从会计资料中通过明细科目汇总的方式获取。

3. 取送车费和停车延时费

这两项费用仅在铁路运输方式下发生。取送车费由火车站收取，费用承担对象是运输部。取送车费的收取标准是每车 6 元/千米，火车站到 AB 公司工厂站的距离是 2.5 千米，往返 5 千米，那么外购原燃料进厂一节车卸车后排空，发生的 30 元的取送车费就应由供应物流环节承担。但是，如果卸车后再装车发货即排重，那么就应由销售物流承担 50%的费用。从作业成本角度看，该项作业的成本动因是取送车的数量，成本动因分配率为 30 元/车或 15 元/车，只要确定了进厂原燃料的车数及相应的排空数，也就能够确定其应承担的取送车费用。停车延时费是因占用铁路局车辆超时，而向铁路部门交纳的资源占用费。停车延时费按超过规定停时数及相应的车辆数计算。计算某种原燃料应承担的取送车费和停车延时费时，可按平均费率计算。在该项目统计过程中需要用到的原燃料进厂车数及对应的排空数和排重数由计量系统提供，而超时车数由生产部运输管理部门台账提供。

4. 进厂火车运费

运输部机车承担自工厂站到料场或仓库的运输任务，按照内部结算价格向相关的受益单位收取运费，即进厂火车运费。在会计核算系统中，运输部是一个内部的利润中心，它按照内部结算价格收取运费，按实际耗费归集生产费用，形成内部利润。从物流成本核算的角度看，运输部应视为一个运输车间，仅是一个成本费用中心，发生的费用均应计入物流成本。运输部按月根据各单位发生的运输量收取运费，计算公式为

$$运输费=货运量×里程数×运价$$

其中，里程数是核定的平均数，运价是财务部门制定的内部价格，只有货运量是个变数。因此，只要确定了货运量，运费也就确定了，而货运量也就是各种原燃料的采购量。但是按照该公式计算的运输费还不能直接计入物流成本，因为它还包含着运输部的内部利润，因此需把运输费还原为实际的生产费用。其计算公式为

$$进厂火车运费=运输费×（1-运输部利润率）$$

5. 计量费和检验费

采购物资运抵后，卸车前要经计量处计量，出具相关的计量数据，并由质检中心进行

抽样检验，出具检验结果，发生的相关计量费用和检验费用向相关的受益单位收取。计量费按吨收取，检验费按检验批次收取。由于计量处和质检中心既负责采购物资的计量和检验，同时也承担生产和销售各环节的计量检验工作，发生的费用一并混同，无法分清发生在采购环节的计量和检验费用，所以考虑按平均计量费率和平均检验费率的方式计算。计算公式为

$$某种原燃料计量费=平均计量费率×该种原燃料采购量$$
$$某种原燃料检验费=平均检验费率×该种原燃料检验批次数$$

其中，计量数量和检验批次数由质检中心检验台账提供。

6. 在途损耗成本

AB 公司原燃料的采购结算均以公司核定的数量为准。外购原燃料结算过程中包括实收量和结算量，实收量是计量部门计量的实际重量，结算量是实际支付采购款项的数量，也是入库的数量。

实际工作中，每类采购物资的每笔结算业务都不尽相同，若逐笔统计工作量非常大。可以考虑根据历史数据，建立各类原燃料在途损耗率估算模型，在估算基础上，组织有关专业人员修正差异，建立原燃料的在途损耗标准数据。计算某种原燃料在途损耗成本时，直接套用相关的标准损耗率即可。

7. 卸车费

采购物资经计量检验后，符合 AB 公司质量检验标准，供需双方对计量检验数据没有异议的，才被准许卸车。卸车作业可以分为自卸和外委两种情况，自卸即卸货岗位员工利用企业自有卸车设备进行卸货；外委则是指由原燃料管理部门委托外部单位采用人工或机械作业方式进行的卸货作业。无论是自卸还是外委，因卸车发生的费用均由相应的原燃料管理部门承担。外委费用比较明确，即实际支付给受托单位的款项（无论是以劳务费还是以租赁费的形式）；自卸费用因为属于内部费用，与其他生产消耗共同计入各项费用，确定起来有些难度。自卸费用从支付形态上包括工资费用、设备折旧费、设备维护费等，其中设备维护费具体包括备品备件费用、机电及仪表费用、日常维修费用等。

工资费用可以按照岗位员工清单直接从"应付工资"和"应付福利费"科目中分离出来，也可以按卸车岗位人数乘以平均的工资费用率计算。设备折旧费按卸车设备原值乘以 10%的综合折旧率确定。考虑到维护费用与固定资产原值存在一定的相关关系，因此维护费用的确认可按卸车设备原值占固定资产原值的比例来分摊。

在实际生产过程中，卸车设备可能同时还承担着装车作业的任务。在无异常变动的情况下，同一个料场进出的物流量是相同的，因此卸车费用可按 50%计算。

8. 仓储费

原燃料存储过程中发生的成本费用，按支付形态包括料场或仓库管理人员的人工费、仓储设备及建筑物折旧费、仓储设备及建筑物维护费等。人工费、折旧费和维护费的统计核算方法与卸车费类似。

9. 倒运费用

外购原燃料到货后，可能不直接进入厂内生产料场或仓库卸货，而是在租用的外部料场或

仓库卸货。出现临时租用情况的主要原因，一是厂内生产料场或仓库容积有限，而原燃料通常情况下是集中进货，容易造成瞬时满仓的情况，为了避免造成物流阻塞，必须及时疏导；二是为了冬季备料的需要，提前大批量进货；三是钢铁生产工艺前后规模不均衡，炼铁炼钢工序产能迅速扩大，原燃料需求量剧增，而前部的原燃料供给能力没有随之扩充，造成前窄后宽的现象，成为生产组织的瓶颈。

外部料场或仓库的出租方承担物料的储存、装卸和向厂内倒运的一体化服务，一般均采用包干价，按倒运量结算，不再单独区分储存费、装卸费和运输费。倒运费的计算公式是倒运量乘以包干价格。

10. 存储物资的损失

钢铁企业原燃料存储过程中可能会发生两类损失：一是量的损失，原因是大宗原燃料多露天堆放，容易受风吹、雨淋等环境因素的影响，造成存货的数量减少；二是质的损失，有些原燃料在储运过程中发生质量损失，如烧结矿、冶金焦等原燃料由于装卸、堆垛操作不规范或移动次数过多，容易造成筛分指数上升，质量下降。

无论是量的损失，还是质的损失，会计系统都未予以明确反映。大宗原燃料的性质决定了不可能将库存物资再次过磅，库存量只能靠估算，发生的质损也不可能精确计量，所以，可采用专家估计法，通过确定存储物资的质量损失率计算相关的费用。存储物资损失等于平均库存量乘以质量损失率。

11. 物料占用成本

物料占用成本反映了因存货占用资金而发生的机会成本。在核算物流成本时把资金的机会成本包括在其中，目的是把降低物流成本和加速资金周转速度从根本利益上统一起来。物料占用成本等于物料平均资金占用乘以企业的平均投资报酬率。

12. 他方垫付的物流成本

他方垫付的物流成本是指在到厂价结算方式下，由供应商至工厂发生的物流费用，主要是运输费用。虽然这部分运输费用没有直接反映出来，但实际包含在了货物价款中，最终的承担者是 AB 公司，所以应把这部分费用列入供应物流成本核算。他方垫付的物流成本主要与供应商的发货地相关，按照火车运输和汽车运输方式不同，单位运价不同，乘以相应的供应数量即可确定运输费用。

通过对国内原燃料采购的物流过程及相关物流费用的分析，根据数据资料的可得性，确定了 12 项供应物流成本项目，基本上涵盖了原燃料供应物流环节的物流成本。国内原燃料供应物流成本总额等于这 12 项成本项目之和。

需要补充说明的是，在上面的核算中，以及下一步要讨论的进口原燃料的供应物流成本核算，可以特别分析每一种原燃料供应物流成本的计算。这样，一方面可以强化对单项原燃料供应物流成本的控制；另一方面，在钢铁产品成本计算表中，生产消耗原燃料项目是逐项列示的，根据生产消耗原燃料的数量，就可以计算出吨产品发生的供应物流成本，进一步与生产物流成本结合，计算吨铁物流成本、吨钢物流成本和吨材物流成本，从而能够促进物流成本核算的深化。

（三）进口原燃料供应物流成本的核算

进口原燃料按 FOB 价结算，发生的物流成本项目主要包括船运费、保险费、报关费、报验费、商检费、港口作业费和港口至工厂及其后发生的物流费用。港口至工厂及其后发生的物流费用核算与国内原燃料供应物流成本的核算基本相同，不再予以分析。下面仅分析船运费、保险费、报关费、报验费、商检费、港口作业费的核算。

1. 船运费、保险费及报关费

在进口原燃料的会计实务处理中，船运费、保险费及报关费均是按船结算。因此，船运费、保险费和报关费这些物流成本信息能够直接从会计资料中获取，而且能够具体到原燃料的品种。通过明细科目汇总，可以得到进口原燃料的物流成本发生额。

2. 报验费及商检费

在会计实务中，报验费及商检费是通过"预提费用"科目核算的。因为金额相对较小，所以可按平均费率计算：

$$平均费率=（报验费+商检费）÷进口原燃料总量$$

每种原燃料应该分担的报验费和商检费按进口量乘以平均费率计算。

3. 港口作业费

根据 AB 公司与各相关港口的协议，货船到达港口后发生的装卸、堆存和仓储等作业费用，以吨矿包干价的形式支付给港务局。

通过对 FOB 价结算方式下进口原燃料供应物流作业环节以及发生的相关物流成本的分析，确定了上述物流成本项目的核算方法。在 CIF 价结算方式下，船运费、保险费包含在了货物价值当中，相当于国内采购到厂价结算方式下他方垫付的物流成本，所以计算进口原燃料供应物流成本时，他方垫付的物流成本项目可用来核算 CIF 价结算方式下估算的船运费和保险费，不再单列。

（四）材料供应物流成本的核算

材料采购业务流程与原燃料采购基本相同，同样要经过订货采购、运输、装卸、仓储等作业，并发生与之相关的成本费用。因此材料供应物流成本的核算可在原燃料供应物流成本核算体系的基础上，考虑材料供应物流自身的特点予以设计。

（1）在进行材料采购的物流成本核算时，可仅按物流成本项目归集发生的物流成本，无须按种类核算。原因有两点：一是材料采购品种、规格繁杂，所采购的品种近万种之多，很难具体实施；二是在计算产品生产成本中的材料消耗时，并不分类列示，而是把消耗材料总金额直接计入"制造费用——辅助材料"科目。

（2）购进材料的装卸、仓储管理都是由材料处负责，并按材料类别在厂区设有多个供站，分类管理。因此在计算装卸费和仓储费用时，装卸设备和仓储设施的维护费用不存在与生产设施分摊的问题，可根据实际发生额直接列入。

（3）材料采购过程中发生在途损失的可能性较小，可不予核算。

（4）材料处的多个供应站点，有较大的库容，足以存储生产消耗材料。同时，材料供可以持续供货，不会出现集中、大批量进货的情况，所以无须租用外部仓库，也就不会发生倒运费用。

（5）材料入库前，由仓库管理人员核对数量、检查质量，因而不会发生专门的计量费和检验费。

（6）材料多数是室内存储，一般不会发生数量损失，但是因各种原因导致的材料超过使用有效期、变质等情况，以及不适应生产要求而被废弃等，都可归集为报废损失。报废损失一般采用集中处理的方式，可直接从会计资料中获取。

其他物流成本项目的核算可参考原燃料供应物流成本核算体系的计算方法。

（五）备件供应物流成本的核算

备件供应物流与材料供应物流在业务流程上基本相同，核算方法上同样可以在原燃料供应物流成本核算体系的基础上，结合备件供应物流的特点加以修改应用。

（1）入库备件由相关管理人员当场检验，无须发生专门的计量费及检验费。

（2）备件供应过程中，大部分都要加以包装，基本不会发生在途损耗成本，因此无须核算；因备件仓库库容较大，而且可以持续供货，所以不会发生因租用外部仓库而产生倒运费。

（3）备件的装卸和仓储全部由装备部负责，在计算卸车费用和仓储费用中的维护费时，可按实际发生额直接计入。

（4）备件管理因库存时间过长，会造成两个方面的影响：一是占用资金；二是元器件因过期、不再适应生产需要等原因，成为废品，发生报废损失。备件报废与材料报废一样，在会计上集中处理，所以可直接从会计资料中获得。

（5）备件供应物流成本核算相对简单，成本项目包括订货采购费、运输费、卸车费、仓储费、报废损失和备件占用成本等。

（六）供应物流成本的汇总核算

为了对供应物流成本进行全面反映，设计了供应物流成本汇总表（见表3-8）。通过汇总表，可以得到多项供应物流成本信息。

表 3-8　AB 钢铁公司供应物流成本汇总

成本项目 ＼ 采购类别	国内原燃料采购	进口原燃料采购	材料采购	备件采购	合计
订货采购费					
海运费					
保险费					
……					
运输费					
取送车费					
停车延时费					

续表

采购类别 成本项目	国内原燃料采购	进口原燃料采购	材料采购	备件采购	合计
进厂火车运费					
……					
报废损失					
物料占用成本					
合计					

（1）通过汇总核算求得供应物流成本总额。

（2）表 3-8 中纵向按照采购类别汇总物流成本，反映了国内原燃料、进口原燃料、材料和备件供应物流成本的总额。4 个采购类别的采购业务分别对应着 4 个职能部门，所以汇总表也同时反映了原料处、国贸公司、材料处和装备部四个职能部门职能范围内的物流成本发生额。

（3）表中横向按照物流成本项目汇总物流成本，反映了供应物流环节发生的运输费、仓储费、物料占用成本等诸项物流成本总额。

（4）对汇总表信息进一步加工整理，可以求得各采购类别占供应物流成本总额的比例、单项物流成本占供应物流成本总额的比例，从而能够反映出供应物流成本的结构信息，为物流成本分析、物流成本的重点控制提供数据支持，加强物流成本管理。

在本案例中，讨论了 AB 钢铁公司供应物流成本的统计核算方法。从实务的角度出发，统计核算方式应根据数据资料的可得性和统计核算的灵活性确定核算方法。会计资料能够提供的物流成本信息，可以直接导入；而会计资料未予反映或"剥离"困难的，在尽可能保证物流成本准确性的前提下，确定其他能够替代的合理估算方法。

第六节　集团公司物流管理模式及物流成本核算案例

公司物流管理模式不同或者改变管理模式时，其物流成本核算时设置的科目也会随之发生变化。这里就结合某集团公司的实际情况对这个问题展开分析。该集团公司原来采用分散的物流管理模式，二级公司都各自独立开展物流的运营，造成整个公司的物流被条块分割，效率相对低下。随着公司对供应链与物流一体化管理要求的提高，企业对物流部门进行了重组，其物流成本核算的科目设置也发生了变化。这里就对实施物流一体化管理前后的物流成本核算科目设置进行对比分析。

一、集团公司物流管理现状分析

（一）汽车行业的典型物流流程

本案例涉及的集团公司为一个大型汽车制造集团。汽车行业的供应链管理是集运输、仓储、保管、搬运、包装、产品流通及物流信息于一体的综合性管理，是沟通原材料供应商、生产商、批发商、零件商、物流公司及最终用户的桥梁，更是实现商品从生产到消费各个流通环节的有机结合。对汽车制造企业来说，其物流过程包括生产计划制订、采购订单下放及跟踪、物料清单维护、供应商的管理、运输管理、进出口、货物的接收、仓储管理、发料及在制品的管理和生产线的物料管理、整车的发运等，主要由汽车产品原材料、零部件、辅助材料等的采购物流、汽车产品的制造物流与分销物流等物流活动组成。图 3-5 描述了汽车行业的供应链基本流程。

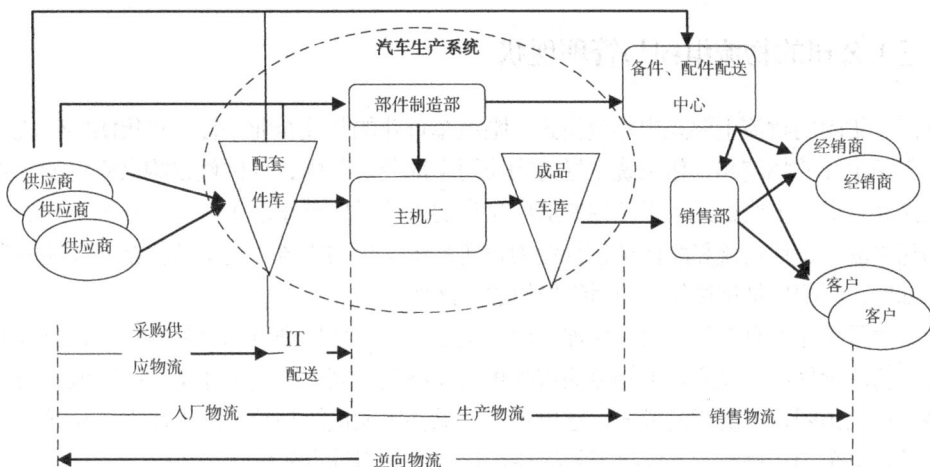

图 3-5 汽车行业典型的物流流程

（二）公司组织结构

本案例中的汽车制造集团拥有 4 个部件制造部（部件制造二级公司），三个整车主机厂，对应有三个销售公司（销售部），另外，对于备件和配件，专门有一家配件公司负责经营。其组织结构如图 3-6 所示。

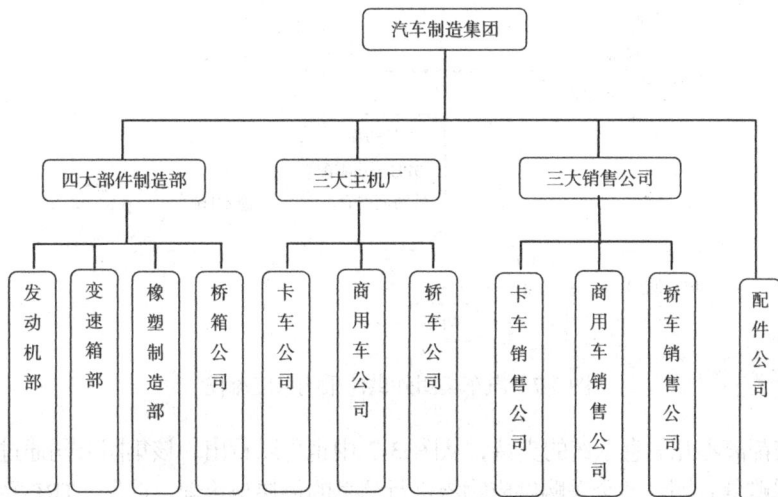

图 3-6 汽车制造集团业务部门组织结构

从图 3-6 中可以看出,三大主机厂分别为卡车公司、商用车公司和轿车公司,负责整车生产;四大二级公司包括发动机部、变速箱部、橡塑件制造部、桥箱公司,分别生产各种车型的零部件,如发动机、变速箱、桥箱、内饰件等部件;三大销售公司为卡车销售公司、商用车销售公司和轿车销售公司,这三大销售公司更准确地说应该为销售体系,每个销售体系都有自己的经销商、4S 店和服务站,分别对应三大主机厂,负责卡车、商用车和轿车的销售和服务;除此之外,该集团还设置了配件公司,负责零配件的销售。

(三)公司的物流组织与管理现状

该汽车集团的物流主要采用外包模式。跟汽车行业的其他企业一样,该集团的物流主要分为生产系统主导的物流和销售系统主导的物流两个部分。其中,外供件采购供应物流、外供件上线配送和互供件上线配送(指部件制造厂生产的部件供应整车厂)为生产系统主导的物流;整车销售物流、备件物流和配件销售物流为销售系统主导的物流(这里备件指保修期内需要更换的零部件,而配件是指过保修期后维修用的零部件)。

该集团目前还没有专门的物流管理部门,主要由采购部门进行物流外包管理,只有卡车公司设置了物流管理部,集团对于物流的重视程度还不是很高,物流运作水平比较低。为了能更清楚地认识该集团目前的物流模式,这里将就外供件采购供应物流、外供件上线配送、互供件上线配送、整车销售物流、备件物流和配件销售物流分别进行分析。

1. 外供件采购供应物流

外供件是指由集团外部供应商提供的原材料和零部件。该集团拥有四大部件制造部为其主机厂提供零部件,整车物料种类超过 27 000 种,比较常用的物料有 2 000~3 000 种,平均一个车型有 1 700 种配件。因此,该集团还有很大一部分零部件是外供件,部分外供件由国内生产厂家提供,另一部分则从国外采购。采购供应物流是整个供应链的第一阶段,对供应链的进行起着非常重要的作用。外供件采购供应流程如图 3-7 所示。

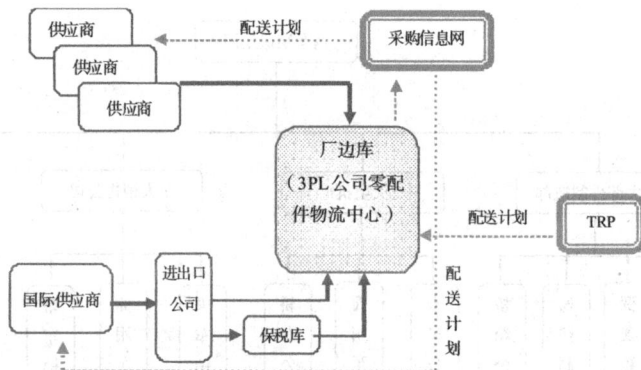

图 3-7　汽车集团外供件采购供应流程

现代物流都离不开信息系统的支持,从图 3-7 中也可以看出,该集团公司通过自己建设的 TRP 系统和采购信息网对整个采购供应物流进行信息的传递与管理。首先,TRP 系统将配送计划传递给第三方物流公司。对于国内供应件,第三方物流公司通过采购信息网将配送计划传递给各个供应商，供应商将物料送到厂边库，由第三方物流公司管理；对于国外供应件，第三方物流公司通过采购信息网将配送计划传递给国际供应商，供应商将物料送到进出口公司，一部分直接送到厂边库，另一部分先送到保税库，再送到厂边库。通过将物料从供应商送到该集团厂边库完成采购供应物流。库存的管理采用供应商管理库存（VMI）方式，在配送到生产厂之前，库存所有权属于供应商。也就是说，该集团几乎实现了原材料的零库存，这也是汽车制造企业普遍采用的一种零配件库存管理方式。

需要指出的是，4 个部件制造二级公司以及 3 个整车厂都有各自的采购与物流部门，因此每个单位的外供件采购供应物流以及上线配送物流都是独立运作的。从集团公司层面上看，集团只负责选择和制定第一家供应商，如果第一家供应商能力不足，各二级公司可以对第二家及其以后的供应商进行自主选择，并根据实际情况给予供应商合适的物料价格和物料份额（一种物料可能对应多个供应商），但各二级公司在选择供应商后需要上报集团，集团再将该供应商名称加入供应商名录中。这样，使得集团下的多个二级公司即使在面对同一个供应商时，仍然被当作毫无关联的独立公司对待，需求大的供应商索要的价格相对便宜，需求小的则相反。目前，集团外供件的集中采购才刚刚起步，仅对各二级公司通用的一些零部件和大宗物资进行了集中采购，但种类较少。集团还没有统一的采购平台，对于供应商和采购的管理还处于较低水平，缺乏供应商评价和考核体系，无法从众多的供应商中挑选合适的长期合作伙伴。

2. 外供件上线配送

外供件进入到了各生产公司的厂边库，由第三方物流公司保管，一般情况下，这个时候物料的所有权还属于供应商。接下来，就进入上线配送阶段。在这个阶段里，主机厂和部件制造部存在一定的差异，各个部件制造部的上线配送多由一家第三方物流公司完成。主机厂的装配线很长，拥有多个预投区，因此需要由多家第三方物流公司提供上线配送服务，如图3-8所示。

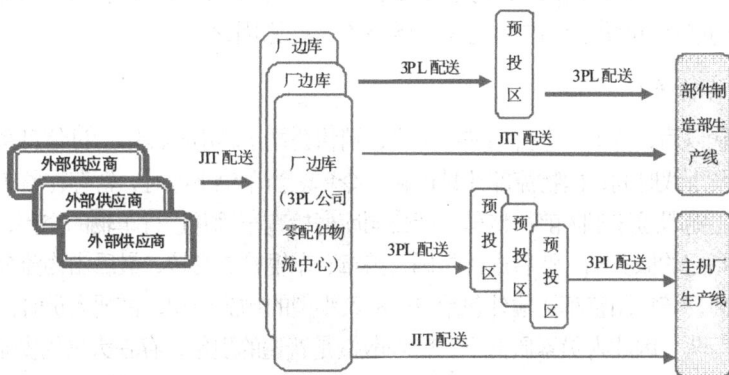

图 3-8　汽车集团外供件上线配送流程

生产制造部门每个月末会接到集团下达的下月计划，并根据自己的实际情况在每周末生成下周计划，每天还会有次日计划，最后提前两个小时向厂边库（即物流中心）要货，第三方物流在接到订单后组织配送。部分物料直接送上生产线，而另一部分物料需要暂存在线旁库中，等待上线。上线配送必须根据生产节拍进行，才能完美地实现 JIT。但就该集团目前的现状来看，由于第三方物流公司水平有限，还不能完全做到 JIT 配送上线。

外供件的配送上线几乎都外包给了第三方物流公司，只有电瓶类的特种物资受保管条件的限制由供应商直接配送上线。原则上第三方物流公司由主机厂来选择。由供件的费用实际由出厂价和运费组成，出厂价与供应商有关，运费则与第三方物流公司有关，由供应商与第三方物流公司结算。供应商的报价中虽然没有明确提出运费由汽车集团承担，但在实际运作中已经算入物料费用中，因此，对于外供件运费的控制也是减少物料成本的途径之一。该集团在未来的外供件入厂物流中希望实现价费分离，即把出厂价和第三方物流运费分开计算。目前，该集团对物料的外包还没有统一的计费方法。对于物流服务商的考核，该集团只是以价格为目标，没有形成完善的考核体系，从多个方面对物流服务商进行综合评价，如配送上线的及时率、响应时间、服务质量等。

3. 互供件上线配送

该集团拥有四大部件制造部，分别为主机厂提供零部件，称为互供件上线配送。各部件制造部按照集团计划部下达的生产任务组织生产，零部件下线后存放在成品库，最后由第三方物流公司根据指令送到各主机厂（见图3-9）。各部件制造部都有自己独立的第三方物流服务商及各自的物流管理体系。

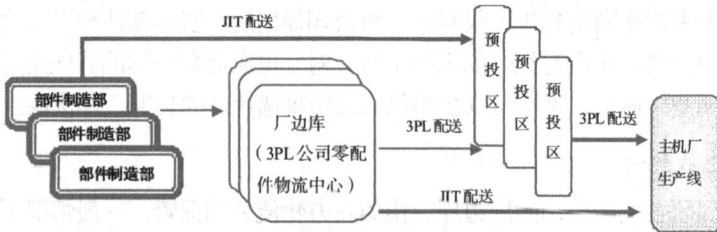

图3-9 汽车集团互供件上线配送流程

该集团绝大多数互供件是由第三方物流公司负责配送上线的。对于底盘、驾驶室等比较大型的装配件不经过预投区直接上线，对于发动机、桥箱等互供件并没有直接上线，而是先到预投区再上线，这也是该集团系统内物流成本居高不下的原因之一。

4. 整车销售物流

客户订购车辆以后，整车生产公司安排生产，销售公司运转中心能够通过信息系统了解销售计划、车辆去向以及下线时间，由物流部开具运转指令单。当车辆下线时，暂存在整车生产公司的露天仓库，运转中心随即通知车队前往整车生产公司库房检查车辆并进行车辆的交接，再根据指令单将整车送到各地指定的服务站，然后进行扫码、盖章、车辆检查交接，最后由物流公司将指令单带回销售公司。目前，该集团整车运输外包给7～8家小型的物流公司，需要人员时由这些不成体系的物流公司组织车队，因此人员素质低下、管理散漫是普遍的现象，存在大量的安全隐患。

5. 备件物流

这里的备件物流主要指备件的销售物流，这些备件一部分来自于上游供应商，一部分由集团内部二级公司的生产提供。备件在集团销售部交接后，第三方物流公司将货物发送到全国各地的中心库，然后再由各个分公司的中心库发送到各服务站。

目前，备件物流由各个销售分公司负责。销售分公司在每省设立一个中心库，各个中心库有备件基数即安全库存。车主车辆需要维修时到各服务站进行登记，各个分公司进行审核并综合区域内所有的服务站的备件需求，并根据备件使用计划、耗材消耗情况制订消耗计划，销售公司按每月的消耗计划对各个中心库进行调拨补货，安排专门的物流公司将备件运输到各个中心库。同时，各个中心库可以临时制订与消耗计划相互独立的临时计划，销售公司根据临时计划随时对各个中心库进行补货。

目前，备件的运输采用的是外包形式，三个销售公司各自都有一家物流公司负责备件从主机厂到各地中心库的运输以及一些旧件回收物流运输。

6.配件销售物流

该集团以前由销售公司顺带完成配件的销售，后来专门成立了一个配件公司，负责配件的市场销售与物流。随着市场需求的不断增加，配件公司的业务快速发展，2008 年成立初期年销售量只有 1 600 万元，到 2014 年达已到了 7 亿多元。配件公司主要负责集团内所有销售车辆出三包期后的车辆修理，拥有配件网点 500 多家，网点全面铺开，实现了配件销售网络体系。配件公司 80%的配件销往该集团各地销售公司的服务站，另有 20%提供社会服务。

总的来说，该汽车集团的主机厂和部件制造部分别有自己的物流管理体系，在整体上形成了多套平行的供应链。这种局面使得物流没有形成规模，资源得不到共享，造成重复浪费的现象。例如，各二级公司都拥有自己的第三方物流公司，并且进行分散管理。这些第三方物流公司大多为中小型企业，自身缺乏科学的物流技术支撑，无论在资金上还是在设施设备配置上都没有优势。它们为了降低物流成本，只能采用传统的物流技术，以人工的方式进行物流操作，这就使得物流管理水平处于很低的层次。各二级子公司对物流的考核仅仅在时间和财务上作分析，不能严格把握第三方物流对物料的处理过程。

二、基于物流分散管理现状的物流成本核算方案

在分散物流管理的现状下，该集团为了开展一体化供应链管理的运作，逐渐开始重视物流管理，从而设置了一套物流成本的核算体系。此前企业能够统计出来的只是支付给外部运输和仓库企业的委托物流费用，而自营的物流成本部分却无法显示，即所谓"冰山一角"。集团公司希望通过物流成本核算体系的设计，全面了解集团内部物流成本发生的情况，从而为开展一体化供应链管理创造条件。

（一）会计科目设置的基本原则

该集团公司在设置会计核算科目时，考虑了以下几个基本原则。

（1）在科目设置中，不包括生产物流成本，会计核算中把生产物流成本都计入了产品的生产成本，这里不单独考虑生产物流成本的核算问题，企业也不对生产成本进行单独的核算与分析。

（2）一级科目尽量按照物流流程设置供应物流成本、销售物流成本、回收物流成本等科目。

（3）明细科目的设置尽量按照物流的相关作业（或者部门、责任中心）来设置，以更有利于物流作业管理或物流责任中心管理的展开。

（二）三个整车厂物流成本核算科目设置

三个整车厂的物流成本核算科目设置如表 3-9 所示。

表 3-9　整车厂物流成本核算科目设置

一级科目	明细科目	费用项目	备注
采购供应物流成本	采购供应管理费用	工资、福利费、办公费、差旅交通费、折旧及修理费、材料消耗、低值易耗品摊销、劳动保护费、工会经费、职工教育经费、劳动保险费等	本项核算整车厂采购供应部门发生的成本
	预投物流成本	外包预投物流费用、预投区人员工资、福利、折旧与修理费、材料消耗、其他	本项核算预投区发生的成本
销售物流成本	仓储费	成品储存区人员工资福利、固定资产折旧、水电费、物料消耗等	本项核算成品储存环节发生的物流成本

其中，由于外供件管理采用供应商管理库存（VMI）方式，因此，整车厂并没有原材料库存以及库存管理，因此在采购供应物流环节，只有采购供应管理费用以及预投区物流成本两个明细科目。预投区是原材料配送上线前在生产厂区的一个缓冲区，大部分情况下由生产厂负责管理。另外，整车生产完成后，就交付给销售公司负责销售，因此，整车厂的销售物流成本只有少量的整车存储费用。

考虑隐性物流成本，整车厂还需要统计两个部分：一是供应物流成本中包含在外供件价款中的供应物流成本，其估算方法是单车外供件估计货值 × 2.8% × 产量，其中 2.8% 是估计的外供件价款中包含的供应物流成本比率；二是销售物流成本中包含的库存占用资金的利息，估算方法是平均库存量 × 资金成本率，其中资金成本率可以用贷款利率表示。

（三）三个销售公司物流成本核算科目设置

三个销售公司的物流成本核算科目设置如表 3-10 所示。

表 3-10　销售公司物流成本核算科目设置

一级科目	明细科目	费用项目	备注
备件供应物流成本	供应管理费用	工资、福利费、办公费、差旅交通费、折旧及修理费、材料消耗、低值易耗品摊销、劳动保护费、工会经费、职工教育经费、劳动保险费等	本项核算销售公司在备件供应部门发生的成本（不含备件自身的成本）
	备件仓储费	外包仓储费用、备件储存区人员工资福利、固定资产折旧、水电费、物料消耗等	本项核算备件储存环节发生的物流成本
备件配送物流成本	外包备件配送费用		向外地发货时外包的费用
	自营备件配送费用	人员工资、办公费用、固定资产折旧等	向外地发货时自营的费用
备件回收物流成本	——	回收过程发生的运输费用	
整车销售物流成本	销售物流管理费用	销售公司物流管理人员的工资以及相关的费用	是企业营业费用的一部分
	外包整车运输费用		
	自营整车运输费用		

销售公司的业务有两部分：第一部分是整车的销售及其物流组织，另一部分是备件供应和配送物流组织。因此可设置一个整车销售物流成本一级科目，同时设置备件供应物流成本、备件配送物流成本（指配件发货到各省市中心库的成本）和备件回收物流成本三个与备件物流相关的一级科目。

销售公司的隐性物流成本，也包括供应物流与销售物流两个部分：一是备件供应物流成本中的备件库存资金利息，其估算方法为平均库存×资金成本率；二是整车销售物流成本中整车库存资金利息，其估算方法为在途整车平均库存量×资金成本率。

（四）四个部件制造部物流成本核算的科目设置

四个部件制造部的物流成本核算科目设置如表 3-11 所示。

表 3-11　部件制造部物流成本核算科目设置

一级科目	明细科目	费用项目	备注
采购供应物流成本	采购供应管理费用	工资、福利费、办公费、差旅交通费、折旧及修理费、材料消耗、低值易耗品摊销、劳动保护费、工会经费、职工教育经费、劳动保险费等	本项核算销售公司在备件采购供应部门发生的成本（不含材料自身的采购成本）
	材料仓储费用	外包仓储费用、人员工资福利、固定资产折旧、水电费、物料消耗等	核算材料入库、储备环节发生的物流费用
销售物流成本	产品包装费用	包装材料费、托盘器具费、包装机械折旧费、人员工资福利、水电费等	
	成品仓储费用	外包仓储费用、人员工资福利、固定资产折旧、水电费、物料消耗等	核算产品储存和出库环节发生的费用
	外包配送费用		向集团内配送发货时外包的费用
	自营配送费用	人员工资、办公费用、固定资产折旧等	向集团内配送发货时自营的费用
回收物流成本	——		回收过程中发生的运输费用

部件制造部的物流成本核算以及科目按照采购供应物流成本、销售物流成本和回收物流成本设置，其中，销售物流成本中单独设置了一个产品包装费用明细项目，以对产品包装及发送时的托盘器具成本进行核算与管理。

关于部件制造部的隐性物流成本，在采购供应物流成本中包括两个部分：一是包含在外供件价款中的供应物流成本，其估算方法为外供件估计货值×费率；二是材料库存资金利息，其估算方法为平均库存量×资金成本率。在销售物流成本中的隐性物流成本为成品库存资金利息占用，其估算方法为平均库存×资金成本率。

（五）配件公司物流成本核算的科目设置

配件公司的物流成本核算科目设置如表 3-12 所示。

表 3-12　配件公司物流成本核算科目设置

一级科目	明细科目	费用项目	备注
供应物流成本	供应管理费用	工资、福利费、办公费、差旅交通费、折旧及修理费、材料消耗、低值易耗品摊销、劳动保护费、工会经费、职工教育经费、劳动保险费等	本项核算销售公司在备件采购供应部门发生的成本（不含材料自身的采购成本）
	配件仓储费用	外包仓储费用、人员工资福利、固定资产折旧、水电费、物料消耗等	本项核算材料入库、储备环节发生的物流费用
销售物流成本	配件包装费用	包装材料费、托盘器具费、包装机械折旧费、人员工资福利、水电费等	
	外包配件配送费用		向集团内配送发货时外包的费用
	自营配件配送费用	人员工资、办公费用、固定资产折旧等	向集团内配送发货时自营的费用
销售物流成本	外包配件运输费用		向外地 4S 店发货时外包的运输费用
	自营配件运输费用		向外地 4S 店发货时自营的运输费用
配件回收物流成本	—	回收过程中发生的运输费用	

配件公司负责三类产品销售服务三包期结束后的维修配件销售与物流组织。其配件的采购工作比较简单，实际上配件都是由主机厂统一采购的，其配件来自于主机厂和部件制造部。其核算科目也按照供应物流成本、销售物流成本和回收物流成本三个一级科目来设置。

配件公司的隐性物流成本包括供应物流成本中的材料库存资金利息，其估算方法为平均库存量×资金成本率。

（六）物流成本核算方法的选择

由于该集团公司现行会计核算信息系统的限制，也考虑到会计人员对物流及物流成本的了解有限，因此在会计方式与统计方式两类物流成本核算方式中，该公司选择采用统计方式来核算物流成本。在实施中，集团公司财务部从每个二级单位（包括四个部件制造部、三个主机厂、三个销售公司和配件公司）抽调了 1～2 名会计人员，聘请物流成本专家对他们进行了为期两天的物流及物流成本核算相关知识培训，由他们负责每个二级厂的物流成本统计核算工作。通过培训，使得物流成本的统计核算得到比较顺利的执行。

三、一体化物流管理模式及其物流成本核算

（一）一体化物流整合的基本思路

由于该集团物流管理的条块分割，导致了整个物流效率的低下，从而现有的物流管理体系已经不能适应其自身的发展，因而该集团准备在集团层面进行全面整合，以实现集团一体化的物流管理体系。

按照设计，准备在集团公司层面形成采购供应管理部、生产部、销售公司三大独立的业务

板块，分别承担整个集团的采购供应协调与物流管理、生产组织协调以及市场的运作与管理职责。设立一个独立的物流中心，全面负责各个二级厂的采购供应物流运作；同时，各二级公司原有的物流相关部门职能削弱，只承担日常的供需计划执行，从而在整个集团内形成一个垂直一体化的、现代化的、高效化的供应链物流管理体系。

一体化物流运作整合的基本思路是：通过采购供应管理部和物流中心，把多个二级厂的物流系统整合，集中实现采购供应物流的一体化管理；通过销售公司整合原有三个销售公司的销售物流系统；而配件公司保留，并把原来销售公司中备件物流的职能整合进来，生产部负责生产组织和生产计划、生产物流组织工作。

首先，在供应物流方面，在集团层面设立采购供应管理部，其主要职能包括物料基础数据管理，供应商管理，物资采购招标管理，物流服务商招标管理，物流绩效考核，采购平台的运营与集团大宗物资，通用件的集中采购，供应链物流信息平台的管理，编码与工位器具、包装的标准化管理等。

在集团层面设置一个物流中心，该物流中心负责整个集团外供件、互供件的采购供应物流（入库、仓储、配送上线等）。

各二级生产公司相应地设立采购物流部，主要负责原材料与零配件的采购（商流）以及日常的生产供需计划执行。

其次，关于销售物流，在集团层面成立销售公司，销售公司完全整合现有的三大整车销售体系，全权负责整车销售与发运职能，而备件的物流建议并入配件公司的管理范围之内。

最后，配件公司按照原来的方式运作，只是把备件的物流也整合进来，因此配件公司负责备配件的销售与物流运作业务。

另外，集团层面的生产部负责组织协调各个部件厂及主机厂的生产环节，关于生产物流成本的核算也不多加考虑。

（二）基于一体化物流管理模式的物流成本核算科目设置

基于这样的物流管理整合思路，提出了一体化管理模式下集团公司物流成本核算体系。表 3-13 为集团公司层面设置的物流成本核算科目。

表 3-13 集团公司层面物流成本核算科目设置

一级科目	明细科目	费用项目	备注
采购供应管理费	——	工资、福利费、办公费、差旅交通费、折旧及修理费、材料消耗、低值易耗品摊销、劳动保护费、工会经费、职工教育经费、劳动保险费等	本项核算集团采购供应管理部（仅指该部门）发生的成本
物流中心运营费	物流中心外包运营费	支付给外包运营商的费用	如果物流中心的运营外包的话，就设置这两个明细科目
	物流中心自营费用	固定资产折旧、自营人员工资薪酬及其他自营支出费用	
	进货运输费	包括入库巡回取货费用或运输费用、人员工资、车辆折旧以及外包运输费等	如果物流中心自营，可以选择设置这些明细科目。在主物流中心之外可能要设置几个分物流中心，这时就设置相应的明细科目单独核算分物流中心的成本
	装卸入库费	入库设备折旧、装卸入库人员工资、物料消耗等	
	仓储费	仓库折旧、仓储人员工资、水电、物料消耗等	
	生产配送费	配送车辆折旧、人员工资、配送外包成本等	

一级科目	明细科目	费用项目	备注
物流中心运营费	物流中心管理费用	物流中心管理人员工资福利、办公费用、差旅费、折旧费等。	如果物流中心自营，可以选择设置这些明细科目。在主物流中心之外可能要设置几个分物流中心，这时就设置相应的明细科目单独核算分物流中心的成本
	互供件物流费	互供件入库、仓储、配送的人工、水电、折旧等费用	
	A 物流分中心运营费	物流分中心 A 的各项费用	
	B 物流分中心运营费	物流分中心 B 的各项费用	
销售物流成本	销售物流管理费用	销售公司中物流管理人员的工资以及相关的费用	是销售费用中的一部分
	零配件出库运输费	运输到各地区域物流中心的长途运输费、车辆折旧、人员工资或外包费用等	核算零配件向各地运输的费用
	卡车销售物流费用	卡车公司整车销售运费以及相关费用	
	商用车销售物流费	商用车整车销售运费以及相关费用	
	轿车销售物流费用	轿车公司整车销售运费以及相关费用	

对于二级生产厂，包括四个部件制造部和三个整车生产厂，都会有相应的采购和物流管理部门，但它们只负责日常的采购与供需计划，并不直接参与物流作业，从而每个二级厂发生的物流成本仅限于采购与物流管理人员的日常支出，因此每个二级厂设置一个物流运营费一级科目即可。三个销售分公司的物流职能被集团公司总体上整合，因而也不具体负责物流业务，从而实现了商流与物流的分离。三个销售分公司只负责商流的实现，具体物流由集团层面的销售公司负责，从而也无需进行物流成本的核算。

配件公司的运行模式与原来相同，只是增加了备件物流的职能，因而在科目设置上可以增加一个备件物流成本一级科目，设置供应物流成本、仓储物流成本和配送物流成本三个明细科目。也可以不单独设置备件物流成本一级科目，而将备件物流的相关成本并入原来配件的供应物流成本、销售物流成本与回收物流成本中，这样，配件公司的物流成本核算科目保持原来设置不变。

第七节 物流公司成本核算案例

杰青公司是一家专业物流公司，截至 2012 年 12 月底，资产总额为 1 531 万元，负债总额为 765 万元。该公司共有员工 38 人，设有办公室、人事部、财务部、运营部、安全部、客服部6 个部门。公司主要从事受托物流业务的组织运营工作，运输业务由外部有运输资格的车队负责，装卸搬运业务雇佣外部搬运工完成。公司除 1 个自有仓库外，还在其他地区租赁了 4 个仓库，另有 1 辆 10 吨叉车和 2 辆卡车，供内部零星装卸和运输使用。本案例以杰青公司 2012 年12 月有关成本费用的资料为依据，计算 2012 年 12 月的物流成本。杰青公司的成本费用科目有主营业务成本、销售费用、管理费用、财务费用和营业外支出，其中营业外支出 2012 年 12 月无发生额。

（1）获取 2012 年 12 月相关成本费用发生额及明细资料并逐项分析哪些与物流成本相关，具体信息见表 3-14。

表 3-14 杰青公司 2012 年 12 月成本费用科目明细及物流成本相关性分析表

成本费用科目及明细项目	发生额（元）	是否相关	备注
主营业务成本——搬运费	29 360.23	是	为对外支付搬运费
主营业务成本——营运费	5 894.96	是	为对外支付运输费
销售费用——工资	60 386.54	是	为运营部、安全部、客服部等部门发生
销售费用——劳动保护费	578.55	是	为运营部、安全部、客服部等部门发生
销售费用——通信费	11 721.32	是	含物流信息费
销售费用——办公费	9 452.85	是	运营部、安全部、客服部等部门发生
销售费用——市内交通费	2 119.50	是	运营部、安全部、客服部等部门发生
销售费用——差旅费	12 210.90	是	运营部、安全部、客服部等部门发生
销售费用——燃料费	2 117.60	是	为 2 辆卡车所发生的费用
销售费用——保险费	2 360.00	是	为货物及车辆保险费
销售费用——折旧	7 171.01	是	为卡车、叉车、自有仓库及电脑折旧费
销售费用——摊销费	13 631.41	是	为仓库修缮摊销费用
销售费用——快递费	794.65	是	运营部、安全部、客服部等部门发生
销售费用——修理费	4 123.00	是	为卡车修理费
销售费用——房租物业	21 232.70	是	物业管理部门办公房租费及仓库水电费
销售费用——低值易耗品	1 914.50	是	为胶条、包装绳、手套等物品
销售费用——业务招待费	18 213.20	否	主要为餐费等
管理费用——通信费	1 669.61	否	主要为人事部、办公室、财务部发生
管理费用——办公费	2 787.40	否	主要为人事部、办公室、财务部发生
管理费用——市内交通费	325.00	否	主要为人事部、办公室、财务部发生
管理费用——业务招待费	2 830.00	否	主要为人事部、办公室、财务部发生
管理费用——房租物业	2 843.96	否	人事部、办公室、财务部办公地租赁费
管理费用——折旧	268.80	否	主要为办公车辆折旧费
管理费用——水电	4 771.57	否	主要为人事部、办公室、财务部发生
管理费用——燃油费	1 487.00	否	主要为办公车辆所耗用
管理费用——保险	720.00	否	主要为办公车辆保险所耗用
管理费用——修理费	315.00	否	主要为办公车辆修理所耗用
管理费用——审计费	2 400.00	否	
财务费用——手续费	585.20	否	购买支票、汇兑等费用
合计	224 286.46		

（2）物流成本资料分析及物流成本计算。根据会计明细账、记账凭证、原始凭证及其他相关资料，对表 3-14 中与物流成本有关的费用逐项进行分拆，并设置物流成本辅助账户，按两个维度计算物流成本。

对于表 3-14 中的第 1 项，经查明细资料，分别为对外支付搬运费和运输费。

将上述信息计入有关物流成本辅助账户：

物流成本——装卸搬运成本——委托·······························29 360.23 ①

物流成本——运输成本——委托····························· 5 894.96 ②

对于表 3-14 中的第 2 项，经查明细资料，为运营部、安全部、客服等物流管理部门所耗人工费用，其中司机 2 人，工资 3 600 元，仓库作业人员 4 人，工资 8 800 元，其余为物流管理人员工资支出。仓库作业人员兼做理货、零星的装卸搬运和包装的工作时数分别为 400 小时、160 小时和 240 小时。仓库作业人员人工费按不同物流工作时数比例分配。据此，相关物流成本计算如下：

　　仓库保管工作时数占工作总时数的比例=400÷(400+160+240)=0.5

　　装卸搬运工作时数占工作总时数的比例=160÷(400+160+240)=0.2

　　包装工作时数占工作总时数的比例=240÷(400+160+240)=0.3

　　运输作业的人工费=3 600

　　仓储作业的人工费=8 800 × 0.5=4 400

　　装卸搬运的人工费=8 800 × 0.2=1 760

　　包装作业的人工费=8 800 × 0.3=2 640

　　物流管理作业的人工费=60 386.54-3 600-8 800=47 986.54

　　将上述信息计入有关物流成本辅助账户：

　　物流成本——运输成本——人工费·····················3 600　　　③

　　物流成本——仓储成本——人工费·····················4 400　　　④

　　物流成本—— 装卸搬运成本——人工费 ·················1 760　　　⑤

　　物流成本——包装成本——人工费·····················2 640　　　⑥

　　物流成本——物流管理成本——人工费·················47 986.54　　⑦

　　对于表 3-14 中的第 3 项，经查明细资料，主要为物流管理人员劳动保护费所耗。

　　将上述有关信息计入相关物流成本辅助账户：

　　物流成本——物流管理成本——人工费·················578.55　　　⑧

　　对于表 3-14 中的第 4 项，经查明细资料，主要为电话费等内容。根据使用人员的相关信息，约 80%的话费支出与物流信息管理相关。据此，相关物流成本计算如下：

　　物流信息作业的一般经费=11 721.32 × 80%=9 377.06

　　将上述计算结果计入有关物流成本辅助账户：

　　物流成本——物流信息成本——一般经费·················9 377.06　　⑨

　　对于表 3-14 中的第 5 项，经查明细资料，主要为物流管理部门所耗费用。据此，相关物流成本计算如下：

　　物流管理作业的一般经费=9 452.85+2 119.50+12 210.90=23 783.25

　　将上述计算结果计入有关物流成本辅助账户：

　　物流成本——物流管理成本——一般经费·················23 783.25　　⑩

　　对于表 3-14 中的第 6 项，经查明细资料，主要为两辆卡车所耗费用。本月两辆卡车用于零星物流运输业务行驶 3 000 千米，用于物流管理部门市内交通行驶 2 000 千米。物流成本按行驶千米数进行分配。据此，相关物流成本计算如下：

　　物流业务运输行驶里程数占行驶里程总数的比例=3 000÷(3 000+2 000)=0.6

　　物流管理部门行驶里程数占行驶里程总数的比例=2 000÷(3 000+2 000)=0.4

　　运输作业耗用维护费=2 117.60 × 0.6=1 270.56

　　物流管理作业耗用维护费=2 117.60 × 0.4=847.04

将上述计算结果计入相关物流成本辅助账户：

物流成本——运输成本——维护费·····························1 270.56　⑪

物流成本—物流管理成本——维护费·························847.04　⑫

对于表 3-14 中的第 7 项，经查明细资料，主要为货物及两辆卡车所发生的保险费，其中货物的财产保险费为 930 元，车辆保险费为 1 430 元。

将上述信息计入相关物流成本辅助账户：

物流成本——存货保险成本——特别经费·····················930.00　⑬

物流成本——运输成本——维护费···························1 430　⑭

对于表 3-14 中的第 8 项，经查明细资料，为卡车、叉车、自有仓库及物流管理部门微机折旧费，数额分别为 1 303.82 元、1 501.73 元、3 911.46 元和 454 元。

将上述信息计入相关物流成本辅助账户（为简便起见，物流管理部门微机折旧费全部计入物流信息成本）：

物流成本——运输成本——维护费···························1 303.82　⑮

物流成本——装卸搬运成本——维护费·······················1 501.73　⑯

物流成本——仓储成本——维护费···························3 911.46　⑰

物流成本——物流信息成本——维护费·······················454　⑱

对于表 3-14 中的第 9 项，经查明细资料，为自有仓库修缮摊销费用。

将上述信息计入相关物流成本辅助账户：

物流成本——仓储成本——维护费···························13 631.41　⑲

对于表 3-14 中的第 10 项，经查明细资料，为物流管理部门所耗，主要为物流信息管理所发生的费用。

将上述信息计入相关物流成本辅助账户：

物流成本——物流信息成本——一般经费·····················794.65　⑳

对于表 3-14 中的第 11 项，经查明细资料，为两辆卡车修理所耗，本月两辆卡车用于零星物流运输业务行驶 3 000 千米，用于物流管理部门市内交通行驶 2 000 千米。物流成本按行驶里程进行分配。据此，相关物流成本计算如下：

修理费在运输和物流管理作业之间进行分配的资源动因见资料第六项的计算结果。

运输作业耗用维护费=4 123×0.6=2 473.80

物流管理作业耗用维护费=4 123×0.4=1 649.20

将上述信息计入相关物流成本辅助账户：

物流成本——运输成本——维护费···························2 473.80　㉑

物流成本——物流管理成本——维护费·······················1 649.20　㉒

对于表 3-14 中的第 12 项，经查明细资料，为物业管理部门办公用房租赁费及仓库水电费，其数额分别为 20 000 元和 1 232.70 元。

将上述信息计入相关物流成本辅助账户：

物流成本——物流管理成本——一般经费·····················20 000　㉓

物流成本——仓储成本——维护费···························1 232.70　㉔

对于表 3-14 中的第 13 项，经查明细资料，为领用胶条、包装绳、手套等物品所耗用，上述物品主要用于包装业务。

将上述信息计入有关物流成本辅助账户：

物流成本——包装成本——材料费……………………………………………1 914.50　　㉕

杰青公司在物流服务过程中，向委托方支付的备用金及押金在"其他应收款"科目中反映，其他应收款——备用金本月初余额为 1 456 683.35 元，本月末余额为 1 449 683.35 元；其他应收款——押金本月初余额为 273 800 元，本月末余额为 923 800（2002 年 12 月一年期贷款利率为 5.31%）。据此，相关物流成本计算如下：

存货占用自有资金所产生的机会成本=(1 456 683.35+1 449 683.35)÷2+(273 800+923 800)÷2]×5.31%÷12=9 080.03（元）。

将上述信息计入相关物流成本辅助账户：

物流成本——流动资金占用成本——特别经费……………………………9 080.03　　㉖

（3）按"企业物流成本主表"的要求汇总计算物流成本。凡未注明委托字样的，为自营物流成本。

以下为杰青公司物流成本汇总分析表，见表3-5。

表 3-15　杰青公司物流成本汇总分析表　　　　　　　（单位：元）

1 装卸搬运成本——委托=①=29 360.23

2 运输成本——委托=②=5 894.96

3 运输成本=③+⑪+⑭+⑮+㉑=3 600+1 270.56+1 430+1 303.82+2 473.8=10 078.18

4 仓储成本=④+⑰+⑲+㉔=4 400+3 911.46+13 631.41+1 232.70=23 175.57

5 装卸搬运成本=⑤+⑯=1 760+1 501.73=3 261.73

6 包装成本=⑥+㉕=2 640+1 914.50=4 554.5

7 物流管理成本=⑦+⑧+⑩+⑫+㉒+㉓=47 986.54+578.55+23 783.25+847.04+1 649.2+20 000=94 844.58

8 物流信息成本=⑨+⑱+⑳=9 377.06+454+794.65=10 625.71

9 存货保险成本=⑬=930.00

10 流动资金占用成本=㉖=9 080.03

11 运输成本——人工费=③=3 600

12 仓储成本——人工费=④=4 400

13 装卸搬运成本——人工费=⑤=1 760

14 包装成本——人工费=⑥=2 640

15 物流管理成本——人工费=⑦+⑧=47 986.54+578.55=48 565.09

16 物流信息成本——一般经费=⑨+⑳=9 377.06+794.65=10 171.71

17 物流管理成本——一般经费=⑩+㉓=23 783.25+20 000=43 783.25

18 物流管理成本——维护费=⑫+㉒=847.04+1 649.2=2 496.24

19 运输成本——维护费=⑪+⑭+⑮+㉑=1 270.56+1 430+1 303.82+2 473.80=6 478.18

20 存货保险成本——特别经费=⑬=930.00

21 装卸搬运成本——维护费=⑯=1 501.73

22 仓储成本——维护费=⑰+⑲+㉔=3 911.46+13 631.41+1 232.7=18 775.57

23 物流信息成本——维护费=⑱=454

24 包装成本——材料费=㉕=1 914.50

25 流动资金占用成本——特别费=㉖=9 080.03

（4）根据上述计算结果填写"企业物流成本主表"，如表 3-16 所示。

表 3-16　企业物流成本主表

2012 年 12 月　　　　　　　　　　　　　　　　　　　　　　　　　　单位：元

成本项目	范围及支付形态	物流总成本		
		自营	委托	合计
甲		01	02	03
物流功能成本	运输成本	10 078.18	5 894.96	15 973.14
	仓储成本	23 175.57		23 175.57
物流功能成本	包装成本	4 554.50		4 554.50
	装卸搬运成本	3 261.73	29 360.23	32 621.96
	流通加工成本			
	物流信息成本	10 625.71		10 625.71
	物流管理成本	94 844.58		94 844.58
	合计	146 537.27	35 255.19	181 797.46
存货相关成本	流动资金占用成本	9 080.03		9 080.03
	存货风险成本			
	存货保险成本	930.00		930.00
	合计	10 010.03		10 010.03
其他成本				
物流总成本		156 547.30	35 255.19	191 807.49

第八节　生产制造企业物流成本核算案例

甲公司是一个以小麦加工为主的中外合资面粉生产企业。截至 2015 年底，该公司资产总额为 6 186 万元，2015 年实现销售收入 1.23 亿元，实现利润总额 6 562 万元。内部设有会计部（兼做信息工作）、人事部、采购部、生产部、质量部、仓储部和销售部 7 个部门，共有员工 145 人，其中采购人员 5 人，生产人员 60 人，营销人员 20 人，其余为管理人员。该公司有一个总面积为 1 0000 平方米的仓库，用于储存小麦、面粉等存货，而运输业务和装卸搬运业务均由外部人员承包，公司支付运费和装卸搬运费。

本案例以甲公司 2015 年 12 月有关成本费用资料为依据，计算 2015 年 12 月的物流成本。甲公司的成本费用科目有生产成本、制造费用、销售费用、管理费用、财务费用、营业外支出和其他业务成本，其中营业外支出 2015 年 12 月无发生额。具体计算步骤如下。

（1）获取甲公司 2015 年 12 月相关成本费用发生额及明细资料并逐项分析哪些与物流成本相关，具体分析结果见表 3-17、表 3-18、表 3-19、表 3-20 和表 3-21。

表 3-17　2015 年 12 月管理费用明细及物流成本相关性分析表

管理费用明细项目	发生额（元）	是否与物流成本相关	备注
工资	94 044.09	是	含物流信息人员工资
折旧费	36 049.57	是	含物流信息设施折旧
办公费	2 566.24	否	主要为人事部、会计部、总经理办公室费用
差旅费	12 267.10	否	主要为人事部、会计部、总经理办公室费用
工会经费	5 176.08	否	
董事会费	45 000.00	否	
坏账损失	2 147 087.44	否	
应酬费	24 777.00	否	主要为人事部、会计部、总经理办公室费用
税金	71 351.83	否	主要为人事部、会计部、总经理办公室费用
职工福利费	15 996.30	是	含物流人员费用
职工培训费	631.00	是	含物流人员费用
劳动保险费	39 102.00	是	含物流人员费用
待业保险费	3 908.68	是	含物流人员费用
劳动保护费	1 028.34	否	主要为人事部、会计部、总经理办公室费用
邮电费	426.81	否	主要为人事部、会计部、总经理办公室费用
汽车	19 241.31	否	主要为人事部、会计部、总经理办公室费用
诉讼费	3 683.00	否	
低值易耗品摊销	129.00	否	主要为人事部、会计部、总经理办公室费用
其他	65 749.45	否	
住房公积金	17 203.40	是	含物流人员费用
环境保护费	2 940.56	否	
修理费	5 915.00	否	主要为人事部、会计部、总经理办公室费用
统筹医疗金	17 827.50	是	含物流人员费用
照明电费	25 182.68	是	含仓库电费
合计	2 657 284.38		

表 3-18　2015 年 12 月制造费用明细及物流成本相关性分析表

制造费用明细项目	发生额（元）	是否与物流成本相关	备注
折旧费	58 654.90	是	含车间包装设备折旧费
修理费	61 841.90	是	含车间包装设备修理费
水费	10 345.81	否	主要为车间制造耗用水费
差旅费	5 813.30	否	主要为车间人员支出费用
邮电费	1 510.00	否	主要为车间人员支出费用
保险费	21 684.00	是	含库存和包装设备保险费用
劳动保护费	3 358.50	是	含包装工人费用
职工福利费	1 025.95	是	含包装工人费用

续表

制造费用明细项目	发生额（元）	是否与物流成本相关	备注
试验检验费	2 906.42	否	主要为制造产品而发生的费用
低值易耗品摊销	99.00	否	主要为车间低值易耗品摊销
办公费	447.38	是	为车间管理人员办公费（含包装业务）
其他	989.37	否	
合计	168 676.53		

表 3-19　2015 年 12 月销售费用明细及物流成本相关性分析表

销售费用明细项目	发生额（元）	是否与物流成本相关	备注
运输费	300 925.56	是	对外支付运费
装卸费	31 154.60	是	对外支付装卸费
保险费	3 010.00	是	铁路运输保险费
广告费	44 244.40	否	主要为广告宣传费
差旅费	15 472.00	否	主要为业务部门人员发生费用
邮电费	3 300.00	是	含物流信息费
汽车	6 646.32	是	含零星物流运输费
工资	61 473.17	是	业务部门（含物流业务）人员费用
办公及劳保	2 372.43	是	业务部门（含物流业务）人员费用
低值易耗品摊销	3 910.75	是	主要为包装材料及周转用仓库蓬布费用
折旧费	13 805.27	是	主要为仓库及业务办公用房折旧费
其他	17 952.30	是	货物出口报关税及港杂费
劳动保护费	626.17	是	业务部门（含物流业务）人员费用
合计	504 892.97		

表 3-20　2015 年 12 月生产成本明细及物流成本相关性分析表

生产成本明细项目	发生额（元）	是否与物流成本相关	备注
直接材料	7 331 343.53	否	主要为生产面粉耗用的小麦
辅助材料	309 402.24	是	含包装材料
燃料及动力	172 565.47	是	含包装设施耗用电费
工资	114 726.27	是	含包装工人工资
制造费用	168 751.53	否	制造费用结转
合计	8 096 789.04		

表 3-21　2015 年 12 月财务费用明细及物流成本相关性分析表

财务费用明细项目	发生额（元）	是否与物流成本相关	备注
金融机构手续费	371.09	否	
利息支出	7 957.00	是	主要为购买原材料所发生的货款利息支出
汇兑损失	−30 547.73	否	
利息收入	−8 284.99	否	
合计	−30 504.63		

（2）对表3-17、表3-18、表3-19、表3-20和表3-21中与物流成本有关的费用内容进行汇总，具体见表3-22。

表3-22　2015年12月物流成本相关费用明细汇总表

序号	项目	发生额（元）	备注
1	管理费用——折旧费（表3-17）	36 049.57	含物流信息设施折旧
2	管理费用——工资（表3-17）	94 044.09	含业务人员（包括）费用
	管理费用——住房公积金（表3-17）	17 203.40	
	销售费用——工资（表3-19）	61 473.17	
	生产成本——工资（表3-20）	114 726.27	
3	管理费用-福利费、培训、劳动和待业保险及统筹医疗金（表3-17）	77 465.48	公司全体人员（含物流人员）费用
	制造费用-职工福利费、劳动保护费（表3-18）	4 384.45	
	销售费用-劳动保护费（表3-19）	626.17	
4	管理费用——照明电费（表3-17）	25 182.68	含仓库电费
5	制造费用——折旧费（表3-18）	58 654.90	含车间包装设备折旧费、修理费
	制造费用——修理费（表3-18）	61 841.90	
6	制造费用——保险费（表3-18）	21 684.00	含存货和包装设备保险费用
7	制造费用——办公费（表3-18）	447.38	含包装业务费用
8	销售费用——运输费（表3-19）	300 925.56	对外支付运费
	销售费用——装卸费（表3-19）	31 154.60	对外支付装卸费
9	销售费用——保险费（表3-19）	3 010.00	铁路运输保险费
10	销售费用——汽车（表3-19）	6 646.32	含零星物流运输费
11	销售费用——办公及劳保（表3-19）	2 372.43	业务部门（含物流业务）人员费用
12	销售费用——低值易耗摊销（表3-19）	3 910.75	包装材料及周转用仓库蓬布费用
13	销售费用——折旧费（表3-19）	13 805.27	仓库及业务办公用房折旧费
14	销售费用——邮电费（表3-19）	3 300.00	含物流信息费
15	销售费用——其他（表3-19）	17 952.30	货物出口报关报税及港杂费
16	生产成本——辅助材料（表3-20）	309 402.24	含包装材料
	生产成本——燃料及动力（表3-20）	172 565.47	含包装设施耗用电费
17	财务费用——利息支出（表3-21）	7 975.00	购买原材料发生的贷款利息支出
	合计	1 446 803.40	

（3）物流成本资料分析及物流成本计算。根据会计明细账、记账凭证、原始凭证及其他相关资料，对表3-22中与物流成本有关的费用逐项进行分拆，并设物流成本辅助账户，按三个维度计算物流成本。

①对于表3-22中的第1项，经查明细资料，其中微机等信息设施的折旧费为6 008.26元。该项费用按微机工作时数进行分配，会计部提供的物流成本计算信息需求表见表3-23。

表 3-23　物流成本计算信息需求表

填写部门（章）：会计部　　　　　　　　　　　　　　　　　　　　2015 年 12 月 31 日

项目	信息
会计部在岗人数	15 人
专职从事物流信息工作人数	0 人
兼职从事物流信息工作人数	1 人
兼职物流信息人员 12 月份工作总时数	186 小时
兼职物流信息人员 12 月份使用微机从事信息工作时数	93 小时
兼职物流信息人员 12 月份使用微机从事企业内物流信息工作时数	15.5 小时

根据上述资料及表 3-23 所提供信息，物流信息成本计算如下：

物流信息工作时数占全部信息工作时数的比例为 $15.5 \div 93 = \frac{1}{6}$

物流信息作业维护费 $= 6\ 008.26 \times (\frac{1}{6}) = 1\ 001.38$

将上述计算结果计入有关物流成本辅助账户：

物流成本——物流信息成本——企业内物流成本——维护费……1 001.38　　　　　①

② 对于表 3-22 中的第 2 项人工费用，经查明细资料，管理费用——工资 94 044.09 元中含物流信息人员工资，该公司会计部门一名员工兼做信息系统管理员，每月工资为 3 000 元，该项费用按物流信息工作时数进行分配；销售费用——工资 61 473.17 元中含仓储人员工资 18 000 元，该公司共有仓储人员 10 人，其中两人从事仓储管理工作，工资为 5 000 元，另外 8 人从事仓储业务工作，工资为 13 000 元；生产成本——工资 114 726.27 元中含包装人员工资 20 000 元，该公司共有包装人员 15 人，其中一人从事包装管理工作，工资为 2 500 元，14 人从事包装业务工作，工资为 17 500 元；管理费用——住房公积金 17 203.40 元中含物流人员支出，该公司按职工工资总额的 5% 提取职工住房公积金。根据上述资料及表 3-22 的信息，相关物流成本计算如下：

物流信息工作时数占全部工作时数的比例 $= 15.5 \div 186 = \frac{1}{12}$

物流信息作业人工费 $= 3\ 000 \times \frac{1}{12} \times (1 + 5\%) = 262.5$（元）

物流仓储作业人工费 $= 13\ 000 \times (1 + 5\%) = 13\ 650$（元）

物流包装作业人工费 $= 17\ 500 \times (1 + 5\%) = 18\ 375$（元）

物流管理作业人工费 $= (5\ 000 + 2\ 500) \times (1 + 5\%) = 7\ 875$（元）

将上述计算结果分别计入各物流成本辅助账户：

物流成本——物流信息成本——企业内部物流成本——人工费……262.5　　　　②

　　　　　——仓储成本——企业内部物流成本——人工费…………13 650　　　　③

　　　　　——包装成本——企业内部物流成本——人工费…………18 375　　　　④

　　　　　——物流管理成本——企业内部物流成本——人工费……7 875　　　　⑤

③对于表 3-22 中的第 3 项人工费，经查明细资料，管理费用——福利费、培训、劳动和待业保险及统筹医疗金 77 465.48 元为全体员工所发生的费用支出，制造费用——职工福利费、劳

动保护费 4 384.45 元和销售费用——劳动保护费 626.17 元为采购、生产和营销部门人员所发生的费用支出，上述费用支出按物流作业职工人数进行分配。该公司共有员工 145 人，采购部门 5 人，生产部门 60 人，其中：包装人员 15 人，1 人从事包装管理，14 人从事包装作业；仓储人员 10 人，2 人从事仓储管理，8 人从事仓储作业；营销部门 20 人；其余为管理人员（从事物流信息作业的人员为兼职，忽略不计）。

根据上述资料，相关物流成本计算如下：

包装管理人员占企业总人数的比例$=\dfrac{1}{145}$

包装作业人员占企业总人数的比例$=\dfrac{14}{145}$

仓储管理人员占企业总人数的比例$=\dfrac{2}{145}$

仓储作业人员占企业总人数的比例$=\dfrac{8}{145}$

包装管理人员占企业采购、生产、营销部门人数的比例$=1\div(5+60+20)=\dfrac{1}{85}$

包装作业人员占企业采购、生产、营销部门人数的比例$=\dfrac{14}{85}$

仓储管理人员占企业采购、生产、营销部门人数的比例$=\dfrac{2}{85}$

仓储作业人员占企业采购、生产、营销部门人数的比例$=\dfrac{8}{85}$

包装管理人员人工费$=77\,465.48\times\dfrac{1}{145}+(4\,384.45+626.17)\times\dfrac{1}{85}=593.19$

包装作业人员人工费$=77\,465.48\times\dfrac{14}{145}+(4\,384.45+626.17)\times\dfrac{14}{85}=8\,304.71$

仓储管理人员人工费$=77\,465.48\times\dfrac{2}{145}+(4\,384.45+626.17)\times\dfrac{2}{85}=1\,186.39$

仓储作业人员人工费$=77\,465.48\times\dfrac{8}{145}+(4\,384.45+626.17)\times\dfrac{8}{85}=4\,745.55$

物流管理人员人工费$=593.19+1\,186.39=1\,779.58$

物流包装作业人工费$=8\,304.71$

物流仓储作业人工费$=4\,745.55$

将上述计算结果分别计入各物流成本辅助账户：

物流成本——物流管理成本——企业内部物流成本——人工费……1 779.58　　　　⑥

　　　——包装成本——企业内物流成本——人工费………8 304.71　　　　⑦

　　　——仓储成本——企业内部物流成本——人工费………4 745.55　　　　⑧

④ 对于表 3-20 中的第 4 项，经查明细资料，其中含有支付仓库照明电费 1 399 元，支付车间照明电费 4 197.11 元。车间共有生产工人 60 人，其中从事包装作业的人数为 15 人。车间照明电费按从事物流作业的人数进行分配。根据上述资料，相关物流成本计算如下：

包装作业人数占车间生产人数的比例$=15/60=0.25$

包装作业消耗的照明电费=4 197.11×0.25=1 049.28

仓储作业消耗的照明电费=1 399

将上述结果分别计入物流成本辅助账户：

物流成本——包装成本——企业内部物流成本——一般经费……1 049.28　　　⑨

　　　　——仓储成本——企业内部物流成本——一般经费……1 399　　　　　　⑩

⑤ 对于表 3-22 中的第 5 项，经查明细资料，折旧费 58 654.90 元中含包装设备折旧费 4 800 元，修理费 61 841.90 元中含有包装设备修理费 6 092 元。据此，相关物流成本计算如下：

包装作业的维护费=4 800+6 092=10 892

将上述计算结果计入有关物流成本辅助账户：

物流成本——包装成本——企业内部物流成本——维护费……10 892　　　　　⑪

⑥ 对于表 3-22 中第 6 项，经查明细资料，其中含有采购存货保险费用 6 872 元，包装设备保险费用 3 241 元。

将上述物流成本信息分别计入物流成本辅助账户：

物流成本——包装成本——企业内部物流成本——维护费……3 241　　　　　　⑫

　　　　——存货保险成本——供应物流成本——特别经费…6 872　　　　　　　⑬

⑦ 对于表 3-22 中的第 7 项，经查明细资料，该项费用为车间管理人员所耗用办公费，车间管理人员 4 人，其中包括包装作业管理人员 1 人。据此，相关物流成本计算如下：

包装作业管理人员占车间管理人员人数的比例=$\dfrac{1}{4}$

物流管理作业一般经费=447.38×$\dfrac{1}{4}$=111.85

将上述计算结果计入有关物流成本辅助账户：

物流成本——物流管理成本——企业内部物流成本——一般经费……111.85　　　⑭

⑧ 对于表 3-22 中的第 8 项，经查明细资料，外部运输队 12 月份行驶里程数为 48 000 千米，其中材料采购阶段行驶里程数为 16 000 千米，产品销售阶段行驶里程数为 32 000 千米。外部装卸队 12 份月共搬运装卸货物 1 400 吨，其中采购阶段装卸搬运材料 400 吨，在企业内仓库与车间之间搬运各种材料约 200 吨，销售阶段装卸搬运产品 800 吨。运输费用按里程数进行分配，装卸费按货物重量进行分配。据此，相关物流成本计算如下：

供应阶段行驶里程数占全部里程数的比例=16 000÷48 000=$\dfrac{1}{3}$

销售阶段行驶里程数占全部里程数的比例=32 000÷48 000=$\dfrac{2}{3}$

供应阶段装卸货物吨数占全部装卸货物吨数的比例=400/1 400=$\dfrac{2}{7}$

企业内物流阶段装卸货物吨数占全部装卸货物吨数的比例=200/1 400=$\dfrac{1}{7}$

销售阶段装卸货物吨数占全部装卸货物吨数的比例=800/1 400=$\dfrac{4}{7}$

供应阶段负担的对外支付运输成本=300 925.56 × $\frac{1}{3}$ =100 308.52

销售阶段负担的对外支付运输成本=300 925.56 × $\frac{2}{3}$ =200 617.04

供应阶段负担的对外支付装卸搬运成本=31 154.60 × $\frac{2}{7}$ =8 901.31

企业内物流阶段负担的对外支付装卸搬运成本=31 154.60 × $\frac{1}{7}$ =4 450.66

销售阶段负担的对外支付装卸搬运成本=31 154.60 × $\frac{4}{7}$ =17 802.63

将上述计算结果计入有关物流成本辅助账户：

物流成本——运输成本——供应物流成本——委托…………………100 308.52　　⑮

　——运输成本——销售物流成本——委托…………………200 617.04　　⑯

　——装卸搬运成本——供应物流成本——委托…………8 901.31　　⑰

　——装卸搬运成本——企业内部物流成本——委托…4 450.66　　⑱

　——装卸搬运成本——销售物流成本——委托…………17 802.63　　⑲

⑨ 对于表 3-22 中的第 9 项，经查明细资料，该项费用为铁路运输途中保险费支出，其中采购材料支付 1 050 元，销售产品支付 1 960 元。

将上述物流成本信息计入相关物流成本辅助账户：

物流成本——存货保险成本——供应物流成本——特别经费……1 050　　⑳

　——存货保险成本——销售物流成本——特别经费……1 960　　㉑

⑩ 对于表 3-22 中的第 10 项，经查明细资料，该项费用主要为维修维护及燃料动力消耗费，其中有一部分为从事零星物流运输业务所发生的费用。根据有关统计数据，该车辆 12 月份共行驶 6 300 千米，用于零星物流业务运输里程数为 2 100 千米，其中采购阶段行驶 1 400 千米，销售阶段行驶 700 千米。据此，相关物流成本计算如下：

供应阶段车辆行驶里程数占总行驶里程数的比例=1 400 ÷ 6 300= $\frac{2}{9}$

销售阶段车辆行驶里程数占总行驶里程数的比例=700 ÷ 6 300= $\frac{1}{9}$

供应阶段运输作业维护费=6 646.32 × $\frac{2}{9}$ =1 476.96

销售阶段运输作业维护费=6 646.32 × $\frac{1}{9}$ =738.48

将上述物流成本信息计入相关物流成本辅助账户：

物流成本——运输成本——供应物流成本——维护费……1 476.96　　㉒

　——运输成本——销售物流成本——维护费……738.48　　㉓

⑪ 对于表 3-22 中的第 11 项，经查明细资料，该项费用为采购、营销及仓储管理人员所耗用办公费，可按物流作业职工人数分配，采购人员 5 人，营销人员 20 人，仓储管理人员 2 人。据此，相关物流成本计算如下：

仓储管理人员占采购、营销和仓储管理人员总人数的比例=2÷(5+20+2)=$\frac{2}{27}$

仓储管理作业耗用办公费=2 372.43×$\frac{2}{27}$=175.74

将上述计算结果计入有关物流成本辅助账户：

物流成本——物流管理成本——企业内物流成本——一般经营……175.74　　　㉔

⑫ 对于表 3-22 中的第 12 项，经查明细资料，该项费用主要为包装用材料及周转使用的露天仓库蓬布，其中包装材料摊销额为 1 410.5 元，仓库蓬布摊销额为 2 500.25 元。

将上述物流成本信息计入有关物流成本辅助账户：

物流成本——包装成本——企业内部物流成本——材料费…………1 410.5　　　㉕

　　　——仓储成本——企业内部物流成本——维护费…………2 500.25　　　㉖

⑬ 对于表 3-22 中的第 13 项，经查明细资料，该项费用主要为仓库及业务办公用房折旧费，其中仓库折旧费为 11 805.27 元。

将上述物流成本信息计入有关物流成本辅助账户：

物流成本——仓储成本——企业内部物流成本——维护费……11 805.27　　　㉗

⑭ 对于表 3-22 中的第 14 项，经查明细资料，该项费用主要为采购、营销部门发生的邮件信息费。据统计，邮电费中约 80%与物流信息相关，其中 40%与材料采购有关，60%与产品销售有关。据此，相关物流成本计算如下：

物流信息成本=3 300×80%=2 640

供应阶段负担的物流信息成本=2 640×40%=1 056

销售阶段负担的物流信息成本=2 640×60%=1 584

将上述计算结果计入有关物流成本辅助账户：

物流成本——物流信息成本——供应物流成本——一般经费……1 056　　　㉘

　　　——物流信息成本——销售物流成本——一般经费…………1 584　　　㉙

⑮ 对于表 3-22 中的第 15 项，经查明细资料，该项费用主要为货物出口报关报税及港杂费，其中港杂费为 2 652.30 元。

将上述物流成本信息计入有关物流成本辅助账户：

物流成本——物流管理成本——销售物流成本——一般经费……2 652.30　　　㉚

⑯ 对于表 3-22 中的第 16 项，经查明细资料，辅助材料 309 402.24 元中包含包装材料 215 000 元，燃料及动力 172 565.47 元按耗用电力度数分配，12 月份生产车间耗电力总度数为 3 000 度，其中含包装设备耗用电力 60 度。据此，相关物流成本计算如下：

包装设备耗用电力度数占耗用电力总度数的比例=60/3 000=$\frac{1}{50}$

包装作业耗用电费=172 565.47×$\frac{1}{50}$=3 451.31

将上述物流成本信息计入有关物流成本辅助账户：

物流成本——包装成本——企业内部物流成本——材料费……215 000　　　㉛

　　　——包装成本——企业内部物流成本——维护费……3 451.31　　　㉜

⑰ 对于表 3-22 中的第 17 项，经查明细资料，该项费用主要为购买原材料所发生的借款利息支出。

将上述信息计入有关物流成本辅助账户：

物流成本——流动资金占用成本——供应物流成本——特别经费……7 975　　　　　㉝

⑱ 该公司于 2005 年 12 月出售下脚料等取得收入 35 000 元，同时发生装卸搬运及运输费分别为 500 元和 1 500 元，该项支出列入"其他业务成本"科目。

将上述信息计入有关物流成本辅助账户：

物流成本——装卸搬运成本——废弃物物流成本——委托……500　　　　　㉞

　　　　——运输成本——废弃物物流成本——委托　　……1 500　　　　　㉟

⑲ 该公司 2006 年 12 月底仓库存货结余明细如下：小麦结余 12 175 658 公斤，面粉结余 4 040 611.58 公斤，副产品结余 1 482 200.20 公斤，结余价值总额 29 683 691.69 元，月初结余价值总额为 29 342 314.40 元（一年期银行贷款利率为 5.58%）。据此，相关物流成本计算如下：

存货占用自有资金所产生的机会成本=(29 683 691.69+29 342 314.40) ÷ 2 × 5.58% ÷ 12= 137 235.46

将上述信息计入有关物流成本辅助账户：

物流成本——流动资金占用成本——企业内部物流成本——特别经费……137 235.46　　㊱

（4）按"企业物流成本主表"的要求汇总计算物流成本，内容见表 3-24。凡未注明委托字样的，为自营物流成本。

表 3-24　　甲公司物流成本汇总分析表　　　　　　　单位：元

1 物流信息成本——企业内物流成本=①+②=1 001.38+262.5=1 263.88

2 仓储成本——企业内部成本=③+⑧+⑩+㉖+㉗=13 650+4 745.55+1 399+2 500.25+11 805.27=34 100.07

3 包装成本——企业内部成本=④+⑦+⑨+⑪+⑫+㉕+㉛+㉜=18 375+8 304.71+1 049.28+10 892+3 241+1 410.5+215 000+3 451.31= 261 723.8

4 物流管理成本——企业内部物流成本=⑤+⑥+⑭+㉔=7 875+1 779.58+111.85+175.74=9 942.17

5 存货保险成本——供应物流成本=⑬+⑳=6 872+1 050=7 922

6 运输成本——供应物流成本——委托=⑮=100 308.52

7 运输成本——销售物流成本——委托=⑯=200 617.04

8 装卸搬运成本——供应物流成本——委托=⑰=8 901.31

9 装卸搬运成本——企业内部物流成本——委托=⑱=4 450.66

10 装卸搬运成本——销售物流成本——委托=⑲=17 802.63

11 存货保险成本——销售物流成本=㉑=1 960

12 运输成本——供应物流成本=㉒=1 476.96

13 运输成本——销售物流成本=㉓=738.48

14 物流信息成本——供应物流成本=㉘=1 056

15 物流信息成本——销售物流成本=㉙=1 584

16 物流管理成本——销售物流成本=㉚=2 652.30

17 流动资金占用成本——供应物流成本=㉝=7 975

18 装卸搬运成本——废弃物物流成本——委托=㉞=500

19 运输成本——废弃物物流成本——委托=㉟=1 500

20 流动资金占用成本——企业内部物流成本=㊱=137 235.46

续表

21 物流信息成本——维护费=①=1 001.38

22 物流信息成本——人工费=②=262.5

23 仓储成本——人工费=③+⑧=13 650+4 745.55=18 395.55

24 包装成本——人工费=④+⑦=18 375+8 304.71=26 679.71

25 物流管理成本——人工费=⑤+⑥=7 875+1 779.58=9 654.58

26 包装成本——一般经费=⑨=1 049.28

27 仓储成本——一般经费=⑩=1 399

28 包装成本——维护费=⑫+⑫+㉜=10 892+3 241+3 451.31=17 584.31

29 存货保险成本——特别经费=⑬+⑳+㉑=6 872+1 050+1 960=9 882

30 物流管理成本——一般经费=⑭+㉔+㉚=111.85+175.74+2 652.30=2 939.89

31 运输成本——维护费=㉒+㉓=1 476.96+738.48=2 215.44

32 包装成本——材料费=㉕+㉛=1 410.5+215 000=216 410.5

33 仓储成本——维护费=㉖+㉗=2 500.25+11 805.27=14 305.52

34 物流信息成本——一般经费=㉘+㉙=1 056+1 584=2 640

35 流动资产占用成本——特别经费=㉝+㊱+=7 975+137 235.46=145 210.46

（5）根据上述计算结果填写"企业物流成本主表"，内容见表3-25。

表 3-25 企业物流成本主表

企业详细名称：甲公司　　企业法人代码：××　　计量单位：元　　表号：企物流 A1 表

2015 年 12 月　　　　　　　　　　　　　　　　单位：元

成本项目	范围及支付形态		物流总成本		
			自营	委托	合计
甲			01	02	03
物流功能成本	运输成本	1	2 215.44	302 425.56	304 641.00
	仓储成本	2	34 100.07		34 100.07
	包装成本	3	261 723.8		261 723.8
	装卸搬运成本	4		31 654.6	31 654.6
	流通加工成本	5			
	物流信息成本	6	3 903.88		3 903.88
	物流管理成本	7	12 594.47		12 594.47
	合计	8	314 537.66	334 080.16	648 617.82
存货相关成本	流动资金占用成本	9	145 210.16		145 210.16
	存货风险成本	10			
	存货保险成本	11	9 882		9 882
	合计	12	155 092.16		155 092.46
其他成本		13			
物流总成本		14	469 629.82	334 080.16	803 709.98

注：①本表物流总成本各列，数字满足关系式：合计=自营+委托。

②本表各行满足关系式：08=01+02+03+04+05+06+07，12=09+10+11 且 14=08+12+13。

单位负责人：　　　　　　　　　　填表人：　　　　　　　　　　填表日期：　年　月　日

本章习题

一、名词解释

1. 显性物流成本
2. 隐性物流成本

二、简答题

1. 对于企业来说，进行物流成本核算有什么意义？
2. 我国企业在推行物流成本核算的过程中会遇到什么样的困难？
3. 企业进行物流成本核算的目的有哪些？
4. 企业如何选择物流成本的核算对象？企业可以选择的物流成本核算对象有哪些？
5. 独立的物流成本会计核算模式如何实施？有什么优缺点？
6. 描述统计方式物流成本核算模式的基本步骤。
7. 如何计算隐性物流成本？

三、案例分析

某公司月度损益表中与物流有关的费用如表3-26所示，试编制企业的支付形态类别、物流范围别的物流成本计算表。

表 3-26 本月企业各项物流费用明细表

项目	费用（元）	计算基准（%）	基准说明	物流成本（元）	支付形态类别	物流功能类别
车辆租赁费	100 080	100	全额	100 080	维护费	运输费
包装材料费	30 184	100	全额	30 184	材料费	包装费
工资津贴费	631 335	28.3	人数比率	178 668	人工费	包装运输保管装卸管理
水电气暖费	12 645	52.7	面积比率	6 664	一般经费	物流管理费
保险费	10 247	52.7	面积比率	5 400	维护费	包装运输保管装卸管理
修缮维护费	19 596	52.7	面积比率	10 327	维护费	包装运输保管装卸管理
折旧费	39 804	52.7	面积比率	20 977	维护费	包装运输保管装卸管理
办公费	19 276	42.1	物流费用比率	8 115	一般经费	物流管理费
易耗品费	21 316	42.1	物流费用比率	8 974	材料费	包装保管管理费
资金占用利息	23 816	42.1	物流费用比率	10 045	特别经费	保管费
税金	33 106	42.1	物流费用比率	13 937	维护费	包装运输保管装卸管理
通讯费	10 336	42.1	物流费用比率	4 364	一般经费	信息流通费
软件租赁费	17 748	42.1	物流费用比率	7 472	一般经费	信息流通费
有关成本合计	969 564	41.8	物流成本占比	405 207	合计	企业本身物流成本

此外，本月外企业支付的物流费为 56 340，本月因采购由其他企业支付的物流费为 34 260元，本月因销售而由其他企业支付的物流费为 22 080 元。本月提供物流运输劳务 3 200 吨千米，其中材料耗用 1 200 吨千米，产品销售耗用 2 000 吨千米。公司总人数为 127 人，物流部门人数

为 36 人，其中包装作业 6 人，运输 12 人，保管 4 人，装卸 10 人，物流管理 4 人。物流作业设施的账面总价值为 357 万元，其中包装设备价值 48 万元，运输设备价值 174 万元，保管设备价值 98.7 万元，装卸设备价值 21.6 万元，物流管理部门设备价值为 14.7 万元。

上述费用支付形态归属：

以上各项中包装材料费、易耗品费属于支付形态的材料费。

工作津贴属于人工费。

车辆租赁费、保险费、修缮维护费、折旧费、税金属于维护费。

水电气暖费、办公费、通信费、软件租赁费属于一般经费。

资金占用利息属于特殊经费。

物流范围分为供应物流费、生产物流费、销售物流费、退货物流费和废弃物流费。（其中，包装费、保管费主要属于生产物流的范围，运输费、装卸费、物流信息和物流管理费主要属于供应物流和销售物流的范围。）

假设供应物流和销售物流共同费用的分摊比例为 1:2。

我们可以根据企业的每项功能分别编制一张物流成本计算表。

表 3-27　物流成本计算表

支付形态范围				供应物流费（元）	生产物流费（元）	销售物流费（元）	退货物流费（元）	废弃物流费（元）	合计（元）
企业物流费	本企业支付的物流费	企业本身物流	材料费						
			人工费						
			维护费						
			一般经费						
			特别经费						
			企业本身物流费（合计）						
		委托物流费							
		本企业支付的物流费（合计）							
	外企业支付的物流费								
	企业物流费用总计								

第四章

企业物流作业成本制度及其应用

【学习目标】

掌握企业物流作业成本制度、掌握作业成本制度在不同企业中的应用。

案例 4.1

某仓储配送型物流公司同时为 5 个医药经销企业客户提供货物仓储、配送以及其他相关增值服务。物流公司的基本业务是：客户的货物从医药制造企业发货过来之后，物流公司直接接货入库储存，再根据客户发来的订单，向省内各大中医院配送药品。5 个客户的货物都储存在同一个配送中心，配送中心的人员、装卸搬运机器设备以及其他设施设备都是共用的，配送的作业也往往是共同实施。

5 个客户中，有的客户的产品以进口药物为主，货物价值高，但占用的仓储空间面积并不大，个别货物还需要专门由物流公司建立一个冷库来储存；有的客户则以经营中成药为主，相对来说货值低、占用存储空间大；有的客户则中药、西药都有经营。也就是说，这五个客户的货物种类有所不同，客户要求提供的服务内容和服务质量要求也有所区别，但是由于物流企业的物流成本是共同发生的，而会计人员也没有办法将 5 个客户发生的共同成本公平合理地分摊到每个客户。在收费标准的制定上，物流公司对五个客户都按照流转货值的 0.5% 进行收费。

启发思考

请问：公司是不是应该单独核算五个客户各自发生的物流成本？如果需要，共同发生的仓储成本、配送成本甚至行政管理成本如何分摊给五个客户？

（1）首先要明确的是，该物流企业对 5 个客户都按照货物流转额的 0.5% 进行收费是不合理的。例如，对于以进口药品为主的企业，由于货值高，收费的比例应该适当降低；相反以中成药为主的企业，由于其货值相对低，同样货值的物品其物流作业要增加很多，因此收费的比例应相对提高。可是，问题在于：收费比例怎么确定呢？如果我们有为每个客户提供服务时的物流成本发生额的信息支持，是不是就容易确定收费标准了？

（2）问题就在于，企业物流成本的发生额并没有按照客户来进行归集计算，因而就得不到每个客户的成本信息。在一般的会计核算中，该物流企业的成本被计入了管理费用和营业费用，只有总成本费用发生额，并没有每个客户的物流成本发生额。按照案例中的问题，共同成本能不能按照 5 个客户各自的流转货值的比例进行分配？答案显然是否定的，如果按照货值流转额的比例进行分摊，那结果是：最后对每个客户的定价标准还是一样的，都是 0.5%。

（3）这里提出一个解决问题的思路。

首先，将企业的经营活动分成若干个作业环节。例如，对于该物流企业来说，业务运营相对比较简单，可以分成接货入库—商品储存—配货出库—共同配送 4 个业务环节，另外企业所有的行政职能管理也比较简单（包括财务核算、接单处理、信息系统服务和人事综合几个部门），统一归纳为行政管理一个作业，还有一个冷库储藏作业，从而，企业的经营活动被划分为 6 个作业。平时的会计核算中，发生任何费用时，要分别计入这 6 个作业。

其次，在每个月末，将 6 个作业发生的成本分别分摊给 5 个客户。这里需要确定每个作业成本分摊的标准。这个标准被称为成本动因（Cost Driver）。例如，接货入库作业的成本动因可以是接货入库的货物托盘数。也就是说，对于 5 个客户来说，谁接货入库的托盘数量多，谁就应该多分摊接货入库的成本。同样道理，把其他 5 个作业的成本都选择一个合适的成本动因分摊给 5 个客户，就可以分别得到 5 个客户的物流成本。这就是作业成本法（Activity-Based Costing,ABC）的基本思路。关于成本动因的选择问题，后面有较为详细的说明。这里推荐储存作业、配货出库、共同配送和行政管理 4 个作业的成本动因分别是储存空间占用、发货订单数量和接货发货订单数量之和，而冷库储藏作业，其实是为某个客户单独准备的，其费用直接计入该客户的成本。

（4）如果按照上述思路得到了每个客户的物流成本，那对每个客户分别进行定价就简单了，因为你会有一个希望的利润率。当然，你可能会说，很多情况下，企业的定价并不是基于成本加成的，而是受市场竞争价格的影响。那么，即使是市场定价，了解每个客户的实际物流成本也是很重要的，你可以了解每个客户的盈利或亏损情况，这对改善企业的营销管理和客户服务管理很有意义。

（5）另外，你想知道你单位里仓储、配送、运输、接货入库等每个物流作业发生的成本吗？有了每个作业的成本，你是不是觉可以使物流成本的管理更加精细化？那么，作业成本法可以帮你做到这一点。除了上述的得到每个客户的服务成本之外，作业成本法还可以得到每个作业的成本，从而可以开展对接货入库作业、储存作业等每个作业更有效的成本管理，包括预算管理、绩效考核管理等，从而提高每个物流作业的管理水平，也可以进一步降低物流成本。

作业成本法（ABC）对于物流成本管理来说，至少有两个用途：第一，可以得到想要的每个客户的物流成本信息，从而有利于定价决策和其他相关决策；第二，可以得到每个作业的物流成本信息，从而更好地开展每个作业的成本管理。

第一节 作业成本制度的基本原理

一、作业成本法的产生与发展

作业成本法（Activity-Based Costing，ABC）的产生，最早可以追溯到 20 世纪杰出的会计大师、美国的埃里克·科勒（Eric Kohler）教授。科勒教授在 1952 年编著的《会计师词典》中，首次提出了作业、作业账户、作业会计等概念。1971 年，乔治·斯托布斯（George Staubus）教授在《作业成本计算和投入产出会计》（*Activity Costing and Input Output Accounting*）中对作业、成本、作业会计、作业投入产出系统等概念做了全面系统的讨论，这是理论上研究作业会计的第一部宝贵著作。但是当时作业成本法并未在理论界和实业界引起足够的重视。20 世纪 80 年代后期，随着 MRP、CAD、CAM、MIS 的广泛应用，以及 MRP Ⅱ、FMS 和 CIMS 的兴起，美国实业界普遍感到产品成本与现实脱节，成本扭曲普遍存在，且扭曲程度令人吃惊。美国芝加哥大学的青年学者库伯（Robin Cooper）和哈佛大学教授卡普兰（Robert S. Kaplan）注意到了这种情况，在对美国公司调查研究之后，重提斯托布斯的思想，提出了以作业为基础的成本计算（1988）。作业成本法在过去 10 年中受到了广泛的关注，新型的咨询公司已经扩展了作业成本法的应用范围并研发出相应的软件。

作业成本法引入了许多新概念，图 4-1 显示了作业成本计算中各概念之间的关系。资源按资源动因分配到作业或作业中心，作业成本按作业动因分配到产品。分配到作业的资源构成该作业的成本要素，多个成本要素构成作业成本池，多个作业构成作业中心。作业动因包括资源动因和成本动因，分别是将资源和作业成本进行分配的依据。

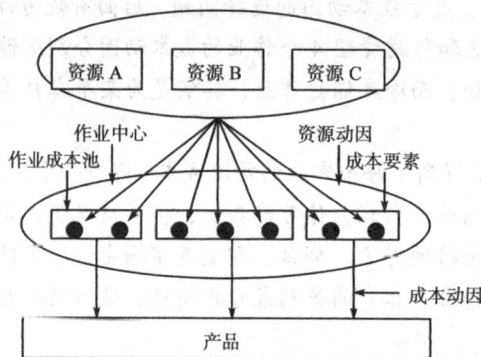

图 4-1　作业成本模型

二、作业成本法的基本原理

目前，作业成本法是被认为确定和控制物流成本最有前途的方法。作业成本法应用于物流成本核算的理论基础是：产品消耗作业，作业消耗资源并导致成本的发生。作业成本法把成本核算深入到作业层次，它以作业为单位收集成本，并把"作业"或"作业成本池"的成本按作业动因分配到产品。因此，应用作业成本法核算企业物流成本并进而进行管理的基本思路如下。

（1）界定企业物流系统中涉及的各个作业。作业是工作的各个单位（Units of Work），作业的类型和数量会随着企业的不同而不同。例如，在客户服务部门，作业可以包括处理客户订单、解决产品问题以及提供客户报告三项作业。

（2）确认企业物流系统中涉及的资源。资源是成本的源泉，一个企业的资源包括直接人工、直接材料、生产维持成本（如采购人员的工资成本）、间接制造费用以及生产过程以外的成本（如广告费用）。资源的界定是在作业界定的基础上进行的，每项作业必涉及相关的资源，与作业无关的资源应从物流成本核算中剔除。

（3）确认资源动因，将资源分配到作业。作业决定着资源的耗用量，这种关系被称作资源动因。资源动因联系着资源和作业，它把总分类账上的资源成本分配到作业。

（4）确认成本动因，将作业成本分配到产品或服务中。作业动因反映了成本对象对作业消耗的逻辑关系，例如，问题最多的产品会产生最多客户服务的电话，因此可以按照电话数的多少（此处的作业动因）把解决客户问题的作业成本分配到相应的产品中。

采用作业成本法计算物流成本的逻辑图如图 4-2 所示。

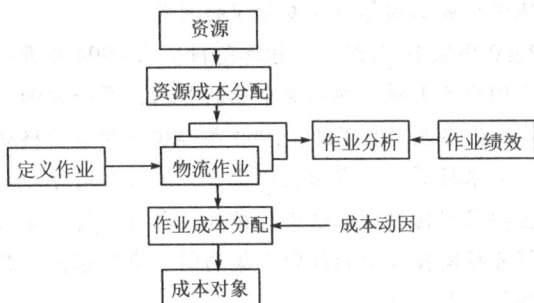

图 4-2 作业成本法计算物流成本的逻辑图

三、物流作业成本分析的优越性

传统的成本计算是货主把物流成本以单一的尺度，即"计算出平均每个产品的物流成本"，应用于结算报告、绩效评估或决策分析。此外货物运费的计算是使用每吨多少钱或每吨千米多少钱，仓库保管费的计算则使用重量或体积。因此，以"平均每个产品多少"作为基准，结果是个数增加则物流成本就随之增加，个数相同的话，即使其他条件不同，物流成本也不会增加。

如果能够充分利用作业成本法，则能反映物流作业的变化而计算其物流成本。虽输送个数相同，但会因对应的作业不同，使得物流成本有所差异。换言之，若进行多品种、少批量、多频率物流，则会显示出物流成本增加，甚至不划算而亏损。这样的结果可以唤起对多品种、少批量、多频率物流需求的注意。

随着物流作业成本管理的使用，可以更清楚地分析造成物流成本增加的原因，并要求相应的责任人负担相应的成本部分，并且在物流绩效考核和物流定价中发挥更大的作用。因为物流也是一种商品，商品则应按照不同的物流成本对象来计算其成本，并据以决定其价格，则"物流产品有价化"就可以实现。

另外，比较基于作业成本法的核算结果与基于传统会计核算的结果，成本的计算结果也许会有较大的差别，说明利用作业成本法核算物流成本能达到揭示"物流冰山"的目的，是物流成本核算的有力工具。

> 小知识：作业成本法的优点

案例 4.2

厦门三德兴公司为生产硅橡胶按键的企业，主要为遥控器、普通电话、移动电话、计算器和计算机等电器设备提供按键。1985 年 11 月开始由新加坡厂商在厦门设厂生产，1999 年为美国 ITT 工业集团控股。厦门三德兴公司年总生产品种约 6 000 种，月总生产型号 300 多个，每月总生产数量多达 2 000 万件，月产值为 1 500 万元人民币，员工约 1 700 人。企业的生产特点为品种多、数量大、成本不易精确核算。

厦门三德兴公司在成本核算和成本管理方面大致经过了以下两个阶段。

第一阶段（1980—1994 年）：无控制阶段。1994 年以前，国内外硅橡胶按键生产行业的竞争者很少，基本上属于一个卖方市场，产品的质量和价格完全控制在生产商手里，厦门三德兴公司作为国内主要的硅橡胶按键生产商之一，在生产管理上最主要的工作是如何尽可能地增加产量，基本上没有太多地考虑成本核算与成本管理的问题。

第二阶段（1994—2000年底）：传统成本核算阶段。从1994年开始，一方面，硅橡胶按键行业的竞争者增多，如中国台湾大洋、旭利等企业的加入；另一方面，由于通信电子设备的价格下降，硅橡胶按键产品的价格也不断下降，1994年硅橡胶按键价格跌了近20%。硅橡胶按键行业逐渐变为买方市场。成本核算问题突出表现出来，此时公司才开始意识到成本核算的重要性。在这个阶段，公司主要采用传统成本法进行核算，即首先将直接人工和直接原材料等打入产品的生产成本里，再将各项间接资源的耗费归集到制造费用账户，然后再以直接人工作为分配基础对整个制造过程进行成本分配。

分配率的计算公式为：

分配率=单种产品当月所消耗的直接人工÷当月公司消耗的总直接人工

由此分配率可得到各产品当月被分配到的制造成本，再除以当月生产的产品数量，从中可以得到产品的单位制造成本，将单位制造成本与直接原材料和直接人工相加即得到产品的单位生产总成本。企业简单地将产品的单位总成本与产品单价进行比较，从中计算出产品的盈亏水平。

1997年下半年的亚洲金融风暴造成整个硅橡胶按键市场需求量的大幅度下降，硅橡胶按键生产商之间的竞争变得异常激烈，产品价格一跌再跌，产品价格已经处在产品成本的边缘，稍不注意就会亏本，因此，对订单的选择也开始成为一项必要的决策。厦门三德兴公司的成本核算及管理变得非常重要和敏感。此时，硅橡胶按键已经从单纯的生产过程转向生产和经营过程，一方面，生产过程复杂化了，厦门三德兴公司每月生产的产品型号多达数百个，且经常变化，每月不同，其中消耗物料达上千种，工时或机器台时在各生产车间很难精确界定，已经无法按照传统成本法对每个产品分别进行合理、准确的成本核算，也无法为企业生产决策提供准确的成本数据；另一方面，企业中的行政管理、技术研究、后勤保障、采购供应、营销推广和公关宣传等非生产性活动大大增加，为此类活动而发生的成本在总成本中所占的比重不断提高，而此类成本在传统成本法下又同样难以进行合理的分配。如此一来，以直接人工为基础来分配间接制造费用和非生产成本的传统成本法变得不适用，公司必须寻找其他更为合理的成本核算和成本管理方法。

（一）确认主要作业，明确作业中心

作业是于企业内与产品相关或对产品有影响的活动。企业的作业可能多达数百种，通常只能对企业的重点作业进行分析。根据厦门三德兴公司产品的生产特点，笔者从公司作业中划分出备料、油压、印刷、加硫和检查5种主要作业。其中，备料作业的制造成本主要是包装物，油压作业的制造成本主要是电力的消耗和机器的占用，印刷作业的成本大多为与印刷相关的成本与费用，加硫作业的制造成本则主要为电力消耗，而检查作业的成本主要是人工费用。各项制造成本先后被归集到上述5项作业中。

（二）选择成本动因，设立成本

成本库按作业中心设置，每个成本库代表它所在作业中心里由作业引发的成本。成本库按照某一成本动因解释其成本变动。这当中成本动因的选择非常重要，成本动因是一项作业产出的定量计算。通常成本动因的选择可以从两个方面来考虑：一是作业的层次，二是驱动的特点。

所谓层次指作业概念中的单位作业、批作业和产品作业等构成；所谓驱动指产品消耗作业的性质。驱动一般包括经济业务驱动、期间驱动、密度或直接收费驱动等。其中经济作业驱动指依作业发生的频率来计量的驱动；期间驱动指用完成每一项作业所花费的时间来计量的驱动；密度或直接收费驱动则指根据每次完成一项作业所实际消耗的资源来计量的驱动。

在厦门三德兴公司备料、油压、印刷、加硫和检查 5 项主要作业里，笔者对成本动因各自选择如下。

（1）备料作业。该作业很多工作标准或时间的设定都是以重量为依据，因此，该作业的制造成本与该作业产出半成品的重量直接相关。也就是说，产品消耗该作业的量与产品的重量直接相关。所以选择产品的重量作为该作业的成本动因。

（2）油压作业。该作业的制造成本主要表现为电力的消耗和机器的占用，这主要与产品在该作业的生产时间有关，即与产品消耗该作业的时间有关。因此，选择油压小时数作为该作业的成本动因。

（3）印刷作业。从工艺特点来看，该作业主要与印刷的道数有关，因此，选择印刷道数作为该作业的成本动因。

（4）加硫作业。该作业有两个特点，一方面，该作业的制造成本主要为电力消耗，而这与时间直接相关；另一方面，该作业产品的加工形式为成批加工，因此，选择批产品的加硫小时数作为该作业的成本动因。

（5）检查作业。该作业以人工为主，而厦门三德兴公司的工资以绩效时间为基础，因此，笔者选择检查小时数作为该作业的成本动因。

此外，三德兴公司还有包括工程部、品管部以及计算机中心等基础作业，根据公司产品的特点，产品直接原材料的消耗往往与上述基础作业发生的管理费用没有直接相关性，所以，笔者在基础作业的分配中没有选择直接原材料，而是以直接人工为基础予以分配。

（三）最终产品的成本分配

根据所选择的成本动因，对各作业的动因量进行统计，再根据该作业的制造成本求出各作业的动因分配率，将制造成本分配到相应的产品中去；然后根据各产品消耗的动因量算出各产品的总作业消耗及单位作业消耗；最后将所算出的单位作业消耗与直接原材料和直接人工相加得出各个产品的实际成本状况。

由于厦门三德兴公司总生产品种约 6 000 多种，月总生产型号达 378 种，这里主要列出三德兴公司有代表性的产品型号各自在传统成本法与作业成本法下分配制造成本上的差别。

（1）比如对于与传统成本法相比较成本较高的产品是"20578940"型号产品，可以看出其主要的消耗在油压和加硫两项作业上，这样公司就可以考虑今后如何改善工艺，减少此类产品在这两项作业上的消耗，从而减少产品成本。

（2）对于在传统成本法中核算为亏本而在作业成本法下不亏本的产品型号，可以通过作业成本法来了解成本分配的信息。比如型号为"3DS06070ACAA"的产品在传统成本法中分配到的每单位制造成本为 0.014 99 美元，而在作业成本法中每单位制造成本却仅为 0.000 54 美元。此型号的各项作业消耗实际上都很小，主要是直接人工消耗相对较大，但按照传统成本法以直接人工作为分配基础，就导致该型号产品分摊到过多的并非其所消耗的制造成本，因而出现成本虚增，传递了错误的成本信号，容易导致判断和决策上的失误。

启发思考

为何传统成本法与作业成本法有很大差异？使用作业成本法有哪些好处？

（1）传统成本法对成本的核算与作业成本法对成本的核算有相当大的差异。作业成本法是根据成本动因将作业成本分配到产品中去，而传统成本法则是用数量动因将成本分配到产品里。按照传统成本法核算出来的成本停止那些亏本产品型号的生产事实上可能是一个错误的决策。

（2）在传统成本法下完全无法得到的各作业单位和各产品消耗作业的信息却可以在作业成本法中得到充分的反映，公司从而可以分析在那些亏本的产品型号中，究竟是哪些作业的使用偏多，进而探讨减少使用这些作业的可能。

（3）通过作业成本法的计算，我们还可以了解到在公司总的生产过程中，哪一类作业的消耗最多，哪一类作业的成本最高，从而知道从哪个途径来降低成本，提高生产效率。

第二节　物流作业成本制度的实施步骤

一、选定成本对象

在作业成本法中，成本对象（成本核算对象，Cost Objects）的定义可随研究的目的而有所不同。若研究的目的在于探讨每一客户的成本分析，则成本对象须定义为客户；若目的在于探讨每一产品的成本，则成本对象须定义为产品。关于成本核算对象的选定问题，在第 3 章中有详细的论述。

一般来说，企业可以按照所经销或制造的所有产品作为产品类别，但是，当企业所经销或制造的产品很多时，就显得过于烦琐，而可能不切实际。在这种情况下，除非在分摊作业成本时不依"实际"动因使用量，而用"标准"成本动因使用量，否则光是收集每一产品的成本动因使用量便是一大问题。即使在作业成本分摊时采用"标准"使用量，仍需知道每一产品的"实际"使用量，以做事后评估之用。有鉴于此，在产品品种很多时，有必要对所有产品进行必要的合并。产品合并的原则是使用共同作业的产品必须合并。

上述原则可能只适用于产品少的公司，对产品种类繁杂的公司，逐一比较每一产品所经过的作业而决定是否合并，可能仍是一项艰巨的工作。所以在实务上，可能仍需要依赖于对产品的了解，而依照每一产品的成本结构或属性，将有类似成本结构的产品归成相同类别。例如物流业，可依仓储位置将产品分类，因不同成本结构的产品，往往放置于不同位置。

二、确定物流作业

1. 作业与成本分摊

顾名思义，作业成本制度是以作业活动为基础，也就是说，成本的归属或累积是以作业活动为中心，然后再将各作业活动的成本归属或分摊到成本对象。如果成本对象是产品，则最后可算出各产品的成本；如果成本对象为客户，则可算出为服务不同的客户所投入的成本。这种分摊方式就是"二阶段分摊"（Two-stage Allocation），即先分摊或直接归属到作业，再将作业成本分摊到成本对象，如图 4-3 所示。

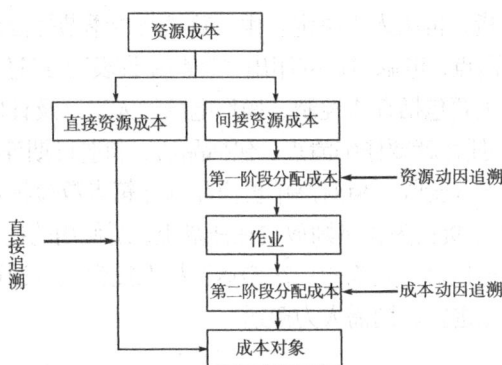

图 4-3　作业成本制度的二阶段分摊

在会计核算中，成本按其计入成本对象的方式可以分为直接成本与间接成本。直接成本是指与成本核算对象直接相关的那一部分成本，它可以直接计入成本对象。间接成本是指与成本核算对象相关联的成本中不能用一种经济合理方式追溯到成本对象的那一部分成本，它要用一定的方式分摊给成本核算对象。间接成本的分摊要力求做到准确。图 4-3 中所说间接资源成本包括间接材料、间接人工、折旧、水电费等无法直接归属至产品的成本。

2. 作业的选定

作业的选定要根据流程的每一个细部作业来进行。因此，对物流作业的定义要求在对企业生产工艺流程和物流过程进行深入了解和分解的情况下进行，把企业物流运营的全过程划分为一定数量的作业。由于细部作业的数目过于庞大，因此，过细的作业划分会增加信息的处理成本。在确定作业数量时，究竟应划分和确定多少作业，应遵循"成本—效益"原则，在"粗分"和"细分"之间进行权衡。划分过"粗"，会导致在一项作业中含有不相关的作业成本；划分过"细"，则工作量太大，企业为此付出的成本过于高昂。

为了简化作业的数量，某些细部作业（Micro Activity）可以进一步合并为粗部作业（Macro Activity）。细部作业可以作为成本改善与绩效评估的单位来使用，因为每一个细部作业都可能由不同的员工和机器操作，因此可以单独进行绩效考核和作业改善。而如果仅仅是为了达到正确的成本累积，粗部作业就足够了。作业的合并一般需要遵循以下三个基本原则：①合并的作业必须属于同一层次；②合并的作业必须使用相同的成本动因；③合并的作业必须具有相同的功能。

建立作业中心时，一般是首先确定一个核心作业，然后根据作业"质的相似性"原则，将上下游工序中一些次要任务或作业与之合并，归集为一个作业中心。在每一个作业中心中，都有一个同质成本动因。

3. 主要的物流作业

物流公司或货主企业的物流部门在划分物流作业（或作业中心）时，一般将其分为以下几个项目。

（1）采购作业

采购作业包括供应商管理、向供应商订货、货物验收以及货物入库等作业。

① 供应商管理。具体来说供应商管理包括采购合约签订、订货、进货、验收、付款等作业。

② 向供应商订货。向供应商订货的作业一般先由计算机考虑周转率、缺货率、前置时间、

存货状况等，自动建议订货，再由人工决定。由计算机考虑季节性因素，算出过去出货资料的平均预估出货量，到了订购点，电脑自动列印出"订购建议表"，经过人工修订，将信息传给上游厂商。该项作业的成本主要包括存货控制、操作电脑的人工以及订单处理成本等。

③ 验收作业。每进一托盘就要仔细清点，包括品质、制造日期等。当货物送来时，原则上采取诚信原则，以点箱数方式验收，但对高单价商品以开箱点数验收。

④ 进货入库作业。如果货物为整箱则放置在托盘上，所使用的托盘若为标准托盘，则可直接入库，若使用的是非标准托盘，则需第二次搬运至标准托盘上，通过商谈由上游厂商自行负责搬运。如果货物是非整箱进货，则需人力搬运。

（2）销售订单处理

订单若以电子订货系统（EOS）传来，则无须输入工作；若以传真方式，必须有专人做输入工作。若通过网络传到仓库现场的计算机上，则不需打印拣货单；若未与仓库现场联网，则需有人按批次打印拣货单，交给仓库现场人员拣货。

在销售订单处理作业上，也需花人力在接电话确认、回答客户咨询等工作上面。

（3）拣货作业

拣货方式若为半自动化拣货，则不必人为判断商品，只看编号，人工动作主要为搬运货物及电动拖板车的行进。

（4）补货作业

补货作业的步骤通常有以下几个：人工从事割箱工作；人工从事补货工作，一箱一箱地补货；由专人操作堆高机从事堆高机补货工作，在此情况下补货单为一个托盘。

（5）配送作业

配送作业的基本工作流程与步骤包括：①接受订单后由计算机系统依货量、路线、重量因素做配车工作，再由人工依需要调整；②计算机打印派车单，配送人员根据派车单到现场拉货并与各门市做送货品项的核对；③拉货上车；④配送运输；⑤卸货，这是配送人员最辛苦的工作，有些商家要求直接卸在店内，有些则要求卸货上架；⑥点收。

（6）退货作业

采购进货时验收不符则当场退货。储存在仓库的损坏，则依合同退货给厂商。客户退回商品时由司机运回放置在仓库内，由专人将商品整理分类，有些商品要报废，有些要重新上架，有些可以退回给厂商。

三、归集每项作业发生的资源费用

作业成本法的基本思路是首先要按照作业来归集各项资源费用，然后按照成本动因将各项作业成本分配到成本对象（成本核算对象）。因此，确定了各作业或作业中心之后，就要明确各项作业所包含的资源费用，并进行归集。

采购作业资源包括采购人员成本、采购处理成本、采购设备折旧及维护；验收作业资源包括验收人员成本、设备工具折旧、货架、托盘；销售订单处理使用资源包括销售订单处理人力、电脑设备信息处理、通信费用；拣货使用资源包括拣货人员成本、拣货准备成本、拣货设备折旧、拣货设备维修成本；补货使用资源包括补货人员成本、电动板车折旧、堆高机折旧、货架折旧、输送带折旧、自动分流设备折旧、物流箱、活动托盘、储存托盘；配送作业使用资源包括配送车辆折旧、配送人员工资、油料、过路费、维修费等；仓储作业使用资源包括工具折旧、厂房租金、厂房管理员成本、设备折旧、保养。

在实行作业成本制度时，问题之一是如何将间接资源费用归属至作业。在将发生的各项资源费用归属至各个作业时，有的资源费用是可以直接计入确定的作业的，而有的资源费用并不能直接计入某项作业，需要在各个作业之间进行分摊。总的来说，将资源费用归属至作业的方法有以下三种：①直接归入（Direct Charging）；②估计（Estimation）；③武断分摊（Arbitrary Allocation）。

在这些方法中，以直接归入法最能正确提供正确的信息。如果直接归入法无法达到时，则应该以与成本变动有因果关系的动因来归属；如果再得不出动因，则只能采取武断的分摊法来完成，但此法能不用就最好不用。

虽然直接归入法是较好的方法，但在实务上大多不可行，因为成本账户与作业之间往往没有直接关联性，所以在实务上往往需要使用估计方法进行，估计方法包括问卷或访谈，根据经验，对现场领班或部门经理作访谈是最有效的方法。

四、确定每项作业的成本动因

成本动因是指每个物流成本对象（成本核算对象）消耗各作业中心成本的动因，或者说是期末将每个作业中心成本总额分配给成本核算对象的依据。选择作业成本动因，即选择驱动成本发生的因素。一项作业的成本动因往往不止一个，应选择与实耗资源相关程度较高且易于量化的成本动因作为分配作业成本、计算产品成本的依据。成本计量要考虑成本动因材料是否易于获得；成本动因和消耗资源之间相关程度越高，现有的成本核算被扭曲的可能性就越小。

常见的物流作业成本动因主要有直接人工工时、托盘数量、订单数量、货物的货值等，这些成本动因也需要在日常的工作中加以统计计量。成本动因的选择至少要考虑两个因素：①成本动因的计量性以及计量成本的合理性；②成本动因与作业中心消耗资源的相关程度。

有些资源成本动因是会计资料中现有的，如货值等，而有些资源成本动因需要在日常工作中进行计量，如订单数、托盘数等。

各项作业可能耗用的资源通过有系统的记录方法，可以清楚地了解到各项作业的成本。找出各项作业成本的成本动因，将作业成本客观地分摊至成本对象，表 4-1 为常见物流作业的可能成本动因示例。

表 4-1 物流作业可能成本动因示例

作业	累积成本	可能的成本动因
1. 采购处理	采购人员成本、采购处理成本、采购设备折旧及维护	采购次数
2. 进货验收	进货验收人员成本、验收设备折旧及维护	托盘数
3. 进货入库作业	进货人员成本、堆高机设备折旧	托盘数
4. 仓储作业	仓库管理员成本、仓库租金、折旧费用、维护费用	体积、所占空间
5. 存货盘点	盘点人员成本、盘点设备折旧及维护	盘点耗用时间
6. 客户订单处理	接受订单人员成本、订单处理成本	订单数
7. 拣货准备	拣货人员成本、拣货准备成本	订单数

作业	累积成本	可能的成本动因
8. 拣货	拣货人员成本	拣货次数
9. 合流	处理合流人工成本、合流设备成本	每一订单跨区数
10. 配送	车辆调配、油料、车辆维护折旧、配送人员成本	出货托盘数
11. 拉货上车	拉货上车人工成本、辅助设备折旧	订单量
12. 人工补货	割箱人员成本、搬运人员成本、设备折旧维护	补货箱数
13. 堆高机补货	堆高机人员成本、堆高机折旧维护费用	补货托盘数
14. 下货	下货人员成本	订货标准箱数
15. 销管作业	财会人员成本、文具用品费用、电脑设备、管理、行政人员成本、通信成本	营业金额

五、将作业成本分摊到成本对象

将上述计算的各个作业成本的费用，按照成本动因的统计结果分配到各个成本核算对象中，并将分配来的各项费用，包括直接成本和间接成本加总起来，便得到每个成本对象的总物流成本。每项作业的成本分配和每个成本核算对象的物流成本计算过程如下。

$$\begin{array}{l}\text{某成本对象} \\ \text{物流成本总额}\end{array} = \begin{array}{l}\text{直接} \\ \text{成本}\end{array} + \sum \begin{array}{l}\text{该成本对象消耗的} \\ \text{某项作业资源成本}\end{array}$$

$$\begin{array}{l}\text{某成本对象消耗的} \\ \text{某项作业资源成本额}\end{array} = \begin{array}{l}\text{该成本对象耗用的} \\ \text{某作业成本动因数量}\end{array} \times \begin{array}{l}\text{某作业} \\ \text{的成本动因分配率}\end{array}$$

$$\begin{array}{l}\text{某作业的} \\ \text{成本动因分配率}\end{array} = \begin{array}{l}\text{该作业的} \\ \text{资源费用合计}\end{array} \div \begin{array}{l}\text{全部成本对象消耗该项作业} \\ \text{的成本动因数量的合计数}\end{array}$$

六、分析物流成本

一般企业在没有物流成本管理基础的情况下可依上述方法分离出物流成本。取得物流成本信息并不是目的，只是作为加强管理的一种工具，因此如何根据分离出的物流成本信息加强管理是问题的关键所在。

许多企业发现自己的成本日益增加而失去竞争力，但却不知根据上述方法分离出物流成本，因而无法知道成本增加是由于物流成本造成的，因此建议企业根据上述方法计算以下数据。

（1）总物流成本/总营业收入。观察其变化趋势，既可观察物流成本占营业收入的趋势变化，也可以就各种不同类别物流成本计算其占总物流成本的百分比。

（2）各项物流成本/总物流成本。如此可以分析物流管理之重点、应当改善的重点，并按一定期间观察其变化趋势。

（3）按照作业进行成本管理。对每项作业所消耗的物流成本进行分析，考虑每项作业成本消耗的合理性，并以此为基础制定作业的成本消耗定额或成本消耗指标，作为对每项作业进行改善和绩效考核的基础。

七、管理物流成本

物流成本高低受许多因素的影响，良好的事前作业规划可以降低物流成本。下面提出几个可以降低物流成本的基本方向，在物流成本管理中要注意考虑。

1. 客户的特殊需求

（1）订单所需协调的复杂度。不同客户的订单，需要不同程度的协调。例如，对准时送货的要求，若为 15 分钟区间，则其所需的协调工作，肯定比 3 天区间复杂，成本也就相应提高。单项商品订购，其所需协调的复杂程度比整套系统更简单。

（2）运输点的特殊要求。每位客户的运输条件可能不同，有些人只要求送至商店门口，有些客户可能要求入仓，另有些客户甚至要求每项产品依店面摆设上架。

2. 订单的特性

（1）每一订单所要求的反应时间、到达频率及订购数量。反应时间越紧急，越会提高物流处理的复杂性及成本；下单频率越不规则，越会造成规划的困难。

（2）产品运输属性。产品是整箱上车，或是零星散装，严重影响物流配送效率。此外，运输点的位置与集中程度、是否需做不合格产品回收，这些与成本有关的因素均会影响配送效率。

3. 加工及处理要求

产品加工及处理的特殊要求不同，其发生的物流成本也会产生很大的差异。例如，干货与冷冻产品在物流处理上有极大不同，会大大影响物流成本。此外产品的加工需求、是否需开箱逐一贴标签再装回，也会影响最终的物流成本及复杂度。

4. 产品特性

产品间的可替代性不同，物流成本的差别也会很大。可替代性程度高的产品，会降低物流作业的复杂度，并会相对降低仓储的压力，因为无需提供超额存货，以备不确定的需要。

当管理者仔细思考上述问题之后，则可按照订单与产品的特性，拟订合适的物流管理政策，以提高客户满意度及物流效率，如此才可有效管理物流成本。

第三节 企业物流作业分析与改善

从本质上看，企业物流系统是为了满足客户需求而设计的一系列物流作业的集合体，而作业是某个职能部门、二级单位、工序流程所进行的具有一定目的、需要消耗一定资源的活动的统称。物流作业成本法对每个物流作业建立成本库，利用作业成本库对该作业消耗的资源进行归集、考核与控制。在此过程中，物流作业成本信息能动态跟踪，有利于成本的分解与控制，从而达到对企业物流成本的事前预测合理、事中调控及时和事后核算准确。

作业成本法作为一种物流成本核算和分析的有效手段，总是离不开对作业的研究与把握，而作业分析是构建物流作业成本控制体系的前提与基础。作业分析包括认识作业、区分作业与改善作业三个阶段。

一、认识作业

日本会计学家吉川总结出了认识作业的三种方法，具体如下。

1. 作业地图法

作业地图法是把工厂各部门（包括厂部、各科室、车间等）画成详细的地图，根据地图判别直属于各部门的作业，称为"作业地图法"。对于跨部门的作业，在这个方法中成为各部门各自的作业，所以存在较多跨部门作业时，"作业地图法"并不妥当。

2. 作业流程分析

作业流程分析依靠画"作业流程图"，即把为完成特定业务所要求的各种作业步骤，画成一张张系统的流程图，通过在图上加注各步骤所需人员、所耗时间等来计量、分析作业及其效率。作业流程是由各部门的作业贯穿起来的，在流程图中应标识部门名称，以明确职责。

3. 征询意见法

征询意见法要求向企业内部各部门的主管或工作人员询问（少数情况下也有向外部专家请求咨询），以确认某些关于作业的关键问题。这些问题大致有：谁在干活？干什么活？什么原因引起作业时间的耗费？要多少人？为什么需要这些人？为什么要加班？为什么存在人员闲置？为什么存在设备闲置时间？该方法与上述两种方法结合使用，对认识作业大有帮助。

二、区分作业

作业的区分主要包括以下几个方面。

1. 区分主要作业和次要作业

这种区分标准最早由美国管理学家布雷姆森提出，被用于组织单位外部的作业是主要作业，在部门内部协调主要作业的作业是次要作业。作业分类是出于将次要作业成本分配给主要作业的需要及管理主要作业与次要作业间比率的需要。

2. 区分核心作业、支持作业与连带作业

这是由英国会计学家贝里斯·琼斯提出的一种三分法。"核心作业"是指以组织存在目的为中心的作业，具体来说，是围绕着为组织内部或外部的顾客提供服务的作业。"连带作业"是由于组织或部门内部的缺陷连带造成的。"支持作业"是指为实现核心作业所必需的作业。

3. 区分增值作业与非增值作业

增值作业指给顾客带来附加价值，因而能为企业带来附加价值（利润）的作业。与之相反，凡不能给顾客带来附加价值的作业，从根本上说是无效的，属于"非增值作业"。在油田企业中，任何一项作业，设计、管理得当就是"增值作业"，否则就是"非增值作业"。具体来说，衡量增值与否的标准是看能不能带来产量的增加或生产效率的提高。

三、改善作业

作业成本法使得共同成本分摊的准确性得以提高，而要有效地控制成本的发生并降低成本就必须立足于过程分析来进一步认识成本与作业的关系。过程分析是以业务为导向，从实物流动及其数量化、非财务的产品与劳务关系的层面来分析生产经营过程。具体而言，首先要确定实物的消耗量；其次是确定生产经营过程中消耗了何种资源。耗用资源就会发生成本，一旦明确了消耗形态，就可以直接追踪资源耗用作业的全过程，从根源上对成本进行控制，支持生产经营过程的持续改善。在过程分析的基础上，就可以有效地开展作业管理。作业管理就是将企业看作由顾客需求驱动的系列作业组合而成的作业集合体，在管理中努力提高增加顾客价值的作业的效率，消除遏制不增加顾客价值的作业，实现企业各项作业的持续改善。一般可以采用如下方法来实现作业改善。

1. 作业消除

作业消除（Activity Elimination）就是消除不增值的作业，即先确定不增值的作业，进而采取有效措施予以消除。例如将原材料从集中保管的仓库搬运到生产部门，将某部门生产的零件搬运到下一个生产部门都是不增值作业。如果条件许可，将原料供应商的交货方式改变为直接送达原料使用部门，将功能性的工厂布局转变为单元制造式布置，就可以缩短运输距离，削减甚至消除不增值的作业。在成本控制中，作业消除是最直接有效的手段。

2. 作业选择

作业选择（Activity Selection）就是尽可能列举各项可行的作业并从中选择最佳的作业。不同的策略经常产生不同的作业，例如不同的产品销售策略会产生不同的销售作业，而作业引发成本，因此不同的产品销售策略引发不同的作业及成本。在其他条件不变的情况下，选择作业成本最低的销售策略可以降低成本。在物流运作中，作业选择也是经常遇到的。例如，选择不同的运输工具与运输路径，会产生不同的运输作业，进而产生不同的作业成本，从而许多专业运输公司在时间允许的情况下，经常会选择速度较慢但较廉价的运输方式。

3. 作业减低

作业减低（Activity Reduction）就是改善必要作业的效率或者改善在短期内无法消除的不增值的作业，例如减少整备次数就可以改善整备作业及其成本。世界著名机车制造商哈雷戴维森（Hardley-Davidson），就通过作业减低方式减少了 75%的机器整备作业，从而降低了成本。再比如，某企业的包装作业一直效率低下，究其原因是因为相关的从业工人业务不熟练，经过对这些工人一段时间的强化培训，工人的业务熟练程度增加，企业的包装作业效率得到了提高。

想一想：
这些理解是否正确

4. 作业分享

作业分享（Activity Sharing）就是利用规模经济效应提高必要作业的效率，即增加成本动因的数量但不增加作业成本，这样可以减低单位作业成本及分摊于产品的成本。例如新产品在设计时如果考虑到充分利用现有其他产品使用的零件，就可以免除新产品零件的设计作业，从而降低新产品的生产成本。在运输过程中，能满载的决不装半车，能往返拉货的决不跑单程，这些都是充分地对作业进行分享。

第四节 物流作业成本制度的实施案例

一、物流作业成本制度实施中的两个问题

1. 作业成本法的实施很复杂吗

一般认为，作业成本制度的高成本及复杂性阻碍了大多数企业特别是中小企业用其来改善自身的成本信息。根据美国的一项调查，许多企业声明不采用作业成本法的一个原因就是缺少资源（人力和财力），并且这一问题在中小企业中更加普遍。

实际上，我们认为，阻碍这些企业采用 ABC 的并不是资源匮乏，而是它们对资源匮乏的感觉。作业成本法是一个简单的概念，它能以各种各样的不同方法来应用，并不一定需要软件公司或咨询公司提供复杂的、一体化的系统。ABC 系统和软件只是作业成本会计理念实施的一种方式，但并不是唯一方式。作业成本法的目的是为了得到准确反映成本、作业以及产品或劳务之间因果关系的成本信息，有时候，只需要相关经理人员改变一下思维方式，或者对现有成本系统如何运用加以修改即可。

我们认为，统计方式的作业成本核算，可以使企业比较简单、方便地实施 ABC/ABM。统计方式的作业成本核算，平时并不要求对现有的财务会计核算体系作出调整，而是在每个会计期末，把各项间接费用账户的余额按照每个成本费用项目各自的资源动因分别分配给每个作业，得到每个作业的成本，然后把作业成本按照作业动因分配给产品品种或批次，汇总得到产品的实际成本。

统计方式的作业成本实施方法，就是 ABC 应用的一种典型形式。作业成本法并不必须要与企业的日常会计和报告工作融为一体。实际上，从国外实施作业成本法的情况来看，在大多数情况下，ABC 根本就不必成为一个"系统"，它能够作为一个"非联机"的决策支持工具有效地发挥作用。

事实上，要使作业成本法能够得到广泛的推广应用，就需要将其理解和设计成为一个简单的但却有价值的经营工具。

2. 实施作业成本法的成本很高吗

作业成本制度的确要比传统成本法消耗更多的费用，然而，我们认为，大部分人却高估了作业成本系统的核算成本（包括跟踪、收集数据成本）。随着计算机系统的普及，大部分数据可以通过电子数据处理环境正常获得。

美国的道格拉斯·希克斯在他的著作《作业成本会计——在中小企业中的实施方案》（第二版）中描述到："实施作业成本法需要大量的人力和时间，需要高达六位数的咨询费用，需要痛苦的系统转换，这些传闻已使得很多原来考虑接受这一概念的企业敬而远之。幸运的是，建立一个中小企业的相关的、准确的经济模型并不需要如此巨大的时间和财力投资。""我们的经验表明：将 ABC 的概念列入中小企业的决策流程只需很低比例的投入——从相当于中小企业中较大公司（500 名雇员以上）销售额的 0.1% 到较小公司（少于 50 名雇员）销售额的 0.3%。与所

获利润相比，投入是微不足道的"。

实施统计方式的作业成本核算，对于企业的工作人员来说并不需要增加太多的工作。在日常会计核算工作中，工作人员只需做好资源动因和作业动因的统计计量工作，就可以在期末实现作业成本的计算以及建立在作业成本基础上的作业管理工作。

借助于会计信息系统的开发应用，作业成本法的实施将变得更加简单方便，也并不一定要付出高昂的成本代价。

二、销售型物流企业作业成本制度的实施

本案例中的销售型物流企业是指向上游供应商买断商品，再转售给下游零售门市商店的企业，属于商品批发型流通企业性质。在这种类型的企业中，物流的合理组织非常重要，也是企业取得竞争优势的重要来源，而物流成本在其整个企业经营成本中也占有非常大的比例，因此有效的物流成本管理对于企业来说十分重要。

该销售型物流公司的仓库布置如图4-4所示。

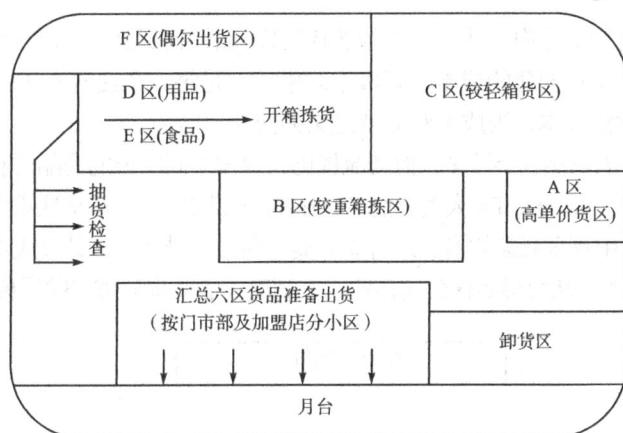

图4-4　城市销售型物流公司仓储平面布置

该物流公司在作业成本制度的实施上主要从以下几个方面展开。

1. 作业的确定

根据实际了解该公司物流作业流程以及分析各种相关资料，再合并一些相关作业，归纳出如表4-2所示的作业来涵盖该公司的整个物流处理程序。

表4-2　城市销售型物流企业的作业划分

作业序号	作业	累计成本	可能的成本动因
1	采购处理	采购人员成本、采购处理成本、采购设备的折旧及维护	采购次数（笔数）
2	进货验收	进货验收人员成本、验收设备的折旧及维护	验收托盘数（ABCDE区）
3	进货入库作业	进货人员成本、叉车设备折旧	托盘数（ABCDE区）
4	仓储作业（ABCDE区）	仓库管理员成本、储存仓库的租金、折旧费用、维护费用、财产税、杂项费用（包括拣货储存区的空间费用）	所占空间、体积

续表

作业序号	作业	累计成本	可能的成本动因
5	人工补货（DE区）	开箱人员成本、搬运人员成本、设备	补货箱数（DE区）
6	叉车补货（BC区）	叉车驾驶员成本、叉车折旧、维修费用、托盘成本	补货托盘数（BC区）
7	EOS作业	接收订单人员成本、订单处理成本	一般订单数
8	BC区拣货准备	拣货人员等待成本、拣货设备折旧及其维护	订单数
9	BC区拣货作业	拣货人员成本（约占总拣货人员成本的百分比）	箱数
10	DE区拣货准备	拣货准备成本、拣货设备折旧及维护、人员等待成本	订单数
11	DE区拣货作业	拣货人员成本	包数
12	A区拣货	拣货人员成本、拣货准备成本	拣货次数
13	出货作业	车辆调配、油料、车辆维修折旧、司机成本	拣货次数
14	营销管理作业	人员成本、文具用品费用、电脑设备、通信费用、教育培训费用	营业金额

2. 成本对象的选择

在作业成本制度的实施中，成本对象的选择可以随着分析目的的不同而有所不同。如果分析的目的是探讨每一个便利店的成本，则成本对象一定是每一个便利商店；如果分析的目的是探讨每一个商品的物流成本，则成本对象就定义为商品。

虽然该公司经销的商品种类繁多，但其流程仍大致按不同区位的商品而有所不同，因此可以把商品分成A、B、C、D、E、F6大类，而F区中的商品因属于非经常性销售项目，因此建议将其排除，所以在分析中真正涵盖的商品只有5大类。因此，最终用来计算成本分摊的商品被分为A、B、C、D、E5大类，从而得到该公司作业成本制度下的成本分摊二阶段模型，如图4-5所示。

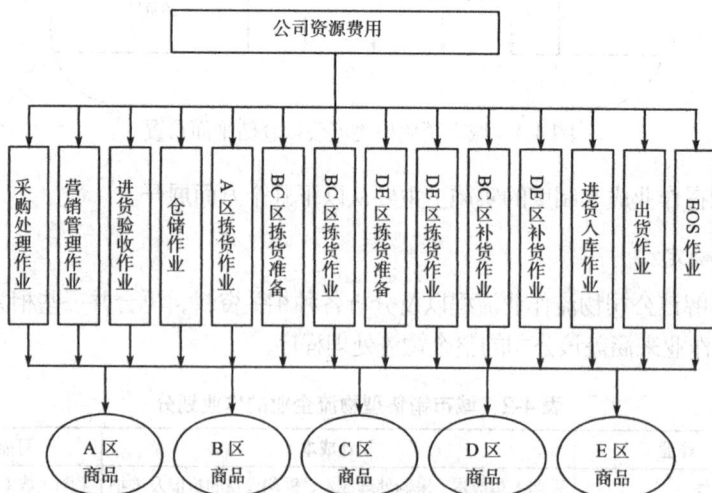

图4-5　二阶段成本分摊模型

3. 作业成本分析

由于人工成本以及折旧费用等都是按月计算的，因此，公司每月都要根据表4-2中的作业，累计计算各项作业的成本，然后再按照各成本对象的成本动因消耗量，将作业成本分摊到各区域的商品中。

（1）采购处理作业

采购处理是公司对外的采购作业，由于每个区域商品的采购频率不同，所以在分摊采购成本上也应该有所区别。根据实地研究观察，采购处理作业的成本动因选择为每个区域的"订单笔数"。每种产品采购一次，不管其每次的订货量或者订货金额多少都视为一笔。采购处理作业的成本主要是人事成本和订单服务费用。月末采购处理作业的成本分摊系数计算公式为

$$每笔采购处理作业成本=\frac{采购处理成本总额（人事成本+折旧费+订单服务费+耗材）}{（A区+B区+C区+D区+E区）订单总笔数}$$

（2）验收作业

验收作业为对外采购商品入库前的检验工作，因每一个区域的商品采购量不同而不同，采购量越大则验收成本越高，因此，应按照采购量的多少作为验收成本分摊的动因，而托盘数的多少反映了采购量的多少，因此以托盘数作为验收入库作业的成本动因。月末验收作业成本分摊系数的计算公式为

$$每托盘货物验收作业成本=\frac{验收成本总额（人事成本+折旧费+耗材等）}{（A区+B区+C区+D区+E区）托盘数}$$

（3）进货入库作业

进货入库作业是指将对外采购商品搬入仓库的作业，入库成本当然也与采购量成正比，从而可以以托盘数作为进货入库作业的成本动因。共计算公式与上面类似。

（4）仓储作业

由于仓库作业人员都承担着入库、补货等作业，因此，这里的仓储作业成本主要是仓库的租金（包括仓储设施的折旧）。而每个区域的面积已经事先固定，除非仓库布置重新改变，否则很少变动，因此，仓储作业的相对成本动因为每个商品区域所分配的库存面积。仓储作业成本的月末分配系数可以计算为

$$单位面积仓储作业成本=\frac{仓储作业成本总额（人事成本+折旧费+耗材等）}{（A区+B区+C区+D区+E区）总面积}$$

（5）补货作业

补货作业是指将商品由仓库搬运至拣货等待区，以利于拣货的进行。由于 B、C 区的商品属于重型商品，因此补货需要用叉车，而 D、E 区的属于轻型商品，补货作业由人工完成，因此它们在成本结构上存在很大的差异，尤其在机器的折旧与维护成本上，B、C 区的补货作业成本要高出 D、E 区很多。由于 B、C 区的补货大多以叉车将整托盘商品搬运至拣货区，因此其对应的成本动因为"托盘数"；而 D、E 区的补货作业为人工搬运，因此可以用"补货搬运箱数"作为其补货作业的成本动因。

（6）拣货准备以及拣货作业

A 区商品的拣货作业比较简单，一般而言是由卡车司机在出货时按照拣货单直接到 A 区仓库领取。而 B、C 区以及 D、E 区所牵涉的作业就比较麻烦，B、C 区内的商品有轻有重，D、E 区内的商品种类多样化，因此在作业划分时有必要将拣货作业区分成两段，前段称为拣货准备作业，后段称为真正的拣货作业。

就"拣货作业"而言，每个区域商品的成本动因都是"拣货次数"。但是每区使用的销售单

位有所不同，A 区商品销售按"条"计，B、C 区商品销售按"箱"计，而 D、E 区商品销售则按"包"计。此外，每个区域的拣货作业成本的构成也不同，A 区以人事成本为主；B、C 区除人事成本外，还需要计算拣货搬运设备的折旧和维修成本；而 D、E 区除人事成本外，也包括传送带的折旧和维护费用。

B、C 区和 D、E 区的商品需要经过"拣货准备"作业，此项作业是拣货作业的规划设计以及拣货单的准备工作，以使拣货作业更有效率。拣货准备作业成本以人事成本为主，其成本动因为"订单张数"，也就是假设每一张订单所耗用的拣货准备成本不会因订单内容或订购数量而影响其准备成本。

（7）出货作业

出货作业包括拉货上车、运输、卸货以及车辆维护与指派等作业。从理论上讲，该作业应该进行更进一步的细化，但由于该公司在该作业的成本资料追踪和归集上有困难，因此只好将这些作业合并为一项。出货作业的成本主要包括司机的成本以及外包车辆的费用、内部车辆的维修费、折旧费、保险和油料费等。出货作业的成本与运输量有关，由于等待出货的商品均放置在托盘上，因此合理的出货作业动因选择为"出货托盘数"。

（8）营销管理作业

营销管理作业是指行政管理部门的支持性作业。由于管理成本必须分摊到三个物流中心，而这里只讨论了一个物流中心，因此，这里只须摊提部分的营销管理成本。营销管理费用的分摊以"销货金额"作为成本动因，其理由是营销管理成本往往是按照销售额的固定百分比提取的，随着公司业务量和销售额的提高，公司的营销管理费用也会随之提高。

（9）EOS 订单处理

EOS 为处理各便利商店向公司订购的作业，其作业成本包括人事成本、EOS 机器的折旧与维护费用。随着商品订货项目的增加，EOS 的成本也会随之增加，因此，EOS 订单处理作业成本以"订单笔数"作为成本动因。

划分了作业，明确了每项作业消耗的资源成本并进行日常的统计工作，再按照图 4-5 所示的二阶段成本分摊模型，就可以按照既定的成本对象来进行公司作业成本的计算，并在此基础上开展相应的作业附加值分析、作业成本标杆的确定以及客户的获利能力分析。

三、仓储配送型物流公司作业成本制度的实施

这里以本章的引导案例来说明仓储配送型物流公司中作业成本法的实施。其中，该物流公司的成本由经营费用、管理费用、财务费用和营业税金及附加组成，其中财务费用主要是负债的利息。从表中可以看到，财务费用为负值，说明该公司并没有发生银行贷款（负值是因为企业的银行存款而获得的利息），而营业税金及附加直接与营业收入相关，与内部作业无关。因此，在这里进行的作业成本分析中，不包括财务费用和营业税金及附加。因此，根据表 4-3 可知，该物流公司除去财务费用和营业税金及附加后的总物流成本为 2 946 706.53+1 166 577.28=4 113 283.81（元）（经营费用于管理费用）。该公司实施作业成本法的步骤如下。

1. 确定成本核算对象及物流作业

为了对该公司五个客户的成本进行单独核算，这里选择以客户 A、B、C、D 和 E 作为成本核算的对象。

　　根据该公司作业流程的分析，先将公司的业务过程分为接货入库、储存、冷库储存、分拣配货、配送及行政管理六个作业。接货入库作业以入库货物的托盘数作为成本动因。储存作业以各客户占用的仓储面积作为成本动因。冷库储存作业只为 A 客户的进口药品服务，因此直接计入 A 客户的成本，不需要进行成本分摊。分拣配货作业以各客户需要分拣的销售订单数量作为成本动因。选择配送作业的成本动因时，最合适的是配送的吨千米数，但是由于五个客户的配送地点都是省内各大中医院，物流公司对五个客户实行共同配送，因此要单独计量每个客户的配送吨千米数有很大的困难，这里简化选择需要配送的销售订单数（或者配送的次数）作为配送作业的成本动因。这样，分拣配货作业与配送作业都选择客户的销售订单数量作为成本动因，从而可以将这两个作业合并为分拣配送作业成本库。行政管理作业包括财务、行政办公室等职能管理部门的业务活动，一般认为订单数量越多，行政管理的业务就越复杂，因此选择各客户的入库订单和销售订单的总数作为行政管理作业的成本动因。从而可以得到该公司作业的划分及成本动因的选择结果，如表 4-3 所示。

表 4-3　作业成本的确定与成本动因的选择

序号	作业	成本项目	作业成本额（元）	可能的成本动因
1	进货入库作业	进货人员成本、叉车设备折旧	582 311.45	进货托盘数
2	储存作业	仓库管理员成本、储存仓库的折旧费用、维护费用、财产税、杂项费用	1 544 339.34	所占仓储空间（平方米）
3	冷库储存作业	冷库人员工资、库房折旧、电费等	345 628.29	直接计入 A 客户的成本
4	分拣配送	拣货和配送人员成本、车辆调配、油料、车辆维修折旧等	1 023 768.36	销售订单数量
5	行政管理作业	人员成本、文具用品费用、电脑设备、通信费用、教育培训费用	617 236.37	进货订单和销售订单合计数量
	合计		4 113 283.81	

　　2. 将企业发生的各项资源费用计入作业，并计算成本动因分配率

　　根据本书第三章的介绍，将资源费用计入作业的方法有两种：一种是会计方式，一种是统计方式。采用会计方式时，要求物流公司的会计人员在各项费用发生时，直接将费用计入各项作业，从而可以得到每项作业的作业成本金额。而统计方式则要求会计人员在资源费用发生时，仍然将费用计入管理费用或者经营费用，到月末或者年末，再将各项资源费用的汇总数按照资源动因分配到各个作业中。

　　要将总物流成本 4 113 283.81 元分摊到 5 个客户的成本对象中，首先应将其分摊计入各项作业，分摊结果如表 4-3 所示。

　　对五个客户 5 项作业的成本动因进行统计，并计算各项作业的成本动因分配率。统计与计算结果见表 4-4。

表 4-4　各客户在各项作业上的成本动因发生额及成本动因分配率计算

作业	进货入库作业	储存作业	冷库储存作业	分拣配送作业	行政管理作业
成本动因	进货托盘数（个）	所占仓储空间	直接计入（元）	销售订单数（个）	订单合计数（个）
客户 A	3 876	850		8 865	9 665
客户 B	8 387	3 200		7 682	8 676

作业	进货入库作业	储存作业	冷库储存作业	分拣配送作业	行政管理作业
成本动因	进货托盘数（个）	所占仓储空间	直接计入（元）	销售订单数（个）	订单合计数（个）
客户 C	22 865	7 800		12 464	15 784
客户 D	5 287	1 700		6 598	7 863
客户 E	8 548	4 450		6 520	8 065
成本动因合计	48 963	18 000		42 129	50 053
作业成本	582 311.45	1 544 339.3	345 628.29	1 023 768.36	617 236.37
成本动因分配率	11.892 9	85.796 6		24.300 8	12.331 7

3. 计算分摊到每个客户的成本

根据每个作业的成本动因分配率，将作业成本分摊到 5 个客户，并计算每个客户的物流成本总额。计算结果如表 4-5 所示。

表 4-5　以客户为成本核算对象的物流成本计算

作业	进货入库（元）	储存作业（元）	冷库储存作业（元）	分拣配送作业（元）	行政管理作业（元）	成本合计（元）
客户 A	46 096.83	72 927.14	345 628.29	215 426.58	119 185.45	799 264.29
客户 B	99 745.65	274 549.22		186 678.74	106 989.45	667 963.05
客户 C	271 930.87	669 213.71		302 885.16	194 642.86	1 438 672.60
客户 D	62 877.70	145 854.27		160 336.67	96 963.81	466 032.45
客户 E	101 660.40	381 795.00		158 441.21	99 454.80	741 351.42
作业成本	582 311.45	1 544 339.34	345 628.29	1 023 768.36	617 236.37	4 113 283.81

4. 依据物流作业成本计算结果，确定对每个客户的物流服务定价

依据每个客户物流成本的计算结果，可以采用成本加成的方法进行定价决策，结果如表 4-6 所示。

表 4-6　基于作业成本计算的物流企业定价

客户	货物周转额（元）	原收费标准（%）	原来的企业收入（元）	客户作业成本（元）	成本加成定价后的收入（元）	按作业成本法的价格标准（%）
客户 A	285 678 320	0.50	1 428 391.6	799 264.29	895 176.009 3	0.31
客户 B	187 653 980	0.50	938 269.9	667 963.05	748 118.612 8	0.40
客户 C	165 642 870	0.50	828 214.35	1 438 672.60	1 611 313.313	0.97
客户 D	87 542 980	0.50	437 714.9	466 032.45	521 956.342 5	0.60
客户 E	142 256 130	0.50	711 280.65	741 351.42	830 313.589 8	0.58
合计	868 774 280	0.50	4 343 871.4	4 113 283.81	4 606 877.867	

表 4-6 中，货物周转额为一年内每个客户在物流公司的货物周转量，按照原来的收费标准 0.5% 计算，得到原来企业对每个客户的收入。企业的总收入为表 4-6 中该企业的营业收入 4 343 871.4 元。

根据作业成本法计算出每个客户的作业成本之后，可以按照成本加成定价法对每个客户进行单独定价。这里的成本加成比例定为 12%，即物流服务收费(收入)=客户的作业成本计算结果 × (1+12%)。这 12%的成本加成中，扣除营业收入的 5.5%左右的营业税金及附加（企业交纳营业税和城市维护建设税、教育费附加）之后的余额，再扣除财务费用，才是物流企业的利润。用成本加成法确定的收入除以货物周转额，就可以得到按照作业成本法确定的对每个客户的收费标准。

从表 4-6 中可以看到，按照作业成本法计算后，客户 A 的收费标准可以确定为货物周转额的 0.31%，比统一定价时的 0.5%有了很大程度的降低。主要原因是：客户 A 销售的药品以进口药品为主，体积小而价值高，尽管需要冷库单独储存，但是作业成本计算结果显示原来的 0.5%的收费标准依然偏高。而客户 C 则以经营中成药为主，相对来说货物体积大而价值低，装卸搬运工作量大，储存空间占用多，因此应适当提高收费标准。

在本案例中，基于作业成本法的物流成本核算，至少可以有两个用途：第一，通过作业成本核算使得每个客户的成本分摊结果更加准确清晰，有利于企业作出定价决策；第二，通过作业成本核算，可以为企业加强每个作业的成本管理与控制提供有效的信息，管理者可以在每项作业的成本计算结果基础上，来开展物流作业过程的成本控制。

四、制造企业作业成本制度的实施

A 公司是一家机器设备制造厂，主要生产甲和乙两种型号的设备。甲产品主要通过各地经销商向客户销售，乙产品则由厂家直接销售给用户。A 公司根据用户或经销商的订单组织安排生产，产品的配送由第三方物流 B 公司负责。

A 公司的生产流程大致可以分为"零部件加工"和"生产组装"两个阶段。产品所需零部件采购分为两个部分：一是国外进口零部件，通常采取到岸价的方式结算，从口岸到工厂由 B 公司负责；一是国内采购的零部件，供应商比较稳定，由供应商直接送货到仓库交接，部分零散零部件采取零担方式配送，由公司自有运输车队在市内零星收货。

A 公司成立专门的物流部门，负责收货验货、零部件和成品仓储、货物的装卸搬运和物流信息系统管理，采购部门负责货物采购，业务部门负责销售。

其他有关资料如下。

销售：本月 A 公司共处理销售订单 158 份，其中甲产品 56 份，共 320 台，乙产品 102 份，共 180 台。

零部件采购：本月共采购进口零部件订单 98 份，国内零部件订单 224 份，共 322 份，其中甲产品订单 105 分，乙产品订单 217 份。

运输：运输业务主要由第三方物流 B 公司承担，运费可以直接归属到具体产品。公司自有车队负责市内零星货物的收发，本月运输里程为 3 000 km，由于零星收发货物，统计具体为哪个产品服务的工作量难度很大，因此采用折中方式，按收发货物的次数分摊费用，其中甲产品 36 次，乙产品 75 次。

收货验收：各种零部件的收货和验收过程基本相同，每次货物入库均需检验人员检验。A 公司该月库房共入库 118 批，其中甲产品 40 批，乙产品 78 批。

仓储管理：本月库房提供 2 150h 的管理能力，甲产品耗用 850 h，乙产品耗用 1 300 h。

装卸搬运：本月共提供 3 860 h 的搬运能力，其中甲产品耗用 2 100 h，乙产品耗用 1 760 h。

信息系统：本月信息系统运行时间为 840 h，其中处理甲产品信息所需时间为 280 h，处理乙产品所需时间为 560 h。

该企业运用作业成本法来计算物流成本，具体步骤如下。

（1）分析和确定资源。通过会计核算，本月归集到各资源成本库中的资源价值如表 4-7 所示。

表 4-7　A 公司所提供的各资源价值

资源项目	工资	第三方物流费用	折旧	电力	燃料	办公费
资源价值	59 846.00	140 964.00	132 408.05	7 825.00	4 565.00	13 054.00

（2）分析和确定作业。通过对 A 公司生产流程的分析，A 公司的主要物流作业有：销售（订单处理）、采购（订单处理）、运输、收货验货、仓储管理、装卸搬运、信息系统共七项作业。财务部门需要为每项作业设置成本库，但由于运输有自有运输车队的零星运输和委托第三方物流运输，为了更准确核算，可以设置成零星运输和第三方物流两个成本库，所以总共设置 8 个成本库。

（3）确定资源动因，将资源价值分配到各作业成本库。

① 工资费用的分配。工资费用是按照各项所耗费的职工人数来计算发放的，因此工资费用的资源动因是作业的职工人数。分配工资费用应按照各作业所耗用的职工人数和对应的工资标准进行分配，分配结果如表 4-8 所示。

表 4-8　工资费用分配表

	销售	采购	零星运输	第三方物流	收货验货	仓储管理	装卸搬运	信息系统	合计
职工人数	3	3	2		2	5	8	1	
每人月工资标准	3 540	3 250	2 380		2 568	2 032	1 890	4 300	
每项作业月工资额	10 620	9 750	4 760		5 136	10 160	15 120	4 300	59 846

② 第三方物流费用的分配。第三方物流费用可以直接分配到第三方物流作业成本库，不需要在其他作业之间进行分配，分配结果如表 4-9 所示。

表 4-9　第三方物流费用分配表

	销售	采购	零星运输	第三方物流	收货验收	仓储管理	装卸搬运	信息系统	合计
每项作业月工资额				140 964					

③ 折旧费和办公费的分配。折旧费是各作业在使用固定资产时产生的，某项固定资产折旧费专属于使用该项固定资产的作业，因此，应该根据各作业实际使用固定资产的情况来分配折旧费。办公费与折旧费相似，具体办公费是专属于某项作业的，在分配时，应根据作业消耗的办公费来分配。折旧费和办公费的分配结果如表 4-10 所示。

表 4-10　折旧费和办公费分配

	销售	采购	零星运输	第三方物流	收货验货	仓储管理	装卸搬运	信息系统	合计
折旧费	12 098.34	13 088.5	24 076.29		12 677.8	45 329.09	18 754.3	6 383.73	132 408.05
办公费	3 267	3 873	1 286		1 107	1 236	954	1 331	13 054

④ 电力的分配。电力资源耗用的原因是用电，其数量多少可以用电度数来衡量。已知每度电的价格是 0.5 元，具体分配结果如表 4-11 所示。

表 4-11　电费分配表

	销售	采购	零星运输	第三方物流	收货验货	仓储管理	装卸搬运	信息系统	合计
用电度数	1 460	1 650	450		1 580	3 520	5 210	1 780	15 650
金额（元）	730	825	225		790	1 760	2 605	890	7 825

⑤ 燃料的分配。燃料的资源动因是耗用的柴油量，一般用升表示，已知每升柴油的价格为 5.5 元，具体分配结果如表 4-12 所示。

表 4-12　燃料费用分配表

	销售	采购	零星运输	第三方物流	收货验货	仓储管理	装卸搬运	信息系统	合计
消耗燃料（升）			350			180	300		830
金额（元）			1 925			990	1 650		4 565

⑥ 确定作业动因。根据企业的实际情况，确定作业动因如表 4-13 所示。

表 4-13　各项作业的作业动因

作业	作业动因
销售	销售订单处理份数
采购	采购订单处理份数
零星运输	收发货物的次数
收货验货	货物入库批数
仓储管理	工作小时数
装卸搬运	工作小时数
信息系统	运行小时数

第三方物流费用根据实际配送的货物进行结算，属于直接费用，可以直接根据结算单分派到具体产品，不需再确认作业成本动因。

（4）计算各作业成本动因的分配率。根据资源分配的结果，计算出各作业成本库的作业成本数，然后根据各作业的作业量，计算确定各作业成本动因的分配率。具体计算结果如表 4-14 所示。

表 4-14　各作业成本动因分配率计算表

	销售	采购	零星运输	收货验货	仓储管理	装卸搬运	信息系统	合计
作业成本（元）	26 715.34	27 536.5	32 272.29	19 710.8	59 475.09	39 083.8	12 904.73	217 698.05
提供的作业量	158	322	111	118	2 150	3 860	840	
作业动因分配率（%）	169.08	85.52	290.74	167.04	27.66	10.13	15.36	

（5）计算甲、乙两种产品实际耗用的资源价值。根据各作业成本动因分配率和各产品所耗用的作业数，计算甲乙两种产品实际耗用的资源价值。其中根据与 B 公司的结算单确定，甲产品耗用的物流费为 81 759.12 元，乙产品耗用的物流费为 59 204.88 元，具体计算结果如表 4-15 所示。

表 4-15　甲乙两种产品物流作业成本核算表

作业	作业分配率（%）	耗用作业数			各产品所耗用的作业成本数（%）	
		甲产品	乙产品	合计	甲产品	乙产品
销售	169.08	56	102	158	9 468.48	17 246.86
采购	85.52	105	217	322	8 979.6	18 556.9
零星运输	290.74	36	75	111	10 466.64	21 805.65
第三方物流	167.04	40	78	118	81 759.12	59 204.88
收货验货	27.66	850	1 300	2 150	6 681.6	13 029.2
仓储管理	10.13	2 100	1 760	3 860	23 511	35 964.09
装卸搬运	15.36	280	560	840	21 273	17 810.3
信息系统					4 300.8	8 603.93
合计					166 440.24	192 221.81

本章习题

一、名词解释

1. 作业成本制度
2. 成本动因
3. 成本对象

二、简答题

1. 简述作业成本法二阶段成本分摊模型的逻辑思路。
2. 与传统成本计算方法比，作业成本法的优点是什么？
3. 作业有哪些种类？作业的确定要考虑哪些因素？
4. 主要的物流作业有哪些？
5. 成本动因的确定要考虑哪些因素？

6. 应用作业成本法时，如何确定成本对象？

7. 作业改善的方法有哪些？

三、案例分析

为以下作业选择合适的成本动因

（1）机器启动（2）生产计划

（3）材料移动（4）供电

（5）质量控制（6）厂房维护

（7）设备保险（8）员工监管

① 资料：某服装制造企业采用作业基础成本法核算产品成本。该企业某月发生直接材料成本 32 000 元，其中甲产品耗用 18 000 元，乙产品耗用 14 000 元；直接人工成本 19 000 元，其中甲产品应负担 11 000 元，乙产品应负担 8 000 元；制造费用 56 000 元，经分析该企业的作业情况如表 4-16 所示（金额单位：元）。

表 4-16　企业资源分配　　　　　　　单位：元

作业中心	资源分配	成本动因	动因量	
			甲产品	乙产品
材料整理	14 000	处理材料批数	10	30
质量检验	10 000	检验次数	10	15
机器调试	20 000	调试次数	80	120
使用机器	12 000	机器小时数	20	80

计算各作业中心的动因率；假定该企业的当月产量为甲产品 500 件，乙产品 400 件，期初、期末在产品为零，计算这个月的完工产品总成本和完工产品单位成本。

② 资料：某钟表制造公司采用作业基础成本法计算分配间接费用，200×年 5 月，该企业的有关资料如表 4-17 所示。

表 4-17　企业作业与成本分配

作　业	成本动因	成本（元）	作业水平	
			时钟	手表
生产准备	准备次数	70 000	30	20
材料管理	零件数	20 000	15	25
包装与运输	运输数量	45 000	5 000	7 000
间接费用合计		135 000		

用作业基础成本法计算分配每种产品的间接费用总额；以人工工时作为分配基础计算分配各产品的间接费用总额。假定装配每只时钟的小时数是 0.5 小时，装配每只手表的小时数是 1 小时。时钟的生产量为 5 000 只，手表为 7 000 只。

第五章

企业物流成本分析

【学习目标】

掌握物流成本的性态分析；了解物流系统的本量利分析。

案例 5.1

表 5-1 是某物流公司 2014 年度简化的利润表。基于 2014 年度的财务信息以及对 2015 年度的经营预测，公司财务经理要制订 2015 年度管理费用和营业费用的计划。

表 5-1 某物流公司 2014 年度简化的利润表 单位：万元

项目	金额
主营业务收入	500
减：主营业务成本	200
主营业务税金及附加	30
主营业务利润	270
减：管理费用	100
营业费用	120
财务费用	10
税前利润	40
减：所得税	16
税后利润	24

公司预计 2015 年度的营业收入可以达到 600 万元，财务经理据此确定 2015 年度管理费用的计划数为 120 万元，而营业费用的计划数也按比例确定为 144 万元。而到 2015 年年末，公司实际完成了营业收入 550 万元，实际发生管理费用 109 万元，实际发生营业费用 130 万元。

启发思考

（1）财务经理按照营业收入增长的幅度来制订管理费用和营业费用的计划是否合理？

（2）如果不合理，你觉得应该如何改善？

（1）考虑一个问题：成本的发生额跟业务量之间是正比例关系吗？业务量增长 10%或 20%，各项费用的预期发生额也应该同样增长 10%或者 20%吗？答案是否定的。更确切地说，在一定的业务量增长范围内，成本费用的增长预期应小于业务量的增长预期。原因是：成本费用中，一部分是随着业务量的增长而同比例增长的，如物流成本中外包的运输费、货物的保险费、应缴纳的营业税金等；而另一部分成本费用，随着业务量的增长却不发生变化，如固定资产的折旧、管理人员的工资等。我们把前者称为变动成本，把后者称为固定成本。正是由于固定成本的存在，我们认为，在一定业务量范围内，成本费用的增长幅度要小于业务量的增长幅度。实际上，这就是所谓的规模经济，规模越大越经济，或者说规模越大，单位产品或服务应分摊的成本就低。

（2）本案例中，涉及的是管理费用和营业费用的问题。其实每个成本对象的物流成本（考虑前两章讲到的什么是成本对象）都存在变动成本和固定成本，因而，对物流成本的分析，除了常规的物流成本增长多少降低多少的分析之外，更深层次地进行固定成本和变动成本的分析，能更好地体现出物流活动的绩效。

（3）现在考虑案例中的问题，制定的营业费用和管理费用计划合理吗？答案应该是不合理的。如果不考虑其他因素的影响，计划的费用额应该低于目前做的计划。至于第二个问题，费用的控制情况怎么样，一下子是没有办法回答的，只有对管理费用和营业费用中变动成本和固定成本进行深入分析之后才能知道答案。我们把成本中变动成本和固定成本的分析叫做成本性态分析。也就是说，在开展成本性态分析之前，并不能确定营业收入 550 万元时合理的管理费用和营业费用计划应该是多少，从而无法确定费用控制情况的好坏。

成本性态的分析对成本的管理是非常重要的，包括计划预算的制定、成本控制绩效的考核等。研究成本与业务量的依存关系，进行成本性态分析，可以从定性和定量两方面掌握成本与业务量之间的变动规律，这不仅有利于事先控制成本和挖掘降低成本的潜力，而且有助于进行科学的预测、规划、决策和控制。

案例 5.2

某企业根据《烟草行业商业企业卷烟物流费用管理办法和核算规程》计算得到 2011 年第一季度物流费用各项指标，其中卷烟销量为 209 767.38 万支，万支仓储、分拣成本为 4.03 元/万支，2010 年同期为 0.96 元/万支；万支送货成本为 9.14 元/万支，2010 年同期为 15.32 元/万支，同比减少 40.33%；万支管理成本为 7.28 元/万支，2010 年同期为 4.28 元/万支，同比增加 70.09%；万支物流成本为 20.45 元/万支，2010 年同期为 20.55 元/万支，同比下降 0.4%；物流费用率为 0.51%，2010 年同期为 0.62%，同比下降 0.09%；人工费用比例为 71.78%，2010 年同期为 70.44%，同比增加 2.52%。

启发思考

这样进行物流成本分析有何好处？

物流活动是一个动态变化的过程，在对物流成本进行分析和评价的过程中，会了解企业与上年度、物流总成本及具体物流成本的增减情况。可以对增幅较大的物流成本项目作深层次的分析，而负增长的物流成本，也并不意味着物流成本没有下降的潜力，对于这部分成本，同样需要分析物流成本和物流收益以及物流服务水平之间的关系。

第一节　企业物流成本分析概述

一、企业物流成本分析的目的

物流成本的计算实质上是为物流成本的分析和评价提供数据依据，物流成本的计算结果是物流成本分析评价的基础。一般来说，物流成本分析和评价的目的包括以下几个方面。

1. 分析评价企业物流成本计划的执行情况

健全的物流成本管理，通常会事先按物流成本构成内容制订企业物流成本计划，期末计算出各项物流成本后，通过物流成本的实际消耗与计划水平相比较，可以分析实际脱离计划的水平，进而评价企业物流成本计划执行的好坏。同时，根据实际脱离计划的偏差，进一步分析计划制订得是否科学合理，计划执行环节是否存在疏漏，从而为进一步提高计划制订水平和计划执行力度提供依据。

2. 评价企业物流成本升降的原因

通过对物流成本做一些横向（如不同年度）和纵向（如不同企业）的比较，可以明确企业物流成本同比以前年度和其他企业是上升了还是下降了，并通过企业物流成本内部结构的分析，进一步明确影响物流成本升降的具体成本项目有哪些，从更深层次探寻企业物流成本升降的原因，为企业控制和降低物流成本提供依据。

3. 评价和寻求进一步降低企业物流成本的途径和方法

企业的经营管理和物流活动总是处于动态变化的过程，在对物流成本进行分析和评价的过程中，会了解企业与上年度、与其他企业比较，物流总成本及具体物流成本的增减情况，对增幅较大的物流成本项目往往需作深层次的分析，从而明确较大增幅的物流成本是否带来了较多的物流收益或提供了较高水平的物流服务，如果没有，则应详细分析物流成本增长的原因，并针对增幅较大的物流成本，有针对性地采取降低成本的方法和措施；而负增长的物流成本，也并不意味着物流成本没有下降的潜力，对于这部分成本，同样需要分析物流成本和物流收益以及物流服务水平之间的关系，若物流成本较小降幅却带来了物流收益和物流服务水平较大幅度的下降，则应进一步分析物流成本是否有进一步下降的潜力，下降的具体举措和方法有哪些。总之，物流成本的评价决不仅仅是表象层次的分析和评价，作趋势和比较分析时，物流成本是不变、上升或是下降，不论哪种情形，其背后都可能隐藏着物流成本进一步降低的潜力，都应作进一步的分析，积极寻求进一步降低物流成本的方法和途径。

二、企业物流成本分析的一般步骤

物流成本分析与评价的内容非常广泛。不同的人、不同的目的、不同的数据范围，可以采用不同的评价方法。物流成本评价不是一种有固定程序的工作，不存在唯一的通用评价程序，而是一个研究和探索的过程。

物流成本评价的具体步骤和程序，是根据评价目的、一般评价方法和特定评价对象，由评价人员具体设计的。但物流成本评价的一般步骤应包括以下几个方面。

（1）明确评价的目的。在进行物流成本评价之前，首先要明确评价的目的，根据评价目的来设计后续评价程序和收集相关资料。

（2）收集有关的信息。评价目的明确后，应根据评价目的来收集相关资料。例如，如果评价目的是为了了解物流成本计划的执行情况，则应收集物流成本计划的有关资料；如果评价目的是为了了解本企业物流成本水平在行业内所处的水平，则需要收集行业平均物流成本水平、行业内其他企业物流成本水平等信息和资料，以便与本企业进行对比，等等。

（3）根据评价目的把整体的各个部分分割开来，予以适当安排，使之符合需要。在掌握了充分的信息后，应根据评价目的，进行评价方法的设计。在这里，需要对有关因素进行分解，明确为了实现评价目的需要做哪些工作，完成这些工作需要哪一种或者哪几种分析方法，运用这一种或几种分析方法需要哪些信息材料。按照这一思路，将所有的信息资料进行分类和分解，使之符合分析和评价的需要。

（4）深入研究各部分的特殊本质。根据各类信息资料，运用相应的评价方法，逐一进行分析和评价。

（5）进一步研究各个部分的联系。在深入评价各个部分的特殊本质后，需要对各部分内容进行综合，找出不同部分之间的联系，使之成为一个整体。

（6）解释结果，提供对决策有帮助的信息。物流成本评价的过程实际上是一个定量分析与定性分析相结合的过程。一般来说，定量分析是工具和手段，没有定量分析就弄不清楚数量界限、阶段性和特殊性；定性分析是基础和前提，没有定性分析就弄不清本质、趋势和与其他事物的联系。因此，在物流成本评价的过程中，除要获取数据信息，进行定量分析外，还应对整个评价过程进行定性分析，说明有关比率或指标值的内涵，解释其趋势及变动原因，帮助物流成本管理者进行决策。

三、企业物流成本分析的基本方法

在进行财务报表分析时，可以采用比较分析法和比率分析法。

1. 比较分析法

比较分析法是指将本期财务数据与其他相关数据进行比较，并分析揭示其差异和矛盾。比较分析法是最基本的分析方法。一般来讲，比较的对象包括以下几种。

（1）与本企业的历史数据相比较：即不同时期的财务指标进行比较，也可以称为趋势分析。可以将连续数期的会计报表的金额并列起来，比较其相同指标的增减变动金额和幅度，据以判断企业财务状况和经营成果的发展变化。会计报表的比较，具体包括资产负债表比较、利润表比较、现金流量表比较等。比较时，既要计算出表中有关项目增减变动的绝对额，又要计算出其增减变动的百分比。

（2）与计划预算数比较：即实际执行结果与计划指标相比较，也称为差异分析。当企业的实际财务指标达不到目标标准时，应进一步分析原因，以便改进财务管理工作。

（3）与同类企业相比较：即与行业平均数或者竞争对手相比较，也称为横向比较。在比较分析时，既可以用本企业财务指标与同行业平均水平指标对比，也可以用本企业财务指标与同行业先进水平指标对比，还可以用本企业财务指标与同行业公认标准指标对比。通过行业标准指标比较，有利于揭示本企业在同行业中所处的地位及存在的差距。

2. 比率分析法

在财务分析中，比率分析法应用比较广泛。比率分析法是用同一期内的有关数据相互比较，得出它们的比率，以说明财务报表所列各有关项目的相互关系，来判断企业财务和经营状况的好坏。比率分析法是用相关项目的比率作为指标，揭示了数据之间的内在联系。同时，与基本财务数据相比较，财务比率指标是相对数，克服了绝对值给人们带来的误区，也可以排除企业规模的影响，使不同比较对象之间建立起可比性。比率分析中常用的财务比率有以下几个。

（1）相关比率：是同一时期会计报表及有关财会资料中两项相关数值的比率。这类比率包括：反映偿债能力的比率、反映盈利能力的比率和反映营运能力的比率。

（2）结构比率：是会计报表中某项目的数值与各项目总和的比率。这类比率揭示了部分与整体的关系，通过不同时期结构比率的比较还可以揭示其变化趋势。存货与流动资产的比率、流动资产与全部资产的比率等都属于这类比率。

（3）动态比率：是会计报表及有关财会资料中某项目不同时期的两项数值的比率。这类比率又分为定基比率和环比比率，可分别从不同角度揭示某项财务指标的变化趋势和发展速度。

由于物流企业的所有成本费用都是物流成本，因此一般介绍的物流成本比率指标都是针对货主企业的物流成本比率分析而言的。在物流企业也可以采用比率分析，但这种比率分析方法是用于物流企业整体经营绩效的评价，而不是用于物流成本的分析。关于比率分析的内容将在第八章中介绍。本章只介绍物流成本的比较分析方法。

第二节　企业物流成本的比较分析

一、物流成本结构分析

物流成本结构分析是以共同比物流成本表和比较共同比物流成本表的形式，来反映不同物流成本项目以及范围物流成本和支付形态物流成本在物流总成本中所占的百分比，以及该百分比在企业不同时期的比较、与其他企业之间的比较，进而明确企业降低物流成本的取向，了解物流成本结构的变化趋势，把握企业物流成本结构的合理性。

（一）物流成本结构分析的基本思路

物流成本结构分析一般应遵循以下思路。

首先，计算结构百分比。由于企业物流成本计算对象包括多个维度，如物流成本项目维度、物流范围维度和物流成本支付形态维度，所以在计算物流成本结构百分比的过程中，应根据企业实际和物流成本管理的具体要求，选择上述一个或全部维度，分别计算结构百分比，并以共同比物流成本表的形式来反映。

其次，与企业上期和行业内其他企业作比较。比较是一种基本的分析和评价方法，在计算出企业本期物流成本结构百分比的基础上，应分别计算出企业上期以及行业内其他企业相同维度或相同项目的物流成本的结构百分比，并以比较共同比物流成本表的形式反映，以便和企业本期进行比对。

最后，根据计算结果进行分析评价。一般来说，评价要从三个方面入手：一是根据共同比物流成本表的结果，来分析在整个物流成本的构成中，哪个或哪几个具体的物流成本项目或范围物流成本或支付形态物流成本所占的比重最大，明确成本改进的取向，并针对这个或这几个具体的项目作进一步深入的分析，指明问题所在。这实际上是遵循了经济学上的"二八"原则，将有限的资源用于解决相对重要的问题。二是根据比较共同比物流成本表，来比较企业本期和上期有关项目的结构百分比，从而分析不同年度企业各项目比重的变化，针对结构比重差异比较大的项目作进一步分析，从中发现问题。三是根据比较共同比物流成本表，来比较企业和行业内其他企业各项目的结构百分比，尤其是通过与行业标杆企业的比较，明确企业当前物流成本的项目结构是否合理，若有关项目结构差异较大，应分析具体原因。

（二）物流成本项目结构的总体分析

如果企业的物流成本按照 2.1.2 节介绍的国家标准《企业物流成本构成与计算》中按成本项目的基本分类，企业的物流成本由物流功能成本和存货相关成本构成。其中物流功能成本包括物流活动过程中所发生的包装成本、运输成本、仓储成本、装卸搬运成本、流通加工成本、物流信息成本和物流管理成本；存货相关成本包括企业在物流活动过程中所发生的与存货有关的资金占用成本、物品风险成本、存货保险成本。物流成本项目结构分析就是要分析上述各具体成本项目在物流总成本中所占的比重，以便对物流成本管理工作作出评价。

表 5-2 为某制造企业及其对标企业物流成本的核算结果，基于该数据展开物流成本项目的结构分析。

表 5-2 两企业物流成本信息 单位：万元

成本项目		甲企业 2015 年度		甲企业 2014 年度		乙企业 2015 年度	
		金额	比重	金额	比重	金额	比重
物流功能成本	运输成本	20	22.99%	18	21.95%	16	18.82%
	仓储成本	10	11.50%	11	13.41%	12	14.12%
	包装成本	6	6.89%	6	7.32%	7	8.23%
	装卸搬运成本	11	12.64%	9	10.97%	12	14.12%
	流通加工成本	8	9.20%	7	8.53%	8	9.41%
	物流信息成本	9	10.34%	8	9.75%	11	12.94%
	物流管理成本	12	13.79%	10	12.20%	10	11.77%
	小计	76	87.35%	69	84.13%	76	89.41%
存货相关成本	流动资金占用成本	6	6.90%	7	8.54%	5	5.88%
	存货风险成本	2	2.30%	3	3.66%	2	2.35%
	存货保险成本	3	3.45%	3	3.66%	2	2.35%
	小计	11	12.65%	13	15.86%	9	10.8%
物流成本合计		87	100%	82	99%	85	99%

根据表 5-2 的资料，可作以下分析。

（1）甲企业 2015 年度物流成本的总体构成是物流功能成本占 87.36%，存货相关成本占 12.64%。从表层来看，物流功能成本在物流总成本中占有相当大的比重，是今后降低和控制物流成本的主要取向，但存货相关成本是否有下降潜力，仍需作进一步的细化分析后才能确定。

（2）与 2014 年度相比，甲企业 2015 年物流功能成本和存货相关成本在物流总成本中所占的比重差异不大，物流功能成本比重上升了 3.21 个百分点，存货相关成本比重下降了 3.21 个百分点，具体原因需作进一步分析。

（3）2015年甲企业与乙企业相比，物流功能成本和存货相关成本在物流总成本中所占的比重差异也不大，物流功能成本比重比乙企业少了 2.05 个百分点，存货相关成本比重比乙企业多了 2.05 个百分点；与乙企业相比，甲企业存货相关成本比重上升，初步分析有可能是甲企业期末存货余额加大，导致流动资金占用成本上升，但具体原因仍需作进一步分析。

（三）物流成本项目结构的具体分析

这里以物流功能成本的结构为例，可以看到：

（1）甲企业 2015 年度物流功能成本中运输成本所占比重最大，占整个物流成本的 22.99%，其次为物流管理成本、装卸搬运成本和仓储成本，有必要对上述四项成本从物流范围和支付形态方面作进一步的分析。

（2）与 2014 年相比，甲企业 2015 年各成本项目占物流功能成本的比重差异不大，说明物流功能成本构成结构相对稳定，比重变化趋势不明显。

（3）2015 年甲企业与乙企业相比，除运输成本和物流信息成本在物流总成本中所占比重有一定差异外，其他各项成本所占比重差异不大。其中，运输成本所占比重甲企业比乙企业高 4.17 个百分点，物流信息成本所占比重甲企业比乙企业低 2.59 个百分点，说明进一步分析甲企业运输成本的构成及产生原因极为必要。甲企业物流信息成本所占比重比乙企业低，可能有两个原因：一是甲企业物流信息成本控制较好，二是甲企业运用信息化手段进行物流成本管理程度低，所以需要结合企业实际情况作具体分析。

关于存货相关成本，也可以类似地进行具体的结构分析。

（四）物流成本范围结构与支付形态结构分析

这里以占物流总成本比例最大的运输成本为例，对其进行物流范围结构与支付形态结构的进一步具体分析。

1. 运输成本的物流范围结构分析

表 5-3 为两企业物流运输成本的范围结构统计结果。

表 5-3　两企业运输成本物流范围结构一览　　　　　单位：万元

项目		甲企业 2015 年		甲企业 2014 年		乙企业 2015 年	
		金额	比重	金额	比重	金额	比重
运输成本	供应物流	10	50%	10	55.56%	10	62.5%
	生产物流	1	5%	2	11.11%		
	销售物流	7.5	37.5%	6	33.33%	6	37.5%
	回收物流	1	5%				
	废弃物流	0.5	2.5%				
小计		20	100%	18	100%	16	100%

根据表 5-2，可以对物流成本范围结构作如下分析。

（1）甲企业 2015 年运输成本中，供应物流成本和销售物流成本所占比重最大，分别为 50%和 37.5%，合计达 87.5%。同时，由于企业内部也发生一部分短途运输业务，所以企业内运输成本在运输成本总额中也占有一定比重。另外，2015 年企业也发生了退货、返修以及废旧物品处理等运输业务。不过，就比重而言，供应和销售阶段运输成本所占比重最大，应成为成本降低的取向。

（2）与 2004 年相比，甲企业 2015 年各物流范围运输成本占总运输成本的比重差异不大，供应物流和销售物流运输成本占总运输成本的比重达 88.89%。

（3）2015 年甲企业与乙企业相比，供应物流运输成本占总运输成本的比重有一定差异，甲企业比乙企业少 12.5 个百分点，但乙企业 2015 年度在企业内物流、回收物流和废弃物物流阶段未发生运输成本。另外，甲、乙两企业销售物流运输成本占总运输成本的比重持平，均为 37.5%。

2．运输成本支付形态结构分析

表 5-4 为两企业物流运输成本的支付形态结构统计结果。

表 5-4 两企业运输成本支付形态结构一览   单位：万元

项目		甲企业 2015 年		甲企业 2014 年		乙企业 2015 年	
		金额	比重	金额	比重	金额	比重
运输成本	人工费	13	65%	10	55.56%	8	50%
	维护费	5	25%	6	33.33%	6	37.5%
	一般经费	2	10%	2	11.11%	2	12.5%
小计		20	100%	18	100%	16	100%

根据表 5-3，可以对甲企业 2015 年运输成本的支付结构形态作以下分析。

（1）甲企业 2015 年运输成本中，人工费和维护费所占比重最大，分别为 65%和 25%，合计达 90%。所以，要想降低运输成本，应首先从降低人工费和维护费入手，详细分析人工费和维护费的支出明细，寻找成本下降点。

（2）与 2014 年相比，甲企业 2015 年人工费支出占运输成本的比重高，接近 10 个百分点，应进一步分析人工费支出的原因，明确是由于增加了司机，人头数增加导致了人工费支出的增加，还是由于人工费列支和控制方面存在问题。应将 2015 年人工费支出明细与 2014 年作详细比对，寻找原因。

（3）2015 年甲企业与乙企业相比，人工费占运输成本的比重有一定差异，甲企业比乙企业高 15 个百分点，进一步说明了 2015 年甲企业人工费支出可能存在一定问题，应作进一步分析。

结构分析的主要目的在于寻找降低企业物流成本的切入点，并通过与企业前期和对标企业的比较，分析结构的稳定性和合理性。结构分析的主要思路是以某一成本计算对象作为分析起点，层层展开，层层推进，一般需要经过三个层次的分析，找到影响企业物流成本的最基本、最重要的因素。需要指出的是，层次的推进过程是与企业物流成本核算对象的设置息息相关的，也就是 3.2.2 节讲到的物流成本对象的设置问题，每个层次的物流成本实际上是按照某个成本对象展开的，从而可以找到降低物流成本的切入点。

在实际应用中，企业可以结合实际情况和管理重点，选择一个、两个或多个维度对物流成本进行展开分析。例如，对于物流企业的物流成本分析来说，不涉及物流范围维度的成本分析，而针对客户的物流成本展开分析更有意义。

二、企业物流成本增减变动与趋势分析

结构分析是单项物流成本占总物流成本百分比的分析，增减变动与趋势分析是企业在不同期间、实际与计划、企业与对标企业之间的差异分析和企业在若干期内发展趋势的分析。

（一）物流成本增减变动与趋势分析的基本思路

物流成本增减变动与趋势分析应遵循以下基本思路。

（1）计算物流成本增减变动绝对值和相对额，以及若干期间物流成本的趋势百分比

无论计算增减变动额还是趋势百分比，均可根据企业实际情况和物流成本管理要求，在物流成本项目、物流范围和物流成本支付形态等不同维度中选择一个维度为分析起点，然后层层展开，这与结构分析的思路一致。

在计算物流成本增减额时，首先要确定比较标准。比较的标准可以是企业上期的物流成本，也可以是计划的物流成本，还可以是同行业对标企业或先进企业的物流成本。分析过程中要注意数据的可比性，如果存在计算方法和标准不一致的情况，应进行适当的调整后再进行比较分析。物流成本增减额一般以绝对额与相对额两种形式反映，且相对额更具有比较意义。

在计算物流成本趋势百分比时，首先要选好期间。趋势分析所选期间应在 3 期以上。计算方法有定基和环比两种：定基是选取一个年度为基期，以该年度的数据为基数（100%），以后年度的成本项目与基期的相同项目进行比较得到百分比，以百分比进行比较，观察其发展趋势。采用定基方法必须选择好基期，基期选择不当会降低比较分析的效果。环比是各年以上一年度为基数，分别计算出各年的百分比，然后以百分比进行比较分析其发展趋势。

（2）根据计算结果进行分析评价

在对物流成本增减变动情况进行评价时，应从不同的维度出发，分析物流成本中哪些具体项目增减变动幅度最大，并对增减变动幅度较大的项目作具体和进一步的分析，找出成本上升或下降的真正原因。

在对物流成本变动趋势进行分析时，应分别按物流成本项目、物流范围和物流支付形态等不同维度来评价其趋势变动情况，说明这种趋势变动是否合理。有时，简单的成本变动是不能说明任何问题的。例如，就趋势而言，假设企业物流成本近年呈现上升趋势，但并不能就此断定企业物流成本的控制有问题，还是要具体分析变动的原因以及每个原因对物流成本变动的影响有多大。另外，也不能仅仅基于数据表提供的信息，还要结合其他分析方法及企业管理信息作进一步的分析。

（二）物流成本增减变动分析

1. 物流成本增减变动的总体分析

物流成本增减变动的层层展开也是跟企业物流成本核算对象与科目设置相关的，可以选择物流成本项目、物流范围或者物流支付形态作为层层分析展开的起点。这里，选择物流成本项

目作为一级科目展开，然后再进行物流范围和物流成本支付形态的具体分析。表 5-5 为两企业有关物流成本资料及相关增减变动分析情况。

表 5-5 甲、乙企业物流成本项目增减变动分析 单位：万元

成本项目		甲企业 2015 年	甲企业 2014 年	乙企业 2015 年	甲企业 2015 年比 2014 年增减		甲企业 2015 年比乙企业 2015 年增减	
					金额	比例（%）	金额	比例（%）
物流功能成本	运输成本	20	18	16	2	11.11	4	25
	仓储成本	10	11	12	−1	−9.09	−2	−16.67
	包装成本	6	6	7	0	0	−1	−14.29
	装卸搬运成本	11	9	12	2	22.22	−1	−8.33
	流通加工成本	8	7	8	1	14.29	0	0
	物流信息成本	9	8	11	1	12.5	−2	−18.18
	物流管理成本	12	10	10	2	20	2	20
	小计	76	69	76	7	10.14	0	0
存货相关成本	资金占用成本	6	7	5	−1	−14.29	1	20
	存货风险成本	2	3	2	−1	−33.33	0	0
	存货保险成本	3	3	2	0	0	1	50
	小计	11	13	9	−2	−15.38	2	22.22
合计		87	82	85	5	6.10	2	2.35

根据表 5-5 的数据可作如下分析。

（1）甲企业 2015 年物流总成本比 2014 年增长了 6.10%，比乙企业 2015 年增长了 2.35%，其中对于物流功能成本来说，甲企业 2015 年同比 2014 年增长了 10.14%，与乙企业持平。对于存货相关成本，甲企业 2015 年同比 2014 年下降了 15.38%，比乙企业增长了 22.22%。物流总成本增长是否合理，还应结合收益的增长情况作进一步分析。

（2）在物流功能成本中，甲企业 2015 年同比 2014 年除仓储成本下降了 9.09 个百分点、包装成本持平外，其他各项功能成本均大幅增长，增长幅度均在 10%以上。甲企业与乙企业相比，运输成本高出 25%，物流管理成本高出 20%，流通加工成本持平，其余各项成本均大幅下降。综合甲企业 2015 年与 2014 年以及与乙企业各项成本的比较情况，运输成本和物流管理成本均大幅增长，所以有必要对该两项成本作进一步的分析。

（3）在存货相关成本中，甲企业 2015 年同比 2014 年，除存货保险成本持平外，流动资金占用成本与存货风险成本均大幅下降，说明甲企业 2015 年资金和存货管理水平有所提高。甲企业与乙企业相比，存货风险成本持平，流动资金占用成本和存货保险成本却高出较多，说明甲企业与对标企业相比资金和存货管理水平有进一步提升的潜力，所以有必要对流动资金占用成本的发生进行更深入细致的分析。

2. 物流成本增减变动的具体分析

这里以运输成本为例，对其增减变动进行更深层次的分析。表 5-6 为该企业运输成本按照支付形态和物流范围的统计结果情况。

表 5-6 甲企业运输成本的支付形态与物流范围增减变动分析

运输成本构成		甲企业 2015 年	甲企业 2014 年	乙企业 2015 年	甲企业 2015 年比 2014 年增减		甲企业 2015 年比乙企业 2015 年增减	
					金额	比例（%）	金额	比例（%）
按支付形态分	人工费	13	10	8	3	30	5	62.5
	维护费	5	6	6	−1	−16.67	−1	−16.67
	一般经费	2	2	2	0	0	0	0
	小计	20	18	16	2	11.11	4	25
按物流范围分	供应物流	10	10	10	0	0	0	0
	生产物流	1	2		−1	−50		
	销售物流	7.5	6	6	1.5	25	1.5	25
	回收物流						1	
	废弃物物流	0.5			0.5		1.5	
	小计	20	18	16	2	11.11	4	25

基于以上数据，对运输成本的支付形态与物流范围的增减变动进行如下分析。

（1）支付形态增减变动分析。甲企业运输成本 2015 年同比 2014 年增长 11.11%，比乙企业同期增长 25%，其主要原因是人工费用的大幅度增长，与 2014 年与乙企业相比分别高出 30% 和 62.5%，应进一步分析运输成本中人工成本大幅增长的原因。一般来说，如果运输量没有出现较大变化，且维护费和一般经费都没有增长的情形下，人工费的大幅增长可能存在一定的问题，应查明原因，是增加了员工福利，还是增加了司机，增加司机后工作量是否饱和等。应对人工费支出按照人头、支出明细逐一进行核对检查。

（2）物流范围增减变动分析。从物流范围来看，甲企业 2015 年运输成本的增长是由销售阶段运输成本的增长造成的，同比 2014 年以及乙企业 2015 年的数据，销售阶段的运输成本均高出 25%，所以应对销售环节的运输业务进行进一步梳理，分析每一项支出明细，明确成本改进的方法。

（三）物流成本趋势分析

物流成本趋势分析也是按照物流成本计算对象的不同维度展开的。要求针对某一个物流成本计算对象维度选取连续数期的数据进行比较分析，以观察其发展变化趋势，为未来物流成本管理决策和制订物流成本计划提供依据。这里仍然以物流成本项目维度为例展开分析。表 5-7 为甲企业物流成本项目三年来的成本统计结果以及趋势分析数据。

表 5-7 甲企业物流成本项目趋势分析数据

成本项目		物流成本（万元）			定基趋势分析（%）			环比趋势分析（%）		
		2013 年	2014 年	2015 年	2013 年	2014 年	2015 年	2013 年	2014 年	2015 年
物流功能成本	运输成本	21	20	18	100	95.24	85.71	100	95.24	90
	仓储成本	11	10	11	100	90.91	100	100	90.91	110
	包装成本	7	6	6	100	85.71	85.71	100	85.71	100
	装卸搬运成本	12	11	9	100	91.67	75	100	91.67	81.82

续表

成本项目		物流成本（万元）			定基趋势分析（%）			环比趋势分析（%）		
		2013 年	2014 年	2015 年	2013 年	2014 年	2015 年	2013 年	2014 年	2015 年
物流功能成本	流通加工成本	9	8	7	100	88.89	77.78	100	88.89	87.5
	物流信息成本	9	9	8	100	100	88.89	100	100	88.89
	物流管理成本	13	12	10	100	92.31	76.92	100	92.31	83.33
	小计	82	76	69	100	92.68	84.15	100	92.68	90.79
存货相关成本	资金占用成本	7	6	7	100	85.71	100	100	85.71	116.67
	存货风险成本	2	2	3	100	100	150	100	100	150
	存货保险成本	3	3	3	100	100	100	100	100	100
	小计	12	11	13	100	91.67	108.33	100	91.67	118.18
合计		94	87	82	100	92.55	87.23	100	92.55	94.25

根据表 5-7 的数据，可以作出以下分析。

（1）甲企业 3 年来的物流成本呈现下降趋势。从定基百分比看，3 年分别为 100%、92.55% 和 87.23%；从环比百分比看，3 年分别是 100%、92.55% 和 94.25%。如果 3 年间物流业务量变化并不大，则说明企业物流成本控制水平较好。

（2）甲企业物流功能成本在 3 年间变动趋势和物流总成本的变动趋势一致，也呈下降趋势。从定基百分比看，3 年分别是 100%、92.68% 和 84.15%；从环比百分比看，3 年分别是 100%、92.68% 和 90.79%。其中运输成本、装卸搬运成本、流通加工成本、物流管理成本在 3 年间均呈现下降趋势；仓储成本 2014 年比 2013 年有所下降，但是 2015 年又回升到 2013 年的水平；包装成本后两年基本持平，但比 2013 年有所下降；而物流信息成本在 2015 年比前两年有较大幅度的下降。总体上看，企业物流功能成本 3 年间呈现下降趋势，初步认定企业物流功能成本控制水平良好。

（3）甲企业存货相关成本在 3 年中呈现出先降后升的趋势。从定基百分比看，3 年分别为 100%、91.67% 和 108.33%；从环比百分比看，3 年分别是 100%、91.67% 和 118.18%。其中存货保险成本 3 年间水平基本相当，存货风险成本在 2015 年较前两年有较大幅度提高；而流动资金占用成本则出现了波动。要想了解存货相关成本变动趋势的详细信息，需要获取更长期间的成本资料进行趋势分析。

三、企业物流成本结构分析案例

本案例根据徐瑜青等在《工业工程及管理》杂志 2015 年 4 月发表的文章 "第三方物流企业物流成本计算及案例" 整理而得。案例企业是某第三方物流企业集团下属的专业子公司，其主营业务包括跨区域长途运输、区域内配送、仓储管理、零担专线运营、能源运输等物流服务。所有业务归入项目操作和快运专线两种方式经营。该公司有欧洲轮胎、韩国轮胎、欧牌机油三个大型客户，公司财务进行独立核算。通过传统的成本核算方法计算案例公司的物流成本，结果如表 5-8 所示。

1. 成本构成分析

从表 5-8 中可以看出，该公司的成本分类主要包括直接业务成本、操作费用和业务税金三种。公司总成本中绝大部分为直接成本，占总成本的比例为 92.91%，其中，项目组合计的成本占 87.93%（81.70%除以 92.91%），快运专线业务成本占 12.07%（11.21%除以 92.87%）。此比例与其收入比例大致相同，即项目物流收入占 85.97%，快运专线业务收入占 14.03%。从业务角度讲，欧洲轮胎项目成本和零担快运成本分别占公司总成本的 29.30%和 8.24%。其中，欧洲轮胎外派项目组成本占整个项目成本的 89.11%（26.11%除以 29.30%），快运部为欧洲轮胎项目提供快运服务分摊的成本占整个项目成本的 10.89%（3.19%除以 29.30%）。

表 5-8　第三方物流公司 2014 年物流成本统计结果

成本项目			总成本（元）	欧洲轮胎项目（元）			零担快运（元）
				项目组	快运分摊	小计	
直接业务成本	项目组	仓储	240 093	0	0	0	0
		配送成本	11 844	2 180	0	2 180	0
		长途汽车运输	4 875 316	1 436 452	0	1 436 452	0
	快运部	网外 运输	217 378	0	50 707	50 707	130 726
		网外 配送	36 884	0	8 604	8 604	22 181
		网内 干线车成本	301 749	0	70 388	70 388	181 465
		网内 支线车成本	112 290	0	26 193	26 193	67 528
		网内 配送成本	35 113	0	8 190	8 190	21 116
		小计	5 830 667	1 438 632	164 082	1 602 714	423 016
		占总成本比例	92.91%				
操作费用		职工薪酬	122 629	16 455	18 349	34 804	47 306
		业务招待费	3 186	0	400	400	1 032
		差旅费	2 052	1 317	87	1 404	224
		邮电通讯费	8 384	645	727	1 372	1 874
		办公费用	3 263	118	166	285	429
		车辆费用	65 419	28 186	4 088	32 274	10 540
		市场交通费	122	0	0	0	0
		折旧费	147 377	132 237	1 893	134 130	4 881
		低值易耗品	10 332	0	2 410	2 410	6 213
		房屋场地费	22 526	0	492	492	1 269
		税金（非营业税金）	13 401	12 504	183	12 688	471
		小计	398 691	191 462	28 795	220 259	74 239
		占总成本比例	6.35%				
业务税金		营业税	43 046	18 184	4 957	23 141	12 780
		城建税	3 013	1 273	347	1 620	895
		教育费附加	1 722	727	198	926	511
		其他	-1 604	-12 001	2 120	-9 881	5 466
		小计	46 177	8 183	7 622	15 806	19 652
		占总成本比例	0.74%				
合计			6 275 535	1 638 277	200 499	1 838 780	516 907
占总成本比例			100%	26.11%	3.19%	29.30%	8.24%

操作费用主要是项目组及快运部直接服务于物流业务的人员、设备等相关的费用，占总物流成本的比例为 6.35%。操作费用可以进一步分为与人员相关的费用、与设备相关的费用、与业务相关的费用。分摊后可知，公司的操作费用与人员、设备、业务基本均衡相关，占总操作费用的比例分别为32.86%、46.03%和21.11%。

业务税金占总成本的比例为 0.74%，包括营业税、城建税、教育费附加。该公司的城建税为营业税总额的 7%，教育费附加为营业税总额的 4%。该公司在具体操作过程中，有大量代开发票业务，下月互相冲减调整，但是并不影响公司整体税负大小。

2. 成本趋势分析

该公司从 2005 年至 2008 年发生的物流成本情况见表 5-9。

表 5-9　2005—2008 年物流成本核算结果比较

成本项目	2005 年		2006 年		2007 年		2008 年	
	金额（元）	比例	金额（元）	比例	金额（元）	比例	金额（元）	比例
业务成本	7 112 663	93.30%	8 330 388	91.05%	10 613 751	96.31%	5 830 669	92.91%
操作成本	425 355	5.58%	431 188	4.71%	306 181	2.78%	398 692	6.35%
业务税金	85 244	1.12%	387 565	4.24%	100 213	0.91%	46 177	0.74%
合计	7 623 262	100%	9 149 141	100%	11 020 145	100%	6 275 538	100%

从表中 5-9 可知，该公司 2005—2008 年来成本构成几乎未变，成本构成比例大致相同，直接业务成本占公司总成本的比例一直高于 90%。从绝对数来看，前三年一直呈上升趋势，从 2007—2008 年开始下滑。究其原因，该公司于 2008 年在辖区内其他子公司新设了两个快运专线部，新设的两个区域快运专线部使得其操作费用即间接成本增加。

3. 项目部成本分析

这里四个项目部包括欧洲轮胎、韩国轮胎、欧牌机油项目和零担快运业务，分别为公司的成本中心和利润中心。由于该公司为区域中心公司，其区域内除本公司快运部外还下辖其他几个快运部，区域内成本归公司统一核算。其直接成本通过三个层次来实现：①依据干线收入将成本分摊至各干线；②依据物流量分摊至区域内的各快运部；③按照项目物流量将公司快运部的成本分摊至各项目。作者选用快运部的原始收入构成为成本动因重新分摊快运部成本至各成本中心，结果见表 5-10。

表 5-10　项目部成本核算结果

成本项目			欧洲轮胎项目（元）	韩国轮胎项目（元）	欧牌机油项目（元）	零担快运项目（元）
直接成本	金额	项目物流	1 438 631.71	586 489.40	3 102 131.82	0.00
		快运部分摊	164 082.70	116 316.37	0.00	423 016.54
		小计	1 602 714.41	702 805.77	3 102 131.82	423 016.54
	占项目总成本比例		87.16%	93.29%	97.97%	81.84%
操作费用	金额		220 260.03	28 988.70	75 201.29	74 241.68
	占项目总成本比例		11.98%	3.85%	2.37%	14.36%
业务税金	金额		15 806.18	21 565.56	−10 846.61	19 651.77
	占项目总成本比例		0.86%	2.86%	−0.34%	3.80%
合计			1 838 780.63	753 360.03	3 166 486.51	516 909.99
占总成本比例			29.30%	12.00%	50.46%	8.24%

由表 5-10 可知, 欧洲轮胎、韩国轮胎、欧牌机油项目及零担快运业务成本分别占公司总成本的 29.30%、12.00%、50.46%和 8.24%, 各项目直接成本、操作费用、业务税金占各自总成本的比例大致与总成本构成的比例相当。值得指出的是: 该公司欧洲轮胎项目和零担快运业务直接成本低于 90%。对于全部由快运部负责的零担快运业务, 具有客户数目多且单个业务规模小的特点, 通常需要拼车, 多个项目通常由一人负责, 而快运部的职工薪酬、折旧费、信息费等服务于所有客户, 故操作费用较多也是比较合理的。对于欧洲轮胎项目, 则大部分由外派的欧洲轮胎项目组完成, 直接成本主要是运输车辆费用。针对间接费用, 欧洲轮胎项目操作费用主要是职工薪酬和折旧费用, 分别占欧洲轮胎项目总成本的 1.89%和 7.29%。此处车辆折旧费用比较高, 这是由于欧洲轮胎项目大部分业务由项目操作管理部的自有车辆完成。相应的, 因为使用外采车辆运输费用高, 故欧洲轮胎项目的直接成本较低。所以, 公司应该计量外采车辆引起的高直接费用与自有车辆引起的高管理间接费用效益。

4. 项目部利润分析

根据对公司总收入和总成本再次分摊核算的结果, 按照成本中心核算利润, 结果如表 5-11 所示。

表 5-11　项目部利润核算结果

项目	欧洲轮胎项目（元）	韩国轮胎项目（元）	欧牌机油项目（元）	零担快运项目（元）
收入	1 909 133.80	1 153 845.67	3 966 803.89	647 841.68
成本	1 838 780.63	753 360.03	3 166 486.51	516 909.99
利润	70 353.18	400 485.63	800 317.39	130 931.68
毛利率	3.69%	34.71%	20.18%	20.21%

由表 5-11 可知, 韩国轮胎项目毛利率最高, 欧洲轮胎项目毛利率最低, 而欧牌机油项目和零担快运业务毛利率居中。这种分析结果显示出欧洲轮胎项目实际盈利性较差, 与公司的相关陈述不符。在将快运部发生的成本分摊至各项目前, 各项目的利润核算结果如表 5-12 所示。

表 5-12　快运部成本分摊前各项目部利润核算结果

项目	欧洲轮胎项目（元）	韩国轮胎项目（元）	欧牌机油项目（元）	零担快运项目（元）
收入	1 909 133.80	1 153 845.67	3 966 803.89	647 841.68
成本	1 638 277.85	611 225.89	3 166 486.51	859 546.91
利润	270 855.95	542 619.78	800 317.38	−211 705.23
毛利率	14.19%	47.03%	20.18%	−32.68%

根据表 5-12, 在快运部成本分摊前, 公司认为欧洲轮胎项目和欧牌机油项目的盈利情况比较接近, 但是公司忽略了以下两点。

（1）欧牌机油项目不需要快运专线部提供承运服务, 而欧洲轮胎项目需要。公司在核算过程中已经将快运部收取的承运价款计入欧洲轮胎项目收入中, 但未将其成本分摊至欧洲轮胎项目, 即收入已经全额计算, 但成本未全额核计; 而欧牌机油项目的收入和成本已经全额计算。

读一读: 现阶段物流成本影响因素数据分析

（2）在分摊快运部成本前，欧洲轮胎较欧牌机油项目的操作费用比较高。欧洲轮胎和欧牌机油项目的操作费用占其利润的比例分别为70.69%和9.40%。其中，二者差别最大的是折旧费，对欧洲轮胎项目是车辆折旧费，对欧牌机油项目是仓库折旧费。

案例公司成立不久，运营已初上轨道，但是财务核算尚未完善，目前只能计算公司整体的盈利状况，尚不能对各项目的盈利进行计量。因此，第三方物流企业应该规范公司财务核算体系，按照项目进行收入和成本核算，准确了解项目盈利能力，合理分配公司现有资源，提高公司综合竞争力。

第三节　物流成本性态分析

成本性态（Cost Behavior）也称成本习性，是指成本总额与业务总量之间的依存关系。成本总额与业务总量之间的关系是客观存在的，而且具有一定的规律性。企业的业务量水平提高或降低时，会影响到企业的各种经济活动，进而影响到企业的各项成本，使之增减。在一定的相关范围内，一项特定的成本可能随着业务量的变化而增加、减少或者不变，这就是不同的成本所表现出的不同的成本性态。

研究成本与业务量的依存关系，进行成本性态分析，可以从定性和定量两方面掌握成本与业务量之间的变动规律，这不仅有利于事先控制成本和挖掘降低成本的潜力，而且有助于进行科学的预测、规划、决策和控制。

一、物流成本性态

在物流系统的生产经营活动中，发生的成本与业务量之间的关系可以分为两类：一类是随着业务量的变化而变化的成本，如材料的消耗、燃料消耗、工人的工资等。这类成本的特征是业务量高，成本的发生额也高；业务量低，成本的发生额也低，成本的发生额与业务量近似成正比关系。另一类是在一定的业务量范围内，与业务量的增减变化无关的成本，如固定资产折旧费、管理部门的办公费等。这类成本的特征是在物流系统正常经营的条件下，这些成本是必定要发生的，而且在一定的业务量范围内基本保持稳定。对于这两类不同性质的成本，我们将前者称为变动成本，而将后者称为固定成本。也就是说，按物流成本的性态特性，可将物流成本划分为变动成本（Variable Cost）和固定成本（Fixed Cost）。有部分成本的特征介于变动成本和固定成本之间，可以称为混合成本（Mixed Cost）。

1. 变动成本

变动成本是指其发生总额随业务量的增减变化而近似成正比例增减变化的成本。这里所需强调的是变动的对象是成本总额，而非单位成本。变动成本具有以下特点。

- 变动成本总额的正比例变动性，即在相关范围内，其成本总额随着业务量的变动而成倍数变动的特性。
- 单位变动成本的不变性，即无论业务量怎样变化，其单位成本都保持在原有水平上的特性。

变动成本的这两个特点可以用图 5-1 来表示。一般来说，运输过程中的直接材料消耗、工作量法计算的折旧额，流通加工成本中的直接材料、直接人工消耗，按包装量、装卸搬运量计算工资的包装人工费用、装卸搬运人工费用等，都属于变动成本的范畴。

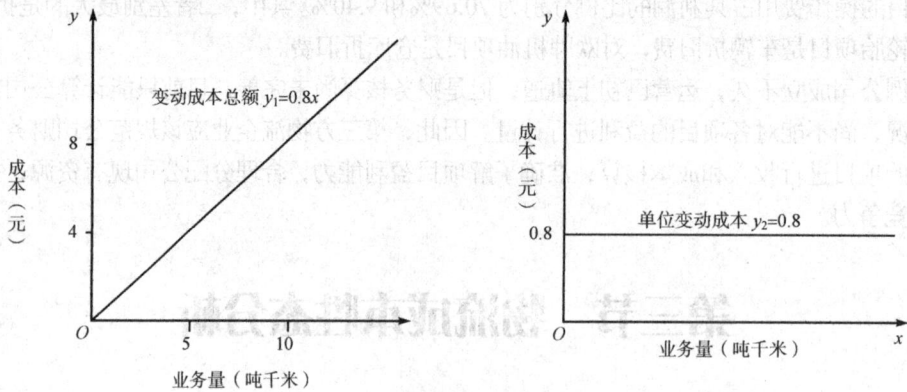

图 5-1　变动成本的特点

与固定成本不同，变动成本的水平一般是用单位额来表示的。因为，在一定条件下，单位变动成本不受业务量变动的影响，直接反映各项要素的消耗水平。所以，要降低变动成本的水平，就应该从降低单位变动成本的消耗量入手。显然，由于变动成本是以相应的业务量为基础的，所以只有通过改进技术、更新设备、提高生产率等手段，才能达到降低单位变动成本以相应降低变动成本总额的目的。

2. 固定成本

固定成本是指成本总额保持稳定，与业务量的变化无关的成本。同样应予以注意的是，固定成本是指其发生的总额是固定的，而就单位成本而言，却是变动的。因为在成本总额固定的情况下，业务量小，单位产品所负担的固定成本就高；业务量大，单位产品所负担的固定成本就低。固定成本具有以下特点。

- 固定成本总额的不变性，即在相关范围内，其成本总额总是保持在同一水平上的特性。
- 单位成本的反比例变动性，即单位固定成本与业务量的乘积恒等于一个常数的特性，即单位成本与业务量成反比关系。

固定成本的特点可以用图 5-2 表示。员工工资、按直线法计算的固定资产折旧费及其他与业务量无关的成本费用等都属于固定成本的范畴。

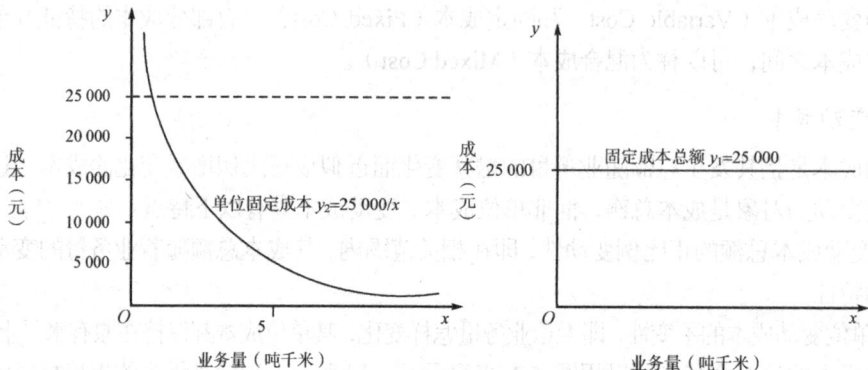

图 5-2　固定成本的特点

需要注意的是，固定成本总额的固定性是对特定的业务量水平而言的。这里所说的业务量水平一般是指企业现有的生产能力水平。因为业务量一旦超过这一水平，势必要增添设备等，其固定成本的固定性就不复存在。同样地，变动成本总额和业务量之间的线性依存关系，也存在着一定的相关范围，一旦超出该业务量范围，它们之间就可能表现出非线性关系或者另一种线性关系。

3. 混合成本

混合成本是指全部成本中介于固定成本和变动成本之间，既随业务量变动又不与其成正比例的那部分成本。把企业的全部成本根据成本性态划分为变动成本和固定成本两大类，是管理会计规划与控制企业经济活动的前提条件，但是在实务中，往往有很多成本项目不能简单地将其归类于固定成本或变动成本。一些成本明细项目同时兼有变动成本和固定成本两种不同的特性，它们既非完全固定不变，也不随业务量成正比例地变动，不能简单地把它们列入固定成本或变动成本，因而统称为混合成本。

在实际工作中，有许多成本的明细项目属于这类成本。这是因为全部成本在按其性态分类时，必须先后采用"是否变动"和"是否成正比例变动"双重分类标准，从而全部成本按其性态分类的结果必然产生游离于固定成本和变动成本之间的混合成本。

二、混合成本的分解

企业为了规划与控制企业的经济活动必须首先将全部成本按其性态划分为固定成本和变动成本两大类。因此，要采用不同的专门方法将混合成本最终分解为固定成本和变动成本两部分，再分别纳入固定成本和变动成本两大类中去，这就叫做混合成本的分解（Segregation of Mixed Cost）。对混合成本进行分解后，可以将整个运营成本分为固定成本与变动成本两个部分，在此基础上再进行物流成本的分析与管理。事实上，在物流系统的运营过程中，混合成本所占的比例是比较大的，因此，混合成本的分解对于有效的成本性态分析起着非常重要的作用。

常见的用于分解混合成本的方法有两大类：一类是侧重于定性分析的方法，如账户分析法、合同确认法、技术测定法等。采用这类分析方法，就是根据各个成本账户的性质、合同中关于支付费用的规定、生产过程中各种成本的技术测定等来具体分析，进而确认哪些成本属于固定成本，哪些成本属于变动成本。另一类是历史成本分析法，即利用一定期间的业务量与成本数据，采用适当的数学方法进行分析，确定所需分解的混合成本的函数方程，进而将其分解为固定成本和变动成本。此类方法常用的有高低点法、散布图法和回归直线法。

（一）定性分析方法

1. 账户分析法

账户分析法亦称会计分析法，它是根据各个成本项目及明细项目的账户性质，通过经验判断，把那些与变动成本较为接近的划入变动成本，把那些与固定成本较为接近的划入固定成本。至于不宜简单地划入变动成本或固定成本的项目，则可通过一定比例将它们分解为变动成本和固定成本两部分。账户分析法的优点是简单明了，分析的结果能清楚地反映出具体成本项目，实用价值较高；账户分析法的缺点是分析的工作量大，成本性态的确定较粗。

2. 合同确认法

合同确认法是根据企业与供应单位所订立的合同（或契约）中关于支付费用的具体规定来确认费用性态的方法。例如电话费，电信局每月向用户收取的基本费用，可以看作固定成本，而按照用户的通话次数计收的费用则是变动成本。合同确认法的优点是成本性态分析比较准确，但其应用范围较小，只限于签有合同的生产经营项目的成本的性态分析。

3. 技术测定法

技术测定法是根据生产过程中消耗量的技术测定和计算来划分成本的变动部分和固定部分的混合成本分解方法。例如，通过技术测定，把热处理电炉的预热耗电成本（初始量）划归固定成本，把预热后进行热处理的耗电成本划为变动成本。这种方法的优点是划分比较准确；缺点是工作量较大，一般适用于新建企业或新产品的成本性态分析。

（二）历史成本分析法

历史成本分析法是根据混合成本在过去一定期间内的成本与业务量的历史数据，采用适当的数学方法加以分解，来确定其中固定成本总额和单位变动成本的平均值。在实际工作中最常用的数学方法有高低点法、散布图法和回归直线法三种。

1. 高低点法

高低点法亦称两点法，是根据企业一定期间历史数据中的最高业务量（高点）和最低业务量（低点）之差以及它们所对应的混合成本之差，计算出单位变动成本，进而将混合成本最终分解为固定成本和变动成本的方法。

由于混合成本包含变动成本和固定成本两种因素，因此它的数学模型同总成本的数学模型类似，也可用直线方程式 $y = a + bx$ 来表示。其中 a 为混合成本中的固定成本部分；b 为混合成本中的单位变动成本；x 表示业务量；y 表示成本总额。高低点法的计算公式为

$$单位变动成本 = \frac{最高业务量的成本 - 最低业务量的成本}{最高业务量 - 最低业务量}$$

$$固定成本 = 最高业务量的成本 - 最高业务量 \times 单位变动成本$$

$$= 最低业务量的成本 - 最低业务量 \times 单位变动成本$$

例如，某公司去年上半年的设备维修费与机器的运转小时数的数据如表 5-13 所示。

表 5-13　某公司去年 1—6 月的设备维修费

月份	1	2	3	4	5	6
业务量（千机器小时）	7	8	5	9	10	6
维修费（元）	210	215	200	220	230	205

表 5-13 中，最高点是 5 月，最低点是 3 月，按上述公式计算如下：

$$b = \frac{230 - 200}{10 - 5} = 6（元/千机器小时）$$

$$a=230-6 \times 10=170（元）或 a=200-6 \times 5=170（元）$$

反映维修费成本性态的直线方程为

$$y=170+6x$$

高低点法分解成本简便易行，有助于管理人员迅速确定成本关系。但这种方法只以诸多历史数据中的高点和低点两种情况来取代其他数据，进而确定一条直线，并以该直线代表所有历史数据。如果最高点和最低点是偏离较大的点，它们所代表的可能是非典型的成本—业务量关系，其结果将是不太准确的。

2. 散布图法

散布图法亦称布点图法、目测画线法，是指将若干期业务量和成本的历史数据标注在业务量和成本构成的坐标图上，形成若干个散布点，然后根据目测画一条尽可能接近所有坐标点的直线，并据以来推测固定成本和变动成本的一种方法。

运用散布图法的第一步就是将各点画出，以便确定生产成本与业务量的关系。以上面例题中的数据为例，做出图5-3所示的散布图。

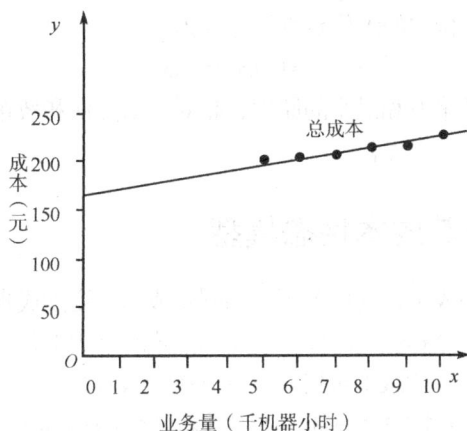

图 5-3　某公司去年1—6月维修费的散布图

在图5-4中，成本变动趋势直线与 y 轴的交点，即为维修费用中的固定成本 a=165 元，单位变动成本 b 是这条直线的斜率。

$$b=\frac{y-a}{x}=\frac{230-165}{10}=6.5（元/千机器小时）$$

则反映成本变动趋势的直线方程为

$$y=165+6.5x$$

散布图法利用散布图分解混合成本，综合考虑了一系列观测点上业务量与成本的依存关系，因此，分解的结果较高低点法准确。但散步图法的缺陷是选择最佳直线时缺乏客观标准，成本方程式的质量取决于分析者主观判断的质量，所以有时误差比较大。

3. 回归直线法

回归直线法亦称最小平方法，是根据最小平方法原理，从大量历史数据中计算出最能反映出成本变动趋势的回归直线方程，并以此作为成本模型的一种成本性态分析方法。

回归直线法的数学推导以混合成本的直线方程式 $y=a+bx$ 为基础，根据这一方程式和实际所采用的一组 n 个观测值 $(x_1，y_1)，(x_2，y_2)，\cdots，(x_n，y_n)$，即可得到一组用于决定回归直线的方程式。

$$\begin{cases} \sum_{i=1}^{n} y_i = na + b\sum_{i=1}^{n} x_i \\ \sum_{i=1}^{n} y_i x_i = a\sum_{i=1}^{n} x_i + b\sum_{i=1}^{n} x_i^{2} \end{cases}$$

解方程组，得

$$b = \frac{(n\sum_{i=1}^{n} y_i x_i - \sum_{i=1}^{n} x_i \sum_{i=1}^{n} y_i)}{n\sum_{i=1}^{n} x_i^{2} - (\sum_{i=1}^{n} x_i)^{2}}$$

求得 b 后，即可解得 a。

利用回归直线法求得上例中的维修费直线方程为

$$y=170.51+5.71x$$

回归直线法使用了误差平方和最小的原理，相对高低点法和散布图法，结果更为精确；但计算过程较烦琐，适用于计算机操作。

三、总成本公式及其成本性态模型

根据以上的分析，全部成本依其性态可分为固定成本、变动成本和混合成本三大类，其中混合成本又可分解为固定部分和变动部分，因此，企业的总成本公式可以写成

总成本=固定成本总额+变动成本总额

=固定成本总额+（单位变动成本×业务量）

现用 y 表示总成本，a 表示固定成本总额，b 表示单位变动成本，x 表示业务量，则上述总成本公式可写成：$y=a+bx$

总成本的成本性态模型如图 5-4 所示。

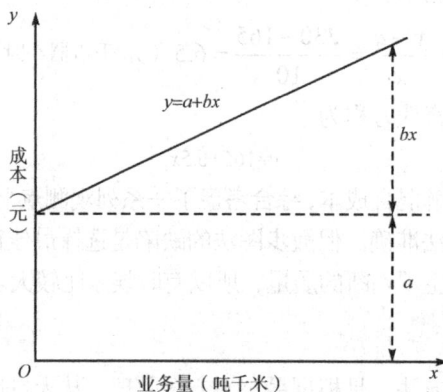

图 5-4 总成本的成本性态模型

第四节　物流系统的本量利分析

一、本量利分析基本模型

本量利分析（CVP 分析）是成本—业务量—利润关系分析的简称，是指在变动成本计算模式的基础上，以数学模型与图形来揭示固定成本、变动成本、业务量、单价、营业额、利润等变量之间的内在规律性联系，为预测、决策和规划提供必要财务信息的一种定量分析方法。在介绍其在物流中的应用前，必须了解一些本量利的基本公式与图形，即本量利分析的原理。

读一读：运用成本性态分析加强中小物流企业成本管理

本量利分析的基本模型可用如下公式表示：

$$利润=营业收入-变动成本总额-固定成本总额$$
$$=单价 \times 业务量-单位变动成本 \times 业务量-固定成本总额$$
$$=（单价-单位变动成本） \times 业务量-固定成本总额$$
$$=单位边际贡献 \times 业务量-固定成本总额$$
$$=边际贡献总额-固定成本总额$$
$$利润+固定成本总额=（边际）贡献总额=营业收入-变动成本总额$$
$$=（单价-单位变动成本） \times 业务量$$

$$\frac{利润+固定成本总额}{业务量}=单位边际贡献=单价-单位变动成本$$

$$\frac{利润+固定成本总额}{营业收入}=边际贡献率=\frac{单价-单位变动成本}{单价}=1-变动成本率$$

若考虑所得税，则用下式将以上各式中的利润替代即可：

$$利润=\frac{净利润}{1-所得税税率}$$

边际贡献又称贡献边际、贡献毛利、边际利润或创利额，是指营业收入与相应变动成本总额之间的差额。它除了主要以总额表示外，还有单位边际贡献和边际贡献率两种形式。单位边际贡献是某产品或服务的单价减去单位变动成本后的差额，也可用边际贡献总额除以相关业务量求得；边际贡献率是指边际贡献总额占营业收入总额的百分比，又等于单位边际贡献占单价的百分比。

在上面的公式中，单价-单位变动成本就是产品或服务的单位边际贡献，而（单价-单位变动成本） \times 业务量就是边际贡献总额。从而可以看出，各种产品或物流服务所提供的边际贡献，虽然不是物流的营业净利润，但它与物流的营业净利润的形成有着密切的关系。因为边际贡献首先用于补偿物流系统的固定成本，边际贡献弥补固定成本后的余额即是企业或物流系统的利润。本量利分析可以用图 5-5 表示。

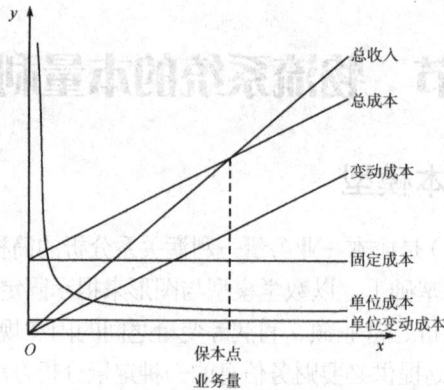

图 5-5 本量利分析

二、物流服务的保本点和保利点分析

本量利分析包括盈亏平衡分析和盈利条件下的本量利分析。从上面的分析可以看出，只有当物流系统所实现的边际贡献大于固定成本时才能实现利润，否则物流系统将会出现亏损，而当边际贡献正好等于固定成本总额时，物流系统不盈不亏。所谓盈亏平衡点，又称保本点，是指企业或物流系统的经营规模（业务量）刚好使利润等于零，即出现不盈不亏的状况。盈亏平衡分析就是根据成本、营业收入、利润等因素之间的函数关系，预测企业或物流系统在怎样的情况下可以达到不盈不亏的状态。而盈利条件下的本量利分析主要考虑在特定利润要求情况下应达到的业务量，以及在一定业务量情况下企业或物流系统的利润以及安全边际情况。

本量利分析的应用十分广泛，它与物流经营分析相联系，可促使物流系统降低经营风险；与预测技术相结合，可进行物流系统保本预测，确定目标利润实现的最少业务量预测等；与决策融为一体，物流系统能据此进行作业决策、定价决策和投资不确定性分析；此外，它还可以应用于物流的全面预算、成本控制和责任会计。

单项物流服务的本量利分析也包括保本点分析和盈利条件下的本量利分析。

1. 保本点分析

单项物流服务保本点是指能使物流达到保本状态的单项业务量的总称，即在该业务量水平上，该项物流业务收入与变动成本之差刚好与固定成本持平。稍微增加一点业务量就有盈利；反之，稍微减少一点业务量就会导致亏损发生。

单项物流服务的保本点有两种表现形式：一是保本点业务量，一是保本点营业收入，它们都是达到收支平衡实现保本的物流业务量指标。保本点的确定就是计算保本点业务量和保本点营业收入的过程。在物流多项作业条件下，虽然也可以按具体品种计算各自的保本业务量，但由于不同服务的业务量不能直接相加，因而往往只能确定它们总的保本点营业收入，而不能确定总保本点业务量。下面以汽车运输企业的运输业务为例来说明单项物流服务的本量利分析方法。

汽车运输企业的运输收入同运输成本的数量关系，不外乎以下三种情况：运输收入大于运输成本、运输收入小于运输成本或者运输收入等于运输成本。在以上三种情况中，只有运输收入同运输成本相等时企业才处于不盈不亏状态，也就是盈亏平衡状态。因此盈亏平衡点就是企业的运输收入同汽车运输成本相等的点，在这一点以上就是盈利，在这一点以下就是亏损。

运输业务量越大，企业所实现的盈利就越多或亏损越少。运输企业保本点运输周转量的计算公式如下：

$$保本点运输周转量=\frac{固定成本总额}{单位运价×（1-营业税率）-单位变动成本}$$

其中，单位变动成本也可以用下面的公式计算：

$$单位变动成本=\frac{车千米变动成本}{载运系数}+吨千米变动成本$$

例如，某运输公司依据历史数据分析，确定单位变动成本为150元/千吨千米，固定成本总额为20万元，营业税率为3%。本月预计货物周转量5 000千吨千米，单位运价为200元/千吨千米，请对该公司进行运输业务的本量利分析。

首先计算该公司的保本点运输周转量。根据题意可知，固定成本总额=200 000元，单位运价=200元/吨千米，营业税率=3%，单位变动成本=150元/吨千米，则可以计算保本点货物运输周转量为

$$保本点运输周转量=\frac{固定成本总额}{单位运价×（1-营业税率）-单位变动成本}$$

$$=\frac{200\ 000}{200×(1-3\%)-150}=4\ 545.45（千吨千米）$$

$$保本点运输营业收入=保本点运输周转量×单位运价$$

$$=4\ 545.45×200/10\ 000=90.909（万元）$$

在本例中，如果单位变动成本为未知，但其车千米变动成本为0.2元/车千米，吨千米变动成本为0.05元/吨千米，载运系数为2吨，则其单位变动成本可以计算为

$$单位变动成本=\frac{0.2×1\ 000}{2}+0.05×1\ 000=150(元)$$

同样可以计算出其保本点运输周转量及保本点运输营业收入。

2. 保利点分析

保利点分析是比较特殊的本量利分析，它以利润为零、物流系统不盈不亏为前提条件。从现实的角度来看，物流系统不但要保本，还要有盈利，因此只有在考虑到盈利存在的条件下才能充分揭示成本、业务量和利润之间正常的关系。除了进行盈亏平衡分析之外，还可以进行有盈利条件下的本量利分析，即保利分析。

在已定单价和成本水平条件下，企业或物流系统为了实现一定目标利润，就需要达到一定的业务量或营业收入，这可以称为实现目标利润的业务量或营业收入，也可以称为保利点业务量或营业收入。保利点业务量和保利点营业收入的计算公式为

$$保利点业务量=\frac{固定成本总额+目标利润}{单位价格-单位变动成本}=\frac{固定成本总额+目标利润}{单位边际贡献}$$

$$保利点营业收入=\frac{固定成本总额+目标利润}{边际贡献率}$$

如果考虑所得税因素，需要确定实现目标净利润条件下的业务量和营业收入，则上述公式

可以演变为

$$保利点业务量=\frac{固定成本总额+\dfrac{目标净利润}{1-所得税税率}}{单位价格-单位变动成本}$$

$$=\frac{固定成本总额+\dfrac{目标净利润}{1-所得税税率}}{单位边际贡献}$$

$$保利点营业收入=\frac{固定成本总额+\dfrac{目标净利润}{1-所得税税率}}{边际贡献率}$$

例如，某运输公司依据历史数据分析，确定单位变动成本为 150 元/千吨千米，固定成本总额为 20 万元，营业税率为 3%，单位运价为 200 元/千吨千米，请计算该公司本期为实现 15 万元利润需完成的运输周转量。则可以计算：

保利点业务量=（200 000+150 000)/(200–200 × 3%–150）≈ 7 954.55（千吨千米）

即该公司为实现 15 万元利润，本期须实现 7 954.55 千吨千米的运输周转量。

如果企业或物流系统在预算期业务量无法达到保利点业务量时，就需要调整控制其他因素以确保利润的实现。对其他因素的调控要以能否控制为前提。因素的选择可以借鉴因素敏感分析的结论，选择较敏感、易于控制的因素，可以选择一个因素，也可以选择多个因素。

接上例，假设该公司预算期只能实现 7 500 千吨千米的运输周转量，请计算该公司为实现 15 万元利润必须采取措施降低多少变动成本。

保利点变动成本= [(200–200 × 3%) × 7 500–200 000–150 000]/7 500

≈147.33(元/千吨千米)

三、物流企业的经营风险与安全边际

1. 安全边际和安全边际率

安全边际是把盈亏临界点和企业的利润联系起来的一个概念，它是指实际的（或预计的）销售量或销售额与盈亏临界点的销售量或销售额的差额。它反映了企业从目前状态至盈亏临界点状态的下降空间有多大，即企业的销售量或销售额降低多少还不至于造成亏损。安全边际可以用于分析企业或物流系统所面临的经营风险大小。

根据定义，安全边际既可以用实物量来表示，也可以用价值量来表示，其计算公式如下：

安全边际量=实际（或预计）业务量–保本点业务量

安全边际额=实际（或预计）营业收入–保本点营业收入

显然，对于企业的经营来说，安全边际越大，经营风险越低；安全边际越小，其风险越高。此外，反映企业经营安全程度的另一个指标是安全边际率。其计算公式为

$$安全边际率=\frac{安全边际量}{实际或预计业务量}$$

$$\text{或}\quad \text{安全边际率} = \frac{\text{安全边际额}}{\text{实际或预计营业收入}}$$

在上例中，该公司的安全边际可以计算如下。

安全边际量：5 000−4 545.45=454.55（千吨千米）。

安全边际额：100−90.909=9.091（万元）。

安全边际率：9.09%。

安全边际量与安全边际率都是正指标，即越大越好。在欧美企业一般用安全边际率来评价物流经营的安全程度。表 5-14 列示了安全边际率与评价物流系统经营安全程度的一般标准。

表 5-14　物流系统经营安全程度检验标准

安全边际率	10%以下	10%～20%	20%～30%	30%～40%	40%以上
安全程度	危险	值得注意	一般安全	比较安全	非常安全

企业或物流系统可以通过降低单位变动成本、降低固定成本、扩大业务量或提高价格等方式来提高安全边际率，降低经营风险。

2. 经营风险

物流企业或者物流系统的经营风险可以用安全边际来衡量，也可以用经营杠杆（或营业杠杆）来衡量。

经营杠杆是本量利分析中的另一个重要概念。根据成本性态的原理，在一定的业务量范围内，销售量的增减不会改变固定成本总额，但它会使单位固定成本随之增减，从而提高或降低单位产品的利润，并使利润的变化率大于业务量的变化率。这种由于固定成本的存在，销售上较小幅度的变动引起利润上较大幅度的变动（即利润变动率大于业务量变动率）的现象，就称为经营杠杆，它可以反映企业的经营风险。

将经营杠杆量化的一个指标是经营杠杆率，亦称经营杠杆程度，它是指利润变动率相当于营业收入变动率的倍数，即

$$\text{经营杠杆} = \frac{\text{利润变动率}}{\text{营业收入变动率}} = \frac{\text{边际贡献}}{\text{利润}} = \frac{\text{固定成本}+\text{利润}}{\text{利润}}$$

$$= \frac{\text{营业收入}-\text{变动成本总额}}{\text{营业收入}-\text{变动成本总额}-\text{固定成本总额}}$$

显然，经营杠杆是由于固定成本的存在引起的，所以企业的固定成本与变动成本在其成本总额中所占的比例即成本结构对经营杠杆有着重要的影响。一般来说，固定成本比例较高的企业具有较高的经营杠杆，而变动成本比例较高的企业则具有较低的经营杠杆。经营杠杆率能反映企业经营的风险，并帮助管理当局进行科学的预测分析和决策分析。

仍然采用上例中的资料，计算该运输公司的经营杠杆如下：

边际贡献=(200−150−200×3%)×5 000=220 000（元）

利润=220 000−200 000=20 000（元）

经营杠杆=220 000/20 000=11

该企业的安全边际率为 9.09%，经营杠杆为 11，均说明该运输企业的经营风险较大。

四、多项物流服务的本量利分析

一般来说，物流系统提供的物流服务往往不止一项，这种情况下，由于每项物流服务的业务量计量单位都不同，给本量利分析带来了一定的困难。例如，仓储服务业务量的计量单位可能是托盘数、吨等，而运输服务业务量的计量单位可能为吨千米。在这种情况下的本量利分析可以从以下角度进行考虑。

首先，如果在物流成本的核算中可以按照不同的服务分别进行固定成本和变动成本的核算，那么就可以分别按照单项物流服务的本量利分析原理进行分析了。

其次，如果物流系统提供的多种服务中有一种是主要服务，它所提供的边际贡献占整个物流系统的边际贡献比例很大，而其他服务项目所提供的边际贡献很小或者发展余地不大，则可以按照主要服务的有关资料进行本量利分析。

如果各种服务在物流系统中都占有相当大的比例，且没有分项目进行物流成本的核算，根据前面的分析，可以知道无法进行保本点业务量和保利点业务量的计算，而只能计算保本点和保利点的营业收入。其计算公式分别为：

$$保本点营业收入 = \frac{固定成本总额}{综合边际贡献率}$$

$$保利点营业收入 = \frac{固定成本总额 + 目标利润}{综合边际贡献率}$$

$$安全边际率 = \frac{安全边际额}{实际或预计营业收入}$$

应当指出的是，在本量利分析的实际应用中，应该结合企业实际需求以及物流成本核算基础工作的完成情况来考虑。物流成本的核算是进行本量利分析的前提，离开了物流成本的核算，本量利分析就成了一句空话，而结合实际需要进行本量利分析可以使该项工作发挥更大的效用。例如，如果物流企业针对大客户提供多项物流服务，则可以按照不同的客户进行本量利分析，这可以为物流企业的客户关系管理提供非常有用的信息。

五、物流系统本量利分析案例

某医药分销企业坐落在上海，目前年销售额为 30 亿元，其业务范围主要是向上海市内及周边县市的医院、医药分销商店销售各种药品。公司的物流业务由下属的一个有独立法人资格的物流公司负责，该物流公司目前在上海市内有一个配送中心。但是由于总公司销售业务规模的不断扩大，现有的配送中心已经不能适应物流业务发展的需求，于是公司希望建设一个新的物流中心，以适应不断发展的业务需求，同时也可以改善配送中心的环境，利用新型的物流设施设备来提高物流服务水平和物流管理水平。于是，公司请某物流咨询公司进行了项目的可行性研究，下面是可行性研究报告中关于财务分析的部分内容摘选。

1. 项目总投资概算

项目总投资概算如表 5-15 所示。

表 5-15　总投资概算

序号	项目	投资（万元）	备注
1	土地使用权	1 050	
2	土建设施	1 903	
3	物流中心设备	2 376	
4	计算机管理控制系统	607	
5	公用工程设施	216	
6	流动资金投资	500	
总计		6 652	

2. 项目建成后的收入估算

项目建成后，将有效地促进公司业务量的增长和物流成本的节约。表 5-16 是对物流中心建成后的出货业务量预测情况，该预测是建立在公司对未来业务发展预测的基础上的。

表 5-16　物流中心出货业务量预测　　　　　　　　　　　　　单位：万元

年份	自营业务出货量	第三方物流服务出货量	总出货量估计
2015	234 000		234 000
2016	269 100		269 100
2017	309 465		309 465
2018	355 885	80 000	435 885
2019	409 267	160 000	569 267
2020	470 658	320 000	790 658
2021	541 256	510 000	1 051 256

按照规划，物流中心将在 2017 年建成，2018 年正式投入运营。物流中心的物流服务收入主要是依据表 5-15 出货业务量的预测，假设其中零售部分的物流服务收费标准为出货业务量的 2%，批发部分的物流服务收费标准为出货业务量的 0.5%。另外，考虑到物流公司的现有场地出租收入，对 2018 年以后物流中心建成后的收入总计预测如表 5-17 所示（考虑到所投资固定资产的综合折旧问题，假定本项目的寿命期为 15 年，即从 2018 年到 2032 年）。

表 5-17　物流服务业务收入预测　　　　　　　　　　　　　单位：万元

年份	总出货量估计 (1)	商业批发出货业务量 (2)=(1)×99.2%	商业批发物流服务业务收入 (3)=(2)×0.5%	商业零售出货业务量 (4)=(1)×0.8%	商业零售物流服务业务收入 (5)=(4)×2%	原有场地出租收入 (6)	营业收入总计预测 (7)=(3)+(5)+(6)
2018	435 885	432 397.92	2 161.99	3 487.08	69.74	100	2 331.73
2019	569 267	564 712.86	2 823.56	4 554.14	91.08	100	3 014.64
2020	790 658	784 332.74	3 921.66	6 325.26	126.51	100	4 148.17
2021	1 051 256	1 042 845.95	5 214.23	8 410.05	168.20	100	5 482.43

3. 运营成本与费用估算

（1）固定资产折旧

项目的总投资额测算为 6 652 万元，其中，流动资金为 500 万元，其余投资为 6 152 万元。采用综合折旧法，综合折旧年限为 15 年。固定资产残值按固定资产的 5% 计算，为 307.6 万元，则可以计算每年的折旧额为 389.63 万元。

（2）人员工资与福利费

物流中心定员93人，工资、福利费、社会保险费合计每年支出311.55万元。

（3）其他固定成本与费用

其他固定成本与费用包括固定资产保险和修理费、通信费用、网络专用线使用费、土地使用税、房产税、水电费用等共计423.04万元。

以上三项固定成本合计1 124.22万元。

（4）营业税金及附加

营业税金及附加包括营业税、城建税和教育费附加，共计为营业收入的3.3%，2021年达产后的年营业税金及附加计算为180.92万元。

（5）其他变动成本与费用

物流中心业务运营的变动成本与费用包括装卸费、燃油费、车船使用税、维护修理费、运输费、路桥费以及其他变动管理费用、营业费用、广告费用等。按照物流运营的一般规律，假定变动成本率为40%，则达产后的年变动成本总额为2 192.97万元。

4. 项目经济效益评价指标

基于上述预测数据，计算该项目的经济效益评价指标如下（贴现率按6.4%计）：

- 净现值(NPV)=5 642.39万元
- 内部收益率(IRR) = 15.96%
- 静态投资回收期=5.54年
- 投资报酬率=16.73%
- 动态投资回收期=6.98年

5. 项目风险与盈亏平衡分析

在本项目中，由于物流中心的建设主要是为本公司自身业务服务的，因此，本项目建成后的风险主要来自公司的业务发展。根据目前的发展趋势，前面关于业务量的预测是可以实现的。从这个角度看，该项目的风险相对较小。

项目完工投产达到设计能力后，物流公司每年可实现物流服务营业收入5 482.43万元，净利润1 289.30万元。按照前面关于固定成本和变动成本的分析，可以对该项目进行盈亏平衡分析，如图5-6所示。

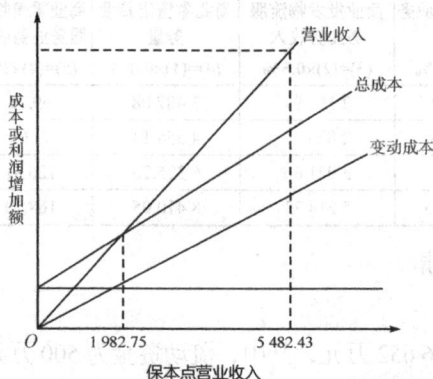

图5-6 项目盈亏平衡分析（万元）

从图 5-6 中可以看出，项目投产后的保本点营业收入为 1 982.75 万元，项目安全边际率达到 63.834%。也就是说，项目完成后，物流中心的出货量能达到 39.66 亿元以上，就可以达到该物流中心建设项目的盈亏平衡。

读一读：本量利分析在运输型第三方物流企业的应用

6. 项目财务可行性评价结论

从上述经济分析可以看出，在计算期内，本项目全部投资的财务净现值为 5 642.39 万元，内部收益率为 15.96%，静态投资回收期为 5.54 年，平均投资报酬率为 16.73%，财务指标较好，因此，项目在财务上是可行的。另外，从盈亏平衡分析来看，该项目的安全边际率达到 63.834%，风险相对也不大。

本章习题

一、名词解释

1. 成本性态
2. 变动成本
3. 固定成本
4. 本量利分析
5. 安全边际

二、简答题

1. 物流成本核算、物流成本分析与物流成本控制之间是什么关系？
2. 企业物流成本评价的一般步骤是什么？
3. 简述企业物流成本比较分析法的分析对象。
4. 物流成本结构分析的基本思路是什么？
5. 简述企业物流成本增减变动与趋势分析的基本思路。
6. 什么是固定成本和变动成本？各有什么特点？请列举物流成本中比较常见的固定成本和变动成本项目。
7. 混合成本的分解方法有哪些？
8. 如何计算物流系统的保本点和保利点？你觉得企业在运用本量利分析方法的过程中可能遇到哪些困难？
9. 如何利用安全边际和营业杠杆来衡量企业的经营风险？

三、案例分析

根据表 5-18 中提供的数据运用本量利分析法为水果店老板提出经营建议。

表 5-18　分店 A 水果店销售—成本一览表

时间	销售额（元）	销售量（元）	当月总成本（元）	平均销售单价（元）
2009 年 05 月	253 180	17 633	267 991	14.36
2009 年 06 月	414 493	31 161	420 810	13.30
2009 年 07 月	491 634	44 260	448 316	11.11
2009 年 08 月	195 205	16 695	270 059	11.69
2009 年 09 月	223 867	18 119	264 623	12.36
2009 年 10 月	252 321	18 357	290 757	13.75
2009 年 11 月	410 148	28 331	390 964	14.41
2009 年 12 月	362 314	27 282	366 462	13.28
2010 年 01 月	465 125	41 282	445 626	11.27
2010 年 02 月	340 431	27 038	349 188	12.59
2010 年 03 月	286 612	22 617	318 992	12.67
2010 年 04 月	316 830	23 914	354 481	13.25
2010 年 05 月	296 036	22 654	353 175	13.09
2010 年 06 月	614 974	53 824	549 626	11.43
2010 年 07 月	423 878	41 248	423 611	10.28
2010 年 08 月	263 021	21 067	323 688	12.48
2010 年 09 月	231 942	14 256	294 131	16.27
2010 年 10 月	259 518	20 287	303 664	12.79
2010 年 11 月	524 380	42 049	475 091	12.47
2010 年 12 月	425 910	37 603	416 903	11.33

第六章

物流责任会计与物流成本预算管理

【学习目标】

了解物流责任会计的内容；了解物流责任中心划分及其成本管理；了解物流成本预算的编制内容与基本方法；理解弹性预算在物流成本管理中的应用。

案例 6.1

某区域性大型医药分销企业年销售额超过 20 亿元，业务范围主要集中在北京市及周边县市，原来公司的物流配送业务是由物流部负责的。公司在北京市郊五元桥附近设有一个配送中心，业务部门接到的订单被传送到配送中心，由物流部负责按照订单要求将货物配送到客户手中。

为了加强物流部门的经营意识，也适应市场商流与物流分离的趋势，公司将原有的物流部门与配送中心独立出来，成立了一个具有独立法人资格的物流公司，继续为该分销公司（母公司）提供物流服务。分销公司按照流转货值的 0.5%付给物流公司物流成本，这也构成物流公司的收入来源，物流公司收入的多少取决于分销公司的销售业务量。由于分销公司的业务量较大，物流公司没有精力再对外提供额外的物流服务。物流公司是独立的法人，因此，要独立向外提供财务报告，也要独立地核算会计利润，并缴纳所得税。

启发思考

基于以上资料，请考虑下列问题。

（1）在物流部门独立以前，如何进行物流部门的财务绩效考核？

（2）在成立独立的物流公司之后，如何对物流公司的经营绩效进行考核？

（1）在回答上述两个问题时，请特别考虑物流公司独立后，物流公司经理能不能控制整个公司的收入。同时，物流公司的所有成本费用对于物流公司经理来说都是可控成本吗？如果不是，那么物流公司经理能控制自身的利润水平吗？显然，由于该物流公司的收入都是来自于母公司的物流服务，因此，物流公司的经理通过自己的努力并不能提高公司的收入水平，从而母公司在对其进行绩效考核时，显然不能考核其收入水平。因此，即使物流部门独立成立了物流公司，对外需要提供报表，也对外独立报税，但是，从内部的绩效考核上，其实，该物流公司还不能作为真正意义上的利润中心，而作为成本中心进行考核更加合理。

（2）试想，如果母公司对该物流公司实施利润中心管理，就要对其实现的利润额进行考核。到每年 9 月、10 月的时候，如果母公司的销售收入实现情况很好，则物流公司必然可以得到很多的收入，则对于物流公司的经理来说，实现预算的利润额就会很轻松；相反，如果母公司的销售收入实现很不好，则物流公司的收入会降低很多，从而预算的利润额可能就无法实现了。在这种情况下，物流公司的经理会认为预算利润的未实现是由于母公司收入降低而引起，而不能从自身的角度来挖掘物流公司的成本节约潜力。从这样的角度看，用利润中心对该物流公司或物流部门进行管理是不合适的。

（3）事实上，对于该物流公司的经理来说，不用考核其收入的实现问题。对他的考核，应该从两个方面展开：第一，保证物流服务水平能满足客户要求；第二，尽可能地降低物流成本。因此，应该从客户服务水平和物流成本两个角度确定考核指标体系，作为成本中心对该物流公司进行内部的绩效考核更为合理。

从绩效考核的角度来说，考核的指标应该是被考核单位负责人能够控制的，如果被考核人通过自身的努力没法改变考核指标值的大小，则考核指标没有任何意义，且会起到消极的作用。

第一节　实施物流责任会计的工作内容

在企业组织内部，高层管理者往往通过制定预算或编制计划等方式，对下级责任者设定财务绩效标准，然后进行绩效计量，据以反映实际执行情况，对之做出绩效评价。

物流财务绩效评价是以对物流活动实施分权管理为基础，将企业整个物流过程划分为各种不同形式的责任中心，对每个责任中心明确其权责及其财务绩效计量和评估方式，特别是物流成本的计量与评估方式，建立起一种以责任中心为主体，责、权、利相统一的机制，通过信息的积累、加工、反馈而形成的物流系统内部的一种严密控制系统。

一、责任会计实施的基础工作

企业要进行物流财务绩效评价，必须完善一系列基础工作，包括责任中心的划分、绩效评价指标的确定、内部转移价格的合理确定、绩效报告的编制和报告制度以及奖惩制度的设定等。

1. 合理划分责任中心，明确规定责权范围

实施物流财务绩效评价制度，首先要按照分工明确、责任分明、成绩便于考核的原则，合理划分物流责任中心；其次，必须依据各个物流责任中心的特点，明确规定其责权范围，使每个物流责任中心在其权限范围内，独立自主地履行其职责。

2. 定期编制责任预算，明确各物流责任中心的考核标准

在明确责任中心及其责权范围之后，应定期编制责任预算，使物流活动的总体目标按各物流责任中心进行分解、落实和具体化，并以此作为它们开展日常物流经营活动的准则和评估其工作成果的基本标准。

绩效考核标准应当具有时控性、可计量性和协调性等特征，即其考核内容只应为物流责任中心能够控制的因素。考核指标的实际执行情况，要能比较准确地计量和报告，并能使各个物流责任中心在完成物流活动总目标的过程中，明确各自的目标和任务，以实现局部与整体的统一。

3. 区分各个物流责任中心的可控与不可控成本

对各个物流责任中心工作成果的评估与考核，应仅限于能为其工作好坏所影响的可控项目，

不能把不应由它负责的不可控项目列为考核项目。为此，要对企业所发生的每项物流成本判别责任归属，分别落实到各个物流责任中心，并根据可控费用来科学地评估各物流责任中心的成绩。这里不可控成本是指在特定时期内，特定责任中心不能够直接控制其发生的成本。不可控成本不能列入责任中心的成本考核范围。

4. 建立健全的物流责任记录、报告系统

要建立一套完整的物流责任日常记录制度，建立计量和考核有关责任预算执行情况的信息系统，以便为计量和考核各物流责任中心的实际经营绩效提供可靠的依据，并能对各物流责任中心的实际工作绩效起反馈作用。一个良好的报告系统，应当具有相关性、适时性和准确性等特征，即报告的内容要能适应各级管理人员的不同需要，只列示其可控范围内的有关信息；报告的时间要适合报告使用者的需要；报告的信息要有足够的准确性，保证评估和考核的正确合理性。

5. 制定合理而有效的奖惩制度

要求对每个物流责任中心制定一套既完整又合理有效的奖惩制度，根据其实际工作成果的好坏进行奖惩，做到功过分明，奖惩有据。奖惩制度及其执行包括以下内容。

（1）奖惩制度必须结合各物流责任中心的预算责任目标制定，体现公平、合理、有效的原则。

（2）要形成严格的考评机制，包括建立考评机构、确定考评程序、审查考评数据、依照制度进行考评和执行考评结果。

（3）要把过程考核与结果考核结合起来，即把即时奖惩与期间奖惩结合起来。

二、物流责任会计的实施内容

物流责任会计就是根据不同级别的物流管理人员和管理部门应负的责任，收集、汇总和报告其有关的会计资料的一种会计制度。它是物流管理制度的一个组成部分，也是物流系统成本控制的有效手段。

物流责任会计首先要明确物流责任中心的划分，然后以各个物流责任中心为对象，收集和报告它们的计划数据和执行过程中的实际数据，并加以控制、分析和评估其成就，以促使物流的计划和控制不断地相互作用。物流责任会计的基本内容包括以下几个方面。

1. 事前编制责任预算或责任成本预算

这是将物流系统的总预算（或物流成本总预算）按各责任中心分别落实编制的一种预算，其目的是使各物流责任中心的负责人了解其在预算过程中所应完成的任务和应控制的事项。

2. 事中进行日常控制和核算

在责任预算的执行过程中，对各层次日常业务进行控制，及时予以纠正，保证预算的实现。同时，进行日常的成本统计核算。

3. 事后进行绩效考核

责任预算执行完毕后，客观考核各责任中心的工作成果，并编制预算报告。

因此，建立物流责任会计就是要通过各个责任层次去监督控制内部物流活动，并将物流活

动组成一个有机的整体，使各个部门和环节为实现物流系统总目标担负起各自应负的责任，完成各自的任务，同时通过各物流责任中心的信息反馈，使物流系统决策部门随时掌握情况，及时发现问题和解决问题，降低物流成本，提高物流系统效益。

第二节　物流责任中心的划分及其成本管理

一、物流责任中心的划分

所谓物流责任中心，是指由一个主管人员负责，承担着规定责任并具有相应权利的内部物流单位。作为物流活动中心，必须有十分明确的、由其控制的物流活动范围。

企业物流责任中心通常可分为三大类：物流成本（费用）中心、物流利润中心和物流投资中心。这里以一个物流公司为例，说明物流责任中心的确定，如图6-1所示。

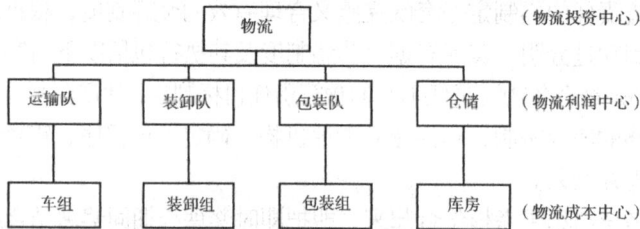

图6-1　物流责任中心的划分

1. 物流成本（费用）中心

物流成本中心也称物流费用中心，是指对物流成本进行归集、分配，对物流成本能加以控制、考核的责任单位，亦即对物流成本具有可控性的责任单位。这里的"可控性"，是与具体的责任中心相联系的，而不是某一个成本项目所固有的性质。物流成本中心的成本项目一般可分为直接成本和间接成本两种，前者是可以直接计入物流成本的成本项目；后者则是需要通过一定的方法、根据一定的标准分配后才能计入物流成本。一般来说，直接成本是变动的、可控制的，间接成本是固定的、不可控制的。但并非所有直接成本都是变动的、可控制的。例如，运输队各车组的折旧费是车组的直接成本和固定成本（在直线折旧法下），但却不是可控制成本，因为该车组及其上属运输队无权决定购入或出售车辆，无法控制车辆折旧的发生。又如，仓库保管人员的工资是直接的、可控制的，但却不是变动的。

此外，应予以注意的是，可控制成本与不可控制成本在一定条件下是可以互相转化的，二者的划分并不是绝对的。例如，材料仓库若将材料仓储费按比例分配给其他责任中心，那么对被分摊责任中心来说仓储费是一种不可控制成本，因为它们无法控制仓储费的多少。如果按各责任中心领用材料、按价值多少收取仓储费，那么对各责任中心来说仓储费则是可控制成本，因为多领材料、领用高档材料要多负担仓储费，反之则少负担仓储费。这就促使各责任中心努力降低材料消耗，在保证物流质量的前提下，降低物流成本。

由此可见，物流成本按可控性所进行的分类，对于控制成本中心的物流成本、考核成本中心的工作绩效是十分重要的。可控制成本对成本中心来说是相关成本，进行成本决策时必须予以考虑；不可控成本则是无关成本，可以忽略不计，这也是编制成本中心责任预算时必须注意的。

2. 物流利润中心

物流利润中心是指既负责物流收入，又负责物流支出，并负责管理一定数量资产的物流责任单位，亦即对物流收入、成本的发生都能加以控制的责任单位。作为物流利润中心，其领导者必须具有控制物流服务价格、物流业务和所有相关费用的权力。

物流利润中心可分为两类：一是实际物流利润中心，二是内部人为物流利润中心。前者是能直接对外发生经济往来，在银行独立开户的相对独立的责任单位，其成本和收入都是实实在在的。后者是在企业内部各部门之间提供物流服务，其收入按内部转移价格结算，物流成本按其实际发生额转移，因而其收支都是虚构的。近几年来，我国企业内部经济责任制已取得很大成绩，在企业内部和物流系统内部结算以及内部利润核算上获得了许多有益的经验，并日臻完善，所有这些为物流利润中心的确定打下了坚实的基础。

3. 物流投资中心

物流投资中心是指既负责收入、成本，又负责投资的物流责任单位，它不但要计算利润，还要计算投资回报率。在上例中，可以将物流公司作为投资中心，通过转让给运输队、装卸队、包装队和仓储部门的房屋、设备、存货的价值和各自所提供的利润，考核其投资回报率。

二、物流责任中心的成本管理

（一）物流成本（费用）中心的成本管理

对于一个物流系统来说，可以划分成几个物流成本（费用）中心。物流成本中心可以是货主企业的整个物流系统，可以是物流系统中的每个部门（仓储部门、运输部门、行政管理部门等），也可以进一步划分成物流作业班组，甚至是每个作业人员。通过将物流成本总预算按照每个成本费用中心的一步步细化，并明确责任，使得每个责任中心和责任人员明确自身的成本管理职责，并对其进行相应的绩效考核。从这样的角度看，物流成本费用中心的责任会计管理又是预算管理的一部分，其不同之处在于以下两个方面。

（1）物流责任成本管理更注重于各级责任中心的预算和考核，更加强调责任人和责任中心，它是按照各级责任成本中心进行层层的预算细化管理。

（2）物流成本费用中心管理所分析和考核的是各责任中心的可控成本，对于责任中心无法控制的成本，不进行预算和考核，或者进行单独的预算与管理。

（二）物流利润中心的成本管理

物流利润中心不仅要考核责任中心的成本，还需要考核其收入。对于物流系统内部的某个部门来说，本来可能是一个成本中心，通过内部结算价格的确定，将其确定为一个内部人为利润中心，这对于责任中心的成本控制来说也具有一定的促进作用。这样做可以提高每个部门的经营意识，了解物流成本的节约对自己部门绩效的重要性，从而促使它们改善自己的管理和物流技术，降低自身的物流成本。

1. 应注意解决的问题

在利用人为利润中心管理来进行物流成本控制的过程中，应注意解决以下几个问题。

（1）对于几个责任中心共同负担的费用，应根据一定标准，按照谁受益谁负担，受益多的多负担，受益少的少负担的原则分配。一定要避免由于共同费用分配不合理而挫伤各个责任中心的积极性。

（2）内部转移价格的制定要合理。这是合理评估各物流责任中心工作成绩，促进各单位努力提高物流效率、降低物流成本的重要保证。合理确定内部结算价格是加强物流系统内部资金、成本、利润管理的有效措施，是客观评估各利润中心工作成绩的重要手段。

2. 物流内部结算价格的确定

物流内部结算价格是指运输、装卸、包装、仓储等人为利润中心之间相互提供物流业务的结算价格。内部结算价格一般可分为成本定价和利润定价两大类。

（1）成本定价法是依据实际成本或标准成本来制定内部转移价格。一般可以以标准成本进行定价，因为实际成本定价下供方可能向需方转嫁不利成本差异，不利于分清责任。而按标准成本定价则可以克服这一缺陷，但它不符合利润中心要考核收益、评定利润的要求。

（2）利润定价法是各利润中心之间结转物流业务时除成本外，还要加上一定的利润结算。其中成本加成定价是最常见的一种，它是指在标准成本基础上加上一定比例的利润确定转移价格。另外，也可以参考市场价格来制定内部转移价格。

3. 责任会计的作用

责任会计是在企业实行分权管理体制后，以企业内部责任单位为主体，以提高经济效益、降低成本、保证企业计划顺利落实为目的，以各责任单位（或个人）的经济责任为对象，利用价值形式并采用专门的会计方法对各责任单位的行为及结果进行核算、考核与评估的会计。成本是由费用的发生额决定的，而费用发生额是由其各自的发生源经济活动决定的，对责任单位的控制就是控制费用的发生源。通过物流责任会计核算与管理，一方面可以使物流成本能够显现出来，另一方面也可以加强物流成本的控制与管理。物流责任会计为管理物流成本提供了理论基础和有效的运作方法。

三、物流目标成本管理

目标成本管理是一种现代成本管理方法，同样适用于物流成本控制。

（一）物流责任目标成本的测算

在进行物流责任目标成本管理时，首先需要测算物流责任目标成本。物流责任目标成本的测算包括两个方面，即物流总目标成本测算和物流单项目标成本测算。

1．物流总目标成本测算

物流目标成本等于服务收入与目标利润的差，只要测算出物流目标利润，物流目标成本也随之确定。预计物流目标利润的方法有目标利润率法和上年利润基数法。

（1）目标利润率法。目标利润率法是使用经营相同或相似业务的物流企业的平均报酬率来预计本企业利润。计算公式如下：

$$目标利润=预计服务收入×同类企业平均服务利润率$$

$$或\qquad 目标利润=本企业净资产×同类企业平均净资产利润率$$

$$或\qquad 目标利润=本企业总资产×同类企业平均资产利润率$$

（2）上年利润基数法。本年利润是上年利润的延续，但随着竞争环境的改变和企业自身的进步，管理层会提出利润增长率的要求。计算公式为

$$目标利润=上年利润×利润增长率$$

这样测算出的目标成本只是初步的设想，在物流目标成本制定过程中，需要不断进行修正。

2．物流单项目标成本测算

测算各项服务或作业的目标成本时，可按以下方法进行。

（1）倒扣法。倒扣法是根据调查确定的客户或服务对象可接受的单位价格，扣除企业预期达到的单位服务目标利润和预计单位服务税金以及预计单位服务期间费用倒算出单位服务目标成本的方法。倒扣法用公式表示为

$$物流单位服务目标成本=预计单价-单位服务目标利润-预计单位服务税金-$$
$$预计单位服务期间费用$$

（2）比价测算法。比价测算法是将新服务或作业与原来相似的服务或作业进行对比，对于与原来一样的环节，按原成本指标测定；对新的不同环节，按新材料标准成本、作业工时标准等加以估算测定。

与物流总目标成本一样，物流单项目标成本的测算也需不断修正。

目标成本测算是进行目标成本控制的基础，物流目标成本测算的准确与否，关系着物流目标成本控制的好坏。

（二）物流责任目标成本管理的步骤

制定物流责任目标成本的步骤如下。

（1）设置物流总目标成本。最高管理层结合企业发展战略和企业的实际情况，制定计划期要实现的物流服务利润，确定物流成本总目标。这个总目标要分解到各级责任中心，直到最基层。

（2）明确物流责任中心的成本责任。对每个目标和子目标，根据物流组织结构要求，建立责任中心，明确其应完成的任务和应承担的责任与应享有的权利。

（3）设置下级物流目标成本。根据物流资金、人力等资源情况，上下级协商、合作，拟定考核下级的目标成本。在这个过程中，可能需要修订总目标成本。

（4）研究物流目标成本可行性。物流目标成本的制定不可能一次就成功，需要对初步设置的物流目标成本进行分析、判断，对不可行目标成本还要从最高层开始重新制定，直到可行为

止。在反复循环的过程中，使物流目标成本得以完善。

（5）分解物流目标成本。对物流目标成本的分解，需从三方面进行：第一，将物流目标成本分解为材料费用目标、人工费用目标等；第二，将物流目标成本分解到各级具体责任中心或责任人；第三，将物流目标成本分解为年度目标成本、季度目标成本、月度目标成本等。

读一读：物流企业责任会计探讨

物流责任目标成本的分解也需要循环，不断修订。物流目标成本控制是责任成本控制与目标管理的有机结合，能及时反映实际物流成本与物流目标成本的偏差，以便采取有效措施加以纠正。

第三节　物流成本预算的编制内容与基本方法

一、编制物流成本预算的作用

物流成本预算作为物流系统成本计划的数量反映，是控制物流活动的重要依据和考核物流部门的绩效标准。它有如下作用。

1. 预测成本未来

物流成本计划是以物流成本预算为基础的，而物流成本预算是根据对未来期间的物流成本进行预测而编制的。在确定物流成本预算之前，需要根据历史数据，并通过各种调查或运用适当的统计和数学方法，预测物流活动各个环节所发生的各项成本。做好物流成本预算可以在掌握物流成本现状、预计物流成本未来上有充分的主动性，从而便于物流计划的准确可靠、物流成本的绩效考核和物流成本的降低。

2. 建立成本目标

物流成本预算是物流成本计划的定量反映，明确建立和显示物流系统所要实现的近期成本目标。通过总的物流成本预算，以及按照一定的对象进行分解后的物流成本预算，各级物流运营主体可对自身的成本管理和控制目标非常明确，从而使他们能够在此基础上不断控制成本，同心协力完成物流系统的总体成本目标。

3. 绩效评估与成本控制

经确定的各项成本预算数据，可以作为评估物流工作完成任务情况的一种尺度。对各物流部门及其主管的成本控制绩效，一般都以成本预算为标准进行衡量、评估。若发现成本差异，就要采取适当措施进行控制，使之尽量符合预算。

总之，通过物流成本预算可以比较及时和准确地预测物流成本的未来信息，从而使物流成本管理工作能够有明确的方向；通过物流成本预算又可以明确各种物流成本控制目标，使每个物流部门、物流运营者为各自的成本控制目标而努力，有利于发挥各部门和个人的积极性、主动性和创造性；通过物流成本预算来为评估物流成本控制绩效提供标准，只有通过评估和比较才能发现差异，修正方案，进而使物流部门和物流运营者能够按科学的计划去开展物流业务，降低物流成本。

二、物流成本预算编制的内容

物流成本的预算应根据物流系统成本控制与绩效考核的需要，分解到各个部门、各个物流功能、各物流成本项目等，并在日常的成本核算过程中分别实施对这些形式的物流成本的核算，以便有利于比较物流成本预算与实际物流成本发生额之间的差异，达到预算管理的目的。因此，物流成本预算的编制内容与物流成本的核算内容基本类似。

如前所述，物流成本可按各种不同的划分标准进行分类核算。与此相适应，物流成本预算也可以按照各种不同的标准进行编制。例如，按照某种物流功能（如包装、运输、储存等）编制；按照每个物流部门（如仓库、运输队、装配车间等部门）进行编制；按照每个服务客户编制；按照每个产品编制；按照物流流程（如供应、生产、销售、退货等）进行编制；按照每个物流成本项目（如材料费、人工费、燃料费、办公费、维护费、利息费、折旧费等）进行编制；按照某一物流设备和工具进行编制等。在每一种形式的物流成本预算中，还可以按照更细的项目对预算进行进一步细化。图 6-2 反映了物流成本预算的细化编制内容。

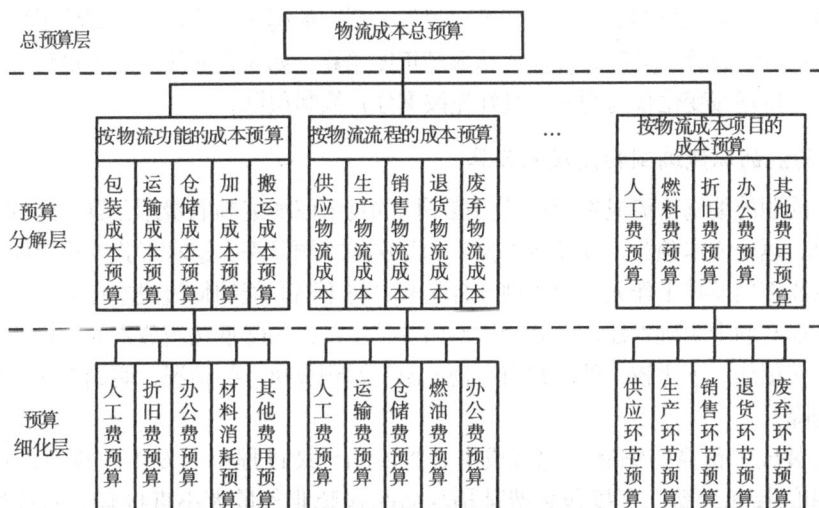

图 6-2　物流成本预算的细化编制内容

三、物流成本预算的编制方法

一般来说，物流成本预算的编制对象取决于物流系统绩效考核形式以及物流成本的核算形式。这里介绍几种物流成本预算的编制方法。

1. 按物流流程进行物流成本预算

按物流流程进行物流成本预算是指按照物流系统的流程进行物流成本预算的编制。这种预算规划出计划期内各物流领域中的物流成本支出数目，从而作为各领域的物流运营者降低物流成本的目标。以制造企业物流系统为例，它可以包括供应物流成本预算、生产物流成本预算、销售物流成本预算、退货物流成本预算和废弃物流成本预算等内容。

例如，可以以上年的物流成本统计数据为基础，考虑到物流作业量的变化以及成本的控制节约目标，制定新一年各物流流程的物流成本，如表 6-1 所示。

表 6-1　按物流流程的物流成本预算　　　　　　　　　　单位：万元

成本项目	上年实际数	预计增减比率（%）	本年预算金额
供应物流成本	100	10	110
生产物流成本	150		150
销售物流成本	200	−5	190
退货物流成本	10	−40	6
废弃物流成本	20	−10	18
总计	480		474

在上述物流成本预算中，应注意几个问题：首先是预计增减比率的确定。该增减比率要考虑到物流业务量的变化，一般来讲，当业务量预计增加时，物流成本预算也会有所增加；同时又要考虑物流成本控制和降低的因素。因此，预计增减比率的确定是一个关键因素。其次是对于每一项物流成本预算，应采用一定的技术方法对其进行细化，例如，将供应物流成本预算细化为材料费、人工费、折旧费、办公费等。另外，不同流程的物流成本预算除了可按年度编制以外，也可按季、月分别编制，然后汇总编制年度预算。如果企业物流业务量较大，且不同月份的物流业务量增减变化较为明显，最好先按季分月编制预算。

2. 按物流的职能编制物流成本预算

按物流的职能编制物流成本预算是指按不同的物流职能编制的费用预算。这种预算包括包装成本预算、运输成本预算、仓储成本预算和配送成本预算等。这种形式的物流成本预算能够将预算同物流部门及其工作人员有机地结合起来，将不同职能的物流成本指标落实到具体的物流部门，从而有利于明确责任，提高物流部门及其工作人员降低物流成本的积极性。这时，只要将预算与实绩作一下比较，就能知道各物流部门对预算执行的情况，明确责任，从而有利于物流成本的降低。

（1）包装成本预算的编制。包装成本是指商品包装过程中所发生的费用，它可分为直接包装费和间接包装费。直接包装费是指与商品包装业务量大小直接有关的各种费用，包括直接材料费、直接人工费和直接经费。间接包装费是指与各种商品包装有关的共同费用，它是由间接材料费、间接人工费和间接经费组成的。由于直接包装费随包装件数的增减而成比例增减，因此，直接包装费一般属于变动费用。相反，间接包装费则属于固定费用，但也有一部分间接包装费是半变动费用，如电费、煤气费、水费等。在编制某类商品的包装成本预算时，直接包装费可按商品的包装件数乘以该商品每件的直接包装费计算确定。间接包装费可用企业间接包装费总额按一定的分摊标准计算出一个分配比率，然后分别乘上各种商品的分配标准数（如包装的件数，包装商品的产值、销售收入等）以确定某种商品的间接包装费。

（2）运输成本预算的编制。运输成本包括营业运输费和自家运输费两个部分。营业运输费是指利用营业性运输工具进行运输所支付的费用；自家运输费则是用自备运输工具进行运输所发生的费用。这两种费用的支付对象、支付形式及项目构成都有较大的差别，因而，必须区别对待，分别编制预算。

首先看营业运输费预算的编制。在进行营业运输时，其运输费是直接以劳务费的形式支付给承运单位（运输企业）的。营业运输费实质上是一种完全的变动费用，这种运输费的编制是很简单的。如果企业采用汽车运输，运输费可按汽车标准运费率乘以运输吨千米数计算确定；如果采用火车运输，运输费可按铁路标准运费率乘以运输吨千米数计算确定；水路、航空运输，以次类推。

自家运输费的发生情况比较复杂，有随运输业务量增减而成比例增减的变动运输费，如燃料费、维修费、轮胎费等；也有不随运输业务量成比例变化的固定运输费，如运输工具的折旧费、保险费、养路费等。因此，为了有效地实施预算控制，需要在编制运输费之前，首先区分变动运输费和固定运输费。

（3）仓储成本预算的编制。仓储成本预算也是物流成本预算的重要组成部分。根据所使用的仓库是否归本企业所有，又可将仓储形式分为自家仓储和营业仓储。由于自家仓储与营业仓储所支付的费用形式与内容都有很大的差别，不可等同对待，所以在编制仓储费预算时，也要分别编制营业仓储费预算和自家仓储费预算。

如果使用营业性仓储设备储存保管商品的话，只需向仓储企业支付一笔保管费，对于委托仓储的单位来说，所支付的仓储费就是保管费。保管费的大小，往往因储存商品的价值大小、保管条件的好坏以及仓库网点所处的地理位置而有所不同。

自家仓储费预算的编制较营业仓储费预算的编制复杂，这是因为自家仓储费所包括的内容比营业仓储费多，计算起来也比较麻烦。为编制自家仓储费的预算，首先也要区分变动仓储费和固定仓储费。一般来说，属于变动仓储费的有转库搬运费、检验费、挑选整理费、临时工人工资及福利费、库存物资损耗等。属于固定仓储费的有仓储设备折旧费、维修费、管理人员的工资及福利费、保险费、其他费用（如水费，电费，煤气费）等。

自家仓储费的预算可按月、季和年度编制。不论是月度、季度，还是年度预算，费用的计算方法基本相同，可根据上年统计数据在预算期的变化因素进行计算，然后编成预算表。

3. 按物流成本项目编制物流成本预算

物流成本项目包括物流人员工资、燃料费、租金、折旧费、材料费、修缮费以及各种杂费等。以这种形式编制的物流成本预算，与现行的财务会计核算系统接轨，从而有利于评价分析一定时期内物流系统的成本财务状况；但是这种编制方式却不利于物流系统的管理。

第四节　弹性预算在物流成本管理中的应用及案例分析

一、弹性预算的基本原理

（一）弹性预算的概念

弹性预算也称为变动预算或滑动预算，它是相对于固定预算而言的一种预算。编制预算的传统方法是固定预算法，即根据固定业务量水平（如产量、运输量、销售量等）编制出的预算。这种预算的主要缺陷是：当实际发生的业务量与预期的业务量有较大偏差时，各项变动成本的实际发生数与预算数之间就失去了比较的基础。在市场形势多变的情况下，这种偏差出现的可能性极大，因而将导致固定预算失去应有的作用。

为了弥补按传统方法编制预算所造成的缺憾，保证实际数同预算数的可比性，就必须根据实际业务量的变动对原预算数进行调整，于是就产生了弹性预算。

所谓弹性预算，是指在编制成本预算时，预先估计到计划期内业务量可能发生的变动，编制出一套能适应多种业务量的成本预算，以便分别反映在各业务量的情况下所应支出成本水平的一种预算。由于这种预算随着业务量的变化而变化，本身具有弹性，因此称为弹性预算。

（二）弹性预算的基本原理

弹性预算的基本原理是：把成本按成本性态分为变动成本与固定成本两大部分。由于固定成本在其相关范围内，其总额一般不随业务量的增减而变动，因此在按照实际业务量对预算进行调整时，只需调整变动成本即可。变动成本的计算公式为

$$Y=a+bX$$

式中：Y——变动成本总额（元）；

a——固定成本总额（元）；

b——单位变动成本（元/单位业务量）；

X——计划业务量（单位业务量）。

（三）弹性预算的特点

弹性预算具有下述特点。

（1）弹性预算可根据各种不同的业务量水平进行编制，也可随时按实际业务量进行调整，具有伸缩性。

（2）弹性预算的编制是以成本可划分为变动成本与固定成本为前提的。

弹性预算由于可根据不同业务量进行事先编制或根据实际业务量进行事后调整，因此具有适用范围广的优点，增强了预算对生产经营变动情况的适应性。只要各项消耗标准价格等编制预算的依据不变，弹性预算就可以连续地使用下去，而不用每期都重新编制成本预算。由于弹性预算的编制是以成本可划分为变动成本与固定成本为前提的，所以可以分清成本增加的正常与非正常因素，有利于成本分析与控制。

二、物流成本弹性预算的编制及案例

（一）物流弹性预算的编制步骤

弹性预算在成本控制中可用于编制各种成本预算。对于某项物流成本的弹性预算的编制，首先要选择合适的业务量计量单位，确定一定的业务量范围，然后根据各项物流成本项目与业

务量之间的数量关系，区分出变动成本与固定成本，并在此基础上分析确定各项目的预算总额或单位预算，并用一定的形式表达出来。其编制步骤如下。

1. 业务量计量单位的选取

业务量计量单位的选取，应以代表性强、直观性强为原则。例如，对于运输成本的预算来说，可以选择吨千米作为计量单位；对于仓储成本的预算，可以选择货物周转量（如托盘数、吨等）作为计量单位；对于供应物流成本预算，可以以材料采购量（如吨）作为计量单位；对于销售物流成本的预算，可以以产品销售量或销售收入作为计量标准等。

2. 确定业务量变动范围

确定业务量变动范围应满足其业务量实际可能变动的需要。一般来说，可以将业务量范围确定在正常业务量的60%～120%；或者把历史上的最低业务量和最高业务量分别作为业务量范围的下限和上限；也可以对预算期的业务量作出悲观预测和乐观预测，分别作为业务量的上限和下限。

3. 选择弹性预算的表达方式

物流成本的弹性预算通常可以用公式法和列表法来表示。

公式法是以公式 $Y=a+bX$ 来表示物流成本弹性预算的方法；而列表法是最常见的弹性预算表示方式。表6-2就是一个运输成本弹性预算的表达方式。

表 6-2　运输成本弹性预算　　　　单位：元

项目	预算值				
业务量（万吨千米）	60	80	100	110	120
单位变动成本	10	10	10	10	10
变动成本总额	60 000	80 000	100 000	110 000	120 000
固定成本总额	60 000	60 000	60 000	60 000	60 000
运输成本总预算	120 000	140 000	160 000	170 000	180 000

需要指出的是，弹性预算只是编制物流成本的一种方法，在具体编制时，仍然要按照前面所述的各种物流成本预算的对象来编制弹性预算，然后再进行汇总、日常成本核算，并在期末根据实际业务量来对成本预算数与实际发生数进行比较考核。

（二）物流成本弹性预算案例

问题一：某运输企业正在编制2016年的运输成本预算，由运输车队负责，年终进行考核。经过多年的分析以及2015年各项运输成本的数据，确定各项变动运输的变动成本率分别是：燃料费为0.8元/吨千米，维修费为0.5元/吨千米，轮胎费为0.6元/吨千米，其他费用为0.45元/吨千米。另外，根据上年实际情况，并考虑预算期的变化因素，确定预算期支付各项固定运输成本的数额如下：运输设备折旧费为5.5万元，养路费为2.2万元，交通管理费为3.2万元，其他固定成本为1.1万元。经业务部门预测，公司2016年可能完成商品运输任务为250万吨千米。

根据上述资料，财务部门编制了企业2016年度自营运输成本的预算，如表6-3所示。

表 6-3　2016 年企业自营运输成本预算

项目		变动成本率（元/吨千米）	计划运输量（万吨千米）	费用预算（万元）
变动运输费	燃料费	0.80	250	200
	维修费	0.50	250	125
	轮胎费	0.60	250	150
	其他	0.45	250	112.5
	小计	2.35		587.5
固定运输费	折旧费			5.5
	养路费			2.2
	管理费			3.2
	其他			1.1
	小计			12
合计				599.5

于是，确定运输车队下一年度的运输成本预算总额为 599.5 万元，并以此金额对车队进行考核。预算编制完成后，交到企业总经理手中。总经理认为，2016 年度的业务量预测 250 万吨千米存在很大的不确定性，因此，如果运输车队的实际完成业务量高于或者低于该业务量，则是否还可以按照 599.5 万元的预算成本对车队进行考核。另外，有财务背景的总经理认为，财务人员在编制预算时，有相当多的基础资料，而财务人员却没有有效地利用起来，于是让财务人员重新编制了一份运输成本预算报告。表 6-4 是财务人员重新编制的企业自营运输成本弹性预算表。

表 6-4　企业自营运输成本弹性预算（2016 年）　　　　　　　　　　　　　单位：万元

项目		变动成本率（元/吨千米）	运输任务量及费用（万吨千米）				
			210	230	250	270	290
变动运输费	燃料费	0.80	168	184	200	216	232
	维修费	0.50	105	115	125	135	145
	轮胎费	0.60	126	138	150	162	174
	其他	0.45	94.5	103.5	112.5	121.5	130.5
	小计	2.35	493.5	540.5	587.5	634.5	681.5
固定运输费	折旧费		5.5	5.5	5.5	5.5	5.5
	养路费		2.2	2.2	2.2	2.2	2.2
	管理费		3.2	3.2	3.2	3.2	3.2
	其他		1.1	1.1	1.1	1.1	1.1
	小计		12	12	12	12	12
合计			505.5	552.5	599.5	646.5	693.5

实际上，该公司 2016 年度自营运输成本的预算也可以用公式法表示为（单位：万元）

$$y=(5.5+2.2+3.2+1.1)+(0.8+0.5+0.6+0.45)x$$

$$=12+2.35x$$

问题二：A物流公司编制2010年的运输成本预算。按多年的数据分析和2009年公司各项运输成本的数据，确定运输各项变动成本和固定成本指标如表6-5所示。如果公司在2010年可能实现的运输任务为500万吨千米，要求：按实际完成任务80%～120%以10%为间隔，编制公司运输成本弹性预算，如表6-6所示。

表6-5 A公司运输各项变动成本和固定成本指标表

成本项目	成本与运输周转量之间的关系
变动成本：	
燃料费	按单位运输周转量计算（吨千米）1.00元
维修费	按单位运输周转量计算（吨千米）0.40元
轮胎费	按单位运输周转量计算（吨千米）0.50元
其他	按单位运输周转量计算（吨千米）0.45元
固定成本：	
工资及津贴	20万元
折旧费	5万元
养路费	4万元
管理费	3万元
其他	1万元

表6-6 A公司运输成本弹性预算

项目		变动成本率（元/吨千米）	费用（万元）				
			400万吨千米	450万吨千米	500万吨千米	550万吨千米	600万吨千米
变动运输费	燃料费	1.00	400	450	500	550	600
	维修费	0.40	160	180	200	220	240
	轮胎费	0.50	200	225	250	275	300
	其他	0.45	180	202.5	225	247.5	270
	小计	2.35	940	1 057.5	1 175	1 292.5	1 410
固定运输费	工资及津贴		20	20	20	20	20
	折旧费		5	5	5	5	5
	养路费		4	4	4	4	4
	管理费		3	3	3	3	3
	其他		1	1	1	1	1
	小计		33	33	33	33	33
合计			973	1 090.5	1 208	1 325.5	1 443

按表6-6中的数据，用公式法求出A公司2010年运输费用预算公式，并求出当运输任务量为600万吨千米的预算成本。假定运输任务量与运输成本之间的关系为线性关系，则成本预算可用下式表示：$Y = a + bX$

式中：a为固定成本；b为单位可变成本；X为运输任务量。

按照上述数据可知：

$$a = 33(万元)$$

$$b = 2.35 \, 万元/万吨千米$$

则公式可具体化为 $Y = 33 + 2.35X$，即为公司运输成本预算公式。

当运输任务量为 600 万吨千米时，其预算成本为

$$Y = 33 + 2.35 \times 600 = 1\,443（万元）$$

问题三：某物流公司在正常情况下，全年业务量预计为 5 000 件。要求：在业务量 70%～120% 以 10% 为间隔，按表 6-7 中各项成本费用标准编制其弹性预算表（见表 6-8）。

表 6-7　各项成本费用标准

成本项目	费用与业务量的关系（元）
佣金	2/件
包装费补贴	1/件
装卸费	基本工资 2 100，另付补贴费 1.5/件
管理人员工资	基本工资 30 000，另付补贴费 1.5/件
保险费	2 000
广告费	30 000
办公费	40 000

表 6-8　各项成本费用弹性预算表

费用项目	单位变动费用	费用与业务量的关系（元）					
		3.5 万	4 万	4.5 万	5 万	5.5 万	6 万
变动费用							
佣金	2(元/件)	70 000	80 000	90 000	100 000	110 000	120 000
包装费补贴	1	35 000	40 000	45 000	50 000	55 000	60 000
装卸费补贴	1.5	52 500	60 000	67 500	75 000	82 500	90 000
管理人员工资	0.1	3 500	4 000	4 500	5 000	5 500	6 000
变动费用小计		161 000	184 000	207 000	230 000	253 000	276 000
固定费用							
装卸费		2 100	2 100	2 100	2 100	2 100	2 100
管理人员工资		30 000	30 000	30 000	30 000	30 000	30 000
保险费		2 000	2 000	2 000	2 000	2 000	2 000
广告费		30 000	30 000	30 000	30 000	30 000	30 000
办公费		40 000	40 000	40 000	40 000	40 000	40 000
固定费用小计		104 100	104 100	104 100	104 100	104 100	104 100
合计		265 100	288 100	311 100	334 100	357 100	380 100

按表 6-7 中的数据，由于费用分为固定费用和变动费用两大类，所以，总费用预算可采用下式计算：

$$y = a + bx$$

式中：y 为预算总费用；a 为固定费用总额；b 为单位变动费用总额；x 为业务量。

将原题中的数据可整理成如表 6-9 所示。

表 6-9 公司法编制的弹性预算结果

费用项目	固定费用（元）	单位变动费用 b（元）
佣金		2
包装费补贴		1
装卸费补贴	2 100	1.5
管理人员工资	30 000	0.1
保险费	2 000	
广告费	30 000	
办公费	40 000	
合计	104 100(a)	4.60(b)

将表 6-9 中的 $a = 104\,100$、$b = 4.60$ 代入上式得

$$Y = 104\,100 + 4.60\,x$$

当业务量 x 在相关范围内，均可用此式求出各预算值。如当 $x = 55\,000$ 件时，$y = 104\,100 + 4.60 \times 55\,000 = 357\,100$(元)。

三、基于作业的物流成本弹性预算编制及案例

（一）作业弹性预算的基本思路

弹性预算是物流成本管理的重要手段。事实上，弹性预算是企业各类费用控制的最有效工具之一。而将弹性预算的原理与作业成本法结合起来，将弹性预算建立在作业成本核算的基础上，将大大提升成本预算控制职能的使用范围与使用效果。

作业成本法是以作业为中心进行间接成本的计算和分摊，作业成本是维持作业所发生的耗费。作业成本法中最基本的成本计算对象就是作业，而物流成本是企业物流活动中所需全部作业的成本总和。作业成本法的本质是把作业作为确定和分配费用的合理基础，引导管理人员将注意力放在成本发生的原因即成本动因上，而不是仅仅关注成本计算结果本身。将这种思想和方法应用到物流预算管理领域，无疑会使我们对预算差异的原因分析得更加深入准确，所采取的纠正措施更加得力，从而大大提高物流预算控制的效果。

另外，企业将作业成本系统纳入到物流预算体系中，以作业中心为基础来确定责任中心并编制预算，这样可以在很大程度上避免传统预算编制中经济责任（特别是共同费用责任）不清的问题，便于加强共同费用（即间接费用）的预算，同时提高预算的准确性以便进行更有意义的差异分析，并可为管理人员从非财务角度进行业绩评价与控制提供相应的工具和指标。

基于作业的弹性预算在应用过程中，一方面应注意这里预算的控制点在概念上已经由传统的责任中心转化为作业，也就是说将每个作业作为一个责任中心进行物流作业成本的预算管理，从而有效地开展物流成本管理；另一方面，通过物流作业成本的弹性预算，也可以基于作业成本的预算情况与实际执行情况，加强对每项物流作业的有效管理与控制。

（二）作业弹性预算在运输企业物流成本管理中的应用案例

一般的物流成本弹性预算假设成本是由单一的因素（如直接人工工时、业务收入等）驱动的，并以此来计算实际作业水平下的预计成本。而实际中，正如作业成本法中的基本原理那样，物流成本常常是由多个动因驱动的，从而以单一动因来做成本预算就会导致重大误差。基于作业的物流成本预算就是要建立在多动因的基础之上，针对每个作业采用不同的成本动因进行物流作业成本预算，从而可以较为准确地预测不同作业量水平下每个作业的成本。

如表 6-4 和表 6-6 所示，一般的运输企业是以运输里程（吨千米数）作为成本动因来做物流成本预算的，但单一动因的物流成本预算并不能很好地反映物流成本的实际发生情况。这里以某运输企业为例来说明作业弹性预算在物流成本管理中的应用。

1. 公司基本情况

AB 公司是一家以提供货物运输服务为主的物流企业。在使用作业成本法进行成本控制前，该企业的成本核算以运输服务作为核算对象按分步法和分批法进行的，它基本上是以数量为基础的成本核算方法（Volume-based Costing）。这种成本核算法适用于服务品种少、批量大、直接人工费用高、管理费用低的运输企业。近年来，企业引入了现代信息系统、通过效率化的配送、利用一贯制的运输等物流方法来应对越来越激烈的行业竞争。由于现代化信息技术的使用，AB 公司直接人工费用逐步下降，批量减少、批次增加，在运输服务中同时面对多家供应商与零售商，这一切造成公司管理及其他费用大幅上升，也使得运输业的成本构成发生了根本的改变。企业成本构成的改变，使传统的成本计算方法在营运间接费用分配方面变得盲目，不再满足企业成本核算和控制的需要，但是成本构成的改变却为作业成本法提供了应用的条件。

2. 公司作业成本法的实施

AB 运输公司的成本核算对象为运输服务的线路、地区及客户。在作业成本法的实施中，需要确定作业中心及其成本动因。

该运输企业的主要生产活动是运输，运输属于批水平作业，如对每批产品的订单处理、规划、车辆准备、维修检验及运输等。企业总成本中还有为维持企业生产而从事的作业成本，如企业的管理、暖气、照明及库房折旧等。这类作业的成本，应视为全部运营活动的共同成本。根据企业业务活动情况划分企业的作业中心及其成本动因，如表 6-10 所示，表中还列出了某月各个作业中心发生的作业成本计算结果及成本动因分配率。

表 6-10　运输公司作业中心及成本动因

作业分类	作业中心	成本动因	作业成本发生额（元）	成本动因分配率
企业业务相关作业	货物检验	订单数	60 000	500 元/单
	货物入库	入库货物数量	7 500	600 元/吨
	货物搬运	搬运货物数量	7 500	600 元/吨
	货物分类	分类货物数量	5 000	350 元/吨
	运输	运输里程	120 000	0.2 元/吨千米

作业分类	作业中心	成本动因	作业成本发生额（元）	成本动因分配率
	维修中心	人工工时	10 000	20 元/小时
后勤保证相关作业	订单处理	订单数	6 000	30 元/单
	调度中心	货物运输量	4 000	10 元/吨
	行政管理	订单数	20 000	40 元/单

3. 基于作业的物流成本弹性预算

这里以企业业务相关作业为例说明该运输公司作业物流成本弹性预算的编制。

首先要进行各项运输成本的成本性态分析。货物检验、入库、搬运、分类和运输作业是批水平作业，这些作业的成本与货物批量成比例变动，当运输的批量越多时，作业次数越多，作业成本也越多。在此类成本中，凡与货物批量多少无关的成本为此类作业的固定成本，凡与货物批量有关的成本为此类作业的变动成本。与货运批量无关的成本有运输作业管理成本、人工工资、车辆折旧等。

> 读一读：我国物流成本预算体系构建

企业的各项业务相关作业是由多个动因驱动的，作业弹性预算模型将弹性预算建立在多动因的基础上，使每种作业的变动成本部分与取得的资源相适应，固定成本部分与作业前取得的资源相适应，这样有助于企业各部门成本控制业绩的评价。表 6-11 是某月该公司基于作业的物流成本弹性预算情况。

表 6-11 基于作业的物流成本弹性预算

项目	金额	成本动因	成本动因发生额及费用预算		
货物检验作业		订单数	100 单	110 单	120 单
固定成本	5000 元		5 000 元	5 000 元	5 000 元
变动成本	500 元/单		50 000 元	55 000 元	60 000 元
总成本			55 000 元	60 000 元	65 000 元
货物入库作业		货物数量	20 吨	25 吨	30 吨
固定成本	6000 元				
变动成本	60 元/吨		1 200 元	1 500 元	1800 元
总成本			7 200 元	7 500 元	7800 元
货物搬运作业		货物数量	20 吨	25 吨	30 吨
固定成本	5000 元				
变动成本	100 元/吨		2 000 元	2 500 元	3 000 元
总成本			7 000 元	7 500 元	8 000 元
货物分类作业		货物数量	20 吨	25 吨	30 吨
固定成本	0 元				
变动成本	200 元/吨		4 000 元	5 000 元	6 000 元
总成本			4 000 元	5 000 元	6 000 元

续表

项目	金额	成本动因	成本动因发生额及费用预算		
运输作业		运输里程	550 000 千米	570 000 千米	570 000 千米
固定成本	6000 元				
变动成本	0.2 元/千米		110 000 元	114 000 元	118 000 元
总成本			116 000 元	120 000 元	124 000 元

该运输公司后勤保障相关作业的成本预算也可以按照同样的思路制定。另外，表 6-11 是用列表法表示的运输成本弹性预算，事实上，用公式法表示的弹性预算更简洁，也更具有可操作性。

本章习题

一、名词解释

1．物流利润中心
2．弹性预算

二、简答题

1．物流责任中心有哪些种类？如何对其绩效进行考核？
2．物流成本预算有什么意义？物流成本预算有哪些内容？
3．如何实施物流目标成本管理？如何确定目标成本？
4．弹性预算的编制原理是什么？
5．弹性预算的表示方式有哪些？
6．基于作业的弹性预算编制基本思路是什么？

第七章

企业物流成本绩效评价

【学习目标】

掌握物流绩效评价的内涵;了解货主企业的绩效内容;了解基于平衡计分卡的物流综合绩效评价。

案例7.1

库存是货主企业物流环节的重要组成部分。从1997年以来,典型的高科技公司的库存绩效成倍增长,存货周转次数从2.5次增加到了5次,某些公司如苹果和戴尔现今其库存的运作时间甚至只有6~8天(相应的周转次数分别为61次和46次)。这意味着公司运营其业务所需的库存较前减少了50%。是什么驱使这些公司纷纷在降低库存提高库存周转率方面不断寻求更优?

据统计数据显示,发达国家全年社会物流成本约占GDP的10%,而我国社会物流成本约占GDP的20%。根据第二章关于社会物流成本构成的分析可以知道,库存成本在物流成本中占相当高的比例。

削减库存带来的经济效益也是十分明显的:在美国制造业中每年的平均库存成本占存货价值的30%~35%。例如,如果一个公司的存货价值是2 000万美元,则每年其库存成本将超过600万美元。这些成本由过时、保险、机会成本等原因引起。如果库存量可减少到1 000万美元,直接在账面上的反映该公司可以节约300多万美元。也就是说减少库存而节约的成本可看作利润的增加。同时高技术企业产品因为过时特别快和物流运作条件要求高其存货持有成本应明显高于一般企业产品。具体如何实现降低库存不同类型的企业有着不同的库存政策,而各家企业为了获得竞争优势也纷纷推出独一无二的绝招。

上海通用利用"牛奶取货"方式降低库存成本。上海通用目前零部件总量有5 400多种,在国内外拥有180家供应商。通用的本地供应商会根据生产的要求在指定的时间直接送到生产线上去生产,这样使得上海通用保持了很低或接近于"零"的库存而省去大量的资金占用。对于有些用量很少的零部件,为了不浪费运输车辆的运能充分节约运输成本,上海通用使用了叫做"牛奶圈"的小技巧:每天早晨由上海通用聘请的第三方物流服务商的汽车从厂家出发到第一个供应商那里装上准备的原材料,然后到第二家、第三家,依次类推直到装上所有的材料,然后再返回。这样做的好处是省去了所有供应商空车返回的浪费,也避免了供应商为了整车运输而装满一卡车才给送货所造成的高库存。通过循环取货上,海通用的零部件运输成本下降了30%以上。

启发思考

对于货主企业与流通企业来讲,为什么减少库存成本,有利于物流绩效评价的提升?

在保证生产供应和销售物流服务水平的前提下，尽可能降低物流成本，是制造企业和流通企业的物流管理目标，从而提高物流绩效评价。而降低物流成本最重要的体现在于存货额的降低和存货占用资金额的减少。因此，库存管理成为货主企业物流管理中最重要的内容。

第一节　物流绩效评价的基本步骤

物流活动进行了一段时间后，需要对成本效益情况进行评估，以便发现问题，及时反馈。物流绩效评价的实施步骤如下。

1. 确定评估工作组织机构

评估组织机构直接组织实施评估活动，负责成立评估工作组。如果需要，评估组织机构还可选聘有关专家作为评估工作的咨询顾问。参加评估工作的成员应具备以下基本条件。

- 具有较丰富的物流管理、财务会计、资产管理等专业知识。
- 熟悉物流成本绩效评价业务，有较强的综合分析判断能力。
- 评估工作主持人应有较长时间的经济管理工作经历，并能坚持原则，秉公办事。

2. 制定评估工作方案

由评估工作组制定评估工作方案，确定以下内容。

（1）评估对象。不同的企业可能具有不同的物流活动，因此必须首先确定企业的具体物流环节，明确评估工作的对象。当对物流企业进行成本绩效评价时，评估对象就是整个物流企业。

（2）评估目标。物流财务绩效评价目标是整个评估工作的指南和目的。不同的评估目标决定了不同的评估指标、评估标准和评估方法的选择，其报告形式也不相同。

（3）评估指标。评估指标是评估对象对应于评估目标的具体考核内容，是评估方案的重点和关键。评估指标分为物流作业评估指标、物流企业评估指标等。

（4）评估标准。物流财务绩效评价标准取决于它的评估目标，常用的评估标准是年度预算标准、竞争对手标准等。

（5）评估方法。有了评估指标和评估标准，还需一定的方法对评估指标和标准进行实际运用，以取得公正合理的评估结果。在物流财务绩效评价中常采用定量方法。

（6）报告形式。根据评估目标，确定最终需要形成的绩效报告形式，如成本—服务报告、趋势报告等。

3. 收集和整理基础资料和数据

根据评估工作方案的要求及评分需要，收集、核实和整理基础资料和数据，包括各项具体物流作业的基础数据、其他企业的评估方法及评估标准、企业以前年度的物流成本绩效评价的报告资料等。

4. 评估计分

评估计分是绩效评价过程的关键步骤。根据评估工作方案确定的评估方法，利用收集整理的资料数据计算评估指标的实际值。

5. 编制报告

按评估工作方案确定的报告形式，填写相应的评估指标值，并对评估指标数据进行分析，结合相关资料，得出评估结论。

6. 评估工作总结

将评估工作背景、时间地点、基本情况、工作中的问题及措施、工作建议等形成书面材料，建立评估工作档案。

第二节　货主企业物流成本比率分析评价

一、物流成本比率分析的基本思路

物流成本比率分析一般应遵循下列思路。

首先，计算物流成本与其他相关项目的比率。与物流成本密切相关的项目主要来自利润表，少数来自其他统计资料，其中既有财务数据，也有非财务数据。大体来说，主要有三类比率指标：一是物流成本与产品数量指标的比率；二是物流成本与成本费用类指标的比率；三是物流成本与收入类指标的比率。所以，计算物流成本与相关数值的比率也就是计算这三类比率指标的过程。

其次，根据计算结果进行评价。在对每一个成本比率指标进行分析时，都应明确指标的适用范围、使用的前提条件、指标的缺陷等，并采用比较分析的方法，与企业前期、计划水平比较，与行业平均水平、先进水平比较，进而来评价企业的物流成本水平。

物流成本的结构分析、增减变动分析和趋势分析更侧重于在企业物流成本表内部的成本项目间进行比较分析；而比率分析法则是将物流成本表中的项目与利润表中的项目及有关非财务项目数据进行对比分析，计算出相关比率，建立两者之间的比对关系，并通过这种比对关系，从另一个层面来评价企业物流成本水平。

二、货主企业物流成本相关比率

1. 物流成本与产品数量指标的比率

此类指标可以用单位产品的物流成本表示。该指标的计算公式为

$$单位产品的物流成本 = \frac{物流成本}{产品数量}$$

该指标是指单位产品的物流成本，这里的物流成本是指物流总成本。产品数量对于制造企业来说，可以是完工产品数量或者销售产品的数量；对于流通企业来说，可以是采购入库的商品数量也可以是销售的商品数量。该指标不受产品价格变化和交易条件变化的影响，因此，广泛应用于企业内部管理。而且，通过历史数据的比较，可以比较准确地反映物流成本的实际变动情况和趋势。

需要指出的是，如果企业生产或销售的产品只有一种（如单品种大批量生产和销售企业），那

么该指标的计算和应用就较为简单。但在实践中，很多企业生产和销售的产品往往不止一种，这就需要在物流成本的核算中按照不同的产品设置物流成本核算对象，从而得到每种产品的物流成本。实际上，每个物流成本核算的对象就可以看成一个数量指标，从而计算该成本对象的单位物流成本。

2. 物流成本与成本费用类指标的比率

（1）单位成本物流成本率

该指标的计算公式为

$$单位成本物流成本率 = \frac{物流成本}{总成本} \times 100\%$$

这里的总成本一般包括营业成本、营业费用、管理费用和财务费用。这是考察物流成本占总成本比率的一个指标，一般作为企业内部的物流合理化目标或检查企业是否达到合理化目标的指标来使用。这个比率受原材料价格变动和工厂设备折旧的影响较大。

（2）单位期间费用物流成本率

该指标的计算公式为

$$单位期间费用物流成本率 = \frac{物流成本}{销售费用+管理费用} \times 100\%$$

对于商品流通企业来说，物流成本一般都集中在销售费用和管理费用之中。而对于制造企业而言，企业的供应物流成本与销售物流成本也大都包含在销售费用与管理费用之中。因此，通过物流成本占营业费用（销售费用加上一般管理费用）的比率，可以判断企业物流成本的比例，而且这个比率不受制造成本变动的影响，得出的数值比较稳定，从而，适合于做企业物流合理化指标。

3. 物流成本与收入类指标的比率

该类指标为单位销售额物流成本率。其计算公式为

$$单位销售额物流成本率 = \frac{物流成本}{销售额} \times 100\%$$

这个比率越高，则其对价格的弹性越低。从本企业历年的数据中，大体可以了解其动向。另外，通过与同行业和行业外进行比较，可以进一步了解企业的物流服务成本水平。该比率受价格变动和交易条件变化的影响较大，因此作为考核指标还存在一定的缺陷。

第三节 货主企业的存货管理绩效评价

存货管理水平的高低是衡量制造企业和流通企业物流管理水平的重要标志。因此，除了对物流成本进行分析评价之外，对货主企业物流部门的绩效评估还可以通过对企业资金占用额的分析以及物流成本的节约额等指标来进行考核和评估。

一、货主企业存货资金定额及其考核评价

存货是货主企业在生产经营过程中为销售或者耗用而储备的物资，包括制造企业的原材料、在制品、产成品以及流通企业的商品等。在货主企业中，存货占流动资金的比例一般都比较大，

因此，存货资金管理对于货主企业的物流管理来说至关重要。

保持一定量的存货投资是企业开展正常生产经营活动的前提，而同时存货的保持需要一定的成本支出，如果存货物资储备量过大，就会发生额外的支出。因此，进行存货管理的主要目的就是要在满足正常生产经营活动的前提下，尽可能使存货投资最少，存货周转率最高。

因此，货主企业在物流管理过程中，需要制定合理的存货资金定额，并严格执行。在日常运营过程中，应随时对存货资金的占用情况进行评估。会计期末，也要求对实际的存货资金占用与预先确定的资金定额情况进行考核分析，如果实际占用资金额超出定额，应进一步分析其原因，并对责任部门追究相应的责任。

核定存货资金定额的方法通常有周转期计算法、因素分析法和比例分析法等。

1. 周转期计算法

周转期计算法又称为定额日数计算法，是根据各种存货平均每天的周转额和其资金周转日数来确定资金定额的一种方法。存货资金定额的大小取决于两个基本因素：一是资金完成一次循环所需要的日数，即资金定额周转日数；二是每日平均周转额，即每日平均资金占用额。存货资金定额的计算公式如下：

存货资金定额=每日平均周转额×资金定额周转日数

周转期计算法是核定存货资金定额的基本方法。对于商品流通企业来说，每日平均周转额可以用每日平均的销售成本来反映，而资金定额周转日数是指从商品购进一直到商品售出过程中所要经历的定额天数。

对于制造企业来说，存货资金定额的确定又可以进一步划分为储备资金定额、生产资金占用额和产成品资金定额三个方面。其定额的确定分别如下。

（1）储备资金定额的核定

储备资金是指企业从业用货币资金购买各种材料物资开始，直到把它们投入生产为止的整个过程中所占用的资金。储备资金包含的材料物资品种很多，其中最主要的就是原材料资金占用，这里主要介绍的就是原材料资金定额的核定。一般来讲，材料资金应按照不同规格分别核定，而对于数量少、品种多的原材料，可按照类别加以核定。

原材料资金占用额=计划期原材料计划每日耗用量×原材料计划价格×原材料资金周转日数

其中，原材料资金周转日数，是指从企业支付原材料价款起，直到将原材料投入生产为止这一过程中资金占用的日数，它包括在途日数、验收日数、应计供应间隔日数、整理准备日数和保险日数。即有

原材料资金周转日数=在途日数+验收日数+应计供应间隔日数+整理准备日数+保险日数

在途日数主要是指原材料在途运输日数；验收日数是指原材料运到企业后进行计量点收、拆包开箱、检查化验到入库为止这一过程中资金占用的日数；应计供应间隔日数是指供应间隔日数乘以供应间隔系数，即应计供应间隔日数=供应间隔日数×供应间隔系数，其中供应间隔日数是指前后两次供应原材料的间隔日数，而在通常情况下，供应间隔系数多在 50%～70%；整理准备日数是指原材料投入生产以前进行技术处理和生产准备所占用资金的日数；保险日数是指为了防止特殊原因致使原材料供应偶然中断而建立的保险储备所占用资金的日数，保险日数的长短，应根据供应单位执行合同的情况、原材料货源的充分程度、是否有可替代原材料、交通运输是否有延误的可能性等因素予以确定。

（2）生产资金占用额的核定

生产资金（在制品资金）是指从原材料投入生产开始，直到产品制成入库为止的整个过程中所占用的资金。在制品资金定额也应该按照不同的半成品种类分别核定。

在制品资金定额取决于四个因素：计划期某种产品每日平均产量、单位产品计划生产成本、在制品成本系数和产品的生产周期。计算公式为

在制品资金定额=产品每日平均产量×单位产品计划产成本×在制品成本系数×产品生产周期

在该公式中，在制品成本系数是指在制品在生产过程中的平均生产费用占完工产品成本的比例。对于不同的生产过程，在制品成本系数的确定和计算方法是不一样的，其大小主要取决于生产过程中费用的投入方式。在费用均衡投入的生产过程中，在制品成本系数的取值可以在40%～80%。

（3）产成品资金定额的核定

产成品资金是指从产品制成入库，直到销售并取得货款或结算货款为止的整个过程中所占用的资金。产成品资金定额的大小取决于三个因素，即计划期产成品每日平均产量、产成品单位计划生产成本以及产成品资金定额日数，计算公式为

产成品资金占用额=产成品每日平均产量×产成品单位计划生产成本×产成品资金定额日数

其中，产成品资金定额日数是指从产成品制成入库开始，直到销售并取得货款或结算货款为止的整个过程中所占用资金的日数，包括产成品储存日数、发运日数和结算日数。

2. 因素分析法

因素分析法是以存货项目上一年度的实际平均占用额为基础，根据计划年度的生产任务情况以及加速资金周转的要求，进行一定的分析调整，来计算存货或流动资金定额的一种方法。其计算公式如下：

$$资金数额=（上年资金实际平均占用额-不合理占用额）×$$
$$（1±计划年度营业额增减百分比）×（1-加速资金周转百分比）$$

这种方法适用于物资品种繁多、用量较少、资金占用较少的原材料和辅助材料等项目的物资资金定额的计算，也可以用来匡算整个企业存货资金定额的数量。

3. 比例分析法

比例分析法是根据存货资金需要量和相关指标因素之间的比例关系，按比例来测算资金数额的方法。它主要用于辅助材料和修理用备件等资金数额的确定，同样也可以用来匡算全部存货资金或全部流动资金需要量。以销售收入存货资金率为例，资金定额的计算公式如下：

$$存货资金数额=计划年度商品销售收入计划额×计划销售收入存货资金率$$

$$计划销售收入存货资金率=\frac{上年存货资金平均余额-不合理占用额}{上年实际销售收入总额}×（1-计划年度资金周转加速率）×100\%$$

二、货主企业存货周转率分析

1. 存货周转率分析

存货的流动性将直接影响企业的流动比率，也是货主企业物流管理水平的体现。存货

的流动性一般可以用存货的周转速度指标来反映，即存货周转率或存货周转天数。存货周转率是衡量和评估货主企业购入存货、投入生产、销售收回等各物流环节管理状况的综合性指标。不管是制造企业还是流通企业，存货周转率都可以用销售成本除以平均存货而得到的比率来表示，或叫存货周转次数。用时间表示的存货周转率就是存货周转天数。其计算公式为

$$存货周转率= \frac{销售成本}{平均存货}$$

$$存货周转天数= \frac{360}{存货周转率} = \frac{360}{销售成本/平均存货} = \frac{平均存货 \times 360}{销售成本}$$

一般来讲，存货周转速度越快，存货的占用水平越低，流动性越强，存货转换为现金或应收账款的速度越快。通过有效的物流管理，可以提高存货周转率，提高企业的变现能力，而存货周转速度越慢则变现能力越差。存货周转率是分析企业物流运营情况的一项重要指标。存货周转次数多，周转天数少，说明存货周转快，企业实现的利润会相应增加；否则，存货周转缓慢，往往会造成企业利润下降。如果存货周转速度缓慢，企业应加强物流管理水平，并采取必要的措施，加快存货的周转。

对于制造企业来说，存货的周转速度可以进一步细分为原材料周转天数、在制品周转天数和产成品周转天数指标，以更好地加强对每个存货环节的物流库存管理的考核与改善。具体计算公式为

$$原材料周转天数= \frac{原材料平均存货 \times 360}{全年原材料消耗总金额}$$

$$在制品周转天数= \frac{在制品平均存货 \times 360}{全年总产值}$$

$$产成品周转天数= \frac{产成品平均存货 \times 360}{全年销售成本}$$

存货周转分析的目的是从不同的角度和环节上找出存货管理中的问题，使存货管理在保证生产经营连续性的同时，尽可能少占用经营资金，提高资金的使用效率，促进企业物流管理水平的提高。

2. 存货资金的相对节约和绝对节约

企业由于加速存货资金周转，可以在生产销售任务不变的情况下减少存货资金占用，并且从周转中腾出一部分流动资金。这种从周转中腾出的存货资金的情况，称为存货资金的绝对节约，从周转中腾出的资金数额就是绝对节约额。

另外，企业加速存货资金周转，还能够以原有的存货资金占用数额来完成更多的生产和销售任务，做到多增产少增资，甚至增产不增资。这种情况下，企业虽然没有从周转中腾出流动资金，但是减少了需要增加的存货资金投入，这种相对减少流动资金需要量的情况称为存货资金的相对节约，相对减少的流动资金需要数额就是相对节约额。

例如，某企业上年度商品销售收入为 14 400 万元，存货资金平均占用额为 1 800 万元，则该企业上年度的存货资金周转次数为 8 次，存货资金周转天数为 45 天。

假设计划年度的商品销售收入保持不变，而流动资金的周转次数从每年 8 次提高到每年 10 次，则该企业可绝对节约的存货资金数额可以计算为 1 800–14 400/10=360（万元）。

假设计划年度企业的商品销售收入提高到 18 000 万元，企业的流动资金占用额保持 1 800 万元不变，则企业存货资金的相对节约额可以计算为 18 000/8–1 800=450（万元）。

案例 7.2

京东的直接采购，归自运营，是采购部门自己寻找符合要求的企业，你无法自己申请入驻。当然，与自运营合作的企业，基本上是规模和体系较为完整的著名品牌，品牌、供货链、工厂都比较成熟，一般企业触不可及，只能上京东的开放平台。

如果想在这个平台上混出个样子，你要做好以下三件事。

1. 让运营经理知道你要做好的决心。
2. 弄清运营经理的考核情况。
3. 争取京东的各种资源。

凭心而论，京东的开放平台目前并不成熟，各方面人为因素很多。其中，运营经理是个关键角色，江湖人称"店小二"，负责给相应的类目商家传达如下信息。

（1）最新注意事项。

（2）活动通知。

（3）活动资源的给分。

（4）活动提报的审核。

（5）新产品的审核。

看出来了吧，这个角色就跟苏宁的运营督导一样，别看官不大，真是大权在握啊！著名品牌，小二肯定要给面子，支持和机会不在话下；如果你没有海尔的知名度，想要在京东卖出量，且不说要跟他混熟（没有老关系，混熟还是很难的，毕竟品牌太多，小二太忙），至少要让他知道你，并且知道你是真心想做好。

这一点很重要，因为他也背负了很重的考核指标。京东对小二的考核指标，归根结底就是"销售额"。各个类目的小二都背着销售额指标，一般考核周期为一个月。不同季节，不同月份，不同类目，小二的考核指标都不一样，因为市场存在着淡旺季。比如，九月中秋热，礼品、食品要加量;冬季即将来临，服装家纺要加量。这时，上级分配下来的活动资源一定增多，小二就要构思如何分配给商家，策划什么活动，才能把销售额提升到最高点。不过，小二也会为难，除了优质商家必须给予资源之外，他还要考虑如何兼顾扶持新的商家，否则新商家会投诉他。当然，你获得促销资源也是有代价的。小二会逼迫你拿出大优惠，因为上级给他的资源都是有考核指标的，必须确保销售额达到多少，你达不到，将停闭活动资源报名一个月。小二背的第二大指标就是"杀价获取物美价廉产品，以提高成交量"。京东给小二的一大压力就是把供应商的价格"杀到底"，毕竟，低价是京东的立业之本。

启发思考

对于京东的运营经理来讲，针对他的考核指标是什么？

（1）财务角度

其目标是解决"京东如何看待运营经理"的问题。通过设置财务指标来显示公司的战略及其运营经理的绩效是否有助于公司利润的增加。通常用销售收入和经营收入的增长来衡量业绩。

（2）客户角度

其目标是解决"客户如何看待运营经理"的问题。从客户角度说明运营经理是如何在满足客户的价值主张中为京东获取收益的。

（3）内部业务方面

其目标是解决"运营经理擅长什么"的问题。从内部业务角度说明京东运营经理必须擅长什么或如何高效产出，才能满足客户要求（包括内部客户）。

第四节 物流企业的经营绩效评价

一、物流企业的财务绩效评价指标体系

一般来讲，人们可以通过企业公开发布的财务报表来分析评估整个企业的财务状况与经营成果。财务报表分析的一般目的可以概括为：评估过去的经营绩效、评估现在的财务状况、预测未来的发展趋势。在对物流企业财务绩效进行评价时，也是采用第六章所介绍的比较分析法和比率分析法。企业的财务绩效可以在对财务比率的分析基础上进行评估。财务比率一般可以分为三类，即偿债能力比率、营运能力比率、获利能力比率，每类比率分别从不同的角度反映了企业经营管理的各个层面和状况。表 7-1 和表 7-2 分别是某物流企业 2015 年年末的两张主要会计报表，即利润表和资产负债表。各项财务比率的计算是基于财务报表的数据进行的。

表 7-1 2015 年物流企业利润表　　　　　单位：元

项目	本年数	上年数
一、营业总收入	5 355 599 305.58	3 186 700 930.16
二、营业总成本	5 095 643 280.38	2 813 513 616.58
其中：营业成本	4 224 835 923.35	2 120 085 305.45
营业税金及附加	84 999 550.50	65 272 962.83
营业费用	94 952 001.76	29 127 378.54
管理费用	679 336 336.45	579 005 732.36
财务费用	11 519 468.31	20 022 237.40
资产减值损失		
加：投资收益（损失以"-"号填列）	53 062 125.34	56 843 664.06
三、营业利润	259 956 025.21	373 187 313.58
加：营业外收入	12 362 669.26	11 587 158.26
减：营业外支出	5 531 911.70	22 456 147.30
四、利润总额（亏损总额以"-"号填列）	266 786 782.77	362 318 324.54
减：所得税	66 696 695.69	90 579 581.14
五、净利润（净亏损以"-"号填列）	200 090 087.08	271 738 743.41

表 7-2　2015 年 12 月 31 日物流企业资产负债表　　　　　　　单位：元

项目	期初数	期末数	项目	期初数	期末数
流动资产：			流动负债：		
货币资金	472 746 156.73	450 768 042.64	短期借款	24 000 000.00	200 000 000.00
应收票据	200 000.00	965 079.71	应付票据	39 250 000.00	89 257 000.00
应收股利	2 277 926.85	1 189 453.50	应付账款	10 558 904.42	6 830 224.06
应收账款	26 672 563.67	25 793 730.60	预收账款	15 501 584.95	16 236 273.83
其他应收款	72 334 269.13	36 460 763.44	应付职工薪酬	3 595 926.09	3 315 430.66
顶付账款	35 088 218.55	177 844 213.58	应交税费	4 329 691.63	3 493 823.88
存货	30 177 015.05	36 826 790.07	应付股利	9 310 131.15	20 171 950.83
应收利息	633 373.43	582 614.11	其他应付款	2 453 560.09	(2 877 487.59)
流动资产合计	640 894 603.12	729 665 607.94		87 036.35	36 434.88
			其他流动负债	44 743 790.58	45 038 281.38
			流动负债合计	153 743 488.91	381 465 497.03
非流动资产：			非流动负债：		
长期股权投资	81 006 148.03	190 386 344.55	长期借款		
长期债权投资	72 000.00	36 000.00	应付债券		
长期投资合计	81 078 148.03	190 422 344.55	长期应付款	21 831 776.57	
固定资产原值	355 389 593.47	313 424 603.62	其他长期负债		
减：累计折旧	173 747 409.86	148 875 212.00	非流动负债合计	21 831 776.57	
固定资产净值	181 642 183.61	164 549 391.62	负债合计	381 465 497.03	175 575 265.48
减：减值准备	18 828 673.50	17 490 127.09			
固定资产净额	162 813 510.11	147 059 264.53	股东权益：		
在建工程	5 790 312.83	38 243 190.14	股本	310 337 705.00	310 337 705.00
固定资产清理	230 386.95	3 338 368.17	资本公积	322 168 798.58	319 106 686.22
固定资产合计	168 834 209.89	188 640 822.84	盈余公积	77 225 509.15	88 997 298.23
无形资产	10 175 553.73	9 152 265.88	未分配利润	23 498 264.96	25 188 208.12
长期待摊费用	7 823 028.40	7 214 353.39			
资产总计	908 805 543.17	1 125 095 394.60	负债和股东权益总计	908 805 543.17	1 125 095 394.60

（一）偿债能力比率

企业的偿债能力指标分为两类：一类是反映企业短期偿债能力的指标，主要有流动比率和速动比率；另一类是反映企业长期偿债能力的指标，主要是资产负债率和已获利息倍数。

1. 流动比率

流动比率是企业流动资产与流动负债的比值，其计算公式为

$$流动比率 = \frac{流动资产}{流动负债}$$

流动比率可以反映企业短期偿债能力。企业能否偿还短期债务，要看有多少短期债务，以及有多少可变现偿债的流动资产。流动资产越多，短期债务越少，则偿债能力越强。流动比率是流动资产和流动负债的比值，是个相对数，排除了企业规模不同的影响，更适合企业之间以及本企业不同历史时期的比较。

一般认为，较为合理的流动比率为 2，但不能为一个统一标准。计算出来的流动比率，只有和同行业平均流动比率、本企业历史的流动比率进行比较，才能知道这个比率是高还是低。一般情况下，营业周期、流动资产中的应收账款数额和存货的周转速度是影响流动比率的主要因素。

2. 速动比率

速动比率是从流动资产中扣除存货部分，再除以流动负债的比值，又称酸性测验比率，它反映企业短期内可变现资产偿还短期内到期债务的能力。速动比率是对流动比率的补充。其计算公式如下：

$$速动比率 = \frac{流动资产 - 存货}{流动负债}$$

速动资产是企业在短期内可变现的资产，等于流动资产减去存货后的金额，包括货币资金、短期投资和应收账款。通常认为正常的速动比率为 1，低于 1 的速动比率被认为是短期偿债能力偏低。当然，这仅是一般的看法，因为行业不同，速动比率会有很大差别，没有统一标准的速动比率。

3. 资产负债率

资产负债率是指负债总额与全部资产总额之比。资产负债率反映在总资产中有多大比例是通过借债来筹资的，也可以衡量企业在清算时保护债权人利益的程度。其计算公式为

$$资产负债率 = \frac{负债总额}{资产总额} \times 100\%$$

不同的投资者对资产负债率的期望截然不同。

（1）从债权人的立场看，他们最关心的是贷给企业的款项的安全程度，也就是能否按期收回本金和利息。因此，他们希望债务比例越低越好，企业偿债有保证，贷款不会有太大的风险。

（2）从股东的角度看，他们所关心的是全部资本利润率是否超过借入款项的利率，在企业的全部资本利润率超过因借款而支付的利息率时，股东所得到的利润就会加大。因此，在全部资本利润率高于借款利息率时，负债比例大一些好，否则反之。

（3）从经营者的立场看，企业应当审时度势，全面考虑，在利用资产负债率制定借入资本决策时，必须充分估计预期的利润和增加的风险，在二者之间权衡利害得失，作出正确决策。

（4）已获利息倍数。已获利息倍数又称为利息保障倍数，是指企业息税前利润与利息费用的比率，是衡量企业长期偿债能力的指标之一。其计算公式为

$$已获利息倍数 = \frac{息税前利润}{利息费用} = \frac{息税前利润 + 利息费用}{利息费用}$$

公式中利息费用是支付给债权人的全部利息，包括财务费用中的利息和计入固定资产的利息。已获利息倍数反映企业用经营所得支付债务利息的能力，倍数足够大，企业就有充足的能

力偿付利息。

（二）营运能力比率

营运能力是企业的经营运行能力，反映企业经济资源的开发、使用以及资本的有效利用程度。它是通过企业的资金周转状况表现出来的。资金周转状况良好，说明企业经营管理水平高，资金利用效率高。营运能力比率又称资产管理比率，包括应收账款周转率、流动资产周转率和总资产周转率等。

1. 应收账款周转率

应收账款在流动资产中有着举足轻重的地位，及时收回应收账款，不仅可以增强企业的短期偿债能力，也反映出企业管理应收账款方面的效率。反映应收账款周转速度的指标是应收账款周转率，也就是年度内应收账款转为现金的平均次数，它说明了应收账款流动的速度。用时间表示的周转速度是应收账款周转天数，也叫应收账款回收期或平均收现期，它表示企业从取得应收账款的权利到收回款项、转换为现金所需要的时间。其计算公式为

$$应收账款周转率 = \frac{销售收入}{平均应收账款}$$

$$应收账款周转天数 = \frac{360}{应收账款周转率} = \frac{平均应收账款 \times 360}{销售收入}$$

应收账款周转率是分析企业资产流动情况的一项指标。应收账款周转次数多，周转天数少，表明应收账款周转快，企业信用销售严格；反之，表明应收账款周转慢，企业信用销售放宽。信用销售严格，有利于加速应收账款周转，减少坏账损失，但可能丧失销售商品的机会，减少销售收入。

2. 流动资产周转率

流动资产周转率是销售收入与全部流动资产的平均余额的比值。其计算公式为

$$流动资产周转率 = \frac{销售收入}{平均流动资产}$$

其中，平均流动资产=（年初流动资产+年末流动资产）/2。流动资产周转率反映了流动资产的周转速度。周转速度快，会相对节约流动资产，增强企业盈利能力；而延缓周转速度，需要补充流动资产参加周转，形成资金浪费，降低企业盈利能力。

3. 总资产周转率

总资产周转率是销售收入与平均资产总额的比值。其计算公式为

$$总资产周转率 = \frac{销售收入}{平均资产总额}$$

其中，平均资产总额=（年初资产总额+年末资产总额）/2。该项指标反映资产总额的周转速度。周转越快，销售能力越强。企业可以通过薄利多销的办法，加速资产的周转，带来利润绝对额的增加。

（三）盈利能力比率

一个企业不但应有较好的财务结构和较高的营运能力，更重要的是要有较强的获利能力。通常，反映获利能力的指标有：营业净利率、资本净利润率、所有者权益报酬率、资产净利率、成本费用利润率等。

1. 营业净利率

营业净利率是企业净利润与营业收入净额的比率。这项指标越高，说明企业从营业收入中获取利润的能力越强。其计算公式为

$$营业净利率 = \frac{净利润}{营业收入净额} \times 100\%$$

2. 资本净利润率

资本净利润率是企业净利润与实收资本的比率。其计算公式为

$$资本净利润率 = \frac{净利润}{实收资本} \times 100\%$$

会计期间实收资本有变动时，公式中的实收资本应采用平均数。资本净利润率越高，说明企业资本的获利能力越强。

3. 净资产收益率

净资产收益率也叫所有者权益报酬率或净值报酬率，它反映了所有者对企业投资部分的获利能力。其计算公式为

$$所有者权益报酬率 = \frac{净利润}{所有者权益平均余额} \times 100\%$$

其中，所有者权益平均余额=（期初所有者权益+期末所有者权益）/2。所有者权益报酬率越高，说明企业所有者权益的获利能力越强。影响该指标的因素，除了企业的获利水平以外，还有企业所有者权益的大小。对所有者来说，这个比率很重要，该比率越大，投资者投入资本的获利能力越强。在我国，该指标既是上市公司对外必须披露的信息内容之一，也是决定上市公司能否配股的重要依据。

4. 资产净利率

资产净利率是企业净利润与资产平均总额的比率。计算公式为

$$资产净利率 = \frac{净利润}{资产平均总额} \times 100\%$$

其中，资产平均总额=（期初资产总额+期末资产总额）/2。把企业一定期间的净利与企业的资产相比较，表明企业资产利用的综合效果。该指标越高，表明资产的利用效率越高，说明企业在增加收入和节约资金使用等方面取得了良好的效果；否则相反。

5. 成本费用利润率

成本费用利润率是企业利润总额与成本费用总额的比率。可以用公式表示为

$$成本费用利润率 = \frac{利润总额}{成本费用总额}$$

式中，成本费用总额包括物流企业在生产经营过程中投入的各项营业成本和期间费用。成本费用利润率也可以看作投入与产出的比率，其配比关系反映了企业每投入单位成本费用所获取的利润额。

二、物流企业财务绩效评价案例

本案例选自中国商界杂志 2008 年第 5 期时海波的文章——海运业上市公司财务分析。文章基于三家海运上市公司 2007 年年报资料，对其财务状况进行了分析和对比，力求使读者更清楚地了解海运上市公司的盈利能力和资产质量等，为企业应对宏观经济放缓等不利因素提供决策依据，并且为证券市场价值投资提供理论依据。

（一）三家上市公司的基本情况

中国远洋控股股份有限公司（简称中国远洋）于 2005 年 3 月 3 日成立，是中国远洋运输（集团）总公司航运主业的海外上市旗舰平台，拥有中远集装箱运输有限公司 100% 的权益及中远太平洋有限公司约 52.18% 的权益。中国远洋是一家向国际及国内客户提供综合集装箱航运服务的主要全球性供货商之一，业务包括提供集装箱航运价值链内广泛系列的集装箱航运、集装箱码头、集装箱租赁以及货运代理和船务代理服务。公司于 2007 年 6 月 26 日在上海证券交易所上市，注册资本 1 021 627.44 万元。

中海集装箱运输股份有限公司（简称中海集运）是中国海运集团所属主要从事集装箱运输及相关业务的多元化经营企业，经营范围涉及集装箱运输、船舶租赁、揽货订舱、运输报关、仓储、集装箱制造、修理、销售、买卖等领域。中海集运于 1997 年在上海成立，短短八年，以运载能力计，已位列全球第六，中国第一，是中国最主要的航运商之一，也在中国港口的集装箱航运业占据主导地位。截至 2008 年 4 月，中海集运拥有现代化、大型化的船队，共计 150 艘船舶，整体运载能力约达 450 649 标箱。公司于 2007 年 12 月 12 日在上交所上市交易，注册资本 1 168 312.5 万元。

中远航运股份有限公司（简称中远航运）是由广州远洋运输公司作为主发起人，联合广远海运服务有限公司、广州外轮代理公司、深圳远洋运输股份有限公司和广州中远国际货运有限公司于 1999 年 12 月 8 日共同发起成立的。公司于 2002 年 4 月 18 日在上海证券交易所挂牌上市，标志着中远集团（COSCO）航运主业首次进入国内资本市场。公司注册资金 65 520 万元人民币，拥有和控制重吊船、半潜船、滚装船、多用途船、汽车专用船和杂货船等各类型船舶 90 艘共 141 万载重吨。

（二）分析样本的确定

本文选取中国远洋、中海集运和中远航运三家上市公司为对象进行财务指标分析。之所以选取这三家进行对比分析的原因在于以下几个方面：首先，三家公司在市场细分上有差别化、专一化，又存在一定的竞争：如三家公司的主营业务都是远洋运输，并且中国远洋和中海集运主要是集装箱和干散货，而中远航运则主要是特种杂货的远洋运输；中海集运的内贸集装箱是其一个亮点。因此，从主营业务上来说，选取的三家上市公司既有典型代表性又具有可比性。其次，中国远洋和中海集运的注册资本分别是 1 021 627.44 万元和 1 168 312.5 万元，规模相当，尽管中远航运的注册资本较少，但它与中国远洋都来自中远集团（COSCO）旗下。再次，中国远洋和中海集运之前都在香港联交所上市，并且都在 2007 年回归上海证券交易所，分析这两个远洋海运巨头的财务报表很有意义。

对于分析期间，本文确定 2007 年全年为考察期，对这三家上市公司之前公布的 2007 年年报进行分析。选取这个时期作为考察对象的主要原因在于：以中国为代表的亚洲新兴市场经济高速成长构建了亚洲出口航线的繁荣，也带动了国际海运市场的快速增长。其中，国际集装箱贸易量已多年保持 10% 以上的增速，而亚洲出口航线（主要是亚欧航线）更是表现抢眼。借助国际海运市场的快速发展和国内政策的大力支持，海运企业纷纷加大运力投放力度，一定程度上缓解了运力不足的局面。可以说，在业务量保障的情况下，运力投放的力度和进度将决定国内海运企业的持续发展能力。另外，从 2005 年股权分置改革后，上市公司和控股集团的利益趋于一致，而利用资本市场加快企业发展壮大成为海运类上市公司普遍采用的一种形式。2007 年，中国远洋回归 A 股，中海集运也在年底登陆 A 股市场，年报指标都代表着企业较稳定增长的水平，因此选取 2007 年年报数据进行分析有着一定的针对性和时效性。

（三）三家公司财务绩效的比较分析

1. 财务指标对比

表 7-3 为三家上市公司的相关财务指标数据。数据来自百度财经、证券通资讯终端。

表 7-3　三家物流类上市公司的财务指标数据

财务指标		中国远洋	中海集运	中远航运	行业平均
基本指标	股本（万元）	1 021 627.44	1 168 312.5	65 520	
	每股净资产（元）	4.40	2.80	5.09	
盈利能力	每股收益（元）	2.05	0.36	1.64	0.91
	每股收益摊薄（元）	1.87	0.285	1.639	
	主营业务利润率（%）	26.30	13.07	30.49	
	息税前利润率（%）	27.13	11.46	26.33	25.37
	总资产报酬率（%）	24.51	9.85	24.35	
	净资产收益率（%）	42.47	10.18	32.17	
偿债能力	资产负债率（%）	52.48	32.49	31.87	45.80
	流动比率	1.25	2.92	1.35	1.43
	速动比率	1.22	2.81	1.23	
	利息保障倍数	20.46	7.82	30.88	
营运能力	应收账款周转率	11.98	9.26	42.71	
	存货周转率	63.23	43.86	19.75	

	财务指标	中国远洋	中海集运	中远航运	行业平均
营运能力	总资产周转率	1.13	0.99	1.16	
	净资产周转率	3.04	1.60	1.79	
成长性	主营收入增长率（%）	159.35	26.61	38.38	80.56
	主营利润增长率（%）	487.24	169.09	62.11	
	净利润增长率（%）	1 460.49	396.66	74.49	370.80

2. 财务绩效对比分析

我们以表 7-3 中的指标为基础，结合三家公司的会计报表进行财务分析。

首先分析三家公司的盈利能力指标。中国远洋的每股收益最高（2.05），是中海集运的 5 倍多，远高于行业平均水平；再看每股净资产，中远航运最高（5.09），也是只有中海集运低于行业平均水平（3.47）；就主营业务利润而言，中国远洋和中远航运基本差不多，大约是中海集运的两倍，其他盈利指标如息税前利润率、总资产收益率情况也类似。2007 年中国远洋实现的营业收入、净利润分别为 938.80 亿元和 190.85 亿元，同比增长 76.8% 和 152.3%，其绝大部分利润来自干散货资产，全年干散货资产对净利润的贡献比例高达 93.5%。结合 2007 年宏观经济的大背景，我们知道煤炭、铁矿石等干散货的需求很大，运价高企，这使得中国远洋和中远航运盈利颇丰。

其次，我们分析一下三家公司的偿债能力指标。流动比率和速动比率都是从静态分析的角度反映企业短期的偿债能力，代表企业以流动资产或速动资产偿还流动负债的综合能力。比率越低，则意味着企业短期偿债能力不强，但如果比率过高，说明企业可能不善举债经营，经营者过于保守，将导致企业短期资金的利用效率较差。具体到三家公司，中国远洋和中远航运相差不大，并且略低于行业平均，而中海集运这两个比率基本是行业平均水平的两倍，企业的短期偿债能力较强，这也在一定程度上解释了其盈利水平不高的原因——短期资金的利用效率较低。

再次，让我们看看三家公司的经营效率指标。公司的应收账款在流动资产中具有举足轻重的地位，如能及时收回，资金使用效率便能大幅提高。应收账款周转率就是反映公司应收账款周转速度的比率。一般来说，应收账款周转率越高越好。应收账款周转率高，表明公司收账速度快，坏账损失少，资产流动快，偿债能力强。中远航运的应收账款周转率最高，差不多是另外两家公司的 4 倍，说明该公司对应收账款的管理最好。存货周转率是衡量和评价企业购入存货、投入生产、销售收回等各环节管理状况的综合性指标，在这方面，中国远洋表现最为出色，表现最差的是中远航运。而总资产周转率是指企业在一定时期主营业务收入净额同平均资产总额的比率。它是综合评价企业全部资产经营质量和利用效率的重要指标，三家公司表现相差不大，中海集运略差一些。

最后，我们分析一下三家公司的成长能力指标。纵览主营利润增长率、净利润增长率以及每股收益增长率等反映公司成长性的指标，对于中国远洋，可以用暴增来描述，中海集运也有不俗的表现，而中远航运则显得比较平稳。

（四）结论性分析

通过以上三家海运上市公司的财务报表对比分析，结合海运行业特点和发展趋势，我们总结出以下几个影响海运行业企业的经营管理和获利水平的重要因素。

1. 经济周期

海运业是周期性特征非常明显的行业，2007 年海运上市公司的良好业绩得益于世界经济，特别是以中国、印度为代表的新兴国家经济高速增长。随着美元的持续下跌，石油价格不断上涨，世界经济趋缓的迹象越来越明显，这必然对海运业带来不小的冲击，作为海运企业应及早制定相应的策略应对。

2. 资本结构方面

通过上面的对比分析，我们可以看出，海运上市企业加大负债经营往往会给企业带来丰厚的利润，如中国远洋的资产负债比率要远高于中海集运和中远航运，也高于行业的平均水平。当然，加大负债同时也要维持一定的偿债能力，特别是现金的偿债能力，避免经营风险。

3. 资产营运管理

从以上三个公司资产运营能力的指标我们可以看出，中海集运的应收账款周转率和总资产周转率都是最低的，这在一定程度上影响了该公司的盈利能力。由于海运企业是资金、技术密集型的行业，因此应该尤为重视其资产的使用效率。

第五节 基于平衡计分卡的物流综合绩效评价及其应用

在不同的时期，根据生产经营特点以及所处的社会经济环境不同，企业绩效评价与管理方法大不相同。20 世纪以来，财务绩效评价被企业广泛应用，但财务指标评估存在重短期利益而轻长期利益，重局部利益而轻全局利益等许多缺陷。因此，20 世纪 90 年代以来，人们提出了将财务指标和非财务的业务指标相结合的企业绩效评价方法，如平衡计分卡法、ABC 成本核算法和 EVA 评价法等。

一、平衡计分卡法的基本原理与特点

（一）平衡计分卡的基本原理

平衡计分卡（Balanced Score Card，BSC）是 20 世纪 80 年代初由哈佛商学院的罗伯特·卡普兰（Robert Kaplan）和诺朗·诺顿研究所所长戴维·诺顿（David Norton）发展出的一种全新的组织绩效管理方法，适用于对部门的团队考核。它将企业战略目标逐层分解转化为各种具体的相互平衡的绩效考核指标体系，并对这些指标的实现状况进行不同时段的考核，从而为战略目标的完成建立起可靠的执行基础的绩效管理体系。它把对企业业绩的评价划分为 4 个部分：财务方面、客户、经营过程、学习与成长。平衡计分卡以企业的战略为基础，并将各种衡量方法整合为一个有机的整体，主要从四个方面来观察和评估公司，如图 7-1 所示。

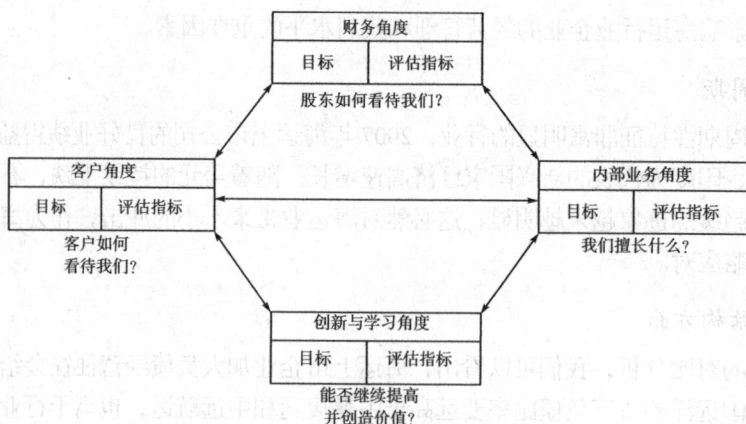

图 7-1　平衡计分卡的评估结构

1. 财务角度

其目标是解决 "股东如何看待我们" 的问题，从财务角度说明公司是如何满足股东要求的。该部分是从传统的财务绩效评价体系中转化而来的，通过设置一系列财务指标来显示公司的战略及其执行是否有助于公司利润的增加，公司的财务目标是否实现。典型的财务目标包括盈利、股东价值实现与增长。如用现金流量、权益报酬率来衡量股东价值的提高，用销售收入和经营收入的增长来衡量公司成长性。

2. 客户角度

其目标是解决 "客户如何看待我们" 的问题，从客户角度说明公司是如何在满足客户的价值主张中获取收益的。该部分运用各种方式包括自己组织或委托第三者进行客户调查，从交货时间、新产品上市时间、产品质量性能和服务等方面了解客户对公司的评价，并将此评价与其他竞争者进行比较。这样使公司与客户建立直接的联系，实现较高的市场反馈水平，有助于市场份额的提高。

3. 内部业务方面

其目标是解决 "我们擅长什么" 的问题，从内部业务角度说明我们必须擅长什么或如何高效产出，才能满足客户要求（包括内部客户）。要满足客户要求，必须要求公司内部组织中有一套有效的程序、决策和行为。该部分通过设置一系列内部测量指标，及时反馈影响客户评价的程序、决策和行为是否有效。例如，若经理发现按时交货的总体测评结果较差，马上就可通过内部测量指标确定是销售部门哪个环节导致了交货的推迟。该部分指标的设置向公司所有成员清楚无误地传达了与客户建立紧密关系并满足客户要求的重要性。

4. 创新与学习方面

其目标是解决 "能否继续提高并创造价值" 的问题，从创新与学习角度说明公司成员必须具备哪些素质、技术、技能才能满足前三者的需求，其实是在说明如何才能提高并创造价值的后劲。创新和学习能力包括公司技术领先能力、产品成熟所需时间、开创新市场能力和对竞争对手新产品的灵敏程度。前面以客户为基础的测评指标和内部流的测评指标确定了公司在竞争中取胜的重要参数，但在全球化、信息化的竞争中，不断改进和创新才是公司增加股东价值的前提。

（二）平衡计分卡的特点

平衡计分卡法是以公司的战略目标和竞争需要为基础的，将财务测评指标和客户满意度、内部业务及公司提高学习能力结合起来，不仅有利于正确评估企业经营绩效和竞争实力，还直接表明了企业的奋斗目标和宗旨，有利于企业全体员工对其战略计划、目标的理解，有利于管理者决策的正确制定和战略性竞争优势的形成。平衡计分卡方法因为突破了财务作为唯一指标的衡量工具，做到了多个方面的平衡。平衡计分卡与传统评价体系比较，具有如下特点。

（1）平衡计分卡可以提高企业整体管理效率。平衡计分卡所涉及的四项内容，都是企业未来发展成功的关键要素，通过平衡计分卡所提供的管理报告，将看似不相关的要素有机地结合在一起，可以大大节约企业管理者的时间，提高企业管理的整体效率，为企业未来成功发展奠定坚实的基础。

（2）注重团队合作，防止企业管理机能失调。团队精神是一个企业文化的集中表现，平衡计分卡通过对企业各要素的组合，让管理者能同时考虑企业各职能部门在企业整体中的不同作用与功能，使他们认识到某一领域的工作改进可能是以其他领域的退步为代价换来的，促使企业管理部门考虑决策时要从企业整体出发，慎重选择可行方案。

二、平衡计分卡在货主企业物流绩效考核中的应用案例

某省烟草公司在对各地级市烟草销售物流组织的绩效考核中，采用平衡计分卡的原理，设立了一套定性与定量相结合的综合评价标准体系，实现对物流配送中心整体运行的多层次、多方位的绩效评价，减少了评价过程中的随意性因素，形成了一套长期有效的激励和约束机制。

平衡计分卡实施的关键是把企业经营战略转化为一系列的衡量指标，具体到烟草商业物流部门，可把组织战略转化为财务、客户服务、内部业务流程、学习与成长四个方面的衡量指标。

1. 财务指标

财务指标主要选取三个指标：单箱物流费用、预算执行情况和卷烟残损额。

（1）单箱物流费用。单箱物流费用是指物流中心当月配送卷烟单箱实际发生的各项费用。其衡量方法是：单箱物流费用与上年同期持平得15分，同比单箱物流费用每超过1元扣1分。该指标数据由省局（公司）财务科提供。

（2）预算执行情况。预算执行情况是指累计发生业务招待费、职工食堂就餐费用、固定电话通信费、办公费、会议费、低值易耗品、水电费、燃油费、差旅费、修理费等各项费用预算核定数执行情况。该指标数据由市局（公司）财务科提供（如表7-4所示）。其衡量方法为：当月实际开支各项费用总额与费用预算核定数一致，得10分，超支15%以上不得分。

表7-4　预算执行情况计分方法

得分（分）	13分	12分	11分	10分	8分	6分	2分	0分
实际费用执行情况	降低15%以上	降低10%~15%	降低5%~10%	完成费用预算定额数	超支5%以内	超支5%~10%	超支10%~15%	超支15%以上

（3）卷烟残损额。卷烟残损额是指根据仓储管理办法，每月残损卷烟的发生金额不超过1 500元。其衡量办法是：每月残损卷烟的发生金额不超过1 500元，残损额为1 500元得10分，每超过100元扣1分。该指标数据由财务科提供。

2. 客户服务指标

客户服务指标主要选取指标为零售户有效投诉次数。

零售户有效投诉次数是指省局和市局接到的客户或下属县局（营销部）有效投诉次数，"有效"是指经市局核实后确属物流中心工作人员履行职务不到位而引起投诉的情况。该指标数据由市局经济运行科提供。其衡量方法为："零售户有效投诉次数"，考核月度内无有效投诉，得5分，每发生一次有效投诉扣2分。因此，发生一次有效投诉则该项得分为3分；发生两次有效投诉则得1分；发生三次及以上有效投诉，则该项得分为0。

3. 内部业务流程指标

内部业务流程指标主要选取4个指标：卷烟到货确认及时性、卷烟入库扫码率、分拣配货准确率和内控规范执行情况。

（1）卷烟到货确认及时性是指准运证在规定的有效期内准确进行确认。相关资料由省局内部专卖管理监督科提供。其衡量方法为：未在规定时间内确定或确认不准确一次扣5分。总分为10分，发生一次扣5分，发生两次及以上该项得分为0。

（2）卷烟入库扫码率是指卷烟入库扫码率必须达到100%。该指标数据由物流中心提供。其衡量方法为：卷烟入库扫码率必须达到100%，达不到100%得分为0。

（3）分拣配货准确率是指在日常分拣、配送过程中，做到分拣到户、配送到户100%准确。该指标由投诉中心、物流中心提供。其衡量方法为：考核月度分拣配货准确率达到100%，得5分，每发现一次分拣配货错误扣1分。发生分拣配货错误5次以上，该项不得分。

（4）内控规范执行情况是指按照物流精细严管理流程及要求，严格、规范管理物流各环节，并要有"痕迹化"记录或证明资料。其衡量方法为：每月抽查各项作业规范执行情况、管理制度执行情况等。该指标数据由物流中心、省局督查组提供（如表7-5所示）。该项满分为15分。

表7-5　内控规范执行情况计分方法

内控规范检查内容	检查情况	扣分
出库逐日跟踪监督管理表	填写不完整、签字不齐全	发现一次扣1分
逐日分拣跟踪监督管理表	填写不完整、签字不齐全	发现一次扣1分
逐日分拣、配送交接跟踪监督管理表	填写不完整、签字不齐全	发现一次扣1分
逐日配送跟踪监督管理表	填写不完整、签字不齐全	发现一次扣1分
配送情况日登记表	记录内容与记录不相符或无证明资料	发现一次扣2分
逐日货款跟踪监督管理表	填写不完整、签字不齐全	发现一次扣1分
上期应整改事项	本期未改正	发现一次扣2分

4. 学习与成长指标

学习与成长指标主要选取指标为培训计划完成率。

培训计划完成率是指物流中心按计划完成宣传贯彻《烟草行业物流标准体系》等标准，提高各类员工素质，制订全年教育培训计划，制作培训手册，以实施分拣、仓储、配送三大作业环节为主的培训，组织形式多样的考试，并严格落实到具体月份。其量化方法为：省局督查组将采取多种形式开展培训效果的抽查考核工作，不断提升培训教育工作的管理水平。该指标数据由物流中心、督查组提供（如表7-6所示）。

表7-6 学习培训情况指标的计分方法

学习培训完成情况	得分（分）
有具体的培训计划、详细的培训内容	10
按计划内容落实培训	5
有培训学习情况、心得体会及相关痕迹资料、提交月度培训工作总结	3
随机选取员工抽查培训效果、质量，效果显著得2分；效果不明显不得分；效果差扣2分	±2

5. 物流中心月度考核平衡计分卡汇总

根据以上指标设置和记分方法，得到物流中心月度考核平衡计分卡，如表7-7所示。

表7-7 物流中心月度考核平衡计分卡

考核层面	指标序号	关键因素	考核指标	指标权重	考核得分	数据来源
财务层面（35%）	F01	物流成本控制	单箱物流费用	15		财务科
	F02	完成财务预算目标	预算执行情况	10		财务科
	F03	减少卷烟损失	卷烟残损额	10		物流中心
客户层面（10%）	C01	提高服务质量	客户有效投诉次数	10		物流中心、内管科
内部流程层面（35%）	I01	提高流程有效性	卷烟到货确认及时性	10		物流中心
	I02	提高流程有效性	卷烟入库扫码率	5		物流中心
	I03	提高流程有效性	分拣配货准确率	5		物流中心
	I04	规范操作	内控规范执行情况	15		督察组
学习与成长层面（20%）	L01	提高员工素质	培训计划完成率	20		物流中心

该平衡计分卡全面地描述了每个地市物流中心的运行绩效，也是对各地市烟草局物流部门运作的综合评价。

三、平衡计分卡在物流企业综合绩效评价中的应用

下面是某物流企业运用平衡计分卡在绩效考核中的指标设置。

1. 财务绩效评价指标

财务绩效评价指标显示了物流企业的战略及其执行对于股东利益的影响。企业的主要财务目标涉及盈利、股东价值实现和增长。相应的平衡计分卡法将其财务目标简单表示为生存、成功、价值增长，如表7-8所示。

表 7-8　物流企业平衡计分卡法：财务绩效

目标	评估指标	可量化模型
生存	现金净流量	业务进行中的现金流入-现金流出
	速动比率	（流动资产-存货）÷流动负债
成功	权益净利率	净利润/平均净资产
价值增长	相对市场份额增加额	企业在规定的评估期内销售额增加量/在规定的评估期内同行业企业总销售额的增加量

财务层面的绩效评价只是企业整体发展战略中不可忽视的要素中的一部分。有时，现代化的物流企业的整体发展战略立足于长期发展和获取利润的能力，并非只盯着近期的利润。所以绩效评价的结果，虽然客户、内部业务及创新和学习各层面均有较大的进展，但是财务层面不会有令人可喜的结果，这并不是管理者不重视财务层面上的相关因素，而是在财务层面上重视的是能否完成基本的要求。

2. 客户层面绩效评价指标

物流企业的经营不仅是为了获取财务上的直接收益，还要考虑战略资源的开发与保持，这种战略资源包括外部资源和内部资源。外部资源即客户，为企业带来了物流服务产品的市场，这也是企业战略性成长的需求基础。客户层面的绩效评价，就是对企业赖以生存的外部资源开发和利用的绩效进行衡量。具体来说，是指企业进行客户开发的绩效和获利能力的测量。这种评估主要考虑两个方面：一是客户对物流服务满意度的评价，二是对企业的经营行为所开发的客户数量和质量的评价。为使平衡计分卡法有效地发挥作用，把这些目标转化成具体的评价指标，如表 7-9 所示。

表 7-9　物流企业平衡计分卡法：客户绩效

目标	评估指标	可量化模型
市场份额	市场占有率	客户数量、产品销售量
保持市场	客户保持率	保留或维持同现有客户关系的比率
拓展市场	客户获得率	新客户的数量或对新客户的销售额
客户满意	客户满意度	客户满意率
客户获利	客户获利能力	份额最大客户的获利水平、客户平均获利水平

3. 内部业务绩效评价

企业赖以生存的另一个重要资源是内部资源，就是物流企业具有的内部业务能力，包括产品特性、业务流程、软硬资源等。企业的内部业务绩效来自企业的核心竞争能力，即如何保持持久的市场领先地位、较高的市场占有率的关键技术与策略、营销方针等。企业应当清楚自己具有哪些优势，如高质量的产品和服务、优越的区位、资金的来源、优秀的物流管理人员等。这一部分是物流企业绩效评价体系中最能反映其行业和企业特色的，需要结合物流企业特点和客户需求共同确定。具体的评价目标和指标如表 7-10 所示。

表 7-10　物流企业平衡计分卡法：内部业务

目标		评估指标	可量化模型
价格合理		单位进货价格	每单位进货量价格
服务质量高	可得性	存货可得性	缺货率、供应比率、订货完成率
	作业绩效	速度、一致性、灵活性、故障与恢复	完成订发货周期、按时配送率、异于合同配送需求满足时间、次数、退货更换时间

续表

目标		评估指标	可量化模型
价格合理		单位进货价格	每单位进货量价格
服务质量高	可靠性	按时交货率、对配送延迟的提前通知、延期订货发生次数	按时交货次数/总业务数、配送延迟通知次数/配送延迟次数；延期订货发生次数
资源配置	硬件配置	网络化（采用 JIT、MRP 等物流管理系统的客户）	使用网络化物流管理的客户数/所有客户数
	软件配置	优秀的员工（完成常规任务的时间、质量，专业教育程度）	员工完成规定任务的时间、员工完成规定任务的出错率、接受过专业物流教育的员工数/员工总数

4. 创新与学习层面绩效评价

虽然客户层面和内部业务层面已经着眼于企业发展的战略层次，但都是将评估观点放在物流企业现有竞争能力上，而创新与学习层面则强调了企业不断创新，并保持其竞争能力与未来的发展势头，因此无论是管理阶层还是基层员工都必须不断地学习，不断地推出新的物流产品和服务，并且迅速有效地占领市场。对于业务不断地学习和创新会不断地为客户提供更多价值含量高的产品，减少运营成本，提高企业经营效率，扩大市场，找到新增附加值的机会，从而增加股东价值。物流企业创新和学习绩效评价目标和指标如表 7-11 所示。

表 7-11　物流企业平衡计分卡法：创新与学习绩效

目标		评估指标	可量化模型
员工学习	信息系统方面	员工获得足够信息	成本信息及时传递给一线员工所用的时间
	员工能力管理方面	员工能力的提高，激发员工的主观能动性和创造力	员工满意率、员工保持率、员工的培训次数
	调动员工参与积极性	激励和权力指标	员工建议数量、员工建议被采纳或执行的数量
业务学习创新		信息化程度、研发投入	研发费增长率、信息系统更新投入占销售额的比率/同行业平均更新投入占销售额比率

将平衡计分卡法应用于物流企业的绩效衡量，其重点是根据物流企业本身的特点和物流客户需求的特点，设定恰当的评估指标，从而提出一个全面衡量物流企业绩效的方法体系。采用这种全方位的分析方法，就是在物流企业的经营绩效与其竞争优势的识别之间搭建了一座桥梁，必将有利于企业的战略成长。

本章习题

一、名词解释

1. 平衡计分卡法
2. 比率分析法

二、简答题

1. 简述物流绩效评价的基本步骤。
2. 货主企业物流成本比率分析的常用比率有哪些？物流企业的比率分析与货主企业物流成

本比率分析有什么不同?

3．货主企业确定存货资金定额的方法有哪些?

4．请描述用周转期计算法确定存货资金定额的基本思路。

5．什么是存货资金的相对节约与绝对节约?

6．如何计算与分析货主企业存货周转率指标?

7．物流企业的财务评估指标有哪些方面? 分别包含哪些指标?

8．如何利用平衡计分卡法确定物流企业的绩效评价指标体系?

三、案例分析

有一家跨国食品公司,在中国生产和销售自己的国际品牌产品,在过去四年里取得了飞速增长。他们的产品定位是高端市场、高价格、高质量。通过努力,公司在第三年实现了持平,第四年开始赢利。

公司在平衡计分卡项目刚启动的时候面临的挑战非常大,有来自其他跨国食品公司日益加剧的竞争,也有中国本地的竞争对手生产和他们相类似的产品,质量也不错,而且价格低很多。很显然如果公司再不制订一个有效的策略来应对竞争,公司现有产品的增长将会放慢。

一方面,高级管理层意识到销售自己的核心产品对公司保持成功很重要,公司需要降低报价以保持市场竞争力,同时需要降低运作成本以保证利润率。另一方面,管理层也清醒地知道打价格战并不能使公司取得长期成功,关键是要有新产品,通过本地队伍的创新或把海外的技术转化为本地所用,生产出竞争对手不能提供的产品。

至此,管理层心中已经有了一个比较清晰的战略。

1．公司需要实现优异运作以降低运营成本,从而能够使现有产品的价格具备市场竞争力。

2．需要实施产品领先战略,继续开发满足顾客需求的新产品。

然而,新战略出台后 6 个月,管理层没有看到任何成本降低或产品开发方面的成果:一件重要的新产品开发周期被延后了,成本和去年同期相比上升了。到底哪里不对呢?

问题与分析

我们和高级管理层一起工作,找出了以下一些比较重要的问题。

1．新战略没有在组织内清晰地传达给每一个人。

2．没有具体的实施计划。

3．一些主管对战略的执行没有全力投入,因为他们要忙于救火:处理销售和日常管理事务。

4．公司的绩效标准和目标没有和战略紧密连接。

5．缺少一个有效的绩效考评系统来跟踪考查目标绩效。

6．员工不知道他们哪些地方需要改变。

7．没有一个有效的基础架构来考查绩效并根据变革来调整战略和重组组织。

对此,我们首先举办了一个战略研讨会,会上明确了企业的愿景和战略。

1．公司的优势在哪里? 公司长久的竞争优势是什么?

2．要成功实施商业战略,哪些方面需改进?

3．什么是我们可能的机会?

4．哪些是我们应该聚焦的关键业务区?

5．运用迈克·波特的竞争力量模型,分析五种竞争力量,如何防止这些重要的威胁?

6．我们未来的战略重点应该是什么？

明确了公司的战略以后，我们和高级管理层一起运用以下框架制订了公司的平衡计分卡。请回答以下问题。

财务角度

1．由于新产品开发是公司的关键战略要素，因此高级管理层没有把总营业额作为一个关键的平衡计分指标，而是把什么作为平衡计分指标？

2．将考评指标和人均创收相关联的作用是什么？

3．高级管理层应该设计一个什么样的利润目标？

客户角度

1．高级管理层意识到要维持现有产品的市场份额，需要提高客户满意度以留住老客户。他们对 20/80 原则理解得很透彻。因此，从客户角度来看应该设定哪两个考评指标？

2．由于公司的战略是产品领先，因此应该把什么作为考核指标？

内部流程角度

公司为每一项产品都设定了开发周期，因此应该把什么作为考核指标？

学习/成长角度

这个角度的重点是哪些能够驱动公司学习和成长，指明公司需要在哪些地方优于竞争对手，实现业绩突破。第一个战略目标就是被考评的新产品创意数量。

第八章

企业物流成本的日常控制

掌握企业物流成本日常控制的基本内容；了解运输成本控制、仓储成本控制、配送成本控制、包装成本控制的内容；掌握以物流成本形成过程为对象的物流成本控制。

案例 8.1

零售业在各国都是首先建立先进物流的行业之一，零售业中的物流先锋在日本，日本 7-11 是有着日本最先进物流系统的连锁便利店集团。它们利用新物流技术，以保证店内各种商品的供应顺畅。便利店依靠的是小批量的频繁进货，只有利用先进的物流系统才有可能发展连锁便利店。典型的 7-11 便利店非常小，场地面积平均仅 100 平方米左右，但就是这样的门店提供的日常生活用品达 3 000 多种。虽便利店供应的商品品种广泛，但通常没有储存场所，为提高商品销量，售卖场地原则上应尽量大。这样，所有商品必须能通过配送中心得到及时补充。如果一个消费者光顾商店时不能买到本应有的商品，商店就会失去一次销售机会，并使便利店的形象受损。所有的零售企业都认为这是必须首先避免的事情。

为了保证有效率地供应商品，日本 7-11 在整合及重组分销渠道上进行了改革，通过和批发商、制造商签署销售协议，能够开发有效率的分销渠道与所有门店连接。通过这种协议，日本 7-11 无须承受任何沉重的投资负担就能为其门店建立一个有效率的分销系统。由此，配合先进的物流系统，7-11 使各种各样的商品库存适当，保管良好，并有效率地配送到所有的连锁门店。

从给便利店送货的卡车数量下降上可以体现出物流系统的先进程度。例如，十几年前，每天为便利店送货的卡车就有 70 辆，现在只有 12 辆左右。显然，这来自新配送中心的有效率的作业管理。

启发思考

7-11 采用的是什么样的物流控制策略？

JIT（Just In Time，及时制）观念在日本的各个经济部门都非常普及。每个产业部门的客户甚至小零售店主，当其订货时，认为对方理应在次日一早送到。对 JIT 送货的需求提高了交货服务质量，受其影响，交货次数变得越加频繁，而每次交货数量相对减少，为此，很多公司都在实行频繁而小批量的送货服务。许多公司日益倾向于削减库存，以免既占地又费钱。公司愿意通过有效的管理手段，并实施 JIT 进货方式，以更频繁少量的进货降低保管费用。JIT 大范围采用的直接结果就是送货卡车满载相当不易，货车载重利用率下降。

频繁而小批量送货的趋势现已从运输业蔓延到仓储业的经营中，产品按客户订单进行储存、拣选，按预定的目的分拣，这增加了作业难度。过去，当客户需要一定数量的存货时，习惯于成箱购买，而 JIT 进货通常是散件订购，这导致作业更为复杂，需额外增加劳动力在仓库拣选零散的订货。

制造商往市场投放更多种类产品的趋势使仓储状况更复杂。在日本，小批量多品种的生产方式已经取代了大量生产，所以，产品品种数量增加很快，这也是制造商为扩大销量与市场份额而采取的应变措施。不过，这就使得不仅制造商而且连批发商与零售商都不得不增加储存多品种商品的空间，仓储作业相应变得烦琐。

日本企业在巨大的压力下不得不采用现代化的信息系统来实现物流活动的管理与控制。它们根据实践的需要，将物流系统与分销渠道统一规划，不断提高企业的物流管理水平。

近来，分销渠道的复杂性减缓了物流方面的发展。一个产品的典型分销渠道一般是从制造商起，经过批发商，最后到零售商。因为批发商在分销中的双重角色，造成分销过程的复杂程度增加。一个批发商可以把货卖给零售商，也可以卖给其他次级批发商。

若想建立先进的物流系统，除了将现有的分销渠道合理化外，别无选择。

第一节 企业物流成本日常控制的基本内容

一、物流成本日常控制的内容

在本书中，把物流成本的管理与控制分成了两个系统：一是物流成本管理系统，主要是指在进行物流成本核算的基础上，运用专业的预测、计划、核算、分析和考核等经济管理方法来进行物流成本的管理，具体包括物流成本预算、物流成本性态分析、物流责任成本管理和物流成本—效益分析等。本书的第3～7章介绍的正是物流成本管理系统的相关内容。

物流成本管理与控制的另一个系统是物流成本的日常控制系统。物流成本的日常控制系统就是指在物流运营过程中，通过物流技术的改善和物流管理水平的提高来降低和控制物流成本。物流管理是一项技术性很强的管理工作，要降低物流成本，必须从物流技术上下工夫。具体地说，物流成本控制的技术措施主要包括提高物流服务的机械化、集装箱化和托盘化；改善物流途径，缩短运输距离；扩大运输批量，减少运输次数，提高共同运输；维护合理库存，管好库存物资，减少物资毁损等。物流成本控制是物流成本管理的中心环节。

在实际工作中，物流成本的日常控制可以按照不同的对象进行。一般来说，物流成本的日常控制对象可以分为以下几种主要形式。

（1）以包装、运输、储存、装卸、配送等物流功能作为控制对象，也就是通过对构成物流活动的各项功能进行技术改善和有效管理，来降低其所消耗的物流成本费用。

（2）以物流成本的形成过程为控制对象，即从物流系统（或企业）投资建立、产品设计（包括包装设计）、材料物资采购和存储、产品制成入库和销售，一直到售后服务，凡是发生物流成本费用的各个环节，都要通过各种物流技术和物流管理方法，实施有效的成本控制。

除了以上两种成本控制对象划分形式之外，物流系统还可以按照各责任中心（如运输车队、装卸班组、仓库等）、各成本发生项目（如人工费、水电气费、折旧费、利息费、委托物流费等）等进行日常的成本控制，但这些成本日常控制的方式往往是建立在前面所述的物流成本管理系统的各种方法基础上的，需要与物流成本的经济管理技术有效结合起来运用。

二、企业物流成本日常控制的贯彻

随着市场经济的不断发展，企业间的竞争日益加剧，从而对物流及物流成本管理与控制提出了更高的要求。在物流成本管理与控制中，企业管理人员要对成本管理与控制给予足够的重视，不受"成本无法再降低"这样的传统思维定势的束缚，充分认识到成本降低的潜力是无穷无尽的。而物流成本的日常控制就是要在日常的物流活动中，不断改善物流技术和物流管理，降低物流成本。贯彻现代物流成本意识要注意以下几个方面。

1. 企业要从战略布局的高度定位物流成本控制

物流是企业经营战略的一部分，企业生产、经营的战略和策略决定了物流系统的运行模式，产品种类、服务项目和营销策略的改变都将导致物流成本的变化。因此，在进行各项战略决策时，需要将各项决策对物流的要求和对物流成本的影响纳入考虑范围。

2. 以理想物流成本为目标

要打破"成本无法再降低"等传统观念的束缚，就必须以理想的物流成本为目标，时刻将理想物流成本作为行动指南，树立"物流成本降低无止境"的观念。例如，在库存管理中，以零库存为目标；在运输管理中，不出现空载等。

3. 形成全员式的降低物流成本格局

要最大限度地降低物流成本需要全体从事物流工作的员工的参与，每个员工都要具有降低物流成本的愿望和意识，并进行自我控制。另外，物流成本的发生不仅应由物流部门负责，也涉及企业的其他部门，因此，物流成本的降低还需要各部门的通力合作，以确保从总成本角度来降低物流成本。

4. 持续不断地降低物流成本

降低物流成本不应作为一时的权宜之计，应持续不断地进行，而且随着经济环境的变化，理想的物流成本也会不断变化。因此物流成本管理必须适时调整，才能满足现代成本管理的要求。

现代物流成本意识本质上就是要企业无止境地追求物流成本降低，消除一切物流浪费。

案例 8.2

沃尔玛公司是世界上最大的商业零售企业，在物流运营过程中，尽可能地降低成本是其经营的哲学。沃尔玛有时采用空运，有时采用船运，还有一些货物采用卡车公路运输。在中国，沃尔玛百分之百地采用公路运输，所以如何降低卡车运输成本，是沃尔玛物流管理面临的一个重要问题，为此他们主要采取了以下措施。

（1）沃尔玛使用一种尽可能大的卡车，大约有16米加长的货柜，比集装箱运输卡车更长或更高。沃尔玛把卡车装得非常满，产品从车厢的底部一直装到最高，这样非常有助于节约成本。

（2）沃尔玛的车辆都是自有的，司机也是自己的员工。沃尔玛的车队大约有5 000名非司机员工，还有3 700多名司机，车队每周每一次运输可以达7 000～8 000千米。

（3）沃尔玛知道，卡车运输是比较危险的，有可能会出交通事故。因此，对于运输车队来说，保证安全是节约成本最重要的环节。沃尔玛的口号是"安全第一，礼貌第一"，而不是

"速度第一"。在运输过程中，卡车司机们都非常遵守交通规则。沃尔玛定期在公路上对运输车队进行调查，卡车上面都带有公司的号码，如果看到司机违章驾驶，调查人员就可以根据车上的号码报告，以便于进行惩处。沃尔玛认为，卡车不出事故，就是节省公司的费用，就是最大限度地降低物流成本，由于狠抓了安全驾驶，运输车队已经创造了 300 万千米无事故的纪录。

（4）沃尔玛采用全球定位系统对车辆进行定位，因此在任何时候，调度中心都可以知道这些车辆在什么地方，离商店有多远，还需要多长时间才能运到商店，这种估算可以精确到小时。沃尔玛对运输与产品信息的掌握非常准确就可以提高整个物流系统的效率，有助于降低成本。

（5）沃尔玛的连锁商场的物流部门 24 小时进行工作，无论白天或晚上，都能为卡车及时卸货。另外，沃尔玛的运输车队利用夜间进行从出发地到目的地的运输，从而做到了当日下午进行集货，夜间进行异地运输，翌日上午即可送货上门，保证在 15～18 个小时内完成整个运输过程，这是沃尔玛在速度上取得优势的重要措施。

（6）沃尔玛的卡车把产品运到商场后，商场可以把它整个地卸下来，而不用对每个产品逐个检查，这样就可以节省很多时间和精力，加快了沃尔玛物流的循环过程，从而降低了成本。这里有一个非常重要的先决条件，就是沃尔玛的物流系统能够确保商场所得到的产品是与发货单完全一致的产品。

（7）沃尔玛的运输成本比供货厂商自己运输产品要低，所以厂商也使用沃尔玛的卡车来运输货物，从而做到了把产品从工厂直接运送到商场，大大节省了产品流通过程中的仓储成本和转运成本。

读一读：物流成本控制遵循的原则

沃尔玛的集中配送中心把上述措施有机地组合在一起，作出了一个最经济合理的安排，从而使沃尔玛的运输车队能以最低的成本高效率地运行。

启发思考

沃尔玛采取了哪些提高物流运输效率的措施？

为了使得运输成本降低，提高物流运输的效率，沃尔玛中国公司从以下几个方面进行了改进。

（1）运输距离。

（2）装载量。

（3）运输工具。

（4）运输环节。

（5）运输时效。

第二节　运输成本的控制

运输是物流系统中的核心功能。运输成本的控制目的是使总运输成本最低，但又不影响运输的可靠性、安全性和快捷性要求。运输成本的组成内容主要包括人工费、燃油费、运输杂费、运输保险费以及外包运输费等。据日本有关部门的统计，企业为进行运输活动而支付的费用占物流成本总额的 53% 以上。

一、影响运输成本的因素

影响运费的因素很多，主要有商品运输距离、装载量、运输工具、运输环节和运输时效要求等。因此，运输成本控制要根据不同的情况采取不同的措施。

1. 运输距离

运输距离是影响运输成本的主要因素，因为它直接对劳动力、燃料和维修保养等费用发生作用。人们经常用每千米多少钱来衡量商品的运输成本，这说明在很多情况下，运输成本是与运输距离成正比例增长的，是一项变动成本。但是，人们仍然可以通过合理选择运输工具、优化运输环节与运输线路、合理装载等措施来降低运输成本。

2. 装载量

装载量对运输成本的影响，是因为运输活动中存在着规模经济效应，即每单位重量的运输成本随着载货量的增加而减少。这种规模效应的产生主要是因为每千米运输成本、提起和交付活动的固定费用，以及相关行政管理费用是相对固定的，因而随着载货量的增加会被分摊。对于小批量的载货应整合成更大的载货量，以期获得规模效应。当然，这种关系要受到运输工具（如卡车）最大尺寸的限制。

3. 运输工具

在多种运输工具并存的情况下，要注意选择合适的运输工具与运输线路。合理使用运力，要根据不同货物的特点，分别利用铁路、公路或水路运输，选择最佳的运输路线。能走水运的尽量不走铁路，应该用火车运输的不要用汽车。运输工具的选择对运输成本的影响很大，当然还要考虑货物形态、时效要求等具体情况。

4. 运输环节

围绕着运输业务活动，还要进行装卸、搬运、储存、包装等工作，多一道环节，就要花费很多劳动，发生许多成本。因此，在商品运输管理中，对有条件直运的尽可能组织直达、直拨运输，使商品不进入中转仓库，越过一切不必要的环节，由产地直接运输到销售地或用户，尽可能减少二次运输。

5. 运输时效要求

对于物流或运输业务来说，为了更好地满足顾客服务，及时满足顾客的需求，时效是一个决定性的因素，运输不及时容易失去销售机会，造成商品脱销或积压。尤其在市场变化很大的情况下，时效问题就更加突出。时效要求越高，运输的频次要求可能就越多，总的运输成本就可能增加。

二、运输环节与运输网络的优化

（一）尽可能减少运输环节

每经过一道运输，都会相应地发生装卸、搬运等工作，多一道环节，就会增加不少成本。

因此，在组织运输时，应尽可能采用直运，减少中间环节，减少二次运输。同时，更要消除相向运输、迂回运输等不合理现象，以便减少运输里程，节约大量的运费开支。

实际上，运输环节的多少往往取决于企业仓储网点的设置。有的企业采用直运形式；而对于全国或者全球性销售网络而言，如果终端销售网点很多，很多企业都采用干线运输—区域分拨中心—分拨运输—配送中心—配送—客户的运输组织模式。目前，对于一些行业的制造企业，如日化业、医药业、电子业等，其产品产量大，品种比较固定，包装比较规范，这些企业的产品销售物流是很重要的，物流的合理组织将会给企业节约大量的成本。目前，许多制造企业对原有的仓储场地进行改造之后，建设了大型的多功能物流中心，通过物流中心的组织，对原有的销售渠道和销售网络进行重新整合，实现了销售物流的合理化。

制造企业的传统分销渠道一般都是长而复杂的，一般来说，产品只有经过一级批发商和二级批发商才到零售商手中。在这种情况下，制造商有时很难确切地掌握其产品处于分销过程中的数量，因为批发商在经销产品时彼此是独立的，所以又长又复杂的分销渠道实际上阻碍了制造商对产品最终销售情况的有效跟踪。这种信息上的滞后性又反过来使制造商不能及时根据消费者喜好的变化调整生产，这样，制造商就会面临产品生产过剩的风险。所以，对于制造商来说，为了获得分销过程中的即时信息，尽可能缩短分销渠道是非常重要的。通过建立大型物流中心，可以把原来的复杂分销渠道简化，一方面可以及时有效地跟踪产品销售信息；另一方面，也促进了销售物流的更加合理化。

图 8-1 反映了大型制造企业或分销企业物流网络发展的一种趋势。

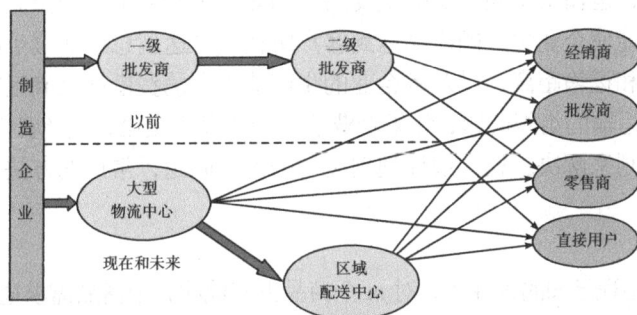

图 8-1　制造企业销售物流二级网络的设置

例如，日本的花王公司是一家生产香皂、洗发水、卫生用品等日用必需品的制造商，被认为是物流系统最优秀的制造企业之一。花王按照"次日交货"的策略向批发商和零售商供应产品。假如一个零售商订购不到一箱的产品，无论它在日本的哪个地方，花王都会在第二天将货送到。花王建立了几个大型物流中心，取代以前那些小而分散的配送中心，以保证优良的服务水平。由于供应范围广，物流中心的规模必然很大，只有实现自动化作业才能提高效率，作业人员也尽量缩减到最少。由于代表当今先进水平的信息系统运用于供应作业中，从零售终端过来的订单可立即传输给物流中心。关于订购的所有产品的信息都能直接转给工厂，生产计划做到了合理化。花王通过设立销售代理公司来代替批发商，使分销渠道合理化。以前，一个传统批发商经销的产品不止花王一家，而销售代理公司专门经销花王的产品。花王原先在每个商业地区都单独设立这样的销售代理，但以后逐渐被调整为一个综合销售体系。现在，日本有 20 个花王的销售代理，零售商购买的花王产品的 70%出自那里。花王通过信息系统与他们联网，及时了解当前的销售状况，这种实时信息使生产变得富有效率。

（二）运输网络与运输线路的优化

不合理的运输如重复运输、迂回运输的存在，将造成运力的浪费与运输成本的增加，而优化运输网络与运输线路将可以减少不合理的运输。

1. 不合理运输的种类

常见的不合理运输包括对流运输、迂回运输、重复运输和无效运输等。

对流运输是指将 A 地的货物运到 B 地，同时又存在 B 地同种货物被运送到 A 地的现象。对流运输是不合理运输中最突出、最普遍的一种。

迂回运输是指因运输线路选择不当而造成的比最优路线多走路程的运输活动，当然也可能是由于道路施工、事故等原因造成的被迫绕道的情况，这种情况下应尽快恢复正常。

重复运输是指把可以直线运输的货物经过不必要的中转，增加了货物损耗和出入库的手续，造成物流时间加长，运费增加。

无效运输即不必要的运输，由于货物本身的品质，浪费了大量的运输能力。无效运输可以通过先行的流通加工得到解决。

2. 优化运输网络与运输路线的方法

在物流过程中，运输组织问题是很重要的。例如，某产品某几个企业生产，又需供应某几个客户，怎样才能使企业生产的产品运到客户所在地时达到总运费最小的目标？在企业到消费地的单位运费和运输距离，以及各企业的生产能力和消费量都已确定的情况下，可用线性规划技术来解决运输的组织问题；如果企业的生产量发生变化，生产费用函数是非线性的，就应使用非线性规划来解决。属于线性规划类型的运输问题，常用的方法有单纯形法和表上作业法。

（1）单纯形法

在运价已知、路程已知的条件下，对 m 个商品供应地和 n 个商品需求地的商品运输建立数学模型，并利用单纯形法求解，以使满足条件的总运费最小。模型建立中可以包括供需平衡模型和供需不平衡模型两种。

（2）表上作业法

表上作业法是已知各地单位运价和各产销地供需量，在表上求解使总运费最低的调运方案。初始调运方案可以根据最小费用（运价）法编制，然后进行判优、调整，直到找到总运费最低的方案。

三、合理选择运输方式和运输工具

（一）主要的运输方式及其特点

主要的运输方式包括公路运输、铁路运输、水运运输和航空运输，每种运输方式的特点与适用情况各不相同。

（1）公路运输主要承担近距离、小批量的短途运输。公路运输的主要优点是灵活性强，可以实现"门到门"的运输，而无须运转或反复装卸搬运。公路运输的经济半径一般在 200 千米以内。

（2）铁路运输主要承担长距离、大数量的货运，是在干线运输中起主力作用的运输形式。铁路运输的优点是速度快，运输不大受自然条件限制，载运量大，运输成本较低。其主要缺点是灵活性差，只能在固定线路上实现运输，需要以其他运输手段配合和衔接。铁路运输的经济里程一般在 200 千米以上。

（3）水运运输主要承担大批量、长距离的运输。水运的主要优点是成本低，能进行低成本、大批量、远距离的运输。水运的缺点是运输速度慢，受港口、水位、季节、气候影响较大。

（4）航空运输的单位成本很高，因此，主要适合运载的货物有两类：一类是价值高、运费承担能力很强的货物，如高档贵重产品等；另一类是紧急需要的物品。空运的主要优点是速度快，不受地形的限制。空运往往可以完成火车、汽车很难完成的运输任务。

（二）运输方式选择的基本原则与影响因素

1. 运输方式选择的基本原则

对于不同货物的形状、价格、运输批量、交货日期、到达地点等货物特点，都有与之相对应的适当运输工具。运输工具的经济性与迅速性、安全性、便利性之间存在着相互制约的关系。因此，在目前多种运输工具并存的情况下，在控制运输成本时，必须注意根据不同货物的特点及对物流时效的要求，对运输工具所具有的特征进行综合评估，以便作出合理选择运输工具的策略。一般来说，空运比较贵，公路运输次之，铁路运输便宜，水运最廉。因此，在保证物流时效，不使商品损失的情况下，应尽可能选择廉价运输工具。表 8-1 所示为运输方式选择的一般原则。

表 8-1　运输方式的选择原则

货物属性	空运	水运	铁路	公路
时限	短	没有时限要求	长	中
价值	高价值	低价值	均可	均可
体积/重量	轻货	均可	均可	均可
运距	600 千米以上	长距离	200 千米以上	中短程

2. 运输方式选择的影响因素

运输方式的选择不仅要考虑到运输成本的因素，还要涉及客户服务要求、货物种类以及与库存成本之间的关系等问题。图 8-2 反映了影响运输方式选择的主要因素。

目前，我国各种运输方式的技术速度分别为：铁路 80～160 千米/小时，海运 10～25 海里/小时，河运 8～20 千米/小时，公路 80～120 千米/小时，航空 900～1 000 千米/小时。从经济性的角度看，一般认为，距离在 300 千米以内主要选择公路运输，300～500 千米主要选择铁路运输，500 千米以上则尽可能选择水路运输。

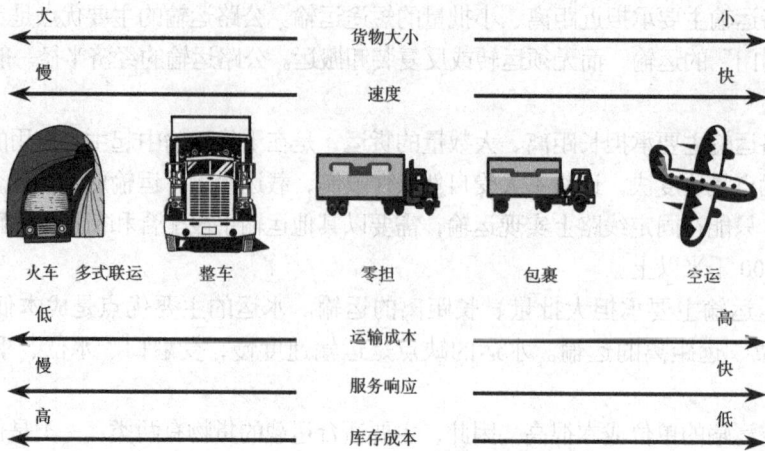

图 8-2　选择运输方式的影响因素

（三）开展多式联运

多式联运是一种高效的运输组织方式，它集中了各种运输方式的特点，扬长避短，融会一体，组成连贯运输，达到简化货运环节、加速货运周转、减少货损货差、降低运输成本、实现合理运输的目的。与单一运输方式相比，多式联运具有非常大的优越性。

在多式联运方式下，不论全程运输距离多远，不论需要使用多少种不同运输工具，也不论中途需要经多少次装卸转换，一切运输事宜统一由多式联运经营人统一负责办理。对货主来说，只办理一次托运，签订一个合同，支付一笔全程单一运费，取得一份联运单据，就履行全部责任，这样可以节约大量的手续费用和中转费用。

多式联运是直达、连贯的运输，各个运输环节配合密切，衔接紧凑，中转迅速而及时，中途停留时间短。此外，多式联运往往以集装箱为主体，货物封闭在集装箱内，虽经长途运输，但不需拆箱和搬动，这样既减少了货损货差，还可以防止污染和被盗，能够较好地保证货物安全、迅速、准确、及时地运到目的地。

四、装载技术与运输技术的合理运用

1. 通过合理装载，降低运输成本

在单位运输费用一定时，通过改善装载方式，提高装载水平，充分利用运输车辆的容积和额定载重量，可以使单位运输成本降低，最终减少总运输成本。合理的装载方式包括以下几种。

（1）拼装整车运输。整车运输和零担运输运价相差较大，进行拼装整车运输可以减少部分运输费用。拼装整车运输的做法有：零担货物拼整车直达运输；零担货物拼整接力直达运输；整车分卸；整装零担。

（2）轻重配载。将重量大、体积小的货物与重量小、体积大的货物组装，可充分利用运输工具的装载空间和载重定额，提高运输工具的使用效率。

（3）解体运输。对体积大、笨重、不易装卸、易损坏的货物，可拆卸装车，分别包装。这

样既缩小占据的空间，又易于装卸和搬运，可以提高运输效率。例如，自行车之类的商品以零件的形式进行运输，到了消费地再进行组装和销售。再比如说，品牌台式电脑的销售物流，也可以采用解体运输方式。

（4）多样堆码。根据运输工具的货位情况、所载货物的特点，采取不同的堆码方式，如多层装载等，以便提高运输工具的装载量。

（5）利用组合运输，减少空载。运输中经常存在回程空载现象，这样，运输同一批货物到同一地点，就多花了一倍的费用。在运输工具回程前，通过各种方式安排好回程的货物，尽可能利用回程车辆进行运输，可以减少运输成本。

例如，日本花王公司通过商品组合运输系统解决了货车返程途中的空载问题。开始时，花王公司主要与其原材料供应商进行组合运输，即花王公司将商品从工厂或总公司运抵销售公司后，与当地供应商联系，将生产所需的原材料装车运回工厂。后来，商品运输组合的对象范围逐渐扩大，其他企业都可以利用花王公司的车辆运载货物。例如，静冈花王每天早上 8 点钟卸完货物后，就装载清水公司的机电产品零部件，并运送到清水公司位于东京的客户批发店。现在，参与花王组合运输的企业达到 100 多家，花王工厂与销售公司之间将近 80%的货物都进行了组合运输。

2. 运用现代运输技术降低运输成本

各种新技术在物流实践中得到推广使用，也可以使运输成本得到降低。

（1）托盘化运输。全程以托盘作为单元货载进行运输，可以缩短运输中转时间、加快中转速度，同时可以提高实际操作的可靠性和机械化程度。

（2）集装箱化运输。集装箱作为现代运输的重要载体，既是一种包装容器，又是一种有效的运输工具。通过集装箱运输可以提高装载效率、减轻劳动强度，起到强化外包装的作用，节约大量商品包装费用和检验费用，并防止发生货损货差。

（3）特殊运输工具和运输技术。新运输技术和运输工具的运用，解决了原先运输的许多难题。例如，专用散装罐车使粉状、液态状运输损耗大、安全性差的问题得到解决；集装箱高速直达车船加快了运输速度。

例如，日本花王公司为了实现工厂仓库和销售公司仓库自动机械化的连接，开发出了特殊车辆。这种特殊车辆是能装载 14.5 吨货物的重型货车，该货车能装载 20 个 Ⅱ 型平托盘，并用轻型铝在货车货台上配置了起重装置。后来，花王公司又开发了能装载 19 吨货物、装载 4 个平托盘的新型货车、特殊架装车和集装箱运输车。特殊运输工具的开发对花王公司运输系统的成功运作起到了重要作用。

五、合理选择运输组织模式

（一）运输组织模式选择的基本原则

企业可以选择自营运输，也可以选择外包运输业务。而对于不同的产品，由于客户需求特点的不同，以及货物价值量大小的不同，在仓储和运输模式的选择上也会有很大的不同。表 8-2 和表 8-3 反映了在不同条件下运输组织模式的选择。

表 8-2　自营或外包运输业务的选择

客户	短距离	中距离	长距离
高密度	自有车队巡回运输	转运巡回运输	转运巡回运输
中密度	第三方巡回运输	零担承运人	零担或包裹承运人
低密度	第三方巡回运输或零担承运人	零担或包裹承运人	零担或包裹承运人

表 8-3　不同类型产品的运输和库存组织模式选择

产品类型	高价值	低价值
需求大	分散周转库存，集中安全库存，采用便宜的运输方式补充周转库存，采用快速运输方式补充安全库存	分散所有库存，采用便宜的运输方式补充库存
需求小	集中所有库存，采用快速运输方式履行客户订单	只集中安全库存，采用便宜的运输方式补充周转库存

（二）合理的运输组织方式

1. 分区产销平衡合理运输

分区产销平衡合理运输，就是在组织物流活动中，对某种货物，使其一定的生产区固定于一定的消费区。根据产销情况和交通条件，在产销平衡的基础上，按近产近销的原则，使货物走最少的里程，组织货物运输。这种形式的适用范围，主要针对品种单一、规格简单、生产集中、消费分散、或生产分散、消费集中、调运量大的货物，如煤炭、木材、水泥、粮食、建材等。实行这一办法，对于加强产、供、运、销的计划性，消除过远、迂回和对流等不合理运输，充分利用地方资源，促进生产合理布局，降低物流费用，节约国家运输能力，都有十分重要的意义。

实行分区产销平衡运输，首先，要摸清货物产销情况、供应区域和运输路线的运输方式，作为制定合理调运方案的依据。其次，划定货物调运区域，将某种物资的生产区基本固定于一定的消费区。工业产品以生产地为中心，同靠近这一生产地的消费区的产销关系基本固定下来；农副产品以消费城市为中心，同附近的生产地的产销关系基本固定下来，一次形成一个合理的货物调运区域。再次，绘制合理运输流向图。即根据已制定的调运区域范围内，按着运程最近和产销平衡的原则，制定合理运输流向图，把产、供、运、销的关系固定下来，作为铁路、交通、商业、物资和生产部门执行货物调运和运输计划的依据。最后，制定合理运输调运方案。

2. 直达运输

直达运输，就是在组织货物运输过程中，把货物从产地或起运地直接运到销地或用户，从而减少中间的仓库或运输环节。对于生产资料来说，由于某些货物体大笨重，一般采取由生产厂矿直接供应消费单位，实行直达运输，如煤炭、钢材、建材等。

3. 共同运输

参加共同运输计划通常意味着一个货运代理、公共仓储或物流运输企业在为相同市场中的多个货主安排集运。提供共同运输的公司通常具备大批量送货目的地的长期送货约定，在这种安排下，集运公司通常为满足客户的需要而完成相关价值增值服务，如分类、排序、进口货物的单据处理等。

　　案例 8.3

安利如何降低物流成本

　　安利的"店铺+推销员"的销售方式，对物流储运有非常高的要求。安利的物流储运系统的主要功能是将安利工厂生产的产品及向其他供应商采购的印刷品、辅销产品等先转运到位于广州的储运中心，然后通过不同的运输方式运抵各地的区域仓库（主要包括沈阳、北京及上海外仓）暂时储存，再根据需求转运至设在各省市的店铺，并通过家居送货或店铺等销售渠道推向市场。与其他公司所不同的是，安利储运部同时还兼管着全国近百家店铺的营运、家居送货及电话订货等服务。所以，物流系统的完善与效率，在很大程度上影响着整个市场的有效运作。

　　但是，由于目前国内的物流资讯极为短缺，他们很难获得物流企业的详细信息，如从业公司的数量、资质和信用等，而国内的第三方物流供应商在专业化方面也有所欠缺，很难达到企业的要求。在这样的状况下，安利采用了适应中国国情的"安利团队+第三方物流供应商"的全方位运作模式。核心业务如库存控制等由安利统筹管理，实施信息资源最大范围的共享，使企业价值链发挥最大的效益；而非核心环节，则通过外包形式完成。如以广州为中心的珠三角地区主要由安利的车队运输，其他绝大部分货物运输都是由第三方物流公司来承担。另外，全国几乎所有的仓库均为外租第三方物流公司的仓库，而核心业务，如库存设计、调配指令及储运中心的主体设施与运作则主要由安利本身的团队统筹管理。目前已有多家大型第三方物流公司承担安利公司大部分的配送业务。公司会派员定期监督和进行市场调查，以评估服务供货商是否提供具竞争力的价格，并符合公司要求的服务标准。这样，既能整合第三方物流的资源优势，与其建立牢固的合作伙伴关系，同时又通过对企业供应链的核心环节——管理系统、设施和团队的掌控，保持安利的自身优势。

　　启发思考

　　安利为了实现店铺+推销员的销售模式，应该建立一个什么样的物流管理信息系统？

　　安利单在信息管理系统上就投资了 9 000 多万元，其中主要的部分之一就是用于物流、库存管理的 AS400 系统，它使公司的物流配送运作效率得到了很大的提升，同时大大地降低了各种成本。安利先进的计算机系统将全球各个分公司的存货数据联系在一起，各分公司与美国总部直接联机，详细储存每项产品的生产日期、销售数量、库存状态、有效日期、存放位置、销售价值、成本等数据。有关数据通过数据专线与各批发中心直接联机，使总部及仓库能及时了解各地区、各地店铺的销售和存货状况，并按各店铺的实际情况及时安排补货。在仓库库存不足时，公司的库存及生产系统亦会实时安排生产，并预定补给计划，以避免个别产品出现断货情况。

第三节　仓储成本的控制

一、影响仓储成本的因素

　　影响仓储成本的因素很多，概括起来，主要有以下三个方面。

1. 仓储作业成本

仓储作业成本是指由仓储作业带来的成本，包括分拣、储存、出入库操作、装卸搬运，甚至流通加工等仓储作业中发生的成本，也包括建造、购置仓储等设施设备的成本或折旧，还包括仓库租赁的租赁费用。

仓储作业成本与库存水平无关，只跟仓储作业、仓储管理和仓库规划等有关。

2. 库存资金占用成本

影响仓储成本的另一个重要因素是库存量的大小，库存量越大，库存资金占用成本就越高。库存资金占用成本实际上是一种机会成本。

3. 缺货成本

缺货成本是指由于库存供应的中断而造成的损失，包括原材料供应中断造成的停机损失、产成品库存缺货造成的延迟发货损失和丧失销售机会的损失（还包括商誉损失）。缺货成本的大小也与库存量大小相关。

如果生产企业以紧急采购替代材料来解决库存材料的中断之急，那么缺货成本表现为紧急额外购入材料的成本大于正常采购成本的部分。当一种产品缺货时，客户可能会购买竞争对手的产品，那么就对企业产生直接利润损失，如果损失客户，还可能给企业造成间接或长期成本。在实物供应方面，原料或半成品或零部件的缺货，意味着生产线会处于闲置状态，甚至关闭生产设备。关于缺货成本的问题，在本书第三章有较详细的论述。

二、仓库布局的优化与仓库的合理选址

1. 优化仓库布局，减少库存点

目前，许多企业通过建立大规模的物流中心，把过去零星的库存集中起来进行管理，对一定范围内的用户进行直接配送，这是优化仓储布局的一个重要表现。需要注意的是，仓库的减少和库存的集中，有可能会增加运输成本，因此，要从运输成本、仓储成本和配送成本的总和角度来考虑仓库的布局问题，使总物流成本达到最低。

例如，耐克公司非常注重其物流系统的建设，密切跟踪国际先进的物流技术的发展，及时对其系统进行升级。耐克的物流系统在 20 世纪 90 年代初期就已经非常先进，近年来更得到了长足的发展，可以说其物流系统是一个国际领先的、高效的货物配送系统。耐克在全球布局物流网络，在美国有三个配送中心，其中有两个在孟菲斯。在田纳西州孟菲斯市的耐克配送中心，起用于 1983 年，是当地最大的自有配送中心。作为扩张的一部分，耐克建立了三层货架的仓库，并安装了新的自动补货系统，这使得耐克能够保证在用户发出订单后 48 小时内发出货物。耐克公司在亚太地区生产出的产品，通过海运经西海岸送达美国本土，再利用火车经其铁路专用线运到孟菲斯，最后运抵耐克的配送中心。所有的帽子、衬衫等产品都从孟菲斯发送到美国各地，每天都要发送 35～50 万单位的衣物。

除在美国外，耐克在欧洲也加强了物流系统建设。耐克在欧洲原有 20 多个仓库，分别位于 20 多个国家。这些仓库之间是相互独立的，使得耐克的客户服务无法做得非常细致。另外，各国家的仓库只为本国的销售备货，也使其供货灵活性大打折扣。经过成本分析，耐克决定关闭其所有的仓库，只在比利时 Meerhout 建造一个配送中心，负责在整个欧洲和中东的配送供给。

该中心于 1994 年开始运营。后来随着耐克在欧洲市场的迅速扩大，流量很快就超出了配送中心的供应能力，耐克决定扩建其配送中心。耐克与 Deloitte 公司共同制定了欧洲配送中心建造、设计和实施的运营计划。其配送中心有着一流的物流设施、物流软件及 RF 数据通信，从而使其能将其产品迅速地运往欧洲各地。

2. 仓库的合理选址

仓库的选址实际上也就是配送中心的选址，它涉及配送的范围和配送路线等，对配送成本的影响很大。仓库的选址首先要考虑诸多非量化的因素，除此之外，还要利用运输和配送成本最低的原理，进行定量的分析。仓库的选址方法有方案比较法、分等加权评分法、坐标分析法、线性规划模型法等。仓库选址的基本思想是要求在满足整体布局及其他要求的基础上达到运输和配送费用最小。用公式表示为

$$\min C(x, y) = \sum_{i=1}^{n} W_i \cdot \sqrt{(x_i - x)^2 + (y_i - y)^2}$$

式中　　C——运输或配送总成本；

(x, y)——仓库的坐标位置值；

(x_i, y_i)——各个货源或客户的坐标位置，$i = 1, 2, \cdots, n$；

W_i——各客户在一定时期内的材料需要量或货源地的供应量。

实际上，仓库的合理布局与选址是与前面运输成本控制中运输环节和运输网络的设计相联系的，通过仓库的优化布局和合理选址，来达到运输成本、仓储成本和配送成本等综合物流成本的最小化。

三、自有仓库与租赁仓库的战略选择

（一）自有仓库的分析

企业可以通过自建来获得仓库设施。企业利用自有仓库进行仓储活动具有以下优点。

（1）可以更大程度地控制仓储活动。企业拥有仓库所有权，从而对仓储活动可以实施完全的控制。

（2）自有仓库的管理更具灵活性。这里的灵活性并不是指能迅速增加或减少仓储空间，而是指由于企业是仓库的所有者，所以可以按照企业自身经营管理的需要和产品的特点对仓库进行设计和布局。特别是当高度专业化的物品需要专业的存储和搬运技术时，而公共仓库并不一定能满足这种需求，这种情况下，就更需要企业具有自有仓库。

（3）长期仓储时，自有仓库的成本要低于公共仓库。如果自有仓库能够得到长时间的充分利用，则自有仓库的成本将低于租赁仓库的成本。

（4）可以树立企业良好的形象。当企业将产品储存于自有仓库时，可能会给客户留下长期持续经营的良好印象，客户可能会认为企业经营十分稳定可靠，是产品的持续供应商，这将有助于树立企业良好的形象。

当然，自有仓库也存在一些缺点：第一，自有仓库的一次性建设投资较大，需要企业

一次性投入大笔资金。第二，当企业对仓储空间的需求有波动时，自有仓库的容量是固定的，不能随着需求的增加或减少进行变化。特别是当企业对仓储空间的需求减少时，仍然须承担自有仓库中未利用部分的成本，也影响到库容利用率。第三，自有仓库运营过程中固定成本以及运营成本可能较租赁仓库更高（特别是在库容量不是很大或者仓库使用时间不长的情况下）。

（二）租赁仓库的分析

当企业不自建仓库时，可以通过租赁仓库的方式来满足企业对于仓储空间的需求。

通过租赁仓库进行仓储的优点在于：从财务角度看，租赁仓库使得企业避免仓库的资本投资和财务风险；租赁仓库不要求企业对其设施和设备作任何投资，企业只需定期支付租金就可以获得仓储空间，而且企业可以根据自身需要经常性地调整租赁仓储空间的大小。

使用租赁仓库进行企业仓储活动的缺点是：需要在业务上跟出租方进行交流合作，增加了交易成本，也有可能增加了协调和控制的难度。

（三）自有仓库与租赁仓库选择时考虑的因素

企业需要仓库储存货物时，可以自建也可以租用仓库。在这两者中怎样选择，才能使制定的仓库战略既经济又合理呢？可以从以下几个方面考虑仓库战略的选择。

（1）仓库的满仓率。一般来说，仓库全年满仓的可能性很小，大概有 75%～85%的时间仓库不满仓。而仓库往往按照满仓的要求来设计，于是未满仓的部分就浪费了。因此，自营仓库只要能够满足最大需求量 75%左右的需求即可，在仓库使用高峰期，租用仓库更经济。

（2）作业灵活性。作业灵活性是指仓库调整仓储策略和作业程序以满足产品和客户需求的能力。自营仓库往往对所有客户都采用同一仓储政策和作业程序，灵活性差，所以当仓库作业灵活性要求高时，应选择租用仓库。

（3）地点灵活性。地点灵活性包括：在需要更多仓库时，能使用到所需仓库；在淡季时，可以不必负担额外的仓储费用；改变仓库位置时，基本不发生转换成本。租赁、合同仓库具有更大的地点灵活性，不需要企业投入大量的资金，在需要时支付租金即可。

（4）规模经济效应。高流量的仓库更能够利用先进技术来降低材料搬运和储存成本，发挥规模经济效应。租赁、合同仓库一般拥有更大规模，具有这方面的优势。

（5）特殊仓储技术。有些产品（如药品、化学品）仓储时，需要专业存储人员或专门设备，这时，自营仓库可能是唯一可行的选择方案。当然，现在也有一些专业物流公司为客户提供专门的行业性物流服务。

（6）其他因素。选择仓库战略时还要考虑其他一些因素，如拥有自营仓库可能产生的增值收益；仓库空间在未来某个时间可能转为他用，改为生产设施等；仓库还可以作为销售部门、自营车队、运输部门和采购部门的服务基地等。

一般而言，企业既自建仓库又适当租赁仓库是一种不错的选择，这样既满足了各方面需求，又能节约成本。

四、合理控制库存量

1. 通过现代化库存计划技术来控制合理库存量

采用物料需求计划（MRP）、制造资源计划（MRPⅡ）以及及时制（JIT）生产和供应系统等，可以合理地确定原材料、在制品、半成品和产成品等每个物流环节最佳的库存量，在现代物流理念下指导物流系统的运行，使存货水平最低、浪费最少、空间占用最小。

2. 通过现代信息共享技术降低库存量

运用现代信息技术，实现企业内部各部门之间的信息共享，实现企业总部与异地分、子公司和仓库的信息共享，可以加快资金周转，降低货物损失，提高仓储设施的利用率。同时要加强与供应商、客户以及供应链上其他企业的信息共享，可以采用供应商管理库存、联合管理库存等手段实现库存量的降低，从而降低仓储成本。

3. 运用存储论确定合理库存量

货物从生产到客户之间需要经过几个阶段，几乎在每一个阶段都需要存储，究竟在每个阶段库存量保持多少为合理？为了保证供给，需隔多长时间补充库存？一次进货多少才能达到费用最省的目的？这些都是确定库存量的问题，也都可以在存储论中找到解决的方法。其中应用较广泛的方法是经济订购批量模型，即 EQQ 模型及其模型的扩展。

例如，联合加工公司在美国南部和西部的农场收获并加工各种水果和蔬菜。由于气候等因素的影响，美国东部和中西部地区会在当地生长期到来之前对该公司加工的某些产品有很强的需求，因此，公司需在北部地区收获季节来临之前就收获这些农产品，并在销售旺季到来之前形成供应能力。以前，公司将农产品用卡车运往销售地之前，先在产地进行存储，后来改用运输时间较长的铁路运输。在很多情况下，公司可在作物收获以后立即装运，而产品抵达市场时需求旺季刚好开始。铁路运输的过程起到了仓储的作用，使仓储成本和运输成本都大大降低。

五、运用 ABC 和 CVA 分类管理法

（一）ABC 分类管理法的应用

利用 ABC 分类管理，可以搞好库存物品种类的重点管理和库存安排，提高保管效率。ABC 法符合"抓住关键少数"、"突出重点"的原则，是库存成本控制中一种比较经济合理的常用方法。对于品种少但占用资金额高的 A 类货物，应作为重点控制对象，必须严格逐项控制；而 B 类物资则作为一般控制对象，可根据不同情况采取不同的措施；而对于 C 类物资，则不作为控制的主要对象，一般只需要采取一些简单的控制方法即可。

1. A 类货物的管理策略

A 类货物的常用管理策略包括：每件产品皆编号；尽可能慎重正确地预测需求量；少量采购，尽可能在不影响需求下减少库存量；请出货单位合作，使出库量平准化，以降低需求变动，减少安全库存量；与供应商协调，尽可能缩短前置时间；采用定期订货的方式，对其存货做定

期检查；严格执行盘点，每天或每周盘点一次，以提高库存精确度；对交货期限须加强控制，在制品及发货亦须从严控制；货品放置于易于出入库的位置；实施货品包装外形标准化，增加出入库单位；采购经高层主管核准。

2. B 类货物的常用管理策略

B 类货物的常用管理策略包括：采用定量订货方式，但对前置时间较长或需求量有季节性变动趋势的货品宜采用定期订货方式；每两三周盘点一次；中量采购；采购经中级主管核准。

3. C 类货物的常用管理策略

C 类货物的常用管理策略包括：采用复仓制或定量订货方式以求省节手续；大量采购，以利在价格上获得优待；简化库存管理手段，减少或废止此类的管理人员，并尽量废除料账、出库单及订购单等单据，以最简单的方式管理；安全库存量须较大，以免发生存货短缺事件；可交由现场保管使用；每月盘点一次即可；采购仅基层主管核准。

下面是基于 ABC 分类法的案例分析。

ABC 分析的一般步骤为：①分析本仓储企业所存货物的特征；②收集有关货物存储资料；③资料的整理排序；④整理表格，求出累计百分数，如表 8-4 所示；⑤根据表中统计数据绘制 ABC 分析图，如图 8-3 所示。

表 8-4　ABC 分类法的统计表

序号	数量	单价（元）	占用资金（元）	占用资金百分比（%）	累计百分比（%）	占产品项的累计百分比（%）	分类
1	10	680	6 800	68	68	10	A
2	12	100	1 200	12	80	20	A
3	25	20	500	5	85	30	B
4	20	20	400	4	89	40	B
5	20	10	200	2	91	50	C
6	20	10	200	2	93	60	C
7	10	20	200	2	95	70	C
8	20	10	200	2	97	80	C
9	15	10	150	1.5	98.5	90	C
10	30	5	150	1.5	100	100	C
合计			10 000	100			

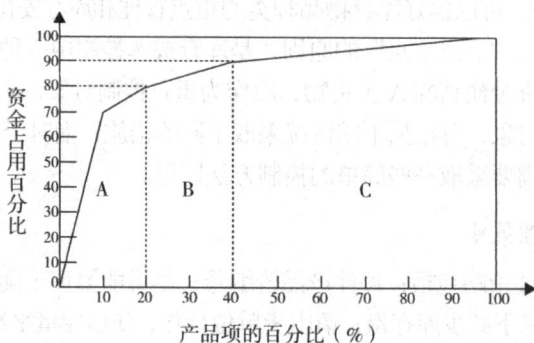

图 8-3　ABC 分析图

（二）CVA 法的应用

在 ABC 分类管理中，C 类物资往往得不到重视，由此也会给企业运行带来问题。例如，经销鞋的企业会把鞋带列为 C 类物资，但是鞋带缺货却会严重影响产品的销售。再例如，汽车制造厂会把一个螺钉列为 C 类物资，但它的缺货却可能造成整个装配线的停工。因此，除了在库存数量上要设计合理、经济，更需要在物资的结构上做到合理。如果各种物资之间的关联性很强，只要一种物资缺货，即使其他物资仍有库存，也无法投入使用或生产。因此企业在库存管理中可以引入关键因素分析法（Critical Value Analysi, CVA），这种方法把存货按照关键性分成四类，每类的特点与管理措施如表 8-5 所示。

表 8-5　CVA 库存类型及其管理措施

库存类型	特点	管理措施
最高优先级	经营管理中的关键物品，或 A 类重点客户的货物	不允许缺货
较高优先级	经营管理中的基础性物品，或 B 类客户的货物	允许偶尔缺货
中等优先级	经营管理中比较重要的物品，或 C 类客户的货物	允许合理范围内缺货
较低优先级	经营管理中需要但可以替代的物品	可以缺货

CVA 分析法是在 ABC 分析法基础上的改进，能够做到物资的合理储存。两者的结合使用，可以达到分清主次，抓住关键问题的目的。

案例 8.4

顺丰快递

顺丰速运（集团）有限公司（以下简称顺丰）于 1993 年成立，总部设在深圳，是一家主要经营国内、国际快递及相关业务的服务性企业。

自成立以来，顺丰始终专注于服务质量的提升，不断满足市场的需求，在国内（包括中国港、澳、台地区）建立了庞大的信息采集、市场开发、物流配送、快件收派等业务机构，建立了服务客户的全国性网络，同时，也积极拓展国际件服务，目前已开通新加坡、韩国及马来西亚业务。下面是有关顺丰快递进行配送的一个案例。

时间：2011 年 1 月 27 日　春节前期

地点：广州市

人物：某广告公司担任助理的小林

事件：小林接受主管委托，要分别向佛山、深圳两家单位快递文件资料。这是春节放假前主管交待的最后任务。

物流实况：近期许多家快递公司都已严重爆仓，纷纷停止向客户揽件。听说顺丰速运公司没有出现爆仓现象，小林便准备通过该公司递送物品。表 8-6 是快递进展的时间表。

表 8-6　快递进展时间表

进展情况	时间
快递员上门	上午 11：09
已取件	上午 12：07：56
快件离开广州集散地	下午 13：28：45

续表

进展情况	时间
快件离开深圳集散中心	晚上 22：34：31
快件到达深圳集散地	第二天清晨 06：03：33
正在派件	第二天早晨 07：58：18
快件已签收	第二天上午 09：13：54

启发思考

为什么顺风快递公司可以做到没有出现暴仓？

长期以来，顺丰不断投入资金加强公司的基础建设，积极研发和引进具有高科技含量的信息技术与设备，不断提升作业自动化水平，实现了对快件流转全过程、全环节的信息监控、跟踪、查询及资源调度工作，促进了快递网络的不断优化，确保了服务质量的稳步提升，奠定了业内客户服务满意度的领先地位。顺丰自 1993 年成立以来，每年都投入巨资完善由公司统一管理的自有服务网络：从蜗隅中山，到立足珠三角，到布局长三角；从华南先后扩展至华东、华中、华北；从大陆延展到中国香港、台湾，直至海外。"FIRST"是顺丰核心价值观的英文简写，分别取诚信（Faith），正直（Integrity），责任（Responsibility），服务（Service），团队（Team）的首字母组合而成。

> 读一读：仓储成本控制的措施

第四节　配送成本的控制

为了提高对客户的服务水平，越来越多的企业建立配送中心，进行配送作业，但是配送作业的实施往往会带来成本的居高不下，从而使企业的竞争力减低。因此，对配送成本的控制就显得非常重要。对配送成本的控制从配送中心选址、配送中心内部的布局开始，一直到配送运营过程。

一、影响配送成本的因素

影响配送成本的因素包括以下几个。

1. 时间

配送作业的持续时间影响着配送作业对仓储设施设备的占用时间，影响设施的固定资产投入成本；配送业务决定了时间的长短，影响车辆配载效率，也影响配送路线的优化，直接影响着配送成本的控制。

2. 配送距离

配送距离是构成配送成本的重要因素。距离越远，意味着配送运输的成本就越高，运输设备和人员的消耗也越多。

3. 配送货物的数量和重量

配送货物数量和重量的增加会使配送作业量加大，配送成本上升。但是大批量的配送作业也会使作业效率得到提高，单位产品的配送成本下降，外包配送可能得到的价格优惠更多。

4. 货物种类及作业过程

不同的货物种类可能造成的配送作业过程不同，技术要求也不同，承担的责任也不同，因此，不同的货物种类对配送成本会产生较大的影响。如不同包装方式的物品、标准化程度或装卸活性指数不同，都会直接影响配送作业成本。

5. 外部成本

配送作业时可能需要利用企业外部的资源，如租用装卸搬运设备、不同地区的交通管制状况、基础设施完备情况等，这些因素也会影响到企业配送成本的大小。

二、配送策略的优化选择

1. 混合配送策略

混合配送策略是指配送业务一部分由企业自身完成，另一部分外包给第三方。通过合理安排企业自身完成的配送和外包给第三方完成的配送作业，能实现配送成本的降低。例如，美国一家干货公司为了满足遍及美国 1 000 多家连锁店的配送需求，建造了 6 座仓库，并拥有自己的车队。随着经营的发展，企业决定扩大配送系统，计划在芝加哥投资 700 万美元再建一座新配送中心，并配以新型的仓库处理系统。但是董事会通过讨论发现，自建仓储配送系统不仅投资高，而且即使建成该物流中心，也可能满足不了日益增长的配送需求。于是企业通过仔细分析把该业务外包给了第三方物流企业，并在周边租赁了部分仓储设施，增加了一些必要的设备，总共投资了 20 万元的设备购置费，以及定期支付的外包运费和仓库租赁费即可。实际上，在我国，很多企业都有自己一定的仓储设施和配送队伍，因此，完全可以采用自营配送和外包配送相结合的方式来满足自身的业务需求。一方面，自身的仓储配送资源得到了有效的利用；另一方面，第三方物流的引入也能弥补企业自身配送能力的不足。而且，自有配送队伍的存在对第三方物流也是一个有效的牵制。

2. 差异化配送策略

差异化配送策略是指按照产品的特点和销售水平来设置不同的配送作业，即设置不同的库存、不同的配送方式以及不同的储存地点。如果采用同样的配送作业可能会增加不必要的配送成本。例如，一家销售汽车零配件的企业，为了降低成本，按照配件的销售量比重进行分类：A 类配件的销售量占总销售量的 70%以上，B 类配件占 20%左右，C 类配件则为 10%左右。对于 A 类配件，公司在各个销售网点都备有库存；B 类配件只在地区分销中心备有库存而在各销售网点不备有库存；C 类配件连地区分销中心都不设库存，仅在工厂的仓库才有存货。经过一段时间的运行，证明该方法使得总配送成本降低了 20%。

3. 共同配送策略

共同配送是一种战略运作层次上的共享，它是几个企业联合，集小量为大量，共同利用同一配送设施的配送方式。共同配送一般包括以下两种情况。

（1）中小型生产、零售企业之间分工合作实行共同配送。即同一行业或在同一地区的中小型生产或零售企业单独进行配送的运输量少、效率低下的情况下进行联合配送，不仅可以减少企业的配送费用，配送能力得到互补，而且有利于提高配送频率，提高配送服务质量，提高配送车辆的利用率。

（2）几个中小型配送中心之间的联合。针对某一地区的用户，由于各配送中心所配货物数量少、车辆利用率低等原因，几个配送中心将用户所需货物集中起来，共同配送。

4. 延迟配送策略

传统的配送作业安排中，大多数的库存是按照对未来市场需求的预测量设置的，这样就存在预测风险。当预测量与实际需求量不符时，就出现库存过多或过少的情况，从而增加配送成本。延迟配送策略的基本思想是，对产品的外观、形状及其生产、组装、配送应尽可能推迟到接到顾客订单后再确定。一旦接到订单就要快速反应，因此采用延迟配送策略的一个基本前提是信息传递要非常快。

一般来讲，实施延迟配送策略的企业应具备以下基本条件：一是产品特征条件，即生产技术非常成熟、模块化程度高、产品价值密度大、有特定的外形、产品特征易于表达、定制后可改变产品的容积或重量；二是生产技术特征，即模块化产品设计、设备智能化程度高、定制工艺与基本功能差别不大；三是市场特征，即产品生命周期短、销售波动大、价格竞争激烈、市场变化大、产品的提前期短。

实施延迟配送策略常采用两种方式：生产延迟（或称形成延迟）和物流延迟（或称时间延迟）。而在配送中，往往存在着加工活动，所以实施延迟配送策略既可以采用形成延迟方式，也可以采用时间延迟方式。具体操作时，常发生在诸如贴标签（形成延迟）、包装（形成延迟）、装配（形成延迟）和发送（时间延迟）等领域。

三、配送线路的优化

配送线路是指各送货车辆向各个客户送货时所要经过的路线，它的合理与否，对配送速度、车辆的利用效率和配送费用都有直接影响。

合理配载以后，应选择适当的配送路线，按顺序把物资送到用户手中。其目标是要在保证生产供应的前提下，实现运输的距离最短，运输的费用最省。合理配载和运输路线的选择并不是相互孤立的，在进行配载时，不但要考虑到物资的品种、数量、重量、体积等因素，也要充分考虑到运输路线的因素。

所谓 0-1 规划问题。是指给定两个数组，$a[i]$ 表示选取 i 的收益，$b[i]$ 表示选取 i 的代价。如果选取 i，定义 $x[i]=1$ 或者 $x[i]=0$，使得 $R=\dfrac{\sum\limits_{i=1}^{\frac{t}{2}}(a[i]\times x[i])}{\sum\limits_{i=1}^{\frac{t}{2}}(b[i]\times x[i])}$ 最小。配送路线的选择可以采用 0-1 规划法和节约法。节约法是将车辆的配载和运输路线的选择结合在一起进行考虑的一种方法。

无论采用何种方法，都必须保证满足以下条件。

（1）满足所有客户对货物品种、规格和数量的需要。

（2）满足所有客户对货物发到时间的要求。

（3）在交通管理部门允许通行的时间里送货。

（4）各配送路线的货物量不得超过车辆容积和载重量。

（5）在配送中心现有运力及可支配运力的范围内配送。

第五节　配送作业效率的提高

1. 加强配送的计划性

为了加强配送的计划性，企业应建立客户的配送计划申报制度，在实际工作中针对货物的特征制定不同的配送计划和配送制度。

2. 通过自动化技术，提高配送作业效率

配送作业包括入库、保管与装卸、备货、分拣、配载、发货等作业环节。入货和发货效率的提高可以通过条形码技术和便携式终端性能的提高来实现。而在保管和装卸作业中，也可以通过自动化技术来降低人工成本，并实行作业的标准化。备货作业的自动化是比较难的，备货自动化中最常用的是数码备货，这是一种不使用人力而是借助于信息系统有效地进行作业活动的方法。具体地说，就是在由信息系统接受客户订货的基础上，向分拣员发出数码指令，从而按照指定的数量和种类正确迅速地备货。

3. 建立通畅的配送信息系统

在配送作业中，需要处理很大的数据量。配送中心内部成本降低的策略方法和主要手段都是要借助于通畅的信息系统，导入自动化仪器，力图做到配送中心作业的机械化和自动化，节约人力资源成本，简化订发货作业，制定最佳的配载计划和配送路线，最终降低配送成本。

案例 8.5

包装的合理化设计减少物流花费

pescanove 集团成立于 1960 年，是西班牙的一家食品企业，在 21 个国家都有分公司。它主要从事捕鱼、加工和出售冷冻海产品。其 2004 年营业额为 9 亿 300 万欧元，商品约 14.5 万吨。该集团运作了两项包装合理化项目，其中一个已经发展超过 3 年。

pescanove 集团因这两个项目年节省 60 万欧元。从环境的角度来讲，这意味着包装纸板消耗减少了 3.8%、塑料消耗节省重量 1.8% 和波纹纸板重量节省 2.9%，同时还提高了平均货盘效率 8%，采纳的提议影响到 8% 的产品规格，占公司售出重量的 32%。

包装系统的整合说明了包装物流学的价值。pescanova 集团在非洲的工厂擅长生产不同鳕鱼纸盒包装。产品生产后，它们被运送到西班牙一港口并装载到冷藏车上。当到达这一港口时，按照卸货和分级程序，将这些盒子装上欧洲标准货盘。

起初的分析显示产品在纸板包装中纵向上有足够的空间，但当测试更小的包装时，发现新

的版式没有影响产品质量。依照这种尺度分析，pescanova 集团研究了在产品分布的物流学中新的可能性，并且在将研究与别的用收缩性薄膜包装的产品作了相应的对比后，发现成本和上货盘效率都有改善。这样，在初步的分析中认为，当从非洲运往欧洲途中纸盒要能保障产品质量。无论如何，即使要保护产品，使用更大的波纹纸盒来容纳超过 10 个的盒子从而减少单位重量产品的材料成本是可行的，同时纸板消耗减少并提高了上货盘效率。尽管现在批量消耗上升，但是单包装的大容量不能被零售商所接受。因此为了满足大小商家，可以将容纳 10 盒的收缩薄膜包装改成成箱包装。

成箱包装可以保护海运产品，但这些产品箱需要在港口被拆散并提高了操作费用。在分配的最后阶段，废除那些波纹箱可能提高上货盘效率。最后，考虑到一种新的方案：用海运集装箱。这样成箱包装的堆装概念或者上货盘的收缩性薄膜包装都可行。

在评估各种方案和确认其可行性后，选择用更小的产品箱，然后用收缩性薄膜包装的 10 盒，再三乘三地装入波纹纸板箱，并且不管运输的线路，在整个物流链中维持成这样以促进产品从非洲到欧洲的效率。

在执行这个方案后，由于更有效的上货盘和操作与消耗量的减少，公司实现了总物流费用 8%的减少。而且因为对于大客户提取单位是含 3 份，每份 10 盒的箱子而非收缩性薄膜包，此方案带来了更低的提取费用。这样可以同时满足大小规模的分配，并不增加包装版面的数量。

启发思考

从 pescanova 公司的包装系统整合来看，我们可以得到哪些启示？

所以从 pescanova 集团的例子来看，我们可以得出三点结论：第一，从最初的新产品开发阶段开始要考虑多方面影响包装决策的因素是非常重要的，如市场、物流和环境，并且结合供给链上所有成员的观点非常必要，如包装提供者、分配者、第三方物流等。第二，在分析方案的可行性前需要将整个物流系统的分析作为一个完整的阶段，并与物流网络或者供给链保持一致性。第三，通过合适的设计来获得物流成本的节省。因此，pescanova 集团通过包装合理化项目得到的理想的结果（年节省 60 万欧元），确认了在公司这个领域内建立此种项目的重要性，并且直接改进了公司的商业竞争力。

读一读：关于配送中心成本控制的思考

第六节　其他物流功能成本的控制

一、装卸搬运成本的控制

装卸搬运是衔接物流各个环节的物流作业，也是出现频率最高的一项物流活动，其效率的高低直接影响到物流整体活动效率的高低，也影响到物流成本的高低。

装卸搬运作业合理化要坚持省力化、短距化、顺畅化、集中化和人性化的原则，尽量采用集装箱装卸、托盘一贯制装卸、多式联运、机械水平搬运、流水线作业、专业装卸线、专业装卸区等，其目标是在保证货物完好无损的前提下，节省时间和劳动力，降低装卸搬运成本。

1. 提高装卸搬运的活性

搬运处于静止状态的物料时，需要考虑搬运作业所必需的人工作业。装卸搬运活性的含义是指把物品从静止状态转变为装卸搬运状态的难易程度。如果很容易转变为下一步的装卸搬运而不需要做过多的装卸搬运前的准备工作，则活性就高；反之就是活性不高。因此，提高装卸搬运活性是装卸合理化的重要因素。

装卸搬运活性的大小可以用活性系数来衡量，所费的人工越多，活性就越低；反之，所需的人工越少，活性越高。例如，散放在地上的物料要运走，需要经过集中、搬起、升起和运走四次作业，从而所需的人工作业最多，即活性水平最低，活性系数定为0。

活性指数确定的原则如表8-7所示。在对物料的活性有所了解的情况下，可以利用活性理论，改善搬运作业。

表 8-7　装卸搬运活性指数

物品状态	作业说明	作业种类				需要的作业数目	活性指数
		集中	搬起	升起	运走		
散放在地上	集中、搬起、升起、运走	要	要	要	要	4	0
集装在箱中	搬起、升起、运走（已集中）	否	要	要	要	3	1
托盘上	升起、运走（已搬起）	否	否	要	要	2	2
车中	运走（不用升起）	否	否	否	要	1	3
运动着的输送机	不要（保持运动）	否	否	否	否	0	4

考虑提高某些作业的活性系数，如活性系数为0的散放，通过放入容器中（活性系数为1）或码放在托盘上（活性系数为2）来提升搬运活性，提高工作效率。

搬运作业活性分析图（见图8-4）是显示物料搬运系统过程中各阶段活性指数变化状况的示意图。该图便于直观地分析和确定改善物料搬运的薄弱环节。

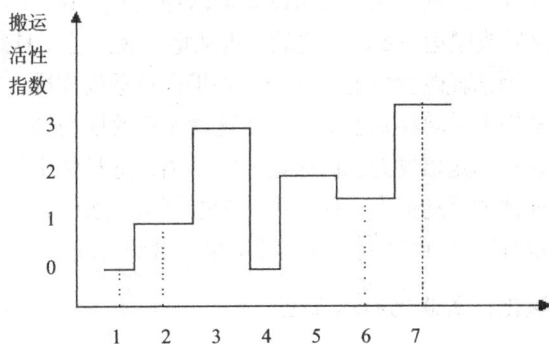

图 8-4　搬运作业活性分析图

可以计算企业各个环节装卸搬运作业的平均活性系数。如果该系数太小，则可以采用以下不同的改进方法：若低于0.5，则需有效利用集装器具、手推车；若处于0.5～1.3，则需有效利用动力搬运车、叉车、卡车；若处于1.3～2.3，则可以有效利用传送带、自动导引车；若处于 2.3 以上，则可以考虑从设备、方法方面进一步减少搬运工序数。

总之，活性系数越高，所需人工越少，但设备投入越多。在进行搬运系统设计时，并不应机械地认为活性系数越高越好，而应综合考虑。

2. 防止无效装卸

无效装卸是消耗在有用货物必要装卸劳动之外的多余装卸劳动。无效装卸会造成装卸成本的提高，物品受损的可能性也加大，物流周转速度也随之降低，因此，应该尽量减少无效装卸。无效装卸具体反映在以下几个方面。

（1）过多的装卸次数。从发生的费用来看，一次装卸的费用相当于几十千米的运输费用，因此，每增加一次装卸，费用就会有较大比例的增加。此外，装卸又会大大减缓整个物流的速度，采用集装方式，进行多式联运，能够有效地避免对于单件货物的反复装卸搬运处理，是防止无效装卸成功的办法。

（2）过大的包装装卸。包装过大过重，在装卸时实际上反复在包装上消耗较大的劳动，这一消耗不是必须的，因而形成无效劳动。

（3）无效物质的装卸。进入物流过程的货物，有时混杂着没有使用价值或对用户来讲使用价值不对路的各种掺杂物，如煤炭中的矸石、矿石中的水分、石灰中的熟石灰及过烧石灰等，在反复装卸时，实际对这些无效物质反复消耗劳动，因而形成无效装卸。

3. 充分利用重力和消除重力进行少消耗的装卸搬运

在装卸搬运时考虑重力因素，可以利用货物本身的重量，进行有一定落差的装卸搬运，以减少或根本不消耗装卸的动力，这是合理化装卸搬运的重要方式。例如，从卡车、铁路货车卸货时，利用卡车与地面或小搬运车之间的高度差，使用溜槽、溜板之类的简单工具，可以依靠货物本身的重量，从高处自动滑到低处，这就无须消耗动力。如果采用吊车、叉车将货物从高处卸到低处，其动力消耗虽比从低处装到高处小，但是仍需消耗动力。两者比较，利用重力进行无动力消耗的装卸显然是合理的。

在装卸搬运时尽量消除或削弱重力的影响，也会求得减轻体力劳动及其他劳动消耗的合理性。例如，在进行两种运输工具的换装时，可以采取落地装卸方式，即将货物从甲工具上卸下并放到地上，一定时间之后或搬运一定距离之后，再从地上装到乙工具之上，这时起码在"装"时要将货物举高，这就必须消耗改变位能的动力。如果进行适当安排，将甲、乙两工具进行靠接，从而使货物平移，从甲工具转移到乙工具上，这就能有效地消除重力影响，实现合理化。

在人力装卸时，一装一卸是爆发力。而搬运一段距离，这种负重行走要持续抵抗重力的影响，同时还要行进，因而体力消耗很大，便出现疲劳的环节。所以，人力装卸时如果能配合简单机具，做到"持物不步行"，则可以大大减轻劳动量，做到合理化。

4. 实现装卸的机械化、集装化和标准化

在整个物流过程中，装卸搬运是实现机械化较为困难的环节。装卸搬运与其他物流环节相比机械化水平较低，在我国依靠人工的装卸搬运活动还占很大的比重。装卸搬运机械化可以把作业人员从繁重的体力劳动中解放出来，并提高劳动生产率。

通过装卸的集装化，实现间断装卸时一次操作的最合理装卸量，从而降低单位装卸成本。而标准化有利于节省装卸作业时间，提高作业效率。在货物的集装化中，应制定托盘、集装箱

的使用标准。

5. 组合化装卸的推广应用

组合化装卸搬运在装卸搬运作业过程中是非常重要的，根据不同物料的种类、性质、形状、重量的不同来确定不同的装卸作业方式。处理物料装卸搬运的方法有三种形式：普通包装的物料逐个进行装卸，叫做分块处理；将颗料状物资不加小包装而原样装卸，叫做散装处理；将物料以托盘、集装箱、集装袋为单位进行组合后进行装卸，叫做集装处理。对于包装的物料，尽可能进行集装处理，实现单元化装卸搬运，可以充分利用机械进行操作。组合化装卸具有以下优点。

（1）装卸单位大、作业效率高，可大量节约装卸作业时间。

（2）能提高物料装卸搬运的灵活性。

（3）操作单元大小一致，易于实现标准化。

（4）不用手去触及各种物料，可达到保护物料的效果。

二、包装成本的控制

（一）包装的主要功能

包装可以认为是生产环节的终点，又是销售物流的起点。企业生产的产品只有在销售给用户时才具有使用价值。为了确保使用价值不受影响并吸引用户购买，需要对产品进行包装和对外观进行必要的装潢，但是必须讲求物流成本，要适用，不能华而不实造成浪费。一般来说，包装具有四个基本功能，即保护货物、提高物流作业效率、信息传递和营销手段。

1. 保护货物

在物流系统中，包装的主要作用是保护货物，避免在移动和存储过程中发生货损货差。货物保护程度的高低，涉及包装是否满足了货物要求及包装材料是否适合。对于多数货物来说，用于货物保护的成本相当高。高成本取决于货物的价值及其易碎性，货物价值越高，这一成本就越高；如果货物既易碎又有高价值，则包装成本就更高。

另外，由于货物需在一定的环境下进行移动和存储，因此，货物包装也与货物所处的物流环境和自然环境有关。

2. 提高物流作业效率

所有的物流作业效率都会受到包装效用的影响。各种物流活动的生产率都能用包装所组成的货物单元来描述，如每小时有多少箱装入汽车，仓库或配送中心每小时分拣了多少箱货物等。物流作业效率受货物、货物的成组化以及信息传递特征的影响。

按照货物外形和标准订单数量，包装货物有助于提高物流作业效率。例如，减少包装尺寸能提高箱子的利用率。此外，还可以通过将商品集中起来（如瓶装饮料），或通过装运未装配的货物、成组的货物，并最小量地使用衬垫以减少包装内的无效空间。多数情况下，衬垫材料要尽量少，从而减少箱盒的尺寸。宜家（IKEA）是瑞典一家家具零售商，经营的都是未装配的家具，他们强调包装后形成的体积最小化。如运输枕头，就采用抽掉空气后的真空包装方法运输。

一些专家认为，提高立方体的利用率是包装的最大机遇。立方体可以减少货物的体积，这将使运输效率大大提高。立方体最小化对于重量轻的货物尤为重要，轻型货物被包装成一个立方体，对运输车辆来说，如果体积过大，那么重量将远远低于承载极限。重型货物可以通过更换包装来减轻其重量，如玻璃瓶换成塑料瓶，可增加拖车运输瓶子的数量。

3. 信息传递

信息传递越来越重要，已成为物流系统通常的重要因素。

（1）包装货物的识别。包装最明显的信息传递作用就是识别包装的货物。信息通常包括制造商、货物名称、容器类型、件数、通用的商品代码等数据。在收货入库、拣选和出运查验过程中，包装上的信息用来识别商品。

（2）跟踪。包装的另一个重要作用是跟踪。一个良好的搬运管理系统能在收货、存储、取货和发运的各个环节跟踪货物。这种对货物的积极控制，减少了货物的货差，而且有利于监控人员工作效率的提高。如果没有便携式条码扫描仪和 RF 信息传递，那么对货物的跟踪成本可能过高。价格低廉的扫描设备与代码的标准化提高了跟踪能力和效率。

（3）装卸说明书。包装的另一个作用就是提供有关装卸和防止货损的说明书。说明书为专门的商品装卸提出了要求。如玻璃容器、温度限制、堆垛要求、潜在的环境要求等。如果是危险货物（如化学品），货物随附材料应当对渗漏和损伤的情况加以说明。

（4）营销手段。在营销方面，包装可以向顾客介绍商品的相关信息，能通过颜色、尺寸等要素宣传商品，吸引顾客的注意力。包装是一位"无言的销售人员"，它是企业和顾客之间的最后接触，顾客往往会根据他们对商品的印象来选择购买商品，这些印象会受到商品包装的强烈影响，如品牌、颜色和外观等。

（二）通过试验和价值分析，优化包装设计

包装设计首先要考虑的一个关键问题是包装对货物的保护程度。有时会出现包装设计不仅满足了对货物的保护功能，而且出现了过分保护的情况，从而导致包装成本的提高。

包装设计要考虑的另一个关键问题是满足营销的功能。为了满足营销的功能要求，也会导致包装成本的攀升。当包装已经完全能够满足营销要求且出现过剩时，也会导致包装成本的浪费。

因此，根据包装要达到的既定目标，对包装的设计要进行仔细的分析研究，杜绝过剩包装功能的出现，是降低包装成本的主要方法之一。一般可以通过以下两种方法来杜绝过剩包装功能的出现。

（1）实验室测试确定包装设计是否合理。最终的包装设计可以在大量测试的基础上确定，以保证在包装成本最低的情况下，使设计达到功能、质量、品牌定位的要求。这些实验可以在实验室完成，也可以在装运的过程中进行测试。通过试验去掉包装设计中不合理的部分，使之既能达到企业对包装的要求，又能做到包装成本的降低。

（2）利用价值分析法判定包装设计。价值分析法开始于美国，后经日本引进推广，成效显著。价值分析法的目的是：从品质上、使用上、耐用性上、外观上考虑降低包装成本的可能性，通过了解包装材料的效果，剔除不必要的功能和过剩质量，以达到效果好、成本省的目的。

采用价值分析法要从寻找有替代性的廉价材料开始，采用合理的包装工艺，发挥专业人员

的作用，一步一步地进行调查分析。在保证包装功能不变的情况下，博采众长，集思广益，从而产生一种更新的物美价廉的包装。

（三）发展包装机械化，降低包装成本

包装机械化主要从两个方面来降低包装成本：一是可以提高包装作业效率，从而有利于降低包装成本；二是可以大大缩减劳动工资成本。例如，就瓦楞纸箱而言，分别有纸箱组装机、装箱机、贴封签机、钉合机等，将上述几种机器连接起来，组成全自动瓦楞纸箱生产线，这样便可以节约 70% 左右的劳动力，生产效率将大大提高。

（四）实现包装标准化和共同化

包装标准是以包装为对象制定的标准。我国已经制定了 500 多项包装国家标准。实现包装的标准化，不仅可以促进包装工业的发展，也可以使单位包装成本得到降低。包装标准包括包装基础标准、包装材料标准、包装容器标准、包装技术标准、产品包装标准等。

包装的共用化也是企业降低包装成本的有效途径。一些企业产品的型号较多，且每个型号都会开发一个包装箱，给公司的管理带来不便，同时也降低了包装纸箱供应商的生产效率和积极性。有时，因为生产计划的变更，包装纸箱厂家不得不将送来的包装箱拉回，重新生产送货，无形中增加了成本。所以有的公司就会用实施包装箱共用化的方法来解决。这样，不但公司的管理成本有所下降，管理效率得到提高，而且包装纸箱供应商由于一直生产一种包装箱，其生产效率和积极性也得到了很大的提高，两方面综合起来，使产品的包装成本控制取得了显著的效果。

（五）加强包装业务相关管理

所有包装物品购入时，主管部门必须登账掌握，根据领用凭证发料，并严格控制使用数量，以免损失浪费；各使用部门应按需要时间提出使用数量计划，交主管部门据以加工、购置，如逾期没计划或数字庞大造成浪费或供应不及时，均应追究责任；要加强包装用品规格质量的验收和管理，注意搞好包装用品的回收利用；要加速包装物的周转，延长使用年限和使用次数，克服损失浪费现象。

三、流通加工成本的控制

流通加工是为了提高物流速度和物品的利用率，在物品进入流通领域后，按客户的要求进行的加工活动，即在物品从生产者向消费者流动的过程中，为了促进销售、维护商品质量和提高物流效率，对物品进行一定程度的加工。流通加工通过改变或完善流通对象的形态来实现桥梁和纽带的作用，因此流通加工是流通中的一种特殊形式。随着经济的增长，国民收入增多，消费者的需求出现多样化，促使在流通领域开展流通加工。目前，在世界许多国家和地区的物流中心或仓库经营中都大量存在流通加工业务，在日本、美国等物流发达国家则更为普遍。

（一）不合理的流通加工形式

流通加工成本的控制就是要实现流通加工的合理化。流通加工合理化是指实现流通加工的最优配置，也就是对是否设置流通加工环节、在什么地方设置、选择什么类型的加工、采用什么样的技术装备等问题作出正确抉择。这样做不仅要避免各种不合理的流通加工形式，而且要做到最优。不合理的流通加工形式会导致流通加工成本乃至整个物流成本的提高。不合理的流通加工形式主要表现在以下几个方面。

（1）流通加工地点设置得不合理。流通加工地点设置即布局状况是决定整个流通加工是否有效的重要因素。一般来说，为衔接单品种大批量生产与多样化需求的流通加工，加工地点设置在需求地区，才能实现大批量的干线运输与多品种末端配送的物流优势。如果将流通加工地设置在生产地区，一方面，为了满足用户多样化的需求，会出现多品种、小批量的产品由产地向需求地的长距离运输；另一方面，在生产地增加了一个加工环节，同时也会增加近距离运输、保管、装卸等一系列物流活动。所以，在这种情况下，不如由原生产单位完成这种加工而无需设置专门的流通加工环节。另外，一般来说，为方便物流流通加工环节应该设置在产出地，设置在进入社会物流之前。如果将其设置在物流之后，即设置在消费地，不但不能解决物流问题，还在流通中增加了中转环节，因而也是不合理的。即使是产地或需求地设置流通加工的选择是正确的，还有流通加工在小地域范围内的正确选址问题，如果处理不善，仍然会出现不合理。比如说交通不便，流通加工与生产企业或用户之间距离较远，加工点周围的社会环境条件不好等。

（2）流通加工方式选择不当。流通加工方式包括流通加工对象、流通加工工艺、流通加工技术、流通加工程度等。流通加工方式的确定实际上是与生产加工的合理分工。分工不合理，把本来应由生产加工完成的作业错误地交给流通加工来完成，或者把本来应由流通加工完成的作业错误地交给生产过程去完成，都会造成不合理。流通加工不是对生产加工的代替，而是一种补充和完善。所以，一般来说，如果工艺复杂，技术装备要求较高，或加工可以由生产过程延续或轻易解决的，都不宜再设置流通加工。如果流通加工方式选择不当，就可能会出现生产争利的恶果。

（3）流通加工作用不大，形成多余环节。有的流通加工过于简单，或者对生产和消费的作用都不大，甚至有时由于流通加工的盲目性，同样未能解决品种、规格、包装等问题，相反却增加了作业环节，这也是流通加工不合理的重要表现形式。

（4）流通加工成本过高，效益不好。流通加工的一个重要优势就是它有较大的投入产出比，因而能有效地起到补充、完善的作用。如果流通加工成本过高，则不能实现以较低投入实现更高使用价值的目的，势必会影响它的经济效益。

（二）实现流通加工合理化的途径

要实现流通加工的合理化，主要应从以下几个方面加以考虑。

（1）加工和配送结合。就是将流通加工设置在配送点中。一方面按配送的需要进行加工，另一方面加工又是配送作业流程中分货、拣货、配货的重要一环，加工后的产品直接投入到配货作业，这就无需单独设置一个加工的中间环节，而使流通加工与中转流通巧妙地结合在一起。

同时，由于配送之前有必要的加工，可以使配送服务水平大大提高，当前流通加工越来越受到人们的重视，在煤炭、水泥等产品的流通中已经表现出较大的优势。

（2）加工和配套结合。配套是指对使用上有联系的用品集合成套地供应给用户使用。例如，方便食品的配套。当然，配套的主体来自各个生产企业，如方便食品中的方便面，就是由其生产企业配套生产的。但是，有的配套不能由某个生产企业全部完成，如方便食品中的盘菜、汤料等。这样，在物流企业进行适当的流通加工，可以有效地促成配套，大大提高流通作为供需桥梁与纽带的能力。

（3）加工和合理运输结合。流通加工能有效衔接干线运输和支线运输，促进两种运输形式的合理化。利用流通加工，在支线运输转干线运输或干线运输转支线运输等这些必须停顿的环节，不进行一般的支转干或干转支，而是按干线或支线运输合理的要求进行适当加工，可以大大提高运输及运输转载水平。

（4）加工和合理商流结合。流通加工也能起到促进销售的作用，从而使商流合理化，这也是流通加工合理化的方向之一。加工和配送相结合，通过流通加工，提高了配送水平，促进了销售，使加工与商流合理结合。此外，通过简单地改变包装加工形成方便的购买量，通过组装加工解除用户使用前进行组装、调试的难处，都是有效促进商流的很好例证。

（5）加工和节约结合。节约能源、节约设备、节约人力、减少耗费是流通加工合理化重要的考虑因素，也是目前我国设置流通加工并考虑其合理化的较普遍形式。

对于流通加工合理化的最终判断，是看其是否能实现社会的和企业本身的两个效益，而且是否取得了最优效益。流通企业更应该树立社会效益第一的观念，以实现产品生产的最终利益为原则。如果只是追求企业的局部效益，不适当地进行加工，甚至与生产企业争利，这就有违流通加工的初衷，或者其本身已不属于流通加工的范畴。

第七节 以物流成本形成过程为对象的物流成本控制

一、投资阶段的物流成本控制

投资阶段的物流成本控制主要是指企业在厂址选择、设备购置、物流系统布局规划等过程中对物流成本所进行的控制。其内容如下。

1. 合理选择厂址

厂址选择合理与否，往往在很大程度上决定了以后物流成本的高低。例如，把廉价的土地使用费和人工费作为选择厂址的第一要素时，可能会在远离原料地和消费地的地点选点建厂，这对物流成本的高低会造成很大的影响。除了运输距离长以外，还需在消费地点设置大型仓库，而且运输工具的选择也受到了限制。如果在消费地附近有同行业的企业存在，在物流成本上就很难与之竞争，即使考虑到人工费和土地使用费的因素，也很难断定是否有利。所以工厂选址时应该重视物流这一因素，事先要搞好可行性研究，谋求物流成本的降低。

2. 合理设计物流系统布局

物流系统布局的设计对于物流成本的影响是非常大的，特别是对于全国性甚至是全球性的物流网络设计而言，如何选择物流中心和配送中心的位置、运输和配送系统的规划、物流运营流程的设计等，对于整个系统投入运营后的成本耗费有着决定性的影响。在物流系统布局规划时，应通过各种可行性论证，比较选择多种方案，确定最佳的物流系统结构和业务流程。

3. 优化物流设备投资

优化物流设备投资是为了提高物流工作效率和降低物流成本，企业往往需要购置一些物流设备，采用一些机械化、自动化的措施。但在进行设备投资时，一定要注意投资的经济性，要研究机械化、自动化的经济临界点。对于一定的物流设备投资来说，其业务量所要求的条件必须适当。一般来说，业务量增加时，采用机械化和自动化有利，而依靠人工作业则成本提高。相反，如果超过限度搞自动化，那么将不可避免地增大了资金成本，同样是不可取的。

二、产品设计阶段的物流成本控制

物流过程中发生的成本大小与物流系统中所服务产品的形状、大小和重量等密切相关，而且不仅局限于某一种产品的形态，同时还与这些产品的组合、包装形式、重量及大小有关。为此，实施物流成本控制有必要从设计阶段抓起，特别是对于制造企业来说，产品设计对物流成本的重要性尤为明显。具体地说，设计阶段的物流成本控制主要包括如下几方面的内容。

1. 产品形态的多样化

耐用消费品，特别是家用电器制品，在产品的形态设计上可以考虑多样化。例如，如果将电炉和电风扇设计成折叠形式，就易于保管和搬运；如果将机床设计成带有把柄，就能为搬运和保管过程中的装卸作业的顺利进行提供方便。

2. 产品体积的小型化

体积的大小从很大程度上决定了物流成本的高低。比如，要把一个体积大的产品装到卡车车厢里，如果这个产品的底面积占整个车厢底面积的 51%，一辆卡车只能装一件，其余 49% 的底面积若不装其他东西，就只能空着。如果要以同样方法运两件这种产品，就需要两辆卡车，花双倍的费用。如果设计时考虑这一点，按照占卡车车厢底的 50% 的大小制造该产品，则一辆卡车可运两件，运输费用就可以得到有效节约。再例如，洗涤剂浓缩化可降低 1/3 的物流成本；餐饮行业所用的调料和佐料，如果由液体改制成粉末状态，也可以使配送效率成倍增长等。

3. 产品批量的合理化

当把数个产品集合成一个批量保管或发货时，就要考虑到物流过程中比较优化的容器容量。例如，一个箱子装多少件产品？箱子设计成多大？每个托盘上堆码多少个箱子？

4. 产品包装的标准化

各种产品的形状是多种多样、大小不一的，大多数都在工厂进行包装。包装时通常需要结合产品的尺寸等选择包装材料。就是说，根据产品的大小、形状，分割包装材料并进行捆包，这样做才不会浪费。但是，多种多样的包装形态在卡车装载和仓库保管时，容易浪费空间，从降低物流成本的角度看，这种做法不一定是最合理的。根据物流管理的系统化观点，应该是包装尺寸规格化，形状统一化，有时即使需要增加包装材料用量，或者另外需要填充物，但总的物流成本可能会降低。

从上述情况可知，产品设计阶段决定着物流的效率、物流成本的高低。这就要求在设计阶段就必须扎实地掌握和分析本企业由上（零部件、原材料的供应商）到下（产品销售对象、最终需要者）的整个流程，弄清产品设计对整个物流过程各个环节所需成本的影响，从整体最优的原则出发，搞好产品设计，实施物流成本的事前控制。

三、供应阶段的成本控制

供应与销售阶段是物流成本发生的直接阶段，这也是物流成本控制的重要环节。供应阶段的物流成本控制主要包括以下内容。

1. 优选供应商

企业进货和采购的对象很多，每个供应商的供货价格、服务水平、供货地点、运输距离等都会有所区别，其物流成本也就会受到影响。企业应该在考虑供应商的供货质量、服务水平和供货价格的基础上，充分考虑其供货方式、运输距离等对企业物流成本的综合影响，从多个供货对象中选取综合成本较低的供货厂家，以有效地降低企业的物流成本。

2. 运用现代化的采购管理方式

JIT 采购和供应是一种有效降低物流成本的物流管理方式，它可以减少供应库存量，降低库存成本，而库存成本是供应物流成本的一个重要组成部分。另外，MRP 采购、供应链采购、招标采购、全球采购等采购管理方式的运用，也可以有效地加强采购供应管理工作。对于集团企业或连锁经营企业来说，集中采购也是一种有效的采购管理模式。这些现代化采购管理方式的运用，对于降低供应物流成本是十分重要的。

随着供应链管理的理念和 ERP 技术在企业中的推广应用，企业物流管理的水平不断提高，通过与原材料供应商的计算机联网，把供应商也作为整个供应链管理的一个组成部分，快速及时地进行信息沟通，使企业的 JIT 生产模式与信息网络一体化。网络和信息技术的普遍应用使得 JIT 管理方式更加成熟，同时企业的物流管理水平也得到了大规模的提升。

例如，德国大众汽车公司在存货管理上采用 ABC 管理法。它把所需采购的零配件按使用的频率分为高、中、低三个部分，把所需采购的零配件按所含价值量的高低也分为高、中、低三个部分，使用频率高并且价值含量也高的零配件就是属于 A 类存货，需要进行重点的管理，在供应上采用及时供应方式。一般来讲，对于某种需要及时供应的配件，在提前 12 个月的时候，供方就可以通过联网的计算机得到需方的需求量信息，而这个需求量的准确性相对较差，误差约为 ±30%；在提前 3 个月的时候，供方又可以从计算机上再次得到较为准确的需求量，误差约为 ±10%；在提前 1 个月的时候，供方可以得到更准确的需求量信息，误差只有 ±1%；到供货前的 1 个星期，供方就可以获得准确的需求量。供应商在供货前几天开始生产，成品直接运输到大众汽车公司的生产线上。

由此可见，通过计算机信息网络和 JIT 技术，供应商不仅为它的用户及时供应所需配件，而且也得到相应的信息。对于需求方的制造厂商而言，这种 JIT 供应模式的应用，大大地降低了企业的原材料和零配件库存，而反过来看，对于供应方制造企业而言，这种及时的信息传递以及 JIT 技术也可以使企业更好地安排生产，并且降低产成品的库存量。据有关方面统计和分析，通过有效的及时供应，德国生产企业库存下降了 4%，运输成本降低了 15%。

3. 控制采购批量和再订货点

每次采购批量的大小，对订货成本与库存成本有着重要的影响，采购批量大，则采购次数减少，总的订货成本就可以降低，但会引起库存成本的增加；反之亦然。因此，企业在采购管理中，对订货批量的控制是很重要的。企业可以通过相关数据分析，估算其主要采购物资的最佳经济订货批量和再订货点，从而使得订货成本与库存成本之和最小。

4. 供应物流作业的效率化

企业进货采购对象及其品种很多，接货设施和业务处理要讲求效率。例如，同一企业不同分厂需购多种不同物料时，可以分别购买、各自进货，也可由总厂根据各分厂进货要求，由总厂统一负责进货和仓储，在各分厂有用料需要时，总厂仓储部门再按照固定的路线，把货物集中配送到各分厂。这种有组织的采购、库存管理和配送管理，可使企业物流批量化，减少了事务性工作，提高了配送车辆和各分厂进货工作效率。

5. 采购途耗的最省化

供应采购过程中往往会发生一些途中损耗，运输途耗也是构成企业供应物流成本的一个组成部分。运输中应采取严格的预防保护措施尽量减少途耗，避免损失、浪费，降低物流成本。

6. 供销物流交叉化

销售和供应物流经常发生交叉，这样可以采取共同装货、集中发送的方式，把外销商品的运输与从外地采购的物流结合起来，利用回程车辆运输的方法，提高货物运输车辆的使用效率。同时，这样还有利于解决交通混乱现象，促使发货进货业务集中化、简单化，促进搬运工具、物流设施和物流业务的效率化。

四、生产物流过程的成本控制

生产物流成本也是物流成本的一个重要组成部分。生产物流的组织与企业生产的产品类型、生产业务流程以及生产组织方式等密切相关，因此，生产物流成本的控制是与企业的生产管理方式不可分割的。在生产过程中有效控制物流成本的方法主要包括以下几种。

1. 生产工艺流程的合理布局

生产车间和生产工艺流程的合理布局，对生产物流会产生重要影响。通过合理布局，可以减少物料和半成品迂回运输，提高生产效率和生产过程中的物流运转效率，降低生产物流成本。

2. 合理安排生产进度，减少半成品和在制品库存

生产进度的安排合理与否，会直接或间接地影响生产物流成本。例如，生产安排不均衡，产品成套性不好，生产进度不一，必然会导致库存半成品、成品的增加，从而引起物流成本的升高。生产过程中的物流成本控制，其主要措施是采用"看板管理方式"。这种管理方式的基本思想是力求压缩生产过程中的库存，减少浪费。

3. 实施物料领用控制，节约物料使用

物料成本是企业产品成本的主要组成部分，控制物料消耗，节约物料使用，直接关系到企业的生产经营成果和经济效益。通过物料领用的控制，可以有效地降低企业的物料消耗成本。物料的领用控制可以通过"限额领料单"（或称定额领料单或限额发料单）来进行，它是一种对指定的材料在规定的限额内多次使用的领发料凭证。使用限额领料单，必须为每种产品、每项工程确定一个物料消耗数量的合理界限，即物料消耗量标准，作为控制的依据。

五、销售阶段的物流成本控制

销售物流活动作为企业市场销售战略的重要组成部分，不仅要考虑提高物流效率，降低物流成本，还要考虑企业销售政策和服务水平。在保证客户服务质量的前提下，通过有效的措施，推行销售物流的合理化，以降低销售阶段的物流成本。销售阶段物流成本控制的主要措施包括以下几点。

1. 商流与物流相分离

在许多商品分销企业和特约经销商的产品销售流通过程中，大部分是采取商流和物流管理合一的方式，即销售公司各分公司、经营部、办事处既负责产品的促销、客户订货、产品价格管理、市场推广、客户关系管理等与商品交易有关的商流业务，又负责仓储、存货管理、物品装卸、搬运、货物配送等与实物库存、移动有关的物流业务，这在企业产品和商品品种单一、经营渠道单一和信息化水平不高的条件下是有一定道理的。然而，随着公司商品品种多样化、销售渠道多元化趋势的发展和信息系统建设的逐步完善，这种管理模式将越来越不适应社会专业化大分工和市场竞争发展的需要。由于商物合一，仓库随销售业务层层设立，也导致公司物流成本居高不下、库存管理混乱、存货积压严重，同时销售费用和物流成本不易区分，也不利于各部门专业化水平的提高。

现在，商流与物流分离的做法已经被越来越多的企业所采纳。其具体做法是订货活动与配送活动相分离，由销售系统负责订单的签订，而由物流系统负责货物的运输和配送。运输和配送的具体作业，可以由自备车完成，也可以通过委托运输的方式来实现，这样可以提高运输效率，节省运输费用。此外，还可以把销售设施与物流设施分离开来，如把同一企业所属的各销售网点的库存实行集中统一管理，在最理想的物流地点设立仓库，集中发货，以压缩流通库存，解决交叉运输，减少中转环节。这种商物分流的做法，把企业的商品交易从最大的物流活动中分离出来，有利于销售部门集中精力搞销售。而物流部门也可以实现专业化的物流管理，甚至面向社会提供物流服务，以提高物流的整体效率。

事实上，许多专业物流公司就是从制造企业的物流部门分离出来后，不断扩大经营规模而形成的。

2. 加强订单管理，与物流相协调

订单的重要特征表现在订单的大小、订单交货时间等要素上。订单的大小和交货时间要求往往会有很大的区别，在有的企业中，很多小订单往往会在数量上占了订单总数的大部分，它们对物流和整个物流系统的影响有时也会很大。因此，有的企业为了提高物流效率，降低物流成本，在订单量上必须充分考虑商品的需求特征和其他经营管理要素的需要。

3. 销售物流的大量化

销售物流的大量化就是通过延长备货时间，来增加运输量，提高运输效率，减少运输总成本。例如，许多企业把产品销售送货从"当日配送"改为"次日配送"或"周日指定配送"，就属于这一类。这样可以更好地掌握配送货物量，大幅度提高配货装载效率。为了鼓励运输大量化，日本采取一种增大一次物流批量折扣收费的办法，实行"大量（集装）发货减少收费制"，因实行物流合理化而节约的成本由双方分享。现在，这种以延长备货时间来加大运输或配送量的做法，已经被许多企业所采用。需要指出的是，这种做法必须在能够满足客户对送货时间要求的前提下进行。

4. 增强销售物流的计划性

以销售计划为基础，通过一定的渠道把一定量的货物送达指定地点。如某些季节性消费的产品，可能会出现运输车辆过剩与不足，或装载效率下降等现象。为了调整这种波动性，可事先同买主商定时间和数量，制订出运输和配送计划，使生产厂按计划供货。在日本啤酒行业，这种方法被称为"定期、定量直接配送系统"的计划化物流。

5. 实行差别化管理

实行差别化管理是指根据商品流转快慢和销售对象规模的大小，把保管场所和配送方法区别开来。对周转快的商品分散保管，反之集中保管，以压缩流通库存，有效利用仓库空间；对供货量大的实行直接送货，供货量小而分散的实行营业所供货或集中配送。差别化方针必须既要节约物流成本，又要提高服务水平。

6. 物流的共同化

物流的共同化是实施物流成本控制的最有效措施。超出单一企业物流合理化界限的物流，是最有前途的物流发展方向。一方面，通过本企业组合而形成的垂直方向的共同化，实现本系列集团企业内的物流一元化、效率化，如实行同类商品共同保管、共同配送；另一方面，通过与其他企业之间的联系，而形成的水平方向的共同化，解决了两个以上产地和销售地点相距很近而又交叉运输的企业在加强合作以提高装载效率、压缩物流设备投资、解决长途车辆空载和设施共同利用等方面的问题。

本章习题

一、名词解释

1. ABC 分类
2. CVA 分析法

二、简答题

1. 物流成本的日常控制要遵循哪些原则？
2. 控制运输成本的方法主要有哪些？
3. 控制仓储成本的方法主要有哪些？

4．控制配送成本的方法主要有哪些？

5．产品设计阶段应遵循哪些原则来降低物流成本？

6．供应物流成本的控制策略主要有哪些？

7．销售物流成本的控制策略主要有哪些？

三、案例分析

几年前，有两个数字让宝洁公司的高层寝食难安。一个是库存数据：在宝洁的分销体系中，有价值 38 亿美元的库存。另一个是脱销量。在零售店或折扣店中最重要的 2 000 种商品中，任何时刻都有 11% 的商品脱销。宝洁的产品在其中占有相当的比重。令人不解的是，系统中的大量库存并未降低脱销量。事实上，货架上脱销的商品常常堆积在仓库中。虽然尽了很大努力，公司尝试过的对策都无法永久地改变这一矛盾。几年前，宝洁的经理人花 3 天时间拜访了好几个公司，接触研究人员和咨询顾问，寻求供应链管理中最近的创新。其中一个公司是 BiosGroup，这是一家利用新科技解决复杂商业问题的咨询及软件开发公司。传统的供应链管理方法无法降低库存，而 BiosGroup 则帮助宝洁做到了这一点，通过模拟供应链，建立顾客导向、按需生产的供应策略，使得宝洁将库存减少了 50%。

库存是货主企业物流环节的重要组成部分。某些公司如苹果和戴尔现今其库存的运作时间甚至只有 6～8 天（相应的周转次数分别为 61 次和 46 次）。存货周转的加快使得库存得到大副削减。削减库存带来的经济效益也是十分明显的：在美国制造业中每年的平均库存成本占存货价值的 30%～35%。例如如果一个公司的存货价值是 2 000 万美元，则每年其库存成本将超过 600 万美元。这些成本由过时、保险、机会成本等原因引起。如果库存量可减少到 1 000 万美元，直接在账面上的反映该公司可以节约 300 多万美元。也就是说减少库存而节约的成本可看作是利润的增加。

在物流活动中，仓储的任务是对供应和需求之间在时间上的差异进行调整。对于使用自备仓库的仓储活动，其相关的仓储成本主要是仓库维护费、出入库和库存的操作费、仓库折旧、存货占压资金的利息等；如果租用营业仓库，则仓储成本主要是仓库使用费和存货占压资金的利息。仓储成本控制的目标就是要实行货物的合理库存，不断提高保管质量，加快货物周转，发挥物流系统的整体功能。储存成本管理的一个重要方面，是要研究保管的货物种类和数量是否适当。高价商品长期留在仓库中，就会积压资金，若是银行贷款，还要负担利息支出。而过分地减少储存量，虽对减少利息负担有利，但对客户的订货来说又有脱销的危险，这也会失去赢利的机会。由此可见，保管成本控制也是物流成本控制的一项重要内容。

这个案例给我们的启示是什么？那如何才能降低库存成本呢？如果你是物流公司的领导，那么你能否帮助你的客户加快库存的周转，降低库存额呢（作为客户企业供应链中的一员，你能帮助客户提高管理水平吗）？

第九章

我国社会物流成本的统计分析

【学习目标】

了解社会物流成本统计分析的意义；了解我国社会物流成本统计与分析方法。

案例 9.1

近日，四川省商务厅《关于加快发展面向生产和民生的服务业的构想》第三稿亮相，其中物流业发展滞后的瓶颈效应最为直观："目前四川社会物流成本占 GDP 的比重为 21.5%，较全国平均水平高 3.1 个百分点。"

"如果物流成本降低到全国平均水平，相当于四川经济一年新增 260 亿元利润。"对此，省现代物流协会秘书长文德华毫不讳言。在他看来，扭转全社会"重生产、轻服务"的观念，在物流业尤显迫切。"一个 40 英尺货柜从成都运至广西防城港，走铁路每箱运输成本为 8 000～9 000 元，走公路每箱成本为 23 000～26 000 元。"若在沿海地区，这些成本大都可转为利润。

启发思考

我国社会物流成本的现状是什么？

与发达国家物流业相比较，中国的物流成本要高得多。有关资料显示，美国物流成本仅占 GDP 的 9%左右，而中国的物流成本估计要占 GDP 的 20%左右。从库存来看，中国企业产品的周转周期为 35～45 天，而国外一些企业的产品库存时间不超过 10 天。另外，中国运输过程中的空载率达到 37%以上，同时因包装问题造成的货物损失每年达到 150 亿元，货物运输损失每年高达 500 亿元人民币。

如果我国的物流成本占 GDP 的比例能够下降到 15%，则每年将为全社会直接节约 2 400 亿元的物流成本，为企业和社会带来极为可观的经济效益。

第一节　社会物流成本统计分析的意义

近年来，我国的物流实践与科学研究进入快速发展时期，主要表现为：国内经济增长强劲，物流市场规模继续扩大；物流法规政策加速细化与完善，由理论探讨走向实际操作；国内物流巨头改革重组方兴未艾；国外物流公司加速抢占中国物流市场；国内物流高等教育快速发展等。进行社会物流成本的统计分析，建立完整详细的物流成本资料档案成为当务之急。

进行物流成本调查分析的意义主要有以下三方面。

1. 明确物流成本的概念

日本学者菊池康也提出物流成本管理有五个阶段：一是了解物流成本的实际状况，即对物流活动的重要性提高认识；二是物流成本核算；三是物流成本管理，即建立物流成本的标准成本管理和预算管理；四是物流收益评估，即评估物流对企业效益的贡献程度；五是物流盈亏分析，即对企业的物流系统的变化或者改革做出模拟模型。菊池康也认为日本已经完成第二阶段，处于第三阶段。按照菊池康也的理论，我国当前还处在第一阶段和第二阶段，即物流成本认识和核算阶段。本章的目的就是为完成第二阶段的工作，建立物流成本核算要素，建立可比较物流成本数据并进行分析。

2. 发现降低物流成本的关键点

通过物流成本的统计核算，与他国相关数据资料进行比较，可以知不足；与自身的历史数据比较，可以知进步。标准成本和成本预算的建立都应在现有成本的基础上，发现可改进之处，以经改进后的可实现成本为标准。

3. 对企业和社会物流成本的变动进行预测

将我国近十年来的物流成本归集计算出来，通过采用时间序列模型的研究方法，利用回归分析，可以建立一个物流成本变化的预测模型。然后，将已有的数据和资料在该模型上实施，验证此模型的可行性。最后在此基础上，对企业或者社会物流成本的未来发展进行预测。

第二节　我国社会物流成本统计方法

根据国家发改委、国家统计局以及中国物流与采购联合会共同发布的《社会物流统计制度及核算表式》，社会物流成本是指一定时期内，国民经济各方面用于社会物流活动的各项费用支出，包括支付给运输、储存、装卸搬运、包装、流通加工、配送、信息处理等各个物流环节的费用；应承担的物品在物流期间发生的损耗；社会物流活动中因资金占用而应承担的利息支出；社会物流活动中发生的管理费用等。

与美国、日本等国的社会物流成本统计口径一致，我国的社会物流成本也划分为运输费用、保管费用和管理费用三大部分分别进行核算。

一、运输费用的统计核算

社会物流成本中的运输费用是指社会物流活动中，国民经济各方面由于物品运输而支付的全部费用，包括支付给物品承运方的运费（即承运方的货运收入）；支付给装卸搬运保管代理等辅助服务提供方的费用（即辅助服务提供方的货运业务收入）；支付给运输管理与投资部门的，由货主方承担的各种交通建设基金、过路费、过桥费、过闸费等运输附加费用。即

$$运输费用=运费+装卸搬运等辅助费+运输附加费$$

具体计算时，根据铁路运输、道路运输、水上运输、航空运输和管道运输不同的运输方式及对应的业务核算办法分别计算。

历年来，美国物流成本核算机构在计算运输成本时采用下述公式：

$$运输成本=公路运输+铁路运输+水路运输+油料管道运输+$$

航空运输+货运代理费

日本计算运输成本的公式如下：

运输费=营业运输费+企业内部运输费

营业运输费=卡车货运费+铁路货运费+内海航运货运费+国内航空货运费+货运站收入

其营业运输费的数据均采用各行业的收入，企业内部运输费的数据计算较复杂，通过非物流企业自用卡车的数量、装载率与营业用卡车之间各相关项目的比值计算得到。

根据《社会物流统计制度及核算表式》的规定，我国社会物流运输费用的计算方法为

运输费用=铁路运输费用+道路运输费用+水上运输费用+航空运输费用+管道运输费用

1. 铁路运输费用

铁路运输费用是指在社会物流活动中，国民经济各方面因为物品经铁路运输而发生的全部费用，包括支付给铁路运输部门的运费和为运输而发生的物品装卸、保管等延伸服务费用；由铁路运输部门按国家规定代收的铁路建设基金等，也就是铁路运输部门取得的物流业务收入，即铁路部门现行收入统计中的货运收入、行李包裹收入、邮运收入和其他收入中的货运与行李包裹部分；铁路运输部门实际代收的铁路建设基金；铁路系统多种经营中的货运部分。

铁路运输费用的基本计算公式是

铁路运输费用=运费+装卸搬运、堆存保管、货运代理等延伸服务费+铁路建设基金

其中：

运费=铁路货物周转量×铁路平均运价

延伸服务费=延伸服务计费作业量×延伸服务平均价格

铁路建设基金=铁路货物周转量×铁路建设基金征收率

在统计过程中，有关的铁路运输费用数据从铁道部门获得。

2. 道路运输费用

道路运输费用是指在社会物流活动中，国民经济各方面因为物品道路运输而发生的全部费用，包括支付给物品运输承运方的运费（也即运输承运方的货运收入）；支付给物品装卸搬运、保管、代理等其他道路运输费用（也即装卸搬运和其他道路运输的货运业务收入）；由货主方承担的，支付给有关管理和投资部门按规定收取的各种管理费、通行费等。

道路运输费用，既包括支付给专业物流、运输与辅助服务企业的货运业务费用，同时也包括生产、流通、消费企业自有车辆承担完成的，属于社会物流领域的物品运输业务理应获得的收入部分。道路运输费用中不包括客运业务费用。

道路运输费用的基本计算公式是

道路运输费用=运费+装卸搬运和其他道路运输费用+通行附加费

其中：

运费=道路货物周转量×道路货物平均运价

装卸搬运费=道路货运量×2×货物装卸搬运平均运价

通行附加费=∑（每批货物计费作业量×该批货物附加费率）

其他道路运输费用是指实际发生且由货主方承担的，未包含在前述几项费用之中的，属于运输费用之中的费用，如堆存保管费、代理费等。这些费用应根据实际发生情况统计。

道路运输费用的统计过程中涉及的货运量、周转量等数据从交通部门获得，道路货物平均

运价、道路货物平均装卸搬运费率等数据可以根据企业调查资料计算获得。

3. 水上运输费用

水上运输费用是指社会物流活动中,国民经济各方面因为物品水上运输而发生的全部费用,包括支付给物品运输承运方的运费(也即水上运输承运方的货运业务收入);支付给港口、码头等的物品装卸搬运、堆存保管、货运代理等其他运输费用(也即港口、码头等的货运业务收入);由货主方承担的,有关管理和投资部门按规定收取的各种航道维护费、港口建设费等附加费。

水上运输费用既包括支付给专业物流、运输与辅助服务企业的货运业务费用,同时也包括生产、流通、消费企业自有船舶承担完成的,属于社会物流领域的物品运输业务理应获得的收入部分。

水上运输费用的基本计算公式是

$$水上运输费用=运费+港口(码头)装卸搬运和其他运输费+附加费$$

其中:

$$运费=水上货物周转量 \times 水上货物平均运价$$

$$港口(码头)装卸搬运费=水上货运量 \times 2 \times 水上货物平均装卸搬运费率$$

$$港口建设费=港口货物吞吐量吨数 \times 港口建设费率$$

$$航道维护费=水上货物周转量 \times 航道维护费率$$

其他水上运输费用是指实际发生且由货主方承担的,未包含在前述几项费用之中的,属于运输费用之中的费用,如堆存保管费、代理费等。这些费用应根据实际发生情况统计。

水上运输费用的统计过程中,需要的水上货运量、周转量、港口货物吞吐量等数据可以从交通部门获取,水上货物平均运价、水上货物平均装卸搬运费率等数据可以根据企业调查资料计算得到。

4. 航空运输费用

航空运输费用是指社会物流活动中,国民经济各方面因为物品航空运输而发生的全部费用,包括支付给航空运输承运方的运费(也即航空运输公司的货邮运输业务收入);支付给机场地勤服务方的进港到达货物保管提取服务费、出港货物仓管装机服务费、地面运输服务费、包装物及包装服务费、特种货物检查费等。

航空运输费用的统计过程中需要的航空运输费用数据可以从民航总局获得。

5. 管道运输费用

管道运输费用是指在社会物流活动中,因为物品管道运输而发生的全部费用,包括支付给管道运输承运方的输送费、装车装船费、储存保管费等,也即管道运输单位的货运业务收入。目前国内的管道运输业务主要是中国石油化工集团公司、中国石油天然气集团公司承担的石油与天然气输送业务,因此,管道运输费用统计过程中需要的管道运输费用数据可以从中国石油化工集团公司、中国石油天然气集团公司获得。

近 20 多年来,美国运输成本在 GDP 中的比例大体保持不变,而库存成本比例的降低是导致美国物流总成本比例下降的最主要原因。这一比例由过去接近 5% 下降到不足 4%。由此可见,降低库存成本、加快资金周转是美国现代物流发展的突出成绩,也就是说,利润的源泉集中在降低库存、加速资金周转方面。

二、保管费用的统计核算

社会物流成本中的保管费用是指社会物流活动中，物品从最初的资源供应方（生产环节、海关）向最终消费用户流动过程中，所发生的除运输费用和管理费用之外的全部费用，包括：物流过程中因流动资金的占用而需承担的利息费用；仓储保管方面的费用；流通中配送、加工、包装、信息及相关服务方面的费用；物流过程中发生的保险费用和物品损耗费用等。

保管费用的计算比较复杂，美国、日本和我国台湾地区均是参考 Alford-Bangs 公式来测算存货持有成本的（如第二章表 2-1 所示）。该公式问世已接近 50 年，虽然后来也有许多学者和咨询机构从不同的角度或使用不同的方法对其做了进一步的研究，并提出了一些可以使用的修正公式，如认为仓储成本的费率被低估了，而贬值和过时费率却估高了，应该用银行年均最优惠贷款利率的 1.5 倍来代替 6% 的利率取值等，但是，大多数研究的结论都差不多，即企业存货持有成本为其年均存货价值的 25% 左右。所以，该公式是一个目前仍被普遍接受的企业存货持有成本的测算公式。

根据《社会物流统计制度及核算表式》的规定，我国社会物流保管费用的基本计算公式是

保管费用=利息费用+仓储费用+保险费用+物品损耗费用+信息及相关服务费用+

配送费用+流通加工费用+包装费用+其他保管费用

1. 利息费用

利息费用是指在社会物流活动中，物品从最初的资源供应方（生产环节、海关等）送达最终消费用户的过程中，因为流动资金的占用而需承担的利息支出，包括占用银行的贷款所支付的利息和占用自有资金应相应计算的利息成本。

利息费用的基本计算方法是

利息费用=社会物流总额 × 社会物流流动资金平均占用率 × 报告期银行贷款利率

式中，社会物流流动资金平均占用率是指一定时期内，物品最初供给部门完成全部物品从供给地流向最终需求地的社会物流活动中，所占用的流动资金的比率。即

社会物流流动资金平均占用率=报告期流动资金平均余额 ÷ 报告期社会物流总额

式中，社会物流总额由相关部门定期公布，社会物流流动资金平均占用率可以根据生产与使用企业调查资料计算而得到，也可以用流通环节的流动资金平均占用率代替，银行贷款利率来自人民银行制定公布的利率。

2. 仓储费用

仓储费用是指在社会物流活动中，为储存货物所需支付的费用。仓储费用的基本计算方法是

仓储费用=社会物流总额 × 社会物流平均仓储费用率

式中，社会物流平均仓储费用率是指一定时期内，各物品最初供给部门完成全部物品从供给地流向最终需求地的社会物流活动中，仓储费用额占各部门物流总额比例的综合平均数。

相关资料可以根据生产与使用企业调查资料计算获得，也可以用流通环节的仓储费用率资料代替。

3. 保险费用

保险费用是指在社会物流活动中，为预防和减少因物品丢失、损毁造成的损失，与社会保

险部门共同承担风险，向社会保险部门支付的物品财产保险费用。

保险费用的基本计算方法是

$$保险费用=社会物流总额×社会物流平均保险费用率$$

式中，社会物流平均保险费用率是指一定时期内，各物品最初供给部门完成全部物品从供给地流向最终需求地的社会物流活动中，保险费用额占各部门物流总额比例的综合平均数。

相关资料可以根据生产与使用企业调查资料计算获得，也可以用流通环节的保险费用率资料代替。

4. 物品损耗费用

物品损耗费用是指在社会物流活动中，因物品的损耗，包括破损维修与完全损毁而发生的价值丧失，同时也包括部分时效性要求高的物品因物流时间较长而产生的折旧贬值损失。货物损耗费用的基本计算方法是

$$货物损耗费用=社会物流总额×社会物流平均货物损耗费用率$$

式中，社会物流平均货物损耗费用率是指一定时期内，各物品最初供给部门完成全部物品从供给地流向最终需求地的社会物流活动中，货物损耗费用额占各部门物流总额比例的综合平均数。

相关资料可以根据生产与使用企业调查资料计算获得，也可以用流通环节的货物损耗费用率资料代替。

5. 信息及相关服务费用

信息及相关服务费用是指在社会物流活动中支付的信息处理费用，包括支付的外部信息处理费用和本单位内部的信息处理费。信息及相关服务费用的基本计算方法是

$$信息及相关服务费用=社会物流总额×社会物流平均信息及相关服务费用率$$

式中，社会物流平均信息及相关服务费用率是指一定时期内，各物品最初供给部门完成全部物品从供给地流向最终需求地的社会物流活动中，信息及相关服务费用额占各部门物流总额比例的综合平均数。

相关资料可以根据相关企业调查资料汇总加工取得，也可以用流通环节的信息及相关服务费用率资料代替。

6. 配送费用

配送费用是指在社会物流活动中，用户根据自身需要，要求物流服务提供方完成对物品进行拣选、加工、分割、组配、包装等作业，并按时送达指定地点的物流活动，所需支付的全部服务费用。配送费用的基本计算方法是

$$配送费用=社会物流总额×社会物流平均配送费用率$$

式中，社会物流平均配送费用率是指一定时期内，各物品最初供给部门完成全部物品从供给地流向最终需求地的社会物流活动中，配送费用额占各部门物流总额比例的综合平均数。

相关资料可以根据相关企业调查资料汇总加工取得，也可以用流通环节的配送费用率资料代替。

7. 流通加工费用

流通加工费用是指在社会物流活动中，为满足用户的消费需要，在流通环节对物品进行加工改制作业所需支付的加工费用。流通加工费用的基本计算方法是

流通加工费用=社会物流总额×社会物流平均流通加工费用率

式中，社会物流平均流通加工费用率是指一定时期内，各物品最初供给部门完成全部物品从供给地流向最终需求地的社会物流活动中，流通加工费用额占各部门物流总额比例的综合平均数。

相关资料可以根据相关企业调查资料汇总加工取得，也可以用流通环节的流通加工费用率资料代替。

8. 包装费用

包装费用是指在社会物流活动中，为保护产品、方便运输与储存、促进销售，采用容器、材料和辅助物对物品按一定技术方法进行分装、集装、运输包装等作业，所需支付的费用。包装费用的基本计算方法是

包装费用=社会物流总额×社会物流平均包装费用率

式中，社会物流平均包装费用率是指一定时期内，各物品最初供给部门完成全部物品从供给地流向最终需求地的社会物流活动中，包装费用额占各部门物流总额比例的综合平均数。

相关资料可以根据相关企业调查资料汇总加工取得，也可以用流通环节的包装费用率资料代替。

9. 其他保管费用

其他保管费用是指在社会物流活动中，实际发生且由货主方承担的，未包含在前述几项费用之中的，属于保管费用之中的费用，如进口物品的清关、保税等服务费用。该项费用应根据实际发生情况统计。

三、管理费用的统计核算

社会物流成本中的管理费用是指在社会物流活动中，物品供需双方的管理部门，因组织和管理各项物流活动所发生的费用，主要包括管理人员报酬、办公费用、教育培训、劳动保险、车船使用等各种属于管理费用科目的费用。

美国在计算物流管理费用时，是按照其历史情况由专家确定一个固定比例，乘以库存费用和运输费用的总和得出的。美国的物流管理费用在物流总成本中的比例在 4%左右。在日本，是将物流管理费用分为制造业与批发、零售业两类，利用物流管理费占营业额的比例计算得出的。所以根据《国民经济计划年报》中的《国内各项经济活动生产要素所得分类统计》，将制造业和批发、零售业的产出总额，乘以日本物流协会根据行业分类调查出来的各行业物流管理费用比例 0.5%计算得出。计算公式为

物流管理费=（制造业产出额+批发、零售业产出额）×物流管理费用比例

根据《社会物流统计制度及核算表式》的规定，我国社会物流保管费用的基本计算方法是

管理费用=社会物流总额×社会物流平均管理费用率

式中，社会物流平均管理费用率是指一定时期内，各物品最初供给部门完成全部物品从供给地流向最终需求地的社会物流活动中，管理费用额占各部门物流总额比例的综合平均数。

相关资料可以根据相关企业调查资料汇总加工取得，也可以用流通环节的管理费用率资料代替。

案例 9.2

2007 年 8 月来自国家发改委的消息：2007 年上半年社会物流总费用与 GDP 的比率继续有所下降，由去年同期的 18.4%，下降至今年上半年的 18.3%，缩小 0.1 个百分点。

上半年我国社会物流总费用为 19 541 亿元，同比增长 16.2%，增幅比一季度提高 0.9 个百分点，比去年同期提高 1.4 个百分点。

从社会物流总费用的构成看，上半年运输费用为 10 757 亿元，同比增长 15.3%，增幅比一季度提高 1.5 个百分点，比去年同期提高 2.4 个百分点。运输费用占社会物流总费用的比重为 55.1%，比一季度降低了 1.6 个百分点，比去年同期降低了 0.4 个百分点。运输费用增长加快，一方面是由于今年以来货运价格普遍上扬，另一方面全社会货运量增长明显，显示出物流对经济的保障程度有所增强。

与此同时，上半年保管费用为 6 405 亿元，同比增长 20%，增幅比一季度提高 0.6 个百分点，比去年同期提高 1.1 个百分点。保管费用占社会物流总费用的比重为 32.8%，同比提高 1.1 个百分点。而由于今年以来宏观经济快速增长，在此拉动下，保管环节的物流业务增长迅速，特别是配送、流通加工、包装等现代物流业务增长突出，在保管费用中所占比重也呈上升趋势。其中，上半年配送费用为 288 亿元，同比增长 36.9%，增幅同比提高 1 个百分点，占保管费用的比重为 4.5%，同比提高 0.6 个百分点；流通加工费用为 1 240 亿元，同比增长 29.3%，占保管费用的比重为 19.4%，同比提高 1.4 个百分点；包装费用为 274 亿元，同比增长 37.5%，占保管费用的比重为 4.3%，同比提高 0.6 个百分点。

国家发改委有关负责人指出，信息及相关服务费用为 21 亿元，同比增长 38.1%，增幅同比提高 17 个百分点，表明企业在物流业务经营过程中，对物流信息与服务的需求越来越大。

案例 9.3

中国物流与采购联合会获悉，由发展改革委、国家统计局、中国物流与采购联合会联合发布的《2011 年全国物流运行情况通报》说，2011 年全国社会物流总费用为 8.4 万亿元，同比增长 18.5%，经济运行的物流成本仍然较高。

报告显示，2011 年全国社会物流总费用为 8.4 万亿元，同比增长 18.5%，增幅比上年提高 1.8 个百分点。其中，运输费用为 4.4 万亿元，同比增长 15.9%；管理费用为 1 万亿元，同比增长 18.7%；保管费用为 2.9 万亿元，同比增长 22.6%。

据中国物流与采购联合会分析说，中国社会物流总费用较快增长，经济运行中的物流成本依然较高，数据显示，2011 年社会物流总费用与 GDP 的比率达到 17.8%，与 2010 年持平。

从构成情况看，工业品物流总额为 143.6 万亿元，按可比价格计算，同比增长 13.1%，增幅比上年回落 1.5 个百分点，占社会物流总额的比重为 90.2%，是带动社会物流总额增长的主要因素；进口货物物流总额为 11.2 万亿元，按可比价格计算，同比增长 4.3%，增幅比上年回落 17.8 个百分点；农产品物流总额、再生资源物流总额和单位与居民物流总额同比分别增长 4.5%、20.4% 和 18.3%。

第三节　我国社会物流成本统计分析

一、我国社会物流成本的统计结果

根据国家统计局和中国物流与采购联合会的统计，近年来我国社会物流成本总额呈现不断增长的趋势，但是增幅小于 GDP 的增长幅度，从而社会物流成本占 GDP 的比例基本呈历年下降的趋势。但是与美国、日本等物流业发达的国家相比，我国的社会物流成本仍处于较高的水平，近年来我国社会物流服务成本水平占 GDP 的比例保持在 18%～19%之间，并没有明显的下降趋势。关于 2015 年的国内物流行业市场分析见如下二维码扫描。

二、影响社会物流成本的因素分析

对比美国、日本物流产业物流成本较低且逐年下降的趋势，我国社会物流成本维持在较高水平，除了物流产业相对落后的原因之外，还有以下一些原因。

1. 产品附加值影响物流成本占 GDP 的比例

物流产业的生产方式就是通过运作实体流动来获取相应的利润。与之相应，物流所需成本在很大程度上也取决于运作的物资的多少和物资的物理属性，即运作物资质量越大、运输距离越远、货物持有时间越长，物流的成本就越高，物流成本在产品价值中所占的比例也越大。

当前，随着人们生活水平的提高，整个社会的产品交易更为频繁，交易空间不断扩大，对产品保管、包装及运输安全性等的要求越来越高，这一切因素都促进了物流成本的提高。

同时，通过与发达国家进行比较可以看出：我国目前正处在资源密集型产业向资金密集型产业转型的时期，生产的主要是低附加值的产品。这样的产业类型生产需要的物资作业量比较大，物流成本在产品价值中的比例自然会比较高。而以美国为代表的发达国家，其产业形态已经转向科技密集型，它们需要的物资作业量大大少于我国，同时产品的附加值又大大高于我国，这样美国公司耗费的物流成本占产品价值的比例必然低于我国。随着我国经济的发展，我国产品的附加值会逐步提高，物流成本所占产品价值的比例也会随之降下来，我国和发达国家在这一指标上的差距自然会缩小。

2. 生产增值与物流增值的比率

任何一个产业的发展都有一个规律。就某一种产品而言，其生产成本的降低会低于物流成本的降低，进而其生产增值与物流增值之比有下降的趋势。这一趋势使得物流成本总额占总产值的比例有上升趋势。然而从所有产品的集合来看，还存在另一种反方向的变化趋势，即随着高技术产品品种的增多、产品总体技术含量的提高，产品从总体上将不断轻型化，产品总体价值重量比将不断上升。例如，随着技术水平的提高，电视机的生产增值与物流增值之比会逐渐降低，这会增加物流增值在电视机生产流通增值中的比例；但另一方面，计算机甚至手机这类高价值重量比产品的增多，又会从反方向减少物流增值在全社会产品生产流通增值中的比例。

在考察货运总量与国内生产总值的关系时，人们曾使用了"运输强度"这一概念，它是指单位国内生产总值货运量。参照这一概念，有些学者提出了"物流强度"这一概念，它可以定义为单位国内生产总值物流增值量。

我们可以说，"物流强度"的变化，将受到个体产品价值重量比不断下降和产品集合价值重量比不断上升这两种趋势在相反方向上的影响，具体结果将取决于这两种影响作用的大小。

3. GDP 构成也影响物流成本占 GDP 的比例

第一产业、第二产业产生物流量的比例要远远高于第三产业。按产值计算，在 1980—2011

年的美国 GDP 中，农业所占比例从 1.236% 上升到 1.275%，制造业所占比例从 17.282% 上升到 18.284%，服务业所占比例从 73.283% 上升到 75.207%。主要发达国家服务业所占国民生产总值的比例在 65% 以上，美国更是达到了高于 75% 的水平。第三产业对国民经济的贡献很大，但消耗的物流成本却很小。根据美国互动数码软件联盟的报告显示，2002 年游戏软件在美国市场的规模就达到了 69 亿美元。这 69 亿美元的产值消耗的物质资源最多的是用作软件载体的光盘，其更多的产值附着于无形的服务上，而无形的服务所需要的物流成本相对于所创造的价值是微乎其微的。

当前，我国第三产业经济所占国民生产总值的比例不足 34%，不仅低于发达国家的水平，甚至低于世界平均水平。而且，虽然我国 GDP 一直在不断增长，但从 2000 年开始，第三产业对 GDP 增长的贡献率却呈下降趋势，第一、第二产业的贡献率有所回升。由于第一、第二产业对物流服务的要求要比第三产业高得多，使得物流成本增长比率加快，最终导致物流成本占 GDP 的比例不仅没有降低，有时反而上升。

这些数据表明，各国物流成本占 GDP 比例的变化与该国物质生产及流通部门增加值占 GDP 比例的变化明显相关。因此，用物流成本和创造的 GDP 相比，中国自然会高出美国许多。

4. 地理环境、人口分布情况和公共基础设施决定了物流成本的下降空间

中国幅员辽阔，公共基础设施的建设比较落后，同时还拥有庞大的人口数量，这些都使得物流作业需要付出更高的成本。这些成本是难以通过物流管理来降低的，这些客观因素是物流过程中无法回避的问题，在短期内是难以解决的。

5. 我国物流产业正处于起步阶段，还面临着很多问题

首先是库存大。据统计，我国存货占压资金占 GDP 的比例比发达国家高很多，从而导致库存周转减慢，仓储费用数额惊人，比例过高。

其次是效率低。传统物流各自为政的组织形式，分散、低效、高耗的运行方式，损失浪费十分惊人。

再次是传统物流方式仍然占有相当大的比例。有资料显示，美国、日本等国家使用第三方物流的比例已达 30% 以上。而在我国的工业企业中，把原材料物流交给第三方物流的占 18%，把销售物流交给第三方的仅占 16%。

另外，国家对物流产业发展的政策还不完善，每一次对物流产业进行规范整顿的政策调整都会对物流成本总额产生重大的影响。例如，限制超载的政策一出台，单位货运成本立即提高了一倍左右。

最后，由于是起步阶段，我国物流企业尚未形成规模，无法发挥可以降低成本的规模效应。

总之，我国目前物流市场问题很多，但是成长空间还是很大的，在一段时期内要降低物流成本占 GDP 的比例，需要作出更多的努力。特别是要通过大力扶持物流产业的发展，来推动现代物流在我国的广泛应用，提高物流管理水平。

第四节 我国物流状况分析

2001 年到 2011 年我国物流状况态势良好，运行效率显著提高，物流需求速度明显增加，为保证国民经济平稳较快发展发挥了重要的支撑和保障作用。我国物流业经过"十一五"的发展虽然取得了一定成绩，但总体水平仍然偏低，与发达国家物流业发展相比仍有较大差距。因此，"十二五"规划纲要指出，要营造环境，推动服务业大发展，加快发展生产性服务业，大力发展现代物流业。我们一定要通过现代物流业优化升级，推进现代物流业规模化、品牌化、网络化经营，不断提高现代物流业的比重和水平，探索物流业发展新路径。2001—2011 年来物流总费用情况见表 9-1。

表 9-1　2001—2011 年物流总费用　　　　　　　　单位：万亿元

年份	费用
2001	2.03
2002	2.2
2003	2.5
2004	2.9
2005	3.39
2006	3.84
2007	4.54
2008	5.45
2009	6.08
2010	7.1
2011	8.4

2001—2011 年度物流各项费用如表 9-2 所示。

表 9-2　2001—2011 年度物流各项费用统计表　　　　　单位：万亿元

年份	运输费用	保管费用	管理费用
2001	1.04	0.63	0.34
2002	1.16	0.73	0.41
2003	1.4	0.74	0.36
2004	1.6	0.85	0.46
2005	1.83	1.06	0.51
2006	2.1	1.23	0.58
2007	2.47	1.49	0.68
2008	2.87	1.89	0.69
2009	3.36	2	0.72
2010	3.8	2.4	0.9
2011	4.4	2.9	1

从表 9-2 中可以看出，我国物流总费用增长具体表现在运输费用呈加快增长态势，保管费用增长较快，管理费用稳步增长。

从表 9-3 中可以看出，2001—2011 年度社会物流总额总体呈现上升趋势，反映出物流需求在经济增长的带动下，企稳回升步伐有所加快。2010 年我国社会物流总额为 125.4 万亿元，比 10 年前增长了 6.3 倍，年均增长 22%；2011 年我国社会物流总额达 158.4 万亿元，物流业已经成为支撑经济社会发展的重要产业。

表 9-3　2001—2011 年社会物流业总额统计　　　　　单位：万亿元

年份	费用
2001	19.45
2002	23.3
2003	29.6
2004	38.4
2005	48.1
2006	59.6
2007	75.2
2008	89.9
2009	96.65
2010	125.4
2011	158.4

本章习题

一、名词解释

1．社会物流成本
2．利息费用

二、简答题

1．我国如何统计核算社会物流成本中的运输费用？
2．我国如何统计核算社会物流成本中的保管费用？
3．日本和美国在物流管理费用的统计核算方法上有什么区别？各有什么优缺点？
4．哪些因素影响着一个国家社会物流成本占 GDP 比例的高低？

三、案例分析

如图 9-1 所示，我国物流总费用占 GDP 的比重

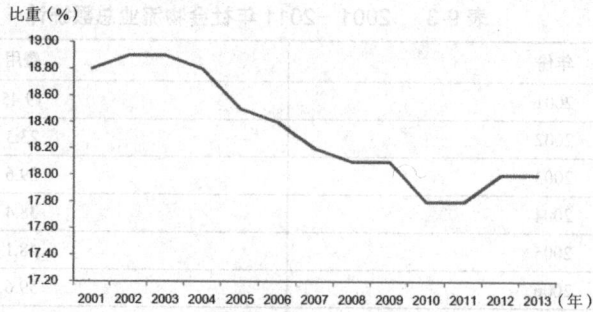

图 9-1　物流总费用占 GDP 的比重

如图 9-2 所示，我国社会物流总费用构成比重。

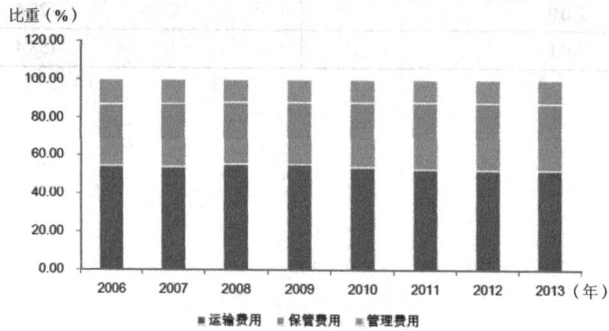

图 9-2　社会物流总费用构成比重

简述：我国物流总费用占 GDP 的比重受哪些因素影响？从我国物流费用结构看，具有哪些特点？

第十章

供应链成本分析

【学习目标】

了解供应链管理的内容；掌握供应链成本的内涵与界定；掌握供应链成本的构成分析。

案例 10.1

长虹公司是我国家用彩色电视机最大的厂商，运输费用占物流费用 70% 以上的长虹面临这种成本压力，物流费用的必然上升将严重影响企业的竞争力。长虹采用商物分离，并设置配送中心，配送中心建立在分公司集中的大城市内，一个中心可承担约 20 个分公司的商品配送业务，保管和配送等业务从各分公司中分离出来。在配送中心制订有计划地、集中地处理的物流战略计划。长虹公司过去采取的方法是将工厂装配好的产品，直接送到各地从事经营的商店暂时保管，然后再根据客户的订货配送到客户所在地。不管配送件数多少，各分店中都必须配备送货人员和卡车。

启发思考

长虹建立配送中心的好处有哪些？

建立配送中心后，分公司的车辆和送货人员就可以压缩，这样，就能用较少车辆运送大量货物。进一步，还可实行从工厂到消费者的一贯制产品运输，这可以取得大批量运输等相当好的成效。

第一节 供应链管理相关概念

供应链管理产生于 20 世纪 90 年代，是一种战略性的企业间协作管理技术。它被认为是面向 21 世纪的先进管理思想和管理模式，也是近年来理论界和实务界研究和应用的一个新的热点。供应链管理是市场渠道各层之间的一个联接，是控制供应链中从原材料通过各制造和分销层直到最终用户的一种管理思想和技术。供应链管理强调供应链上各个参与成员及其活动的整体集成，使企业能够打破边界，将视角延伸到整个供应链上，从而获得竞争优势。

供应链管理的出发点是：通过协调供应链上各个成员之间的关系，高效优化配置企业内外资源，有效地控制供应链上的物流、资金流、价值流、工作流和信息流，既保持稳定和灵活的供需关系，又从整体上加快产品的响应。它已成为当代各种企业开展全球市场竞争的重要战略思想。通过供应链管理，一个企业不仅仅可以利用自身内部的资源，还可以有效地利用其他企业的资源，以保持其核心竞争力。这样，像原有的面向企业内部的企业管理信息系统 MRP II，已不能满足市场竞争的要求，管理信息集成必须向企业外部供需市场两个方面延伸和扩张，企业管理信息系统的总体规划，再也不能局限于企业内部。

从 20 世纪 80 年代后期开始，国际上逐渐推行"横向一体化"的管理思想，即企业充分利用外部资源快速响应市场需求，实现客户定制生产。本企业只抓最核心的产品方向和市场，至于生产，则只抓关键零部件的制造，甚至全部委托其他企业加工。"横向一体化"导致社会分工的深入和细化，形成了一条从供应商到制造商再到分销商的贯穿所有企业的链条。由于相邻企业之间表现出一种需求和供应的对应关系，当把所有相邻企业依次连接起来，便形成了供应链。这条链上的节点企业必须达到同步、协调运作，才有可能使链上所有企业的价值总和最大化。于是，便产生了供应链管理这一新的经营与运作模式。供应链成本管理近年来引起企业足够的重视，主要的原因在于两方面：①企业之间的竞争越来越被供应链之间的竞争所取代；②成本优化的潜力只能通过管理整个供应链成本来实现。

供应链成本管理是供应链管理的重要组成部分，是跨组织的成本管理。它把成本管理的思想转化到整个供应链管理的领域，意味着供应链成本管理跨越了企业的边界，是多个企业的成本管理。尽管成本管理已经成为得到广泛发展的概念和工具，但目前很少将它转化到供应链的管理领域之中，为供应链管理所用。现在供应链成本主要局限于企业内部的供应链，缺乏对外部供应链成本的研究；只注重供应链作业成本优化，很少考虑供应链交易成本的优化。因此，从供应链成本分析的角度出发，建立一套科学的、可操作的供应链成本管理体系，对提高供应链管理水平有着现实的意义。

新闻链接：三星"爆炸门"发酵 A 股供应链公司忙撇清

一、供应链及其基本结构

（一）供应链的定义

供应链的概念源于物流与生产运作管理，自 20 世纪 90 年代开始得到广泛的运用。研究学者从不同角度给供应链下了不同的定义。

按照我国国家标准《物流术语》对供应链的定义，供应链是生产与流通过程中涉及将产品或服务提供给最终用户活动的上游与下游企业所形成的网链结构。

（二）供应链的基本结构模型

根据供应链的定义，其基本结构可以简单地归纳为如图 10-1 所示的模型。

从图 10-1 中可以看出，供应链由所有加盟的节点企业组成，其中一般有一个核心企业（可以是产品制造企业，也可以是大型零售企业），节点企业在需求信息的驱动下，通过供应链的职能分工与合作（生产、分销、零售等），以资金流、物流和商流为媒介实现整个供应链的不断增值。

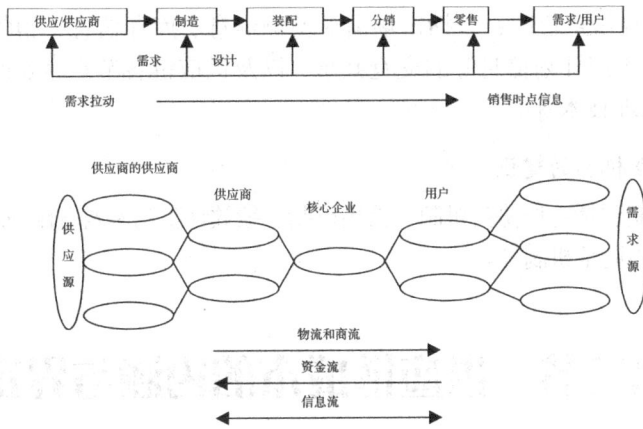

图 10-1　供应链结构模型

二、供应链管理的定义和内容

供应链的概念已经不同于传统的销售链，它跨越了企业界限，从扩展企业的新思维出发，并从全局和整体的角度考虑产品经营的竞争力，使供应链从一种运作工具上升为一种管理方法体系和一种运营管理的思维模式，从而产生了供应链管理（SCM）的概念。关于供应链管理的定义有多种不同的表述。

我国国家标准《物流术语》（GB/T18354—2006）是这样定义的："供应链管理，即利用计算机网络技术全面规划供应链中的商流、物流、信息流、资金流等，并进行计划、组织、协调与控制。"

虽然不同学者对供应链管理的定义各不相同，但基本思想是一致的，都强调一种集成的管理思想和方法，把供应链上的各个环节有机结合，实现供应链整体效率最高。它执行供应链中从供应商到最终用户的物流计划和控制等职能。供应链管理是通过前馈的信息流和反馈的物料及信息流，将供应商、制造商、分销商、零售商直至最终用户连成一个整体。供应链管理把不同的企业集成起来以增加整个供应链的效率，注重企业之间的合作。早期的供应链管理把重点放在了管理库存上，而现在的供应链管理则把供应链上的各个企业作为一个不可分割的整体，使供应链上各企业分担的采购、生产、分销和销售的职能成为一个协调发展的有机体。

供应链管理的主要内容可以归纳为以下几个方面。

1. 供应链网络结构设计（即供应链物理布局的设计）

供应链网络结构设计即供应链物理布局的设计，具体包括链伙伴选择、物流系统设计。

2. 集成化供应链管理流程设计与重组

集成化供应链管理流程设计与重组具体又分为以下几个方面。

（1）各节点企业内部集成化供应链管理流程设计与重组：包括客户需求管理流程、客户订单完成管理流程和客户服务管理流程。

（2）外部集成化供应链管理流程设计与重组：供应链核心主导企业的客户订单完成管理流程与其原材料供应商、产成品销售商、物流服务提供商（物流外包商）等合作伙伴管理流程之间的无缝对接。

> 读一读：多措并举降物流成本，或将会使企业增值

（3）供应链交互信息管理：包括市场需求预测信息、库存信息、销售信息、新品研发信息、销售计划与生产计划信息等的交互共享，以及供应链各节点企业间的协同预测、计划与补给的库存管理技术等。

3. 供应链管理机制的建设

供应链管理机制包括合作协商机制、信用机制、绩效评价与利益分配机制、激励与约束机制、监督预警与风险防范机制等。

第二节　供应链成本的内涵与界定

一、供应链成本与供应链成本管理的定义

（一）供应链成本的定义

早在 20 世纪 30 年代，国外工商界和学术界就已经关注供应链成本问题，并开始对分销成本进行分析和控制。许多研究供应链管理的学者一致认为，成本是供应链最重要的性能，需要不断地分析和改进，以满足消费者需求。要改善供应链成本的就需要对成本进行计量，并且，成本计量在利润分配和分担费用方面也起到重要的整合作用。

根据美国供应链委员会给出的供应链经营参考模型，将供应链成本分为销货成本、总的供应链管理成本、订货管理成本、材料购置成本、存货储存成本、供应链相关的财务与计划成本、供应链相关的信息技术成本、附加值生产率、售后担保/退回过程成本。

大多数学者谈到供应链成本问题时，他们的着眼点都在供应链成本计量的技术上，较少有人对"供应链成本"的内涵及外延给出确切定义。Handfield & Nichols（汉德菲尔德和尼克尔斯）认为供应链成本的定义包含两个方面：一是产品及相关的物资和信息管理，二是供应链伙伴之间的关系管理。Stefan Seuring（斯蒂芬·苏沃森）在直接成本和间接成本的传统划分及作业成本法的基础上从三个层次将供应链成本划分为直接成本、作业成本和交易成本，如图 10-2 所示。

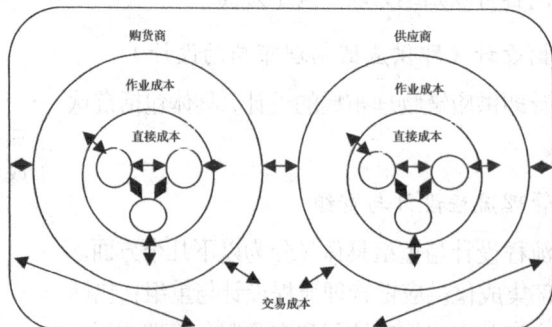

图 10-2　供应链成本核算中的三个成本层次

国内对供应链成本的研究主要是在 Seuring 定义的基础之上展开的，一些学者也围绕着这个分类对三项供应链成本的具体构成展开了分析。然而，目前学术界对于供应链成本的界定还

存在争议。许多文献在研究过程中都简单地将供应链成本等同于物流成本，这种观点主要是从物流过程及活动角度来分析供应链成本，涉及的也只是存货成本和运输成本的计量方法和模型。供应链是从物流发展而来的，但供应链不等同于物流。通常认为物流涉及的是产品或服务从一地到另一地的流动，以满足客户的需求。而供应链涉及的是从原材料到产品到客户的所有活动，物流完成的职能只是供应链职能的一部分，因而供应链所涉及的成本范围大于物流成本的范围。也有极少数的学者从不同的角度对 Seuring 的定义作了一定的整合和提升。罗文兵、邓明君将供应链成本核算范畴划分为直接成本、作业成本、交易成本和社会成本四个层次。纪作哲对供应链成本进行了界定：供应链成本包括所发生的一切物料成本、劳动成本、运输成本、设备成本和其他变动成本。李秉祥、许丽认为供应链成本包括供应链总运营成本、供应链管理总成本和隐性成本三部分。索晨霞、邓子琼认为供应链成本是指在供应链运转过程中由物流、信息流和资金流所引起的成本以及供应链整合过程的机会成本和整合成本，主要包括订货成本、购买成本、存货存储成本、仓储成本、运输成本、管理成本、交易成本、资金转移成本、信息成本、生产成本、财务费用和经营成本，供应链相关的机会成本和供应链整合成本。

（二）供应链成本管理的定义

Stefan Seuring 首先把供应链成本管理（SCCM）定义为"供应链成本管理就是分析和控制供应链成本的方法和概念"。Stefan Seunng 进一步认为，只有将供应链成本核算层次整合进其建立的生产—关系矩阵才能发挥成本管理作用。他提出了一个供应链成本核算的概念框架。在这个框架中，随着供应链活动操作性的提高，成本一步步地从交易成本转向作业成本和直接成本。但三个成本层次的相对重要性在很大程度上取决于企业提供的产品和服务，例如，生命周期或技术周期较短的产品由于投资风险高，在初期决策阶段所需的成本较大，这就决定了交易成本和作业成本的重要性；而生命周期较长的产品在供应商选择、关系构建及产品和流程设计方面所需的交易成本较低。

翁君、张余华将供应链成本管理按其目的和方法分为供应链成本控制和供应链成本降低，并分别引入供应链成本预算管理与供应链无形成本动因管理两种模式对供应链成本管理进行分析。克鲁姆（Croom）认为，供应链成本管理是一种需求拉动型的成本管理模式，其范围由生产领域向开发、设计、供应、销售领域拓展，成本管理的手段多样化。

艾宝俊认为，供应链成本管理是以最终客户价值最大化为目标，以核心企业为中心，将供应链上各环节分别实施控制、优化的方法和体系。他提出了一个供应链成本管理模型，并指出，供应链成本管理的思想是价值分析。有效的供应链成本管理模型必须面向顾客的需求和顾客价值的增值。供应链成本管理应体现供应链的价值增值水平，供应链的价值增值实质上是供应链最终用户的价值增值。为了顾客价值最大化，必须有效控制顾客成本，而顾客成本的核心是供应链成本，包括供应成本、制造成本和销售成本，它们分别对应于供应链上游成本、企业内部成本和供应链下游成本。

二、供应链成本的内涵界定与动因分析

（一）供应链成本的内涵界定

供应链的运作必然伴随着费用和支出，这就构成了供应链成本。按照德国学者 Stefan Seuring

对供应链成本的定义，供应链成本可以分为直接成本、作业成本和交易成本三个方面。但是，Seuring 只是提出了这个概念，并没有进行深入的分析。这种供应链成本核算方法将生产成本和交易成本都纳入了考虑范围。国内对供应链成本的研究主要是在 Seuring 定义的基础上展开的，目前学术界对于供应链成本的内涵界定还存在争议。许多文献在研究过程中都简单地将供应链成本等同于物流成本，有些学者主张供应链成本只包括供应链的交易成本，而另一些学者主张供应链成本应该包括供应链上所发生的一切成本。

Seuring 在把供应链成本分为直接成本、作业成本和交易成本三部分。其中，直接成本是指单个企业生产过程中发生的，是直接由生产每一单位产品所引起的，如直接材料成本、人工成本和机器成本等，对直接成本的控制主要是通过对原材料和人工的价格控制来实现的。作业成本是指由那些与生产产品没有直接关联，但与产品的生产和交付相关的管理活动引起的成本，这些成本因公司的组织结构不同而有很大的差异。交易成本是指处理供应商和客户信息及沟通所产生的所有费用，旨在协调、控制和适应企业彼此的交易关系。因此这些成本伴随着供应链企业之间的相互作用而发生。

直接成本就是传统意义上的产品生产成本，包括产品的生产成本、研究开发费用、制造费用等，一般可以直接归入各产品之中。其发生是由企业自身的生产活动而形成的，与供应链管理水平的高低无关。因此在本书中，不将直接成本列入供应链成本的构成中，而是将与供应链有效管理相关的成本计入供应链成本之中，即供应链成本包括物流成本和交易成本。这里的供应链物流成本与 Seuring 提出的作业成本的内涵类似。

供应链管理的目标是降低供应链成本，即降低物流成本和交易成本，而直接成本的降低主要是企业内部管理水平提高的结果。因此，对供应链成本这样的界定有利于从本质上认识和分析供应链的管理，通过有效的供应链管理，才可以有效地降低供应链成本。

（二）供应链成本动因的分析

供应链管理是利用计算机网络技术全面规划供应链中的商流、物流、信息流和资金流等，并进行计划、组织、协调与控制的活动。因此供应链管理实际上是对商流、物流、信息流和资金流的集成管理，如图 10-3 所示。

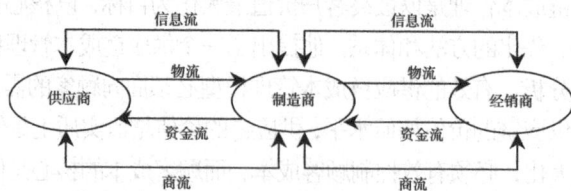

图 10-3　供应链的四大流关系

供应链节点企业经过商谈，建成合作伙伴关系，根据合作协议达成供货，确定商品价格、品种、数量、供货时间、交货地点、运输方式并签订合同，这是商流活动的过程。要认真履行这份合同。下一步要进入物流过程，即货物的订单处理、包装、装卸搬运、保管、运输等活动。如果商流和物流都顺利进行，接下来进入资金流的过程，即付款和结算。无论是买卖交易，还是物流和资金流，这三个过程都离不开信息的传递和交换，没有及时的信息流，就没有顺畅的商流、物流和资金流。没有资金的支付，商流就不会成立，物流也不会发生。

可以说，商流是动机和目的，资金流是条件，信息流是手段，物流是过程。产品、信息、资金在供应链节点企业之间流动是要消耗成本的，因此本书将供应链成本定义为"在供应链运转过程中由商流、物流、信息流和资金流所引起的成本。"它包括物流成本和交易成本两个方面，下面依据"四流"分析物流成本和交易成本的动因。

供应链成本中的物流成本主要是由"四流"中的物流引起的，从而我们认为作业成本可以看成是供应链间的物流成本。物流是产品在时间和空间上的流动，涉及采购、库存、生产、包装、运输等环节。物流成本中主要是完成诸种物流活动所需的全部成本，包括运输成本、库存持有成本、订货成本、缺货成本等。

供应链成本中的交易成本是由信息流、商流、资金流引起的。信息流贯穿于交易的整个过程，在交易之前要搜寻产品的价格、质量、款式及潜在交易对象及其信用水平等，而信息搜寻需要花费交易者的时间、精力和金钱，这些都会产生交易成本，在以后的谈判、签约、履约过程的信息交流也都要发生成本。供应链企业间的信息共享将有效地降低信息流所带来的交易成本。商流是一种交易活动过程，它是指谈判、签约以及履约活动等促成产权转移的活动。商流活动带来的交易成本主要形成于供求合作伙伴关系的建立上，一旦供应链合作伙伴关系建立后，每次签约活动以及履行契约活动两个阶段也会产生一定的交易成本。契约履行阶段还会发生资金流所带来的交易成本。

第三节 供应链成本的构成分析

根据前面的动因分析，供应链成本由物流成本和交易成本两部分构成。其中，供应链物流成本是完成诸种物流活动所需的全部成本，关于物流成本的构成在第二章有过详细的论述。这里也可以根据物流活动的基本环节将物流成本分为运输成本、库存持有成本、订单处理成本、缺货成本等。供应链交易成本大致分为信息费用、交易谈判费用、签约费用、监督履约成本和交易变更成本等。图 10-4 所示是我们提出的基于成本动因分析的供应链成本构成要素。

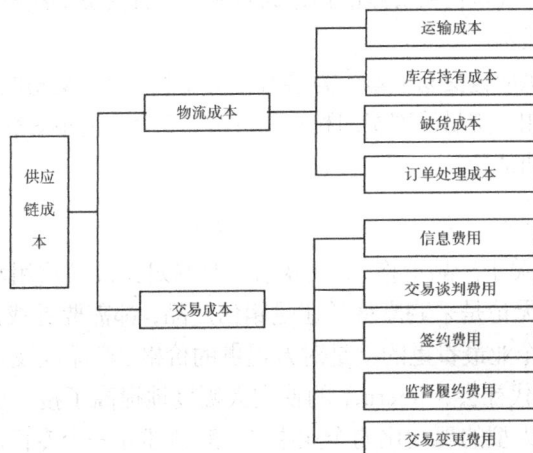

图 10-4 基于成本动因分析的供应链成本的构成

一、供应链交易成本的构成分析

交易成本（Transaction Cost），又叫交易费用，最早由罗纳德·科斯（Ronald H. Coase）在研究企业性质时提出，是指交易过程中发生的成本，并进一步指出交易成本包括"发现相对价格的工作"、谈判、签约、激励、监督履约等的费用。诺斯等人认为，商品在经济单位之间的转移要求提供有关交换机会的信息即要有搜寻费用，要求就交易条件进行谈判即要有谈判费用，还要求确定实施合约的步骤即要有实施费用，提供所有这些劳务的费用就称为交易费用。威廉姆森将交易费用细分为事前的交易费用和事后的交易费用，前者包括起草、谈判、落实某种协议的成本；后者包括交易对方偏离协议规定产生的费用、当事人发现事先确定的价格有误而作出调整的费用、当事人通过法律或政府解决他们之间的冲突所支付的费用、当事人为确保交易关系的稳定所付出的成本等。《新帕尔格雷夫经济学大辞典》中将交易费用定义为包括一切不直接发生在物质生产过程中的成本，具体包括信息成本、谈判成本、拟订和实施契约的成本、界定和控制产权的成本、监督和管理的成本以及制度和结构变化的成本。斯沃林（Seuring）把供应链成本分为三个层次，即直接成本、作业成本、交易成本，这三个成本层次为分析和优化供应链成本奠定了基础。其中交易成本包括所有与供应商和客户处理信息和通信的所有活动而发生的费用，旨在协调、控制和适应彼此的交易关系。

由此可以看出，对交易成本的理解主要有广义和狭义两种。狭义的概念专指市场交易费用，科斯、诺斯、威廉姆森、斯沃林等人就是从这个角度解释交易费用的。广义的交易费用则是将人类的交往活动，包括市场交易活动、组织内部的管理活动以及创建和变革制度或组织等引起的费用均视为交易费用。本书在研究供应链交易成本时，主要采用的是狭义的交易成本概念。

企业层面上的市场交易成本，主要是指供应链合作伙伴形成过程中发生的成本以及维持供应链合作伙伴关系所发生的成本。因此，在分析其构成时，可以将其分为事前交易成本和事后交易成本两个部分。为了促成交易的进行，交易者首先要选择合适的合作伙伴（寻找供应商或者寻找客户），要获取交易有关信息所耗费的前期费用，包括人工费用、材料费用、咨询费等，交易谈判签约过程所发生的费用等，构成了事前交易成本。另外，还有供应链信息流、资金流的衔接等问题所发生的相关成本。而一旦供应链合作伙伴关系建立之后，需要进行相关的关系维护，如预期由于契约不完全性所导致的道德风险成本、解决契约纠纷引起的成本等，可以把这些成本归为事后交易成本。

通过分析，可以将供应链交易成本分为事前交易成本和事后交易成本两部分，其中事前交易成本可以分为信息费用、交易谈判费用和签约费用三部分，而事后交易成本可以分为监督履约成本和交易变更成本两部分。

1. 信息费用

信息费用是在搜寻关于产品价格、款式及潜在交易对象及其信用水平等相关交易信息的过程中发生的。生产商无论是采购原材料还是销售产品，都需要寻找合适的交易对象。在寻求合适的交易对象时，企业最看重的就是对方提供的价格、产品以及对方企业的信用水平是否符合自身的需要。现代社会，Internet 的使用大幅度地提高了搜寻信息的效率，节约了信息搜寻的成本。在一个大型的现代化的企业中，一般会建立一个专门的信息部门，运用网络系统收集信息，寻求合适的交易对象，为企业正常的生产销售提供保障。信息费用包括以下几项。

（1）人工费用。 在信息部门工作的员工，每天的工作就是负责运用网络系统搜寻潜在的交易对象，他们的工资、奖金和津贴等就是信息费用中的人工费用。

（2）营运费用。实现信息搜寻工作最重要的就是要运用网络系统，所以计算机这样的设备必不可少，营运费用主要包括信息部门设备的折旧费、维修维护费、保险费等，不仅如此，还要包括电话、传真、邮资等通信费。

（3）管理费用。主要包括信息部门主管的人工费用，还有日常的业务招待费、相关税金等。

2. 交易谈判费用

信息部门搜寻到合适的潜在交易对象后，交易双方就需要就交易价格、数量、交易时间、结算方式等细节展开谈判协商，在双方产生共识的基础上签订交易合同。很显然，交易谈判费用的多少取决于谈判的时间、次数、人数等，谈判的时间越长，洽谈的次数越多，涉及的谈判人员越多，合同条款越详尽，发生的谈判费用就会越高。尤其，如果谈判双方处于不同的城市，那么谈判费用就会由于差旅费、住宿费等而上升。值得注意的是，企业应该注重稳定的交易伙伴关系，使交易关系具有可持续发展的特点。完善交易合同的再谈判将比开发新的交易伙伴要节约很多谈判费用。交易谈判费用包括以下几项。

（1）人工费用。每项交易都会有专门的谈判小组，而谈判小组成员的工资、奖金、津贴等就是交易谈判费用的人工费用。

（2）谈判费用。谈判费用包括准备谈判资料的费用、到达谈判地点的差旅费用、住宿费用等。

（3）管理费用。完成某项交易可能需要支付给中介机构一定的佣金，一般计入管理费用；另外，谈判期间还会发生一定的招待费等，也计入管理费用。

3. 签约费用

在谈判双方就交易的价格、数量、结算方式等内容达成一致时，就可以签订合同了。一般情况下，企业都会举行签约仪式，甚至召开大型的记者招待会。但是，越是隆重的签约仪式就意味着越高的签约费用。签约费用包括以下几项。

（1）人工费用。签约仪式的筹备、场地的租用、签约会场的布置等工作都需要有专门的人员负责，他们的工资、奖金等就是签约费用的人工费用。

（2）签约费用。签约费用包括签约场地的租金、签约现场的招待费用等。

（3）管理费用。管理费用主要是签约管理人员的工资、奖金等人工费用。

4. 监督履约成本

在交易合同签订以后，交易双方为了确保合同得到切实的履行，需要加强彼此的沟通与协调。如果遇到预料之外的偶发事件，还应该互相协商提出解决方案。在双方履约的过程中，企业需要对交易对方的履约情况进行监督，以确保自身的利益不受损害。如果在监督过程中，发现对方有违约行为，或者双方发生冲突，损害了自身利益时，企业还应该诉诸法律手段予以解决。所有这些为了确保合同得到有效履行的努力都将花费一定的成本。交易双方既然已经签订了合约，就应该相互信任，本着互利的原则进行交易，这样就可以节约大量的监督成本。例如，从全面的验货到抽检或者免检，将节约一大笔的产品检验时间和费用。监督履约成本包括以下几项。

（1）人工费用。在合同的执行过程中，双方必然会派自己的员工去监督对方的履约情况，在销售合同中，表现为检验产品是否符合合同的规定，货款支付的数目、方式和时间是否符合合同的条款；在委托加工或劳务合同中，表现为验收加工产品甚至监工。检验人员和监工人员的工资、奖金和津贴等就是监督履约成本的人工费用。

（2）检验监督费用。检验监督费用包括检验仪器的折旧费、维护维修费，通讯通信费用，诉诸法律的费用等。

（3）管理费用。管理费用主要是监督履约负责人的工资、奖金等人工费用。

5. 交易变更成本

在交易合同签订以后，如果交易双方发生变故，需要中止或者变更合同，必然给交易者带来巨大的损失。这里的损失包括以上为签订合同所发生的信息费用、谈判费用、签约费用等，还包括丧失市场其他机遇的机会损失以及达成新的交易合同所需要发生的新的交易成本。另外，变更交易时双方很难达成共识，经常需要通过法律途径来解决冲突和纠纷，必然带来更多的损失。交易变更成本包括以下几项。

（1）人工费用。当需要变更交易时，双方必然都要成立谈判小组以进行协商，提出解决方案，他们的工资、奖金和津贴等就是交易变更的人工费用。

（2）损失成本。如果交易终止，那么以前为签订合同所发生的信息费用、谈判费用、签约费用、监督履约费用和丧失其他机遇的机会损失等就是损失成本。

（3）变更成本。在变更交易的过程中，双方进行谈判协商时将发生谈判费用、差旅费用、住宿费用等，另外，如果诉诸法律，还要考虑诉讼成本等。

供应链企业间减少交易成本的过程大致包括三个阶段：接触交易阶段、相互信任阶段和合作联盟阶段。

供应链企业间减少交易成本的过程是一个多重的、非零和博弈过程。第一阶段：企业间因为供应与需求，彼此交往接触。这时企业间的关系是一般交易关系，其交易成本也最高。第二阶段：随着交易的进行与重复，彼此的了解得到加强。如果双方都有合作的意愿，并表示相当的合作诚意，企业间的相互信任将随之加深，这时，企业间的交易成本将相应地得到降低。供应链中大部分企业间的关系属于此种。第三阶段：如果企业间通过供应商开发，企业间可结成合作联盟关系。供应商开发是指努力维持并创造与竞争力强的供应商之间的网链管理，以提高供应商的技术、质量、交货与成本控制能力，它包括供应商协调与供应商发展。供应商协调以消除企业间的交易成本，供应商开发以消除企业内的生产成本。这时的供应链企业间是战略联盟关系，共同理解彼此的需要，共同建立日常工作系统，共同控制质量系统，共同进行企业间交流，共同确定计划方法并共享企业发展战略。这种关系常常发生在核心企业与主要的供应商之间。

读一读：供应链企业间的交易成本研究

二、供应链物流成本的构成分析

物流成本的构成可以从多个方面进行划分，如第二章里所述。这里站在生产商的角度，通过分析其作业职能来划分供应链物流成本，将物流成本划分为运输成本、库存持有成本、订单处理成本和缺货成本四类。

1. 运输成本

运输成本是物流成本中最为重要的一部分，主要包括运输、装卸和搬运成本等。无论是制造商向上游供应商采购原材料，还是向下游分销商销售产品，只要涉及物品的位移，就会有运输成本。不仅如此，原材料、在产品、产成品等在企业内部的流转也会发生运输成本。在一个常规的生产流程中，运输成本主要包括以下几个方面：将原材料从供应商那里运送到生产商、搬运原材料入库、运送原材料至生产车间、半成品入库（也有可能半成品直接进入下一环节生产，不需要入库）、产成品入库、将产成品运输至分销商所发生的费用。

以上只是从流程的角度划分了运输成本主要由哪些方面构成，那么从成本的性质角度，运输成本又由人工费用、营运费用、管理费用以及支付给物流公司的服务费等构成。

2. 库存持有成本

库存持有成本是为保持存货而发生的成本，主要包括：仓库职工的工资、奖金、津贴等人工费用，存货资金的应计利息，仓库的租金或者折旧费，仓库的挑选整理费用、存货破损和变质损失费用等。

库存持有成本分为固定成本和变动成本。固定成本与存货数量无关，如仓库的折旧、仓库职工的固定月工资等；变动成本与存货的数量有关，如存货资金的应计利息、存货的破损和变质损失、存货的保险费用等。

具体来说，库存持有成本主要由以下几部分组成。

（1）存货资金占压成本。存货以占用资金为代价，而对资金而言存在机会成本。资金的机会成本是指，如果资金未被存货占用，将这些资金投放到其他投资领域所能产生的预期回报。

（2）调价损失成本。由于市场的变化、激烈的竞争、产品的更新换代或其他原因造成的产品市场价格下降，从而造成存货价值的降低。

（3）库存风险成本。货物存放在仓库中由于各种原因所造成的损失。部分库存放置太久，或者由于平时对货物的保养不好，会造成货物的损坏，即变成残品废品。此外，货物存放在仓库中也可能由于被盗而造成损失。

3. 订单处理成本

订单处理成本是指企业库存低于保险储备量时，向其上游企业取得订单的成本，主要包括采购人员的人工费用，即采购人员的工资、奖金、津贴等；常设采购机构的基本开支，包括固定资产的折旧费用、日常的招待费用等；采购机构的管理费用，主要是指采购管理人员的人工费用以及差旅费，邮资、电报电话费等支出。

订单处理成本分为固定成本和变动成本。固定成本与订货次数无关，如常设机构的基本开支等；变动成本与订货次数有关，如差旅费、邮资等。

4. 缺货成本

缺货成本是由于存货供应中断而造成的损失，包括材料供应中断造成的停工损失、产品库存缺货造成的延迟发货损失和丧失销售机会的损失（还应包括可能产生的商誉损失）。如果企业以紧急采购原材料来解决库存材料中断之急，那么缺货成本就表现为紧急采购大于正常采购的成本。如果某种产成品缺货时，客户就会转而购买竞争对手的产品，那么整个供应链产生的利润损失就是缺货成本。缺货成本又可以分为延期交货造成的损失以及失去销售机会所造成的损失。

第四节　基于供应链成本分析的供应链管理策略

供应链是成本管理中的一个重要概念，它体现了动态成本管理的特性。面向顾客，将供应商、产品制造企业、运输业和分销公司等都视为创造顾客价值的实体，而每个企业既是供应链中某个企业产品的用户，又是另一个企业的供应商。优化的供应链管理借助于网络、信息技术及时满足顾客需求，在减少各环节之间延误的同时，达到最小库存、最小总成本以实现增值最大化。供应链优化将为企业带来更低的成本优势，并转化为持续的核心竞争力。

供应链成本包括物流成本和交易成本两个方面，因此降低供应链成本就要从这两个成本层次下手，站在供应链管理的角度来降低供应链节点企业的成本。供应链管理策略与供应链成本之间的关系如图 10-5 所示。

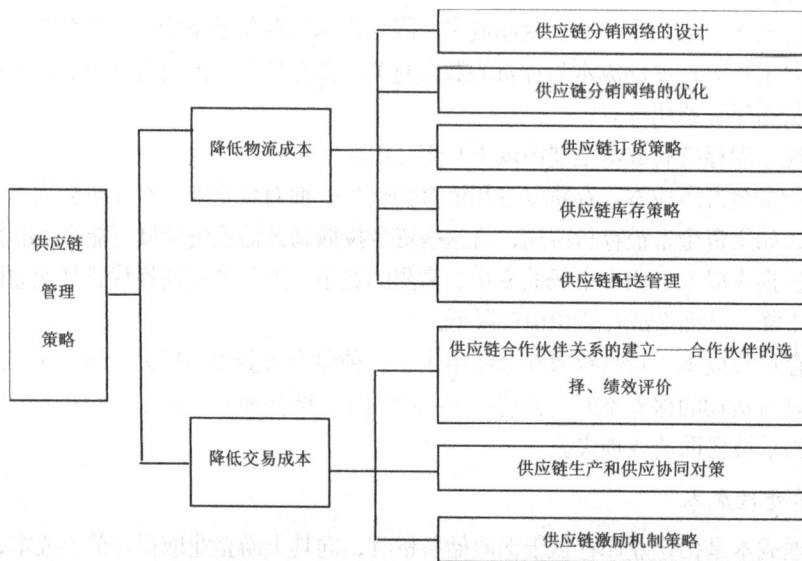

图 10-5　基于成本分析的供应链管理策略分析

1. 供应链物流成本的管理策略

供应链物流成本包括节点企业之间订货、库存、配送等作业消耗的成本，所以优化供应链物流成本，必须从以下几个方面入手。

（1）供应链分销网络的设计和供应链分销网络的优化，能够使得广大用户方便快捷地获得产品。

（2）优化供应链订货策略。其实订货策略和库存管理是有关系的，一般情况下，把订货成本和库存管理成本之和作为订货策略评价的标准。如果存在商业折扣的情况，也要考虑这个因素。

（3）供应链库存管理也是降低供应链物流成本的有效途径。库存管理要和生产计划相一致，不然就会存在库存积压成本或缺货成本，这都会增加整个供应链的成本。因此，需要供应链上下游企业加强信息沟通，能够使企业生产和销售一致，现在借助网络、信息技术是能够实现这个目标的。

（4）供应链配送管理要求在保证满足客户要求的前提下，用最低的成本把产品送到客户的手中。

2. 供应链交易成本的管理策略

供应链成本中的交易成本是供应链企业之间的商流、信息流和资金流交易而产生的成本，因此需要供应链企业之间的合作来优化交易成本。

（1）建立供应链战略合作伙伴关系。在建立合作伙伴关系的过程中，要精心选择合作伙伴，并且对合作伙伴的绩效进行评价，采取优胜劣汰的策略。

（2）制定供应链生产和供应计划的协同策略。使信息流能够在供应链成员企业中共享。

（3）制定供应链合作伙伴的激励策略。由于交易环境的不确定性和交易成员的有限理性，所以可能会出现机会主义，就会产生一些不必要的成本，因此要对供应链合作伙伴采取激励措施和供应链收益分配机制，这样能够保证供应链能够健康地运行下去。

供应链管理是以降低供应链成本，即降低供应链物流成本和交易成本为目的的，供应链管理的种种策略在客观上也必然能降低供应链成本。

案例 10.2

在寒冬到来的时候，上下游企业如何抱团取暖，把自己融入一个相对稳定的价值链中已成为必然的选择。2015 年由宝钢、东风汽车、宝日汽车板、东风日产主办的钢铁与汽车产业战略高峰论坛在广州举行，与会各方探讨了汽车与钢铁产业良性、可持续性发展的合作模式。其中宝钢和东风日产战略合作模式受到了普遍的关注。宝钢和东风日产汽车之间正通过摆脱简单的购买关系，建立崭新的战略合作模式，共同打造供应链，已成为上下游联手过冬的典型案例。据宝钢人士介绍，汽车行业对钢材供应商的要求不断提高，不再仅限于产品的质量和价格，对钢材供应商的配套服务要求也越来越高。一方面，汽车厂家希望压缩钢材库存周期，以加快资金周转；另一方面，希望把钢材的剪切加工配送等前道工序交给钢材供应商来做，以便聚焦主业。针对东风的要求，宝钢提出建立"敏捷供应链"概念。这就要求整条供应链上的双方要适应市场变化进行供需关系重构并对市场变化及对方需求变化能快速响应。据悉，宝钢在东风日产车身研发的初步阶段就介入，然后通过优化供应链，挖掘供应链各个业务环节的潜在效益，共同增强抗风险的能力，加强对业务反应的敏捷性。目前宝钢已通过敏捷服务，渗透到东风日产的采购、仓储环节。"（合作之后）东风日产的钢材入库数据、发票数据核对、财务采购发票入账时间从 2 周缩短到了 3 天；月末盘库时间从 2 天缩短到 2 小时；库存备料从 60 天下降到 45 天；东风日产的钢材采购人员从繁琐的单据操作中解放出来。"东风日产副总经理任勇通过一系列数据介绍建立敏捷供应链系统后的成效。他说，敏捷供应链系统自 2015 年 6 月开通后，有效贯通了宝钢与东风日产各部门间的数据传递环节，提升了东风日产内部的仓储、财务管理水平，降低了管理成本。而宝钢相关人士还介绍，双方形成了质量长效跟踪机制，建立了标准样板库，明确了统一的质量缺陷及判定标准，宝钢供料东风日产的不良率降低为零。这个系统的核心在于一切要围绕效率这一轴心转，不局限于纯粹的商务成本，或满足于一方让步达成的暂时平衡，而应在更宽的角度、更广的领域合作，提升双方的合作效率，为客户量身打造体系，实现更大双赢。任勇表示："东风日产和宝钢的合作，是汽车产业链全价值链合作的典型案例，不仅提升双方的效率，而且可以实现双方的利益最大化。"在 2016 年宏观经济形势尚不明朗的态势下，宝钢股份日前确立了 2016 年汽车板产销的总体目标,汽车板国内市场占有率持续超过一半以上。据了解,不仅是宝钢,其他一些钢企同样在加速采用战略合作协议加强与下游客户的合作。一些钢厂还计划投入巨资在各地建立多家钢材配送加工中心,而钢材配送加工中心作为国内钢材销售环节此前主要控制在分散的经销商手里,国内钢厂并没有形成完整物流增值环节的供应链体系。

启发思考

宝钢和东风日产战略合作模式给我们的启发是什么?

在经济下行周期,企业仅靠自身能力和资源不能有效地参与市场竞争,必须把经营过程中的有关各方如供应商、制造基地、分销网络、客户纳入一个紧密的供应链中。

第五节　降低物流供应链成本的六大步骤

美国威斯康星大学在过去的 10 多年里,通过与来自美国、欧洲、亚洲等地的物流经理们的交流,把物流供应链的成本降低过程分成了 6 个阶段,以帮助来自世界各地的物流供应链的经营者们进一步认识到只有当存货、仓储、包装、运输、搬运、销售等各个环节都被正确定位,大幅度降低成本,获取竞争优势,物流才能增值。

第一阶段:把职能性费用降低到最低水平。在这个阶段中,每一个人在其责任的职能范围内做好管理工作,并且直接向公司管理部门负责,并且根据其要求,竭尽全力把成本降低到尽可能低的水平。

第二阶段:把交货成本降低到最低水平。但必须指出,把包括交货成本在内的各项成本费用降低到最低限度仅仅是一个经营管理原则,而不是千篇一律的业务经营守则,更不是交货价越低越好。事实上,有些生产厂商在从供应商进货(原材料)和向客户送货两个环节上都做了大量的管理工作,却没有跟踪和分析他们自己内部流通渠道的管理过程中必然发生的成本,其实,对这种成本的充分认识将有助于降低交货成本。

第三阶段:把所有权总成本降低到最低水平。应该作出一定的利益退让以便满足客户的要求,比降低成本和财产的最小化更加重要的是,公司在发展的开始就要注意各方面经营管理之间的平衡。

第四阶段:进一步降低企业销售增值成本。企业贡献给供应链的增值成本实际上是在物资所有权总成本以外的附加客户价值。现在的企业正在开始致力于降低与市场营销、销售、工程技术支持、场地服务支持、信息技术费用、行政费用有关联的成本。公司应对产品和客户获利情况进行分析,分析的重点就是总体成本的补充,也就是对进货价格再加上一定的百分比作为零售价,对补充费用及保证利润的总体成本进行分析。

第五阶段:降低与最接近的贸易伙伴有关的企业内部附加值成本。这一阶段要求处理的是对直接供应人、客户和中间商的成本分析。去除中间环节和加入中间环节都必须慎重考虑。通过公司企业之间的相互合作消除重复操作,提高服务质量,减少总体联合成本。

第六阶段:向最终用户交货的供应链成本降低到最低点。这一阶段的工作内容就是致力于处理超出核心伙伴范围以外的问题,并且进行分析,重点就是业务交往上的最终人员,或者业务客户,或者被称为最终用户的人。分析重点集中在最终用户身上,其目的就是发展跨越供应链网络上各家企业的业务战略,一方面以最低的最终用户成本提供产品,另一方面在供应链上的每一个成员之间卓有成效地获取财产和利润。美国威斯康星大学的专家教授们提醒,物流供应链的经营人和管理人在实际操作中都必须注意以下几点。

（1）应该承认供应链及其各个环节的管理在不同的行业中不尽相同，而且有不同的含意。

（2）应该懂得物流服务供应链上的每一个客户想要什么。每一个客户对物流供应链提出的要求不尽相同，要充分发挥供应链内部的电子信息网络的作用，每一个环节都要协同工作，发扬团队精神，互通信息。

（3）在为客户提供采购、制造、订货、配送、运输、交接等一系列物流供应链服务的时候要尽力做到缩短每一个物流服务的周期，提高服务质量和降低经营操作成本。

（4）由于制造经济和市场营销之间存在着"利益互换"，只有通过合理的物流能力设计才能协调。

（5）对于跨国物流供应链来讲，由于订货到交货的超前时间是决定库存量和操作经营方针的关键，因而随时掌握国际供应链各个环节的操作经营信息和控制物流周期是十分重要的。

（6）必须把供应链的企业数量限制在尽可能少的地步，把原来的松散联合变成严谨的独立企业的群体，变成一种致力于提高效率和增加竞争能力的合作力量，凡是参与供应链的企业和生产厂商要有共同的信念，都有各自的角色，才能提高供应链服务的质量和效率。当你把上述措施一一落实以后，你就可以再按照客户所提出的有关供应链服务的要求，不断变革，狠下功夫，改善你的物流供应链服务，同时把成本降低到最低点，必然可以屹立于高手林立的国际、国内市场。

本章习题

一、名词解释

    1．库存持有成本

    2．供应链成本

    3．缺货成本

二、简答题

    1．简述供应链的基本结构模型。

    2．简述供应链成本的构成。

    3．如何理解事前交易成本和事后交易成本？

    4．分析供应链管理策略与降低供应链成本之间的关系。

三、案例分析

追求"零库存"，实现"零库存"——一汽大众成功应用物流系统

一、基本情况

一汽大众汽车有限公司目前仅捷达车就有七八十个品种、十七八种颜色，而每辆车都有2 000多种零部件需要外购。从1997年到2000年年末，公司捷达车销售从43 947辆一路跃升至94 150辆，市场兑现率已高达95%～97%。与这些令人心跳的数字形成鲜明对比的是公司零部件居然基本处于"零库存"状态，而制造这一巨大反差的就是一整套较为完善的物流控制系统。

二、实现"零库存"的具体运作方法

（一）车间里只有"入口"，没有仓库

一个占地 9 万多平方米，可同时生产三种不同品牌的、亚洲最大的整车车间，不知情的人一定以为它的仓库也一定非常壮观，可这里的工作人员认为他们那里没有仓库，只有入口。

（二）进货的"零库存"处理流程

下面结合具体的操作实例来看看进货"零库存"的处理流程。我们只要走进一汽大众的一个标有"整车捷达入口处"牌子的房子，就会看见在上千平方米的房间内零零星星地摆着几箱汽车玻璃和小零件，四五个工作人员在有条不紊地用电动叉车往整车车间磅零件。在入口处旁边的一个小亭子里，一位小伙子正坐在电脑前用扫描枪扫描着一张张纸单上的条形码——他正在把订货单发往供货厂。一辆满载着保险杠的货车开了进来，两个工作人员见状立即开着叉车跟了上去。几分钟后，这批保险杠就被陆续送进了车间。据保管员讲，一汽大众的零部件的送货形式有三种：第一种是电子看板，即公司每月把生产信息用扫描的方式通过电脑网络传递送到各供货厂，对方根据这一信息安排自己的生产，然后公司按照生产情况发出供货信息，对方则马上用自备车辆将零部件送到公司各车间的入口处，再由入口处分配到车间的工位上。刚才看到的保险杠就采取这种形式。第二种叫做"准时化（Just in time）"，即公司按过车顺序把配货单传送到供货厂，对方也按顺序装货直接把零部件送到工位上，从而取消了中间仓库环节。第三种是批量进货，供货厂每月对于那些不影响大局又没有变化的小零部件分批量地送一到两次。过去这是整车车间的仓库，当时库里堆放着大量的零部件，货架之间只有供叉车勉强往来的过道，大货车根本开不进来。不仅每天上架、下架、维护、倒运需要消耗大量的人力、物力和财力，而且储存、运送过程中总要造成一定的货损货差。现在每天平均 2 个小时要一次货，零部件放在这里的时间一般不超过一天。订货、生产零件、运送、组装等全过程都处于小批量、多批次的有序流动当中。公司原先有一个车队专门在各车间送货，现在车队已经解散了。

（三）在制品的"零库存"管理

公司很注重在制品的"零库存"管理，从以下的运作中可以看得出来。

在该公司流行着这样一句话：在制品是万恶之源。用以形容大量库存带来的种种弊端。在生产初期，捷达车的品种比较单一，颜色也只有蓝、白、红三种，公司的生产全靠大量的库存来保证。随着市场需求的日益多样化，传统的生产组织方式面临着严峻的挑战。1997 年，"物流"的概念进入了公司决策层。考虑到应用德方的系统不仅要一次性投入 1 500 万美元，而且每年的咨询和维护费用也需要数百万美元，中方决定自己组织技术人员和外国专家进行物流管理系统的研究开发。1998 年年初，公司开发的物流控制系统获得成功并正式投入使用。如今，这仅用了不足 300 万元人民币的系统已经受住了十几万辆车的考验。在整车车间，记者看到生产线上每辆车的车身上都贴着一张生产指令表，零部件的种类及装配顺序一目了然。计划部门按装车顺序通过电脑网络向各供货厂下计划，供货厂按照顺序生产、装货，生产线上的工人按顺序组装，一伸手拿到的零部件保证就是他正在操作的车上的。物流管理就这样使原本复杂的生产变成了简单而高效的"傻子工程"。令人称奇的是，整车车间的一条生产线过去只生产一种车型，其生产现场尚且拥挤不堪，而如今在一条生产线同时组装两到三种车型的混流生产方式下，不仅做到了及时、准确，而且生产现场比原先节约了近 10%。此外，零部件的存储减少了，公司每年因此节约的成本达六七亿元人民币。同时，供货厂也减少了 30%～50% 的在制品及成品储备。先进的管理带来了实实在在的效益，也引发了一场深刻的管理革命。

（四）实现"无纸化办公"

随着物流控制系统的逐步完善，计算机网络由控制实物流、信息流延伸到公司的决策、生产、销售、财务核算等各个领域中，使公司的管理步入了科学化、透明化。现在公司主要部门的管理人员人手一台微机，每个人以及供货厂方随时可以清楚地了解每一辆车的生产和销售情况。公司早已实现了"无纸化办公"，各部门之间均通过"E-mail"联系。德国大众公司每年的改进项目达 1 000 多个，一汽大众依靠电脑网络实现了与德方同步改进，从而彻底改变了过去那种对方图纸没送来就干不了活儿的被动局面。工作方式的改善，不仅使领导层得以集中精力研究企业发展的战略性问题，也营造了一个充满激烈竞争的环境，促使每个员工不断提高自身的业务素质。

透过"零库存"我们看到，对于一个企业来说，进行物流管理，领导者的超前意识、一批兢兢业业的专业技术人员和企业较强的开发能力是必不可少的前提。

三、一汽大众成功应用物流系统实现"零库存"评析

一汽应用物流信息系统实现"零库存"的特点与启示如下。

1．努力达到"零库存"是一汽实施物流信息系统的目的。一汽在物流运作的各个环节及其流程中，特别注重的一点便是竭力降低其库存，争取达到"零库存"。

2．一汽的物流信息系统极大地提高了物流运作的效率，这一点可以在其物流的流程中得到体现。

3．一汽的物流信息系统是与自身情况相结合的产物。一汽的物流控制系统没有采用德方的系统，而是自己组织专家与技术人员根据自己企业固有的特点量身打造而成，不仅所花成本低廉，更重要的是能够实实在在地满足需要，带来效益。这一点，很值得我国的一些正在打算引进与开发物流信息系统的企业借鉴。

请讨论以下问题。

1．公司的决策层该怎样看待引进物流信息系统的作用？

2．怎样结合自己企业的实际开发或引进最恰当的物流信息系统？

3．引进物流信息系统要注意哪些因素？

4．物流信息的引进开发与物流业务流程再造的关系是什么？

5．现代企业物流业务流程再造的方法及程序应是怎样的？

参考文献

[1] 鲍新中，程国全，王转. 物流运营管理体系规划. 北京：中国物资出版社，2004

[2] 冯耕中等. 企业物流成本计算与评价：国家标准 GB/T20523—2006《企业物流成本构成与计算》应用指南. 北京：机械工业出版社，2007

[3] 连桂兰. 如何进行物流成本管理. 北京：北京大学出版社，2004

[4] 台北市机械工业研究所. 物流成本分析与管理. 台北：经济部商业司，1998

[5] 冯耕中，李雪燕，汪寿阳. 物流成本管理（第二版）. 北京：中国人民大学出版社，2014

[6] 李苏剑等. 企业物流管理理论与案例. 北京：机械工业出版社，2003

[7] [日]诊断师物流研究会著. 物流成本的分析与控制. 宋华，曹莉译. 北京：电子工业出版社，2005

[8] 朱伟生. 物流成本管理. 北京：机械工业出版社，2011

[9] 陈小龙等. ABC 成本法在企业物流成本核算和管理中的应用. 北京：物流技术，2002

[10] 韩良智，鲍新中. 财务管理学教程（第三版）. 北京：经济管理出版社，2012

[11] 程国全，王转，鲍新中. 现代物流网络与设施. 北京：首都经济贸易大学出版社，2004

[12] 财政部注册会计师考试委员会办公室. 财务成本管理. 北京：经济科学出版社，2015

[13] 张述敬. 物流成本管理. 北京：中国书籍出版社，2015

[14] 孙宏岭，戚世钧. 现代物流活动绩效分析. 北京：中国物资出版社，2001

[15] 郭士正，刘军. 物流成本管理. 北京：清华大学出版社/北京交通大学出版社，2011

[16] 陈文，陈成栋，王琴. 物流成本管理. 北京：北京理工大学出版社，2009

[17] 易华，李伊松. 物流成本管理（第三版）. 北京：机械工业出版社，2014

[18] 鲍新中. 供应链成本：改善供应链管理的新途径. 北京：人民交通出版社，2010

[19] 孙朝苑. 企业物流成本与服务. 北京：科学出版社，2005

配套资料索取示意图

说明：学生和普通读者注册后可下载**学习资源**；**教学用资源**仅供教师下载，**教师身份**、**用书教师身份**需网站后台审批，审批后可下载相应资源；教师加"关注"后新增资源有邮件提醒。

扫一扫，登录人邮教育网站 www.ryjiaoyu.com

1 扫描封底二维码或登录人邮教育网站搜索本书

2 未注册，请注册 已注册，请登录

3 可下载学习参考资源

如有紧急事宜，可联系编辑或营销人员

网站后台完成教师认证

4 可下载非专有教学资源

¥~~39.80~~ ¥31.44（7.9折）

立即购买 > 申请样书

●经济学基础·辅助资料 下载 105 ●经济学基础-PPT课件 下载 659

5 单击"关注"，选择相应选项

网站后台完成用书教师审批

用书教师可下载专有教学资源，有新增资源邮件提醒

部分 21 世纪高等院校经济管理类规划教材推荐

书　名	主编	书　号	编辑推荐
管理学——原理与实务（第2版）	李海峰	978-7-115-35395-5	2013 年陕西普通高校优秀教材二等奖；提供课件、教案、实训说明、教学体会、文字与视频案例、习题集及参考答案等
企业战略管理（第2版）	舒　辉	978-7-115-43139-4	二维码打造立体化阅读环境；案例、习题等营造多方位学习环境；提供课件、补充案例、模拟试卷等素材
客户关系管理理论与应用	栾　港	978-7-115-39343-2	60 组案例助力理论联系实际，33 个二维码打通网络学习通道，在线 Xtools 软件方便实践训练；提供课件、教案、教学日历、免费教学账号、习题库、试卷等
社会心理学	陈志霞	978-7-115-40977-5	40 余个二维码拓展读者视野；兼顾基础与应用社会心理学；数百实例助力理论与实践相结合；提供课件、案例、答案、试卷等
经济学基础	邓先娥	978-7-115-39039-4	近 300 个实例连接理论与生活，130 余个二维码打通网络学习通道，70 余项扩展阅读指南指引学习方向；提供课件、教案、答案、文字和视频案例、试卷等
微观经济学（第2版）	胡金荣	978-7-115-39400-2	简明易懂，关注热点；二维码扩展网络视野；提供课件、答案、案例、试卷
政治经济学（第2版）	张　莹 李海峰	978-7-115-42571-3	着重于分析社会经济问题；利用二维码拓展读者阅读空间；提供课件、大纲、视频案例、习题集、试卷等
财务管理	王积田	978-7-115-28482-2	吸收相关学科的最新成果，与企业财务管理实践接轨；提供课件、习题答案、试卷等
中级财务会计（第3版）	吴学斌	978-7-115-43464-7	四川省"十二五"本科规划教材；二维码链接网络学习资源；章后习题+电子版习题集；提供课件、教案、案例库、试卷等

书　　名	主编	书　号	编辑推荐
财务会计实训教程（上、下册）（第2版）	裴永浩	978-7-115-40690-3	原始凭证和记账凭证单独成册；按营改增调整相关业务；利用二维码提供相关网络资源；融基本功训练、岗位技能训练和综合技能训练为一体；提供答案、课件、习题集、阅读资料等
网络营销——基础、策划与工具	何晓兵	978-7-115-43745-7	二维码链接网络资源；提供案例、课件、习题助力学习
中国税制	孙世强	978-7-115-42708-3	提供课件、答案、试卷等；二维码方便查询税法最新变化；例题、习题、即问即答助力教学互动
应用统计学（第2版）	潘　鸿	978-7-115-38994-7	以Excel为实验软件，适应职场需求；提供全套实验资料，提升读者应用能力；提供课件、教案、上机操作数据、函数实现常用统计表等
国际市场营销	李　爽	978-7-115-39077-6	80余个实例追求学以致用，80余个二维码拓展读者学习空间；提供课件、教案、文字与视频案例、实训资料、答案、试卷等
国际贸易理论与政策	毛在丽	978-7-115-37138-6	包括新新贸易理论等新内容，将非关税措施分为技术性和非技术性两类，提供课件、教案、答案、试卷和视频案例等
国际贸易实务	吕　杜	978-7-115-37235-2	提供课件、答案、单证样本、习题集、试卷、模拟操作训练材料和常用规则文本等
报关实务（第2版）	朱占峰	978-7-115-42629-1	50余个二维码链接网络学习资源；理论与实务并重，操作与案例同行；提供课件、视频案例、答案、试卷等
电子商务概论（第3版）	白东蕊	978-7-115-42630-7	新增跨境电商、互联网+等新内容；百余二维码拓展读者学习空间；提供课件、教案、大纲、答案、实验指导、文字与视频案例等
电子商务概论	仝新顺	978-7-115-38748-6	70余个二维码拓展学习空间、近百组案例、实训促进学练结合；提供大纲、课件、视频案例、自测试题、模拟试卷等
金融法	李良雄王琳雯	978-7-115-30980-8	吸收截至2012年12月的最新法律法规，高度融合职业资格考试要求，提供课件、教案、视频案例、习题答案、补充练习题
保险学（第2版）	刘永刚	978-7-115-43687-0	以大量案例解读相关内容；保险理论与保险业务并重；二维码链接网络学习资源；提供课件、答案、案例、试卷等
证券投资学（第2版）	杨兆廷刘　颖	978-7-115-34302-4	省级精品课程配套教材；根据2013年证券业变化调整相应内容，集合证券业从业资格考试重点，提供课件、教案、视频案例、答案等
证券投资学	陈文汉	978-7-115-28271-2	针对非金融类读者，内容紧跟时代；提供课件、教案、视频案例、答案、试卷等
外汇交易原理与实务（第2版）	刘金波	978-7-115-38372-3	着重突出外汇实际业务，二维码打造立体化阅读环境，有外汇交易模拟操作指导手册；提供课件、教案、答案、试卷、习题册、实训指导
期货交易实务	曾啸波	978-7-115-39021-9	80余个二维码拓展网络学习空间，百张图表、40个案例/讨论突出实务操作；提供课件、教案、视频案例、答案、习题库、试卷等
国际金融理论与实务（第2版）	孟　昊	978-7-115-34697-1	新增国际资本流动管理等内容；提供课件、大纲、教案、习题库、试卷库、视频案例库等
商法学	王子正	978-7-115-43248-3	通过二维码营造网络阅读环境；提供课件、习题和习题答案
财政学	唐祥来	978-7-115-31521-2	以丰富的案例提升学习兴趣；提供课件、教案、答案、文字与视频案例、试卷等
财政与金融	袁晓梅陈　宁	978-7-115-40465-7	集中阐述基础知识、理论和实务；数百案例理论联系实际；百余二维码链接网络资源；提供课件、教案、视频和文字案例、答案、试卷等
物流工程导论	朱占峰	978-7-115-42535-5	课件嵌入大量教学视频案例；物流新闻拉近理论与现实距离；提供课件、答案、视频案例、试卷等
商务礼仪	王玉苓	978-7-115-36091-5	图文并茂，追求学以致用；提供教案、课件、答案、文字与视频案例、课外阅读资料等
现代社交礼仪（第2版）	闫秀荣	798-7-115-25681-2	图文并茂，二维码链接网络资源；提供课件、教案、文字与视频案例、实训手册、练习题及参考答案等
商务谈判理论与实务	林晓华	978-7-115-41308-6	以即学即练、模拟商务谈判实践、模拟商务谈判大赛等形式增强互动；二维码链接网络学习资源；提供课件、答案、视频案例、试卷等资料
商务沟通与谈判（第2版）	张守刚	978-7-115-43065-6	二维码打造立体化阅读环境；强调实践教学，提供模拟商务谈判素材；提供教案、课件、案例、视频库等资料